百年回响：
上海大学（1922—1927）校友寻访录

耿 敬 编著

上海大学出版社
·上海·

图书在版编目(CIP)数据

百年回响：上海大学(1922—1927)校友寻访录／耿敬编著． -- 上海：上海大学出版社，2024.7．
ISBN 978-7-5671-5007-2

Ⅰ．K820.7

中国国家版本馆 CIP 数据核字第 20243SW935 号

责任编辑　严　妙
封面设计　缪炎栩
技术编辑　金　鑫　钱宇坤

百年回响：上海大学(1922—1927)校友寻访录
耿　敬　编著
上海大学出版社出版发行
(上海市上大路 99 号　邮政编码 200444)
(https://www.shupress.cn　发行热线 021-66135112)
出版人　戴骏豪

*

南京展望文化发展有限公司排版
上海华业装潢印刷厂有限公司印刷　各地新华书店经销
开本 787mm×1092mm　1/16　印张 20.5　字数 378 千字
2024 年 8 月第 1 版　2024 年 8 月第 1 次印刷
ISBN 978-7-5671-5007-2/K・288　定价　88.00 元

版权所有　侵权必究
如发现本书有印装质量问题请与印刷厂质量科联系
联系电话：021-56475919

Contents 目录

序一 (001)
序二 (003)

踏着烈士足迹——寻访陈培仁	莫 妍	(001)
寻找大海里那一滴水——寻访赵铭彝	陆樱绮	(010)
话剧先驱者——寻访赵铭彝	李 莎	(013)
且为忠魂舞,当惊世界殊——寻访沙氏红色之家	沙逸卉	(017)
冰山,只见一角——寻访林登岳	金 堃	(022)
深入群众的好战士——寻访金贯真	缪腾腾	(028)
从红色寻访中反思对早期革命者历史的关怀——寻访丁景吉	夏兆强	(044)
积极推动妇女解放运动的先烈——寻访张应春	柴燕芳	(048)
家乡人的骄傲——寻访佘惠	赵 慧	(051)
红色火种的传播者——再访李征凤	黎雨昕	(060)
他用信念,写就无悔人生——寻访安体诚	沈康珺	(064)
兄弟双烈 浩气长存——寻访周传业、周传鼎	蒋寒玉	(068)
他留给世界一个苍凉的背影——寻访钱康民	朱 琳	(076)
缅怀先烈 追寻足迹——寻访许继慎	金冀安	(082)
风吹雨打自从容——寻访董每戡	徐悠怡	(086)
追循英烈脚步——寻访薛卓汉、吴振鹏	韦 佳	(093)
他们走在革命的前列——寻访叶天底、王一飞	鲁佳莹	(098)
独思图报沥血尽——寻访陈枕白	徐艺心	(112)
学贯中西——寻访李季	陈 婷	(120)
他们走向了革命——寻访张秋人、张以民	毛柳菁	(129)
追忆年华,感恩今朝——寻访赵奈仙	方殷茵	(138)
心系他人——寻访卢子英	徐 婷	(142)
光荣的革命烈士,简单的普通人——寻访何秉彝	万子薇	(155)
不该被遗忘的松江兄弟——探寻高尔松、高尔柏	张子蓓 郭 孟	(160)

中国出版业的先驱——寻访顾均正	朱　颖	高　颖(164)
川沙起义的组织者——寻访王剑三		张旖旸(168)
"毛泽东思想"的提出者——寻访王稼祥		李章榕(171)
20世纪北伐将领——寻访于忠迪		刘斯祺(177)
白昼隐没的星光——寻访王陆一、马文彦、李秉乾、秦治安		刘　菲(183)
党的老一辈革命者——寻访李宇超		霰文卿(192)
为国捐躯的抗日英烈——寻访朱云光		张靖文(198)
艺术的世界里永无困苦——寻访陈抱一		黄　磊(202)
义乌的骄傲——寻访陈望道	金俊红	代佳平(206)
溯老上大之伟业，寻老上大之友人——寻访江锦维		陈　芳(210)
南汇的抗日英雄——寻访周大根		赵婧仪(216)
寻找校友荣光——寻访冯子恭		冯文姝(222)
神秘的民国上海市代市长——寻访吴绍澍	杜宜家	郭慕旸(231)
铭记历史，不是说说而已——寻访胡允恭		黄华伟(236)
探寻一代名将的激昂人生——寻访许继慎		陈玉婕(242)
和平老人——寻访邵力子		章心妤(246)
多个王振华——寻访王振华		崔东川(253)
美术理论的开拓者——寻访滕固		赵澜波(257)
精彩而不平凡的一生——寻访陶新畲	翟闻佳	刘安怡(263)
作家、诗人、教授——寻访丁嘉树		沈铭琦(271)
实践出真知——寻访薛尚实		沈菲儿(276)
敢教日月换新天——寻访杨达		王亚鸥(279)
现代动植物发展史上的重要人物——寻访沈祥瑞　　　　曾绍英　翟闻佳		刘安怡(282)
老上大风云人物——寻访王基永	杜　越	王一帆(289)
列宁团校创办人——寻访顾作霖		曾令博(294)
上大三兄弟——寻访吴云兄弟		童永启(298)
高尔基翻译第一人——寻访宋桂煌	孟　鹭	杨　帆(305)
红色之旅——寻访谭其骧	潘　辰	韩禧龙(308)

后记　　　　　　　　　　　　　　　　　　　　　　　　　　　　(313)

Preface 序一

成立于1922年10月23日的上海大学,在中国共产党和国民党左派以及进步人士的共同努力下,以坚忍不拔、勇往直前的革命精神克服了经费拮据、校舍简陋的困难,在艰难办学的5年时间里,为中国革命和建设培养出一大批杰出人才,当时赢得了"文有上大,武有黄埔"的美誉,红色学府名声不胫而走、流传至今。在这波澜壮阔的5年时间里,老上海大学取得的成就值得人们永远铭记,老上海大学4 000多名校友投身革命、英勇奋斗的事迹值得人们永远怀念。

为有牺牲多壮志,敢教日月换新天。这本《百年回响:上海大学(1922—1927)校友寻访录》,以10多年来上海大学近百名师生对50多位老上海大学校友踪迹的寻访、叙述,不仅向读者讲述了这些忠于革命忠于党的老校友们在革命战争年代刀光剑影、枪林弹雨中不怕牺牲、前赴后继的动人故事,也向读者展示了老校友们在社会主义革命和建设时期倾力奉献、成果斐然的感人事迹。可以说,这是一本上海大学师生的心血之作、情怀之作,是一本赓续红色基因、继承革命传统的好教材。

"青年者,国家之魂。"(李大钊语)在书中我们看到,来自上海大学各个学院的同学们利用暑假回家的时间,按照耿敬等老师们提供的老校友信息展开了并非容易的寻访工作。从东北的白山黑水到华南的南海之滨,从长三角的城市农村到西部的广阔原野,都留下了他们的寻访足迹和辛勤汗水。寻访过程不是一帆风顺而是充满了困难的,有些线索时断时续、模糊不清,可同学们以对革命先辈的崇敬之情激励着自己去克服困难,完成寻访任务。显然,老上大校友寻访活动的过程,就是上海大学同学们投身社会实践的一个重要组成部分,虽然有时寻访不太成功,但同学们的能力得到了锻炼和提升,寻访过程也使同学们受到了生动而深刻的革命传统教育,这就是最大的收获。正像习近平总书记所说:"时代各有不同,青春一脉相承。……越是往前走、向上攀,越是要善于从走过的路中汲取智慧、提振信心、增添力量。"

在对同学们寻访成果汇编成书的过程中,上海大学的领导和老师们对此给予了高度重视、大力支持,才使本书得以顺利出版发行。一本好书就像一座宝藏,里面蕴藏着无尽的智慧和价值,值得我们反复品读和挖掘。《百年回响:上海大学(1922—1927)校友寻访录》就是一本这样的好书!

李宏塔

2023 年 12 月 10 日于合肥

Preface 序二

《百年回响：上海大学(1922—1927)校友寻访录》是一本行文别致的好书。

这本书是由耿敬老师热心提议、悉心指导，由几十位学生积极响应、刻苦努力撰写而成的。每位学生写一篇，52篇各有千秋，风韵多姿。

他们是采用社会学的访谈法以及抽样调查法，奔向大江南北、黄河两岸寻访后写出来的。

这本书篇篇有点评——学生"画龙"，教师"点睛"、点评，是师生合作的交响曲。

正因为是师生合作，这本书挖掘出并写出了许多长期以来只知其名、不知其事和史的老上大人物的来龙去脉、前前后后，为老上大人立下历史的丰碑。

书中也介绍了知名度很高的老上大人的光辉历程，他们从一个特定角度做了些补充，让英雄楷模的事迹更加丰满，形象更加璀璨，让我读了对前辈更加崇敬——85岁的我不敢称他们为"校友"，只能称"前辈"。

书中也写到几位我所熟悉的老上大人。其中有一位所提供的历史资料与我所了解的史实大同小异，还有一位的史料与我所知的若干史料小同大异。孰是孰非我不敢妄加断言，我将本着求同存异、求同尊异的态度与作者商榷、讨论。任何一本史书都没有句号，不是吗？作为党的科学研究和文学艺术方针中的前四个大字"百家争鸣"，本是毛主席为《历史研究》杂志题写的，不是吗？随着马王堆、三星堆等古遗址的不断发掘，人们发现作为权威史书的《资治通鉴》也有需要修改订正之处。

即使《百年回响：上海大学(1922—1927)校友寻访录》中尚有瑕疵，但是瑕不掩瑜。这本书将为上海大学增辉，让上海大学的老一辈彪炳史册。听！

《百年回响：上海大学(1922—1927)校友寻访录》书稿在传阅过程中，已有响亮的回响声——"七一"勋章获得者李宏塔所写的序就是第一声。

邓伟志

2023年12月26日写于华东医院18号楼912病房

踏着烈士足迹
——寻访陈培仁

莫　妍　社会学院 2011 级

引　子

在分流到社会学院的院史教育中,我得知自己的家乡还有位 20 世纪 20 年代上海大学的老校友,也包括在革命中英勇牺牲的贵县人——陈培仁前辈,同时又接到学院制定的暑期实践调查任务,我觉得可以对这位革命前辈的事迹进行一次寻访,这个想法获得学院的鼓励和支持。

贵港市(曾经的贵县)地处桂东南浔郁平原,被誉为黄金水道的西江横贯中部,莲花山脉屏障于北,气候温和,资源丰富,钟灵毓秀,人才辈出。这里的汉族、壮族人民朴实勤劳,尤富革命传统,留下了许多鲜为人知的革命英烈的故事。陈培仁的图文资料在网络上很少见,出于还原历史的目的,且贵港离南宁路程并不遥远,我便前往贵港进行寻访,试着对这位革命英烈的人生轨迹进行挖掘,追寻烈士的足迹,以自己的方式来寻找历史的记忆,缅怀当年为国家、为人民牺牲的贵港英烈。

一、革命摇篮贵县中学

从南宁驱车两个多小时,我便来到了贵港市区。走访的第一站是陈培仁的母校——位于贵港市金港大道上的贵港市高级中学(原贵县中学,以下简称贵中)。进入贵中,来到教学楼二楼与办公室的老师说明来意后,老师便热情地带我来到了贵中的校史馆,贵中的校史馆不大,却整洁明亮,在这里,我收集到很多关于贵中的历史资料。

贵港市高级中学创建于 1907 年(清光绪三十三年),由当时的贵县名士陈继祖(字仲萱)发起筹建,初名"贵县县立高等小学堂(1907—1913)",历经贵县县立中学(1913—1954)、贵县高级中学(1954—1971)、贵县工农师范学校(1971—1978)、贵县高级中学(1978—1988)、贵港市高级中学(县级,1988—

1996），直至今天的贵港市高级中学（地级，1996年至今），校名数次更改，校址几度迁移，随着时代的发展进步而不断成长，成为享誉八桂乃至全国的名校之一。

据民国版《贵县志》记载，贵中从清光绪三十年（1904年）由贵县邑绅陈继祖倡建始，以西街上的义仓、城守署旧址以及原古城墙的箭道为校址，后陈继祖将其祖宅怡园的一部分也捐献出来，包括自家礼堂、宅地及图书，并于清光绪三十二年（1906年）建成，随后，1913年改为贵县县立中学，小学堂迁县东，随后20年里，各任校长均陆续完善校园硬件设施，而有几位校长都是引领当时贵县思想最新潮流的人物，如甘修已、潘乃德、罗尔棻以及后来的陈勉恕。深受北京最前沿民主与科学思想熏陶的陈勉恕作为新派思想界人士出任贵中校长，这是继百日维新时期由陈继祖引领当时时代潮流之后的又一波时代潮流，那时的贵中成为与当地守旧封建政府思想交锋的焦点，贵县新旧势力的争斗异常激烈，这双方对垒的一个载体即是贵中，从陈继祖到陈勉恕，薪火相传的革新斗争精神可谓一脉相承，而这一时期的许多本乡邑学生，如谭寿林（1916年考入贵中四年制）、李秀农（1919年考入贵中四年制）、杨威汉（1922年考入贵中四年制）等，无一不成为后来贵县共产党人领导的波澜壮阔的革命斗争中杰出的人物。陈培仁也是在这个时期考入贵中的（1920年考入贵中四年制）。

贵中源自1907年成立的贵县县立高等小学堂，但如今已在圣塘畔根深枝繁。而达开高中则位于原贵县县立高等小学堂及其后身的贵县县立中学的地理位置。据资料记载，1936年私立的树人中学被并入正对面的贵县中学。1944年在东湖岸边即旧师范学校校址成立了高中部校舍，贵县中学成为完全中学。解放后不久的1953年，县政府在今贵中现址即圣湖边开辟新址，校名由贵县县立中学改为贵县高级中学，贵县高级中学初中部则与达开初中调换校舍，原贵中校址成为达开初级中学的校址，这样，在经历过1913—1953年这40年光阴后，达开初中成为位于今天西五街的原城守署旧址上的这块贵县新式学堂旧址的新东家并一直延续至今，1978年达开初中改名为达开高中，而今旧址是达开高中的初中部，高中部已迁到西江农场。据此，1906年贵县县立高等小学堂成立的年份即成为今天贵港市高级中学成立的年份。所以，当年陈培仁就读的贵县中学的地址应在如今贵港的达开高中。

查询到这，我便去寻找贵港的达开高中。达开高中位于贵港的人民东路段，校门上的"达开高中"，据说是当时的校长于1997年3月赴北京请曾经在贵中学习过三年半并从事过二年教师生涯的太平天国史研究专家罗尔纲先生题写的。如今的达开高中，已经很难找到当年陈培仁就读时的模样了，物是人非，而唯一不变的只有紧邻的滔滔郁江水。关于当年学生时代的情况，可以从罗尔纲先生在纪念贵中成立八十周年所作的《贵中旧事》一文中略微地了解。而值得一提的是,当时考入贵中的学子们,受陈勉恕校长及校风影响,大多都参加了爱国进步组织——微熹青年社,而社牌也挂在贵中校门一侧,这段历史在《贵中旧事》中有详细的描述。而且,1927年3月陈培仁回贵县后,便接手领导了这一进步的青年组织。《贵中旧事》中有这样的叙述:"到一九二七年三月,陈培仁同志回贵县,贵中同学和微熹青年社就都由陈培仁同志领导了,这一时期,贵中在新民主主义革命时期发挥了至关重大的作用,是贵中的光荣史,经常在我的记忆中。"

学生时代是塑造灵魂的时代。当年的贵县中学培育了一批革新图强的时代先锋、革命英烈,陈培仁后来为革命为人民英勇献身的革命精神,也正是在这一革命的摇篮中得到了启蒙。贵中的革命传统精神,还将继续影响后来一代又一代的青年。

二、覃塘排厚武装斗争

离开了贵港市区,我便驱车前往覃塘镇去寻找排厚村。1927年,中共贵县县委在排厚村成立,组织武装赤卫队,与国民党反动派进行了英勇的斗争,当时陈培仁是贵县的县委书记。《贵港市志》中对排厚村反击战有着这么一段记载:"排厚村(今大郭村)位于覃塘圩西南约4公里,1927年中共贵县第一届县委机关设在这里。1928年春节前后,中共广西特委委员苏其礼、黄光和贵县县委书记陈培仁在排厚村附近的水源村组织武装赤卫队,发展贫苦农民黄启邦、黄炳仁、蒙敬光等20多人,并进行集训。附近的蒙公、山南乡也有人来参加。是年3月19日晚,国民党营长周元、局董周景贤等率团队200多人,连夜包围排厚村。次日晨,住在县委机关的苏其礼、黄光、陈培仁等迅速组织机关人员准备与团队战斗。苏其礼先爬上瓦顶从屋檐跳下往外冲,智夺团兵枪支,杀死团兵2人,刺伤3人。与此同时,陈培仁与黄光把门顶牢,在屋内迅速把党内文件全部烧毁,然后冲出屋外对付敌人。由于突受袭击,寡不敌众,苏其礼当场牺牲。陈培仁、黄光、黄永丰、黄炳仁、黄泽新等5人被捕押送县城,3月26日在县城北门慷慨就义。"

排厚村便是如今的大郭村。大郭村距离贵港市大概有20多公里,路程不算太遥远,只是通过一条狭窄的道路与覃塘镇相连接。对着地图辗转了几次,我才进入大郭村,大郭村并不大,首先映入眼帘的便是大郭小学。

大郭村与一般的广西乡村无异,七七八八坐落着小楼、青山、田野,不同的是这里种植着大片大片的莲藕。

或许正是午后,阳光炎热,村中人很少,极其安静,我晃了一下,也没能找到蛛丝马迹。带着些许失望的我不死心地继续在村中闲逛,刚巧碰到一位在自家院子里树下纳凉的老伯,在他的指引下,我来到了覃塘中学,找到了福寿寺,据说这便是当年陈培仁建立据点的地方——覃塘高中。

覃塘高中里有一寺庙,叫福寿寺,20世纪20年代,陈培仁把福寿寺作为共产党活动的联络点。这座古朴的小寺耸立在校园内,车马不惊。身处实地考察,我似乎还是能感受到它静静流淌着的革命的激越。

福寿寺位于贵港市覃塘区覃塘高中内,原是三进三开间一层的清代建筑。其门面向西南,建于清乾隆年间(1736—1755),距今已经有近250年的历史。目前仅存前座(大门),中座、后座及天井已拆毁改建学生宿舍,原状不祥。寺前座宽16米,进深7米,建筑面积120平方米。前门外有走廊,走廊宽2米。正门高2.5米,宽1.4米,门框是红条石,左右对联为:"鼎建百年神赫耀,重修四次寺巍峨",对联刻在红条石上,行书,字径10厘米。门额石刻宽2米,高80厘米,上刻"福寿寺"三字,字径40厘米,红底金字。横额对联四周有精雕细刻的图案。门外走廊外侧有石柱两条,高3.5米。还有鼓型柱敦,左右柱上有对联:"福寿重申一里家家沾帝德,寿龄永锡四民代代沐神恩",行书,字径6厘米。两柱外侧各有横弓形石柱一条,交界下又挂落雕刻。屋顶为双坡式,檐前有琉璃瓦剪边状,青绿色。硬山型山墙,上筑灰砂护檐,门顶两面墙上,目前还有壁画12幅,有些已剥落不清。入门5米处有柱两条,柱是砖砌的,有矮墙相间,墙上有抬梁的木结构支撑,木质坚实。大门外是一块开阔地坪,左右50米处各有300年以上榕树一株,水井一眼。

1927年,福寿寺曾被中国共产党作为掩护地下工作的场所,中国共产党贵县第一任县委书记陈培仁曾把福寿寺作为共产党活动的联络点,组织发动农民参加地下革命活动,在福寿寺内多次召开会议培训骨干,后联络点转移到排厚村黄九连(陈培仁的外祖父)家。继陈培仁之后,陈培仁的胞弟陈祖文于1929年在福寿寺内建立了覃西乡小学,聘请了原参加中共地下党的骨干蒙志师等党员任教师,宣传马列主义,继续进行革命活动。此后利用福寿寺开展的地下革命活动一直坚持到新中国成立。

福寿寺在民国时期和中华人民共和国时期被利用作为教书育人的学校。1929年福寿寺改建为覃西乡小学,开始只有4个班、参加学习的学生100多人,后来不断发展壮大,扩建了覃塘高级小学、贵县县立第一初级中学,解放后扩建了高中,成为现在的覃塘高中,在校学生增长到目前的3000多人。

排厚村反击战后,一场轰轰烈烈的革命虽然失败了,但是革命的种子依然在这一带生根发芽。前辈的身躯倒了下去,但革命精神却鼓舞了千千万万个革命者勇敢地站了起来,他们不怕牺牲,前仆后继,英勇奋斗,不惜抛头颅,洒热血。在无数革命前辈的努力下,中国取得了解放战争的胜利,覃塘高中也有飞跃的发展，成为贵港市乃至广西壮族自治区有影响力的学校，陈培仁的故乡覃塘也正茁壮成长。

三、英勇就义无怨无悔

陈培仁英勇就义的地方是在贵县县城的北门，而几十年的城市规划修建，沧海桑田，贵县都已经成扩建成贵港市了，我对找到贵县县城的北门便已经不抱希望了。在翻看贵县县志时，我偶然翻到了张古地图，便好奇地琢磨了下，顺口便问了下家乡在贵县的同学："贵港里面有古城墙、城楼之类的吗？"同学想了想便说："貌似有个大南门。"我一听，感觉有门儿，便掏出手机打开百度地图，搜索大南门，再拿着古地图比对个大概，竟然发现地图上出现了个北门市场。

于是，我便又前去寻找北门市场。北门市场位于贵港市的建设东路。市场的门口，在两条道路的交汇处，道路边上摆满了流动的摊子，树影婆娑。广西夏季的天气，就像小孩的脸，说变就变，一下子就下起了暴雨，我匆匆对着北门市场拍了张照后便躲进市场里，与摊主闲聊起来。据一个老大妈说，这古贵县的北门就是在这北门市场的门口，这市场就是因此而得名的。我猜想，这大概就是陈培仁就义的贵县县城的北门了。

北门，在贵港人心目中，尤其是上年纪的人心目中，等于北门市场。在20世纪八九十年代以前，以北门市场为圆点的四周，是一个繁华的商铺圈，这个市场在1985年将原来的砖瓦结构改建成二层钢筋水泥结构，面积近10 000平方米。

在民国时代，北门外这三个字代表的是血腥和死亡。《贵县党史资料选辑》中所罗列的革命志士相当多就义于北门外。1927年9月，石卡农协会主席李福田、干部姜祖成两人被民国政府以制乱谋反杀害于北门外，从此以石卡为中心的贵西地区农民运动进入低潮；1928年3月，因覃塘排厚村事件，广西早期共产党员、中共贵县地下党第一任县委书记陈培仁及其他四位革命同志也是在北门外就义；1930年11月，东（井塘）南（溪桥）洋（七桥）三乡革命运动中的南溪桥支部书记杨德云（陈岸二哥）、东井塘党员林毓昂、妇女会干部吴秀芳（杨威汉遗孀）三人在北门外被杀害；1931年10月，中共贵县地下党县委委员兼南区委书记李焕廷、洋七桥支部书记杨道平、东井塘支部书记傅兆周、中共贵县地下党西区支部书记闭烈等人在北门外就义；北门外，由此成为贵县的"菜市口"，成为死刑犯公开处决的执行场所。

随着贵港市拆街建堤，当年贵县古城已经慢慢地被切割消失了，如今的贵港市，所有古城墙全部被拆除，五个城楼也仅留下大南门城楼一个。北门市场车水马龙，繁华依旧，脚下的这片红土地，却不知是由多少革命先辈的热血所染红的。正是他们，用鲜血和生命，为新中国的建立和建设立下了不朽的功勋，为我们的今天和明天奠定了更坚实的基础，才有了如今的发展，如今的繁荣。

在查阅资料的过程中，我偶然搜索到一篇卢康老师所作的文章——《覃恒谦和他的老师徐悲鸿、丰子恺》，文章中有这么一段描述：

"覃恒谦老师1906年生于我村（贵县大圩镇寻阳村寻眉屯——原属上莲大队）一个世代书香家庭——科举时代祖上的功名不算，仅他父亲就是清光绪郡庠生和光绪末年的上海理科大学生，他本人是民国时期上海艺术专科大学生，他的子女四人全是新中国文理科大学生。

覃老师1920年就读于贵中，是第五班学生，比我县史学名家罗尔纲早一年。虽不同班，但后来两人都曾回过母校执教，常在一起打麻将娱乐。1924年秋他18岁时和我县革命先驱陈培仁以及林谦德、罗一伍等同学到上海求学。陈培仁后来进了上海大学学习，他和林谦德考入上海艺术师范大学学艺术，罗一伍学体育。

1927年回桂，他先后三次执教于母校贵中（1929年8月—1930年1月，1931年8月—1933年1月，1938年9月—1940年7月）并先后兼任过怀城五所中小学的图音课。这期间，他曾目睹同学陈培仁被反动当局残忍杀害。陈培仁烈士临刑前高呼'打倒国民党反动派''共产党万岁'的口号，六十年过去了，还时常在他的耳边回响。与笔者谈及，他的激愤之情溢于言表。"

读罢，我心中溢满了崇敬之情。刑场上革命前辈们坚贞不屈，视死如归，用生命保护了革命和人民的利益，用鲜血捍卫了人格的尊严，临难之际，他们昂首阔步，高唱革命歌曲，在"共产党万岁"的高呼声中英勇地倒了下去。为了了解更多的情况，我通过互联网找到了文章作者——63岁的退休老教师卢康老师，他给我提供了以前采访覃桂珍老人（覃恒谦老人的妹妹）时的一些关于陈培仁烈士的资料：

覃桂珍回忆陈培仁烈士

卢　康

笔者近日接触覃桂珍老人，她告诉了笔者一些鲜为人知的有关陈培仁烈士的情况。

先简介一下覃桂珍老人。她现年七十七岁，住贵港市东湖边。她是民初贵县劝学所所长覃慎修的二女，徐悲鸿、丰子恺的学生覃恒谦的二妹。她三十年代初即是定光乡小学（现大圩镇上莲小学）的第一批女教师。她幼时曾随其父覃慎修在县城读书,有机会接触不少社会名流和官场人和事。如蒙开仕是她尊敬的师长,她对陈颂萱(即官绅陈继祖)家很熟。(她的母亲是婢女出身,和她父亲结婚是由陈颂萱撮合的)。覃慎修因李玉山一案,被控为"通匪",险些被杀头,因陈颂萱的疏通,才免了死罪而罢官告老还乡。(其实是民团在大圩清乡,覃因看不惯那些兵痞横行乡里,双方顶了牛,他以地方名宿身份打了清乡头目一个耳光,因此获罪——笔者在写《覃慎修其人其事》时尚弄不清个中缘由。)

笔者在拙文《覃恒谦和他的老师徐悲鸿、丰子恺》(《贵港市文史资料》十二辑)中曾提到陈培仁烈士和覃恒谦是贵中同学,一起在1924年夏到上海求学。覃桂珍回忆说,后陈培仁回桂(大约是1926年夏秋之交)因缺少路费,覃恒谦拿出自己的怀表,让陈去当了作路费回来。回到贵县后,陈培仁找到了覃恒谦的妹妹覃桂珍,送给她一支水笔、一支手电,还有一件旧毛线衫作留念,也是表示对她哥哥覃恒谦患难相助的一点心意。这三件遗物,覃桂珍老人曾保存了多年。但当时她还是一位十三岁的小姑娘,几十年人事沧桑,到底还是荡然无存了。广西党的"一大"纪念馆的廖德高同志曾向她索取过这三件革命文物,未果。

覃桂珍老人还向笔者忆述了陈培仁烈士被捕后关在县府监狱里的情形。有一天,她和县府几个少年朋友在县府监狱里玩耍,听说抓了一个"大共产党",他们到死牢窗口往里看,(大概他们是官们的少爷小姐,因而有此方便。)覃桂珍看到一个人坐在草堆上,手上戴着铁链手铐,一派凛然正气。这正是她熟悉的陈培仁大哥哥!她心里又害怕,又敬佩。后来陈培仁被敌人杀害时,她也在场耳闻目睹,也像她哥哥覃恒谦一样为烈士视死如归的英雄气概所感动,终生难以忘怀。

——原载1990年4月《贵港市文史资料》第十四辑

四、历史的纪念

陈培仁烈士墓位于覃塘镇大郭村瓦古岭的西侧,我随便询问了几名大郭村的村民,不消一会儿便找到了。硝烟散去,青山依然,几十年后,群山中仅仅留下一座孤独的烈士墓,让人不由得想起那段烽火岁月。因为时间关系,我没能进去祭奠陈培仁烈士,只能远远地朝烈士墓的方向深深地鞠了一个躬,以表达我对烈士的缅怀。

陈培仁烈士乃覃塘革命老区人民的骄傲,烈士牺牲后的骸骨几经历史沧桑,于1986年迁此立墓,1988年,覃塘镇政府出资修建。当时,中共贵县县委、县人民政府和贵港籍著名历史学家罗尔纲先生先后给烈士题词。近20年来,这里成了爱国主义教育基地,每年都有不少干部、群众、学生前来瞻仰。听说,去年,市政府已经将陈培仁烈士墓列为贵港市第二批文物保护单位,这也足以看出贵港市政府对陈培仁烈士墓的关注与保护。覃塘高中的老师说,覃塘镇将会把对烈士的祭奠、缅怀一代代延续下去。

陈培仁烈士墓

位于今贵港市覃塘镇大郭村瓦古岭西侧,占地面积300平方米。坟珠高2米,底径2.5米,用水泥灰沙覆盖。正面有大理石碑嵌在灰砂砖砌的碑台上,碑台高1.5米,宽1.4米,上呈拱形,大理石碑高1米,宽60厘米,上刻"陈培仁烈士墓"七字,楷书,字径80厘米。坟圈距坟珠1.5米外侧用水泥灰沙石砌矮墙,通高1米,围成半圆形,然后向两旁伸展为坟手,伸展短墙各宽3米,左边矮墙上嵌有横放大理石,高80厘米,宽240厘米。碑文叙述中共贵县首届县委书记陈培仁生平,坟前碑座正面分为三级台地,每台级差0.3米,台级以坟珠向外由高变低,且越来越阔,可供祭祀之用。1928年陈培仁家属把他葬在此地,有青石碑,今墓的规模是1986年5月贵县人民政府在原地上扩建而成的。

——摘自《贵县县志》

贵港人民对陈培仁的纪念,除了陈培仁烈士墓,还有在贵港市金港大道上的培仁中学。这培仁中学就是以他名字命名的,以纪念他为贵港的解放事业做出的贡献。

然而,现在的培仁中学似乎已经不再办学了。原先的教学楼已经被改造成了廉租房,廉租房里居住着许多贵港市的务工人员,旁边还立着招租的牌子。校园里还建起了商品房。这份纪念也随着时间而淡化了。

总　结

一路走来,一路收获,一路感动。在追寻的过程中,我感受着历史与现在的张力,心灵也在经受着洗礼。我不再是查阅前人整理出来的东西,而是用自己的努力去探寻那些最原始的历史存在。我搜集到的革命烈士的生平经历和各种鲜为人知的故事,不再是单薄的书本宣教,不再是冰冷的遥远叙述,而是真实的、栩栩如生的立体冲击。他们昏黄烛火下的呕心沥血,他们的坚强不屈,他们的精神品格,这一切一直在指引着我们。我希望通过我的这次寻访,网上关于陈培仁的资料不再只有几行文字的介绍,更多人能够看到这些历史存在痕迹极少的革命烈士的伟绩,珍惜今天的幸福生活。

点评

作为刚刚完成大一学业的学生而言,写作过程中要做到夹叙夹议还是有些难度的。莫妍的寻访报告却比较好地做到了这一点,能够将查找到的文献资料融入寻访的过程之中。

上海大学(1922—1927)由于历史原因,其第一手的历史档案与资料所存无几,难以作为了解和追寻这些前辈的依据。陈培仁的情况也是如此。因而,今天我们要重新了解挖掘他们的资料,并从中认识20世纪20—30年代那些同龄人的所思所想,及他们热衷且投身其中的事业,就只能循着其生前活动的轨迹,去找寻、调查。莫妍正是这样将陈培仁的人生历程分出几个重要的节点,分别前往调查与探寻,或查找文献,或寻访相关人物,或亲临场景去体味,逐渐将陈培仁的形象生动地推到我们眼前。

其实,来自广西贵县的上海大学学生还有著名太平天国史研究专家罗尔纲,而且罗尔纲还是经陈培仁介绍进入浦东中学和上海大学的。如果在调查过程中能将这位大家熟知的学者与陈培仁的密切关系体现出来,也便于更生动、全面地呈现陈培仁的人生。

寻找大海里那一滴水
——寻访赵铭彝

陆樱绮　社会学院2011级

接到寻访任务的时候，我们只知道寻访对象叫赵铭彝。

我们先在百度百科内查到一条公式化的介绍，了解了他的生平。他曾在20世纪20年代的上海大学就学，后来成为非常著名的话剧先驱者。网上看到的他的照片，大多都是黑白的，他是一名带大黑框眼镜的老人，花白头发，眼睛里有不符合他年纪的年轻的气息。这让人好奇——毕竟，眼睛是最能体现一个人的特质的了。

这次寻访，我和李莎准备一起合作进行。我们两人探讨许久，网上寻找了一些信息。当时看到的资料显示赵老出生于1907年，而后续资料就没有了。也不知道他现状如何。

网络没有给我们更多的答案。但是我们却找到了另外一条消息，是由赵老在家乡重庆所发布的信息。赵老的家乡人民，想为赵老制作一个展览，也在寻找他的相关资料。看到这条消息，李莎立刻给他们发去了邮件，也记下了联系电话。而与此同时，我们也前往上海图书馆，想要找到赵老的著作，和那些与赵老有关的文章。

依旧能够清晰地记得那一天，我和李莎两人前往上海图书馆，中午的时候，我趁着空闲给重庆那边留的号码打了个电话。但是接电话的人说，负责这件事情的人不在，他会帮我们联系，然后让我们等候几天。当时我们有些失望，只有继续去找书。当我们在综合阅览室戏剧分类的书籍中查关于赵老的蛛丝马迹时，我的手机却震了，拿起来看，居然是一个陌生的号码，号码的归属地是重庆。

我们下意识地就觉得会是好消息。我们穿过重重书架，快步走到阅览室外。然后我以自己最快的速度接电话，电话里是一个甜美的女声："您好，这里是重庆江津广兴镇，我是关于赵铭彝老先生个人展的负责人……"

我对李莎露出了笑容。我们对负责人报明来意，说明我们是上海大学的，正在做一个关于赵老的寻访，希望能够从他们那里得到一些资料，也可以将我们找到的资料与他们分享。对方显得非常欢欣,而且也很热情。

"我们主要是想问,赵老的联系方式,你们找到了吗?"

"我们也一直在找。"对方电话里的声音似乎有些失落与无奈,"我们找了赵老曾经在广兴所办的一所小学,那里有他亲戚的联系方式。可是赵老的亲戚说,他几年前去世了。"

"那,有没有他后人的消息?"

"他女儿移民了,似乎去了美国。而儿子定居上海,由于一直换联系方式,也没有什么消息。我们这里也在找。赵老没有留下什么照片,我们也是网络上找的。所以如果你们有的话,能否也联系我们?"

……

她非常详细地和我们分享了他们所拥有的赵老的信息。我们得知赵老是病逝的,他最后定居在上海,而现在,联系不到。

最后她说,赵老曾经在上海大学社会学系就读,如果我们有消息,也希望能够联系他们。

挂了电话,我和李莎分享了下手头的信息。似乎有些难办——失去了联络,重庆方面也找不到赵老的夫人和后人。这让我们有些失望。我们讨论了一会儿后,还是重新振作了起来,还有一个办法——通过著作,去寻找赵老的痕迹。

他的痕迹太少太少,他的作为又太多太多。他的作为,可以写成书,谱成曲,让千万人来歌颂赞扬。可是,现在想要找张他的照片却很难,网络上只能找到那么几张黑白的,照片中他的样子有些模糊,虽然看得清楚表情,可是却缺了些什么。

我和李莎商量了下,决定能找的线索一定要去找,无论如何要尽力去做。所以我们决定前往上海档案馆。我们坐地铁,又在烈日下走了许久,终于到了上海档案馆,却看到一扇冰冷的大门——周日不对外开放,而且档案馆外部正维护装修,我们未能顺利地查找赵老的档案。这一计划也只有搁浅。

我们重新寄希望于上海戏剧学院,但那里办公室的电话一直无人接听。此计划,也只能流产。

赵老的生平,我们在网络上已经查找过。他是中国现代戏剧史的先驱者,没有人能够代替他的地位,也罕有人能够和他在中国戏剧史研究方面齐肩。而关于他的晚年,却难以寻觅到详细的信息。但是我们可以通过他的著作《涓流归大海——赵铭彝文集》看到他一生的缩影,他的心血,这是他的孩子一样的存在。

《涓流归大海——赵铭彝文集》收录了赵老所有的著作,也有关于赵老自己的生平记录。最有意思的事迹,还是赵老最早期因为革命事业,把作文都写成革命性质的，所以得不到高分，可是为了革命，也就认了。赵老写的是回忆，依旧用这么幽默而轻松的语气，这让我们联想起他照片里的样子，花白的头发，大大的黑框眼镜，皮肤上的皱纹，手背上的青筋，这些无一不显示着他的年迈——可是他的眼睛里，依旧有年轻人有的东西：坚定、信念、执着。那些东西让他得以不老。

赵老一生都在为戏剧奋斗。直到晚年，也不放弃写作。而让我们觉得无比惋惜的是，这样的老人，他的资料却非常少。甚至连网络上的信息都没有确切地标明他的出生时间与逝世时间。更有甚者，一本记录早期戏剧革命家的著作提到赵老"依旧在世，已经104岁"，这不免让人啼笑皆非。而我和李莎觉得，既然我们做了这个寻访，我们就有责任自己写些什么，去纪念赵老，去把他不被世人所熟知的经历中的空白填补上去，或多或少，尽力而为。

赵老，就仿佛是大海里的某一滴确定的水，因为已经融入了海，所以很难再仔细地辨别出它先前的形状，但却无法否定和忽略它的存在。寻找赵老，就真的如同寻找某滴水。我们崇拜它，崇敬它，并且苦苦寻觅它。而它已经融入了大海，无处不在。赵老就是这样。他的影响，他的作为，并没有很确切的文字能够说明是如何的一个模样。但是，他的影响，已深刻地融入了现在的戏剧，也已深刻地、无形地影响了当今的社会。

话剧先驱者
——寻访赵铭彝

李　莎　社会学院 2011 级

一、赵老生平

赵铭彝(1907—1999)，四川江津人，上海大学肄业。1926年考入上海大夏大学，后转入上海大学社会学系学习。1928年进入南国艺术学院，并参加南国社。1929年创立摩登社，深入大中学校发动学生演剧，为后来的左翼戏剧活动开辟了阵地。

1929年冬，赵铭彝加入上海反帝大同盟，任闸北区盟秘书。1930年以原上海戏剧运动联合会为基础，发起成立了由中国共产党领导的左翼剧团联盟（后改名中国左翼戏剧家联盟），任组织、宣传干部。1932年起任书记，主编机关刊物《艺术新闻》，并参与领导了各地剧联分支组织的建设以及剧团的中心剧团大道剧社活动，还深入工厂建立工人蓝衫剧团。同时，参与建立了左翼电影和音乐组织。1934年，成为剧联影评小组成员，写过大量战斗性的评论文章。1935年，赵铭彝被国民党当局逮捕入狱，翌年出狱后回四川。抗战爆发后参加筹建怒吼剧社，公演了《芦沟桥》一剧。1938年，被选为中华全国戏剧界抗敌协会理事。1943年和金山、于伶、宋之的等发起成立中国艺术剧社，任艺术委员。

抗战胜利后，赵铭彝于1947年加入中国民主同盟，曾任中国民主同盟机关报《民主报》副总编辑和成都《民众时报》《华西晚报》总编辑。

中华人民共和国成立后，赵铭彝受聘于上海戏剧学院，任文艺理论教研室主任、教授。长期从事戏剧教育和中国话剧史的研究工作，历任中国民主同盟上海市委委员、中国戏剧家协会第三届理事等职。

从20世纪50年代起，赵铭彝就十分关注《中国话剧史》的学科建设，着手创建这一年轻的学科，收集了几百份文献资料，准备撰写纪传式的话剧史。然而在"文革"中，其访问记录、抄存材料等都化为乌有。及至拨乱反正，收回了部分残稿，赵老以百折不挠的精神重新开始话剧史史料和教材的撰写工作。赵老的一生都与戏剧为伴，为中国的戏剧事业尤其是戏剧史作出了重要的贡献。

二、上大求学

赵老在上海大学的求学经历要从他由南京到上海进大夏大学说起。大夏大学那时用英文授课，赵铭彝英文底子差，厌烦那些课本。于是便转而到上海大学听进步教授的课。那时，赵铭彝对文学兴趣很高，读了不少中外古今的文学。当时他选读的课程中有美国改良主义社会学家埃耳伍德（又译"爱尔乌德"）的教本《社会学及社会问题》，对比国内的三民主义、共产主义、国家主义各派的主张，又得到一些当时国民党左派同学的帮助，他便逐渐意识到学文学，还不如学社会学。那时上海的各大学，只有上海大学讲的社会学比较彻底，教材采用的是蔡和森的《社会进化史》，是根据马克思、恩格斯的理论撰写的。赵铭彝就想转到上海大学去读社会学。他有个同乡陈明中，在上海大学中国文学系学习，陈明中的哥哥陈远光在社会学系。陈明中向其介绍说有许多著名的文学家如陈望道、蒋光赤、田汉等都在上海大学讲课。赵铭彝最终还是选择了社会学系，修了施存统的经济学、李季的马克思主义等课程。

1926年冬天，上海举行起义响应北伐，当时由于疏忽，闸北区一位负责组织工作的同志家被搜查，反动军警拿到了各区分布的名单，他们按名单捕人。南市游行那天，军阀李宝章的大刀队砍死两名工人，全市戒严，搜查很严，上海大学已有些学生被捕，也包括赵铭彝的友人陈明中。闸北区整个遭到破坏也使赵铭彝无家可归，只能暂住同乡同学家中。不久，北伐军进入上海，他才得以回到原住处，陈明中也被放出来。两人庆幸上海光复，又得知上海大学新校舍落成，即将开学，心里很高兴。可谁知，宁汉分裂，蒋介石发动"四一二"大屠杀。惨案发生，跟着就是大逮捕，上海大学也被查封了。赵铭彝失了学，只得搬进租界。1927年大半年时间，他过的是流浪生活，靠写作谋生。之后前往田汉先生创办的南国艺术学院学习，开始了他的戏剧道路。

上海大学的求学经历对赵铭彝有很大的影响。上学期间，他与上大高年级的同学一起在《商报》上讨论革命文学的问题，有了练习写作的地盘，在提高理论认识，锻炼文字表达的同时，他也认识到自己比较适宜从事理论研究。在上海大学被查封后，赵铭彝也是听了上海大学同学陈明中的介绍和劝说才进入南国艺术学院的，这直接促使他走上了戏剧的道路，取得了很大的成就。

三、亦师亦友

田汉是中国现代话剧的奠基人之一，他创办和主持了"南国社"，这在中国戏剧史上是浓墨重彩的一笔。在上海大学被查封后，赵铭彝免费进入田汉开办的南国艺术学院学习，之后又参加了南国戏剧运动。南国艺术学院是由田先生用稿费和版税来支付全部费用的，对学生大半免费，甚至供应伙食。田汉对追随着他献身于戏剧活动的人员都保持着爱护有加的态度，且善于发现、挖掘、培养学生各自的才能，这也使得大家终身不忘与田先生的师友之情。赵铭彝写了很多关于田汉的回忆录，亲切地称其为"田老大"。在赵老写的文章《忘不了田汉》中，有这样的叙述："把话剧队伍比拟成一艘舰队，田先生便是主力舰的舰长。航行中遇沙滩而搁浅，或误入绝港死水，他绝不弃船而去，总是义无反顾地站在船台上带领大家寻找新航道，终于达到了广阔的水面。他的形象已有好些鸿文巨制的传记予以刻画，但作为他领导过的船员之一，在塑像座下献上一束野花，也是义所当为的吧。"赵铭彝对田汉先生的敬慕之情可见一斑。而作为田先生领导过的船员之一，赵铭彝参加了南国社几乎所有的艺术活动，南国社的历史功绩离不开他的贡献。

四、晚年小记

赵铭彝从20世纪50年代起就开始搜集话剧史的资料，准备按《史记》的体裁，以人物为中心，写纪传式的话剧，起名为《话剧史记》。赵老为此投入了巨大的热情，付出了很多心血，搜集了大量的史料、访问记录、师友们赠送的文稿。但在"文革"中，作为"摘帽右派"的他，被收缴了全部的文献资料。"那种空虚失落之感，非亲身经历者不能体会。"[①]粉碎"四人帮"之后，赵铭彝以坚忍不拔的意志，以半盲之眼重新执笔，从事补写。这体现了这位致力于中国话剧事业的老人，在年逾古稀时仍保持着的拳拳之心。"过去参加过文艺运动的人，特别是戏剧方面，今天健在的不多了。过去的白色恐怖斗争的情况，文献记载极少，有许多根本没有记载，这就不能不希望当时参加者共同回忆来补这段史实。我想这也是一种责任吧，算是一个工作吧。何况有许多事实，经过'四人帮'恶意的歪曲，抹杀和伪造，更加迫切地要予以纠正澄清呢？"[②]就是这种对历史高度负责的态度，促使赵老不顾年迈多病，在晚年笔耕不辍。在风烛残年，为中国的话剧历史留下了珍贵的材料。

后　记

本文大多数内容都是根据《涓流归大海——赵铭彝文集》进行整理选抄

---

① 引自《忘不了田汉》
② 引自《左翼戏剧家联盟是怎样组成的》

的。在他逝世后,他的夫人屈南松女士克服种种困难整理出来遗稿,遗稿经由曹树钧先生修订编辑,在上海戏剧学院的支持下出版。该书真实还原了赵老的人生经历,对戏剧史的研究也颇有助益。赵老的文献资料并不多,网上仅有的也都是20世纪60年代以前的资料,甚至没有人知道赵老早已于1999年逝世,可谓晚景凄凉。本文偏重赵老在上大的求学经历对他产生的影响,但从中我们也能够窥得赵老作为中国话剧先驱者的光荣与辛酸,希望他的事迹能被更多人所铭记。

点评

陆樱绮、李莎两人以分工的形式从不同侧面写了这两篇寻访报告,其实在具体查找资料及寻访过程中,两人都是共同推进的。

2012年暑期进行这项寻访的时候,关于赵铭彝的资料还是比较缺乏的(当然,与其他资料更为缺乏的被寻访对象相比,至少她们还能找到一本《涓流归大海——赵铭彝文集》)。赵铭彝这样一位中国现代话剧的先驱性人物,在中国话剧史及话剧研究史上是有着重要意义的,从目前的资料来看,他的价值和贡献还是被我们忽略了。这也进一步证实了她们寻访的意义。不过,他的价值和贡献已开始引起人们的关注,在她们寻访的当口,赵铭彝家乡重庆江津广兴镇方面,也开始注意到他的文化价值,收集其资料,为其举办展览。

江津区广兴镇是这位中国现代话剧先驱的故乡,当地于2017年就组织了一支本土的演出团队——桔花小剧团,由一批草根演员自编自导自演,表演骨干既有镇村干部,也有居民商贩,目前已发展到40余人。当地政府部门也非常重视挖掘赵铭彝的人文资源,重视地方戏剧文化发展。2022年4月,还倾力打造了首届戏剧嘉年华。

2020年,民盟江津区委也开展了与赵铭彝相关的调研活动,并到访了上海大学。

作为刚刚完成一年级通识教育尚未接受专业训练的学生,陆樱绮和李莎的寻访过程还存在一些需要进一步完善的地方。比如,在寻访过程中,她们过于关注赵铭彝一人,却忽略了他成长过程中重要的社会关系。在赵铭彝的艺术生活中与其关系密切的其他上海大学师生就有陈明中、陈远光、左明、唐晴初、田汉、胡愈之、万籁天等。对这些相关人物的忽视也一定程度地弱化了其艺术活动的社会背景。这其实也是其他寻访同学普遍存在的现象。

且为忠魂舞,当惊世界殊
——寻访沙氏红色之家

沙逸卉　社会学院 2011 级

2012 年 8 月 17 日,我们来到塘溪镇沙村,寻访沙氏故居。

沙村外有一个标志,就是一株巨大的香樟树,应该有几百年的历史了,看到那棵树就说明我们已经进入沙村。进入沙村后却没有了标示牌,不知道往哪走,我们后来询问了附近的村民就驱车爬上了山。山路并不是很陡,过不了多久就到头了,我们于是下了车,看四周,发现有一条石板路通往小村子。

这个村子看起来很古老了,虽然房子挺多,但居住的年轻人已经很稀少了。路两旁有许多野生的瓜果,还有用石头搭建的盛放山泉的容器。用石头搭建的围墙密密麻麻,留下的通道很窄。没有指示牌,我们就好像进入了小型迷宫,到岔路时就不知道往哪走了,最后爸爸根据当时沙文求方便开展革命工作所需推理出沙氏故居应该在挺偏僻又容易往山上逃的地点,选择了方向,结果还真对了,只是那故居真的太隐蔽了。

窄窄的过道尽头就是沙氏故居了,沙氏故居为一幢二进四开间砖木结构旧式封闭楼房,建筑面积 420 平方米。前排原有平屋,后拆除改建天井,种二株桂花树,变成了一个非常大的场地,后排楼房则是沙孟海、沙文求、沙文汉、沙文威、沙文渡出生、居住、工作过的地方了。故居大门上,镌刻着兄长沙孟海亲书的"沙文求烈士故居" 7 个金色的字,苍劲有力,但由于岁月的冲刷,并不是那么明显了。走近后我们看到一段前言,这样写道:

> 这是一间四开间的楼房,至今已有百余年了,这座房屋在这个山村里显得十分的宁静和平常,如果没有与沙氏五兄弟联系,谁也掂量不了它的历史价值。

清末民初,在世界潮流冲击下的中国,充满着内忧外患,这是中国社会向近代社会转型的时代,五四运动的启蒙思想与革命先行者们冲破黑暗的英勇气概,很快传播到浙东,迅速孕育起一代忧国忧民、以天下为己任的热血青年。

沙氏五兄弟就是其中的优秀代表之一。长子沙孟海（文若）是著名的学者、书法泰斗；次子沙文求、三子沙文汉、四子沙文威（史勇）、幼子沙文渡（季同）是杰出的革命家，为中国人民的解放事业作出了贡献。

五兄弟的父亲沙孝能是个忠厚诚实的儒医，但因病早逝。母亲陈龄有胆识、有远见，与祖母一起含辛茹苦、辛勤操劳，抚养五个儿子成长，坚信自己儿子所走的道路是对的，是为穷人谋利益，虽担惊受怕也坚决支持儿子。

故居有一位老伯伯看守，去参观的人不需要买门票，只要登记一下就行了，这位老伯伯很热情，向我们讲述了许多关于他们的事迹，还说沙氏五兄弟后代很少了，几乎找不到了，很可惜。

我们这次来寻访的主人公，是20世纪20年代曾在上海大学学习过的沙文求烈士。沙文求烈士事迹陈列室在一楼左侧第三间，门楣上悬挂着中国书法家协会副会长、西泠印社社长朱关田书写的"沙氏故居"的匾额。室内正中放置着一尊出自沙耆之手的烈士塑像，塑像后的板壁上有沙孟海所书的"且为忠魂舞，当惊世界殊"10个大字，两旁廊柱上也挂着沙孟海所书的"为有牺牲多壮志，敢教日月换新天"的诗句。陈列室以图文、实物等展示了沙文求求学、走上革命之路、任共青团广州市委委员兼秘书长及壮烈牺牲的短暂而光辉的一生。下面就是沙文求的一些事迹：

沙文求（1904—1928），又名仲己、端己，化名史永，鄞县大咸乡沙村（今属塘溪乡）人。沙氏兄弟号称沙氏五杰，老大沙孟海，一代书法宗匠。老二沙文求。老三沙文汉是新中国成立后浙江省第一任省长。老四沙文威，全国政协副秘书长。老五沙文渡，是赴延安的革命战士、艺术家。

沙文求是早期中国共产党的优秀党员，广州起义后牺牲的著名烈士。曾任中共宁波地委鄞县沙村支部书记、共青团广东大学（今中山大学）支部书记、共青团广州市委委员兼少年先锋队总队长、共青团广州市委宣传部长及秘书长等职。1928年8月在广州光荣牺牲。时年24岁。

1904年，沙文求在沙村出生，他7岁进入村办私塾就读，12岁辍学务农。

1920年，沙文求由长兄沙孟海带入鄞县梅墟求精小学，而后带入宁波效实中学求学。他天资聪明，从小尚义好勇，爱好写字绘画，题词作诗。

五四运动后，宁波工人罢工、学生罢课，市商会议决定抵制日货，沙文求感到世界的巨变，1925年春，沙文求在上海国语师范补习学校学习一段时期后，考入由我党直接领导的上海大学社会学系，聆听了社会学系主任瞿秋白同志的讲话，订阅了《向导》与《新思潮》杂志，接受了马列主义，五卅运动时他积极投入反帝斗争，参加游行示威，后上大遭租界当局封闭，他和同学们被迫离开学校。

1925年冬，经四弟沙文威介绍，沙文求成了共产党光荣的一员，入党以后，宁波地委即派他到沙村开展农民运动,与他一起派往奉化松岙的还有浙江省委书记卓兰芳。

1926年初,沙文求奉命回到故乡从事农运。到了沙村,他先在贫雇农中间秘密串联,进行反帝反封建的政治宣传,然后组织农会并开办平民学校。4月,沙村农民协会在沙文求组织下正式成立,农会办夜校,从事义务劳动,责问土豪劣绅,到1926年7月,农会会员发展到90余人,还吸收2个农民加入共青团,5个农民入党。沙村建立党支部,沙文求任书记。

1926年1月,沙文求在沙村建立了中共宁波地委鄞县沙村支部并任党支部书记,这是鄞县第一个农村党支部。

1926年3月,遵照中共宁波地委农民运动委员会指示,共产党员沙文求、金绍绩等在大嵩地区办起一批农民夜校,这是县境内最早开办的农民夜校。

1926年5月,中共宁波地委鄞县沙村支部建立。沙文求亲任支部书记。同年7月,沙文求调离,沙村的支部、农会工作移交给其三弟沙文汉继续领导。

1926年夏秋,沙文求由宁波到上海。当时,陈修良考入上海国民大学,并加入共青团。陈修良也名列广州培训名单之中。那一年,沙文求和陈修良来到上海戈登路(现江宁路)715号的"若榴花屋",沙孟海为他们送行。

1926年夏,沙文求奉组织指派前往当时革命圣地广州,入中山大学哲学系学习。由于他有过上大、复旦读书和农村支部工作的经验,第二年就当选为中山大学共青团支部书记。

1927年9月,沙文求根据团中央的指示精神,对广州的共青团工作进行了新的部署,引起了当地的惊恐和警惕。党的"八七会议"在反对右倾的同时,也因蒋介石屠杀工农而引发的极度恐惧,带有盲动主义情绪。

1927年10月19日,沙文求参加了省港大罢工及沙基惨案两周年纪念活动。

1927年10月,沙文求被任命为共青团广州市委秘书长。

1927年11月26日,广东省委召开紧急会议,决定在广州举行武装起义。为此,沙文求根据党的指示,抽调三四百名党团员等,事先组织好30支宣传队,并发动女团员、女青工缝制旗帜。12月11日,广州武装起义爆发。当时担任共青团广州市委委员兼少年先锋队总队长的沙文求,积极带领宣传队到各区宣传鼓动,并组织团员、青年支援运输,看护伤病员。起义失败后,沙文求仍留在广州,协助市委书记季步高,来往于越秀路、惠爱路、大新街等秘密据点,积极在广州市东、南、西区恢复建立党团基层组织,发动工人反对减工资延工时的斗争,发动郊区农民反对苛捐杂税和抗交田租的斗争;出版地下刊物,继续动员民众起来战斗。12月13日凌晨,敌军向广州发起总攻,沙文求的赤卫中队与敌再次展开白刃战。然众寡悬殊,观音山失守。下午敌军包围了原省港大罢工委员会、起义军总司令部,大肆逮捕、枪杀革命者和无辜老百姓。

暴动失败后，沙文求撤至香港，后再潜入广州。1928年8月，沙文求出任共青团广州市委秘书长，他临危受命，坚持地下斗争，寻找失散的同志。一天，在一个茶楼与一个同志接头时，他不幸被广东省高等法院的一个法官及四五个警察逮捕。

1928年8月广州起义后沙文求被捕遇害。在审讯中，他受尽酷刑，视死如归，坚贞不屈，对党的机密守口如瓶，最后被杀害于广州市红花岗。

沙文求，一名24岁的英雄，永远留在了红花岗。他的死，直到1928年底才为沙氏兄弟所知。1928年8月，沙孟海按照沙文求告诉他的新地址将50元钱汇过去，不几日，邮局却将款退回，注明"此屋已查封"。

沙孟海关照张正夫不要把此事透露出去，对老祖母、老母亲和二弟媳保密。不久，沙文汉写信给大哥，告诉他仲兄（即沙文求）可能已经牺牲，要求瞒住家人。

后来，沙孟海对二弟媳（沙文求妻子）——22岁的王弥说："你还年轻，可以另外找对象，我可以给你介绍一位诚实可靠的人。"可是王弥坚决不嫁人，决心照顾婆母。沙孟海很感动地说："二嫂，你们母女二人的生活和教育费用，我一定负责到底。"1929年沙孟海到广州工作，不计个人安危，毅然去黄花岗（后改名为红花岗）凭吊。

沙氏故居还陈列了沙氏五兄弟另外四个人的一生，直让人感叹这五兄弟真了不起。四间房屋前三间分别陈列了沙文海、沙文求、沙文汉他们的事迹，第四间则陈列了沙文威、沙文渡的事迹。这件楼房的后院有一条长长的阶梯通往后山，房子的后面又是另一番景象。楼上有三间房，一间陈列的是一些老家具——老式的木板床、柜子、椅子、桌子等一些老式用具，可能现在很少有人见过了。另两间则陈列了他们曾经读过的书和一些画像，通过画像，我发现这五兄弟都长得很高，沙文求还长得很清秀。这次的寻访差不多就结束了，我了解了很多沙氏红色之家的故事。

后来，看守沙氏故居的老伯伯告诉我们旁边还有沙耆故居，于是我们顺道参观了大画家沙耆的故居。沙耆故居的大门风格与沙氏故居不同，有点西方的感觉，这可能与沙耆曾出国留学有关系。了解了沙耆的事迹，我们为沙耆这一生的命运感到惋惜，却不得不对这位绘画大师感到敬佩。而今天的参观就到此结束了。

以上关于沙文求的生平事迹，是结合了沙文求烈士事迹陈列室中的资料和通过上网、翻阅图书整理补充的资料所得到的。

宁波市鄞州区的沙氏一家人才辈出，其中尤以书法金石大师、西泠印社社长沙孟海最为著名,此外还有新中国成立后浙江省第一任省长沙文汉、向警予秘书、中共历史上第一位女市委书记(解放前南京市委书记)陈修良等,而沙文求由于较早牺牲而渐渐被人忽视或遗忘。与沙文求同姓的沙逸卉(宁波人),最初确定寻访沙文求时,我还以为她与这一门沙氏存在着某些亲缘关系,谁知她在之前对于沙文求也是一无所知。

沙文求的基本资料在网上是比较容易查到的,因而这次寻访工作,一是寻访后人或知情人去了解更多细节和未知情节;二是亲临实地去感受和体会先贤的生命脉动和奋斗精神。可是第一点一时难以做到,因而只能尽量去做好第二点。好在沙氏故居聚集了沙氏一家众多名人事迹,因而从其家族环境、关系互动,也多少能了解和感受到他们成长的背景。

报告值得肯定的,就是未将沙文求作为寻访对象单独呈现而不及其余,而是选择将沙家的所有革命者都加以介绍。这也从某种程度上让人感受到沙文求之所以走上革命道路的原因所在。沙文求在上海大学读书时,虽然也投身于五卅运动这种反帝反封建的洪流之中,但也只是一个热血青年,并未正式加入党组织,故其走上共产党的道路确与家庭关系密不可分。因此,这样的寻访报告基本上完成了第二点寻访要求。

当然,寻访过程中还需要针对获得的资料信息进行确认,如为"沙氏故居"题写匾额的朱关田是西泠印社的副社长,不进一步确认就会传达出错误的信息。

冰山,只见一角
——寻访林登岳

金　堃　社会学院2011级

前　言

　　2012年暑假,这是一个比寒假还短的暑假。在放假回家避暑前不久,我收到副院长耿敬老师的邮件,问我是否愿意寻访一位林姓老上海大学校友。刚进入社会学专业就接受一次挑战,我想,为何不呢？尽管这是我第一次寻访,但是耿敬老师邮件里体现出的对工作的负责和热情让我很有信心。

　　"寻访老上海大学校友",听上去就很是让人兴奋,就像今年夏季学期前往开弦弓村一样,仿佛马上就要有种真真实实的触感。听校史,读校史,甚至看校史剧,校史却只浮现在脑海中,经过艺术加工的历史表现形式丰富鲜活,但总是虚虚的,向往,却不见。但历史应该给人一种真实的触感吧！

　　我是"文不成理不就"的理转文科生,并不懂多少历史。但是我愿意去发现、去看见、去留下历史慈祥的美。然后,将其转换为文字……多么矛盾。不过这并不要紧,正如余秋雨写道:"我诅咒废墟,我又寄情废墟。"

　　有句话很流行:读书或者旅行,身体和灵魂总有一个在路上。年轻人是愿意多在外面走走的。背上包,住民宿,看看人,听听故事,多少人看完书以后憧憬的旅行不也像一次漫无目的的"寻访"吗？

　　我去武义的路上搭了顺风车,高速上一路畅通。虽然就不到两个小时的车程,我还是无聊得睡着了。回家路上坐破旧的客车,走的是省道,两旁的风景并不美,但是能看到我从未去过的邻县的生活百态:一顶躺在马路中间被三轮车碾过后被路过的美丽女子捡起几步路后又丢掉的原本很漂亮的帽子,一个挂在高高电线杆上破了两个大洞和无数小洞的随风摇摆似乎还想挣扎再飞起来的风筝,一只趴在炎炎夏日还穿了不少的坐在家门口看不见表情的老太太的腿上的黑白花色的老猫。很久前的一天,我和母亲一起看一部关于骑行318国道川藏线的片子,主人公因为只身一人,经验不足,季节又不对,境况很艰难。母亲对我说这样危险的事情千万不能去尝试。纵有一腔热血,听话的我还是点了点头。妈妈,好多有趣的事情我还没有经历过,相信我吧,我要多出去走走,丰富自己的人生经历,时间不多了。

特别感谢耿敬老师的指导和武义县党史办陈祖南主任和林可异先生的帮助,让我顺利完成任务然后有时间和机会想一些别的东西"满足私欲"。也让我看见自己很多不足的地方。此行目的主要在于了解林登岳先生早期于上海大学就读时的活动,遗憾的是所拜访对象对此都不甚了解,此行我所见的关于林登岳作为老上海大学校友的最直接之物就是林登岳的孙子手抄的北京八宝山革命公墓里林的碑文……所以此行此去,只能说,只见了冰山一角。

一、出发

暑假休整半个月后,8月初,我开始准备这次寻访。网上搜资料,只搜到一篇关于林登岳故乡塘里村的报道。于是我通过武义县新闻传媒中心电话找到了写这篇报道的陶鸿飞记者,陶记者给了我一些有用的建议。最后辗转联系到了武义县党史办的主任陈祖南。陈主任非常热情,听说我是上海大学的学生,要来红色寻访,马上询问我什么时候来,他亲自带我去。在此之前我也在微博上求助了不少武义的朋友,这让我对塘里和武义有了更全面的了解。

没什么好犹豫了,尽管那几天台风肆虐江浙沿海,但是浙中山城向来只下雨不刮风。大雨只会给旅途带来清凉。8月7日,我搭了辆顺风车去了武义,上午10点左右到达武义县政府门口。我去过的县城不多,但武义县政府大楼是我见过的最古香古色、原汁原味的县政府大楼了。陈主任到县政府门口等候我,一路带我进办公室,然后我就去查找党史办存有的资料,仔细看了看,发现这些资料与网上内容无大异。办公室里有位老先生,安然端坐着,似乎在做一些文字校对的工作,我也无意打扰。不过听说了我寻访的事,他透过眼镜打量了下我,就讲了一段他所知的林登岳在西伯利亚和苏联的故事。再做更久的停留无益,于是我告别了老先生,准备向塘里村出发。

原计划是,第一天上午见党史办的陈主任,交流交流,看看有何资料;下午坐公交去水碓后村,拜访林登岳的孙子林可异;第二天上午再去他的故乡塘里村,寻找他的侄子。公交路线本已查询好了,未曾料到,陈主任带我上了辆商务车,直奔水碓后村村委书记林可异处。尽管下着大雨,但一切都超出想象的顺利。

武义温泉小有名气。当然除了水是热的,武义人的血也是热的。浙江第一支红军队伍就是诞生在武义,全国红军十万,武义占了五千,革命英烈也层出不穷。路程不长,但是陈主任给我补了长长的一段武义革命史。

水碓后村，徐英烈士故里，纪念碑就在村口的小山坡上。距离纪念碑不远处，村口马路边就是林登岳之孙林可异先生家。林家和一般新农村家庭并无多大异处，客厅和餐厅都挂有林登岳的照片。林先生很平易近人，招待得很周全，稍作休息后我便上路前往塘里村。

在车上与林先生交流，我得知他是林登岳与第一任妻子所生儿子之子，也是林登岳唯一的后人，现任水碓后村村委书记，有一妻一子。他现在所知的关于林登岳的事迹都是几年前去北京看望90多岁的奶奶（刘芳，林登岳第三任妻子，现病居北京大学第一医院）时，她亲口说的。

只不过10分钟的车程，我就从水碓后村到了塘里村。

二、山村塘里

大山护佑下，塘里村自然景色自不必多说，大山更使其免于战争的灾难。林登岳就是出生在世外桃源般的塘里村的一个大户人家中，他作为家中次子，自小聪颖。家长也有文化，懂风水和中医。因此林登岳从小就接受良好的教育。林登岳读私塾时成绩优异，记忆力超群，后顺利考上县城重点初中，又进入金华一高中学习。高中毕业后，林登岳在武义的邻县薛平（字可能有误，后与武义合并）从事教育工作。

林登岳儿时所上的私塾如今已经无迹可寻。他的故居也不再属于林家了。

一下车，我就看见了刚刚翻修过的林氏宗祠。除了祭祖，林可异先生介绍说，以前还在会宗祠开家族会议，开展比较大型的文娱活动。林登岳就读上海大学期间，每每回到家乡，就在村子里宣传马克思主义，给乡亲们描绘未来共产主义蓝图，在祠堂厢房的墙壁上画飞机、汽车（抗战时期被无意中抹去）。乡里的人们对这些外来事物感到十分新鲜好奇，甚至难以接受。林登岳还特别劝自己的父亲不要再收买土地，但他父亲则表示荒诞，不接受。

很遗憾祠堂门开不了，所以我就没有进去一探其究竟。距离祠堂大概500米处，就是林登岳故居了。房屋保存得尚好，有翻修的痕迹，里面居住着一位普通的老农。可是如今林登岳儿时的居所已不再属于林家了。陈主任告诉我，这一带有个说法，叫"二十岁光"。顾名思义，就是一个人很年轻的时候，不顾家业不求上进，败光了家产。林登岳之子林锦峰（已逝）便是当地有名的"二十岁光"。他是林登岳与第一任妻子唐田妹所生。旧时的婚姻大多由家长包办，林登岳与唐氏毫无爱情可言，林登岳在教书时与唐成婚。生下林锦峰不到一年，唐氏便去世了。败光了钱财、田地和房子以后，林锦峰只好投奔水碓后村亲戚处。后来他参加过抗美援朝战争，也因此被乡里人接受和认可。

我本想采访一下父老乡亲们，不过还是听了陈主任的建议，回到林可异先生家中听他过去的事。

三、真理和真爱

从小聪明才智过人的林登岳似乎特别渴望更宽广的舞台，妻子去世后他决定放弃教书继续接受教育。从此他也踏上了追求真理和真爱的道路。

林登岳1922年入杭州之江大学一年后，1923年到上海大学学习。当时的上海大学原计划设两个学院——社会科学院和自然科学院。但后来由于社会动荡等各方面因素，只成功开办了社会科学院社会学系。北京八宝山革命公墓林登岳的碑文上写着：1924年，经瞿秋白介绍（林登岳）加入中国共青团。1925年1月，再经瞿秋白介绍加入中国共产党，在上海市引翔港区委任共青团委书记；在吴淞口区和杨树浦区委任宣传部长，兼任共青团委书记；在小沙渡和浦东区做工会工作。1925年5月，与李立三、蔡和森、瞿秋白等同志发动了震惊中外的五卅运动，时任互济会负责人。1926年底，中共中央派他到苏联中山大学学习。

短短两年时间，林登岳就身兼数职肩负重任。陈主任介绍说，碑文上的简历都是从档案中浓缩出来的，林登岳的档案如今保存在位于北京的中国科学院。林在上海大学期间是何专业林异可先生和陈主任都表示不知情，从他写的科学论文来看应该是与核物理相关的专业。但当时的上海大学并没有条件开办自然科学方面的专业，而且从林登岳接触的人、所担任的职务和回乡几次的表现来看，他都在宣扬马克思主义，所以他很有可能是社会学专业的学生。

以上是我在武义所能了解到的事实和与两位长者交流后的一些看法。档案留在北京，党史办关于林登岳的资料甚少，县志办、方志办或者图书馆就更不用说了。想了解更多更细节的情况，只能北上去查查林登岳的档案，拜访已鲐背之年，陪伴了林登岳半辈子，而今卧病在床，常年居住在北京大学第一医院的刘芳女士。

林登岳就是在上海大学期间，与第二任妻子千如嫱确立了关系。千如嫱是著名经济学家千家驹最大的姐姐，因为家庭原因被送至塘里村做童养媳。千如嫱也从小脑子灵光，愿意读书而且成绩斐然，也慢慢摆脱了自己童养媳的地位与林登岳一同进入上海大学。1926年，千如嫱在上海为林登岳生下一个儿子。1927年，林和千就共同前往莫斯科中山大学学习，儿子被寄养在上海一家药店的一个伙计家。

莫斯科中山大学毕业后,林登岳到第三共产国际工人出版社当编辑,这时他仍不忘国内同志,一直和李立三保持着工作上的联系。第三共产国际解散后他被分配到金矿做人事工作。又一说林登岳属于托洛茨基派,因反对斯大林派篡改列宁主义的政治思想而被捕,"流放"至西伯利亚煤矿接受"劳改",做中国工人的思想政治工作。其间,其妻子千如嫦也被捕,并失去联系,从此下落不明。回国前林在苏联一化学所当主任。1957年4月26日,在中共中央和周恩来同志的帮助下林登岳回国,任中国科学技术情报研究所副主任。其回国后也未再找到自己与千氏的儿子。经过组织的安排,林登岳与因战争失去生育能力的刘芳成婚。1967年,林登岳完成《原子核结构的晶体模型》《关于场作用下的能量质量问题》等科学论文。论文原稿现保存在林可异先生家中,封面或扉页上留有林登岳儿子和孙子的笔迹。

小　结

原计划两天的行程安排,一个下午就全部完成了。写报告的时候我发现不少尚未完全问明白的点和种种纰漏,实在惭愧。陈主任送我到武义车站的路上似乎自言自语地说:"是该去趟北京了。"前往林可异先生家前,陈主任特意先打了个电话给林先生,从他的语气中可以听得出,两人关系不错,至少来往不少。

此次寻访,有收获,有遗憾,但毕竟努力过一趟,就坦然接受吧。

在金堃去寻访之前,我对于林登岳也充满好奇,既然他是上海大学的学生,为什么成为核物理学家(因为20世纪20年代的上海大学并未设立理工专业)?再引起我"八卦"心理的就是他作为千家驹姐夫的身份。

金堃的寻访过程似乎没有太大的波折,通过网上报道联系到报道记者,再通过记者找到县党史办负责人。也许过于顺利,所以金堃也不认为这是一件多么困难的事。其实,许多寻访在线索寻找过程中就十分困难,甚至不得不中断。因而他的这次寻访,要么是各种机缘巧合,要么是其能力的无形体现。总之,一般的线索寻找是不会这样简单顺利的。

相当于其他同学的寻访而言,这次寻访可以说"骨架"完备(找到了其故乡、后人、手稿等),比较完整,但由于林登岳早年离开故乡、远赴苏联,回国后又从事核物理方面的研究,在其家乡能获取的可能是关于他的传说。即便如此,重新寻访林登岳——武义地区最早的中共党员之一——的相关事迹,挖掘其年轻时代的热血奔赴历程,对于当代年轻学子重新认识百年前同样年轻的人们的付出与奋斗,是具有一定意义的。

2017年11月,武义县委党史研究室的顾云霞女士,前往上海大学寻访有关林登岳的事迹,并十分生动地重写林登岳,双方的寻访活动不仅是一种机缘,更是对"林登岳们"精神的共识与继承。

深入群众的好战士
——寻访金贯真

缪腾腾　社会学院 2011 级

缘　起

2012 年夏,我们刚刚进入社会学院,社会学院老师为了让我们获得寻访调查的切身体验,也为了让我们准备好开始社会学院的学习,给我们布置了一个似乎简单而要真正做得优秀却很困难的任务——红色寻访。这次寻访对象多为同学们家乡的烈士,耿敬老师更是十分周到地为我们提供了寻访人物的选择,并为我们指明了大致的寻访方向与方法。在暑期实践期间,社会学院的老师们更表示愿意尽可能地提供帮助与指导。

永嘉是革命老根据地县,是中国工农红军第十三军的策源地。自 1924 年建立直属中央领导的中共温州独立支部以来,永嘉人民在中国共产党的领导下,在新民主主义革命、社会主义革命和社会主义建设中,都作出了重要的贡献。数以千计的革命先烈为了国家的独立、民族的解放、人民的幸福,献出了宝贵的生命。

我这次寻访的革命烈士,就是与红十三军有密切联系的金贯真同志。我计划到永嘉县屿山革命烈士纪念馆、岩头金贯真烈士墓和县党史办查找相关资料,全面详尽地了解他的生平事迹,追溯他在历史上的足迹,希望通过寻访,彰显他不朽的纪念意义。也希望自己在这样一次"自力更生"的挑战中,有所学、有所得、有所领悟。

过　程

【时间】2012 年 7 月 20 日　星期五
【地点】永嘉县屿山
【寻访经历】

在永嘉县屿山南麓竖立着一块永嘉县革命烈士纪念碑,纪念碑后面是永嘉革命烈士纪念馆,这是我寻访金贯真烈士的第一站,在这里,我将从历史记载中初步地了解他的生平事迹。

这天一大早,我就启程去屿山。屿山现在作为永嘉县重点建设的文化公园,到处显现出它的红色革命特色,体现着爱国爱党的精神文明。上山小径边上排列着一个个关乎"法"、关乎"廉洁"的名人名言标牌,还有各类石碑,宣传着"八荣八耻"等道德标语。上山过程中,多个转角处设有供游人、晨练者休憩的古香古色的凉亭,凉亭侧旁常有名人雕像,伴有石刻记述他们的事迹与荣耀。靠近山顶的一段小路旁建有名为"嘉兴关"的古城墙,到达山顶,映入眼帘的便是"杨府庙",而革命烈士纪念馆正位于"杨府庙"背面。

革命烈士纪念馆坐落在屿山山顶,是附近学校组织郊游首选的地点之一。小时春季郊游我曾来过一次,但由于多年未重游此地,登山过程中,我屡屡在岔道口徘徊,也多次南辕北辙。登山时间大概为早晨 10 点,天气已十分炎热,路旁的林荫带来凉意,我却还是汗流浃背。在山上转悠良久,着实寻不到登顶的路线,我便去询问了在树荫下听曲乘凉的老伯,老伯对这里的地形表示很熟悉,并热情地为我指明了道路,旁边的老奶奶得知我将往革命烈士纪念馆去,也是十分地热心,我已经走远了,还能听到老奶奶在身后唤着:"一直沿路往上走。"

寻得正确方向后,我便畅通无阻地到达了山顶,但由于这时已近中午 11 点,纪念馆的大门已锁上,馆内人员已结束一早上的工作,大汗淋漓攀登至此的我不免有些失落,不得不择日再来一次。

不过,馆前的纪念碑倒是可以无阻碍地供人瞻仰。纪念碑上有张爱萍题写的碑名:"永嘉革命烈士纪念碑",底下按照"大革命和土地革命时期的烈士""抗日战争时期的烈士""解放战争时期的烈士""中华人民共和国成立以后的烈士"进行时间划分,依次罗列各烈士姓名。金贯真同志属于"大革命和土地革命时期的烈士",位于纪念碑名字的第二行从右往左数第二个的位置。

【时间】2012 年 7 月 21 日　星期六
【地点】永嘉县岩头中学(永嘉二中)
【寻访经历】

为纪念与缅怀金贯真烈士,永嘉县文化部特为金贯真烈士立了一块墓碑,并将其作为永嘉县重点文物保护单位进行保护,致力于使它成为永嘉县爱国主义教育重要基地之一。为了实地考察该纪念碑现状,获得准确的切身体会,我将该墓碑所在地定为我这一次寻访的第二大目的地。

这日早晨 9 点,我从家出发,坐车至岩头镇,为时 1 小时左右。该墓碑立于岩头中学后山,抵达该校后,我穿过操场到达后山。后山上有多处墓葬,我一时没了思绪是否该上山逐一验明。三伏天,该校只剩下高三同学还在校学习,我想该墓碑立于此处多年,高三学子在学校读书三年或许有所了解,便寻至教学楼处,趁着课间10分钟询问了一位高三男生。

我:"你好,请问你知道这附近的金贯真烈士墓具体在哪儿吗?"

高三男生:"什么?"

我:"就是金贯真烈士的墓。"

高三男生:"墓的话,应该都在后山那一带吧,你可以去找找。"

我:"嗯……好吧,谢谢。"

询问未果,我打算多咨询几位同学,但这时响起上课铃声,询问作罢。我再次返回操场,操场一隅有几间正在装修的小房,里面有一位在扫水的阿姨、一位叔叔和一个蹦蹦跳跳的小孩子。我上前去搭话。

"您好,请问您知道金贯真烈士墓在哪里吗?"

阿姨思考片刻说:"不知道。"

旁边的叔叔见我问话便也过来接话:"什么?"

"您有听说过金贯真烈士墓吗?"

叔叔摇摇头。

谢过他们之后,我便自己在操场转悠扫视。按说这个纪念碑应该就在操场附近,于是我沿着操场与后山的接壤处细细寻找着,就在操场的北面,我发现一个矗立着的石碑,碑面顶部有一颗硕大的五角星,我猜测那很有可能就是纪念碑。沿着山路走不到50米,我便到达了墓碑入口处,这里杂草丛生,掩盖了多级石阶,两块方形石碑上标明了"爱国主义教育基地"与"金贯真墓"的字样。

金贯真墓地占地较寻常墓地大,墓的两旁种植着茂盛的植物,墓前一大片空地,墓的后方立着刚才所见的长型石碑,约莫15米左右,写有"金贯真烈士永垂不朽"9个大字。

底下刻有碑文,内容如下:

> 金贯真烈士,原名家济,一九零二年十二月诞生于永嘉县岩头镇。一九二四年冬加入社会主义青年团,后转为中共党员,是中共温州独立支部主要成员之一。一九二五年,进上海大学。次年,参加北伐,任东路军指挥部政治部秘书兼党团书记。一九二七年秋,赴苏学习。一九二九年八月回国。一九三零年一月,金贯真任中共中央浙南巡视员,在调查研究浙南社会现状和农民武装暴动情况后,向党中央汇报,建议组建浙南红军,三月三十一日,中共中央给浙南党发出指示,决定成立红军和浙南特委,

五月九日宣告成立,中国工农红军第十三军编入中央军委直接领导的全国红军序列,金贯真任政委。一九三零年五月二十日,金贯真在温州城不幸被捕,当晚壮烈就义,年仅二十八岁。当年六月十一日,党中央的《红旗周报》发表悼念文章,称他是布尔什维克党员的模范。金贯真烈士永垂不朽。

【时间】 2012 年 7 月 21 日　星期六
【地点】 永嘉县屿山
【寻访经历】

　　在查明屿山革命烈士纪念馆的开放时间为早上 9:00—11:00、下午 2:00—4:00 后,根据一般纪念馆只在周一不开放的规律,我于该日下午 2:30 上山,结果还是不如人意,纪念馆仍是闭门不开。我又一次失望了,这一次更加无所收获。

　　在询问相关人员之后我得知,该馆多于有群体参观时开放,平日,一周有多日闭馆。这几天,馆内负责人员外出学习,将在 10 多天后才回,这期间,只有一位老伯留守,老伯只在早上人们晨练的时候开门,让人进馆内锻炼。

　　该日我电话询问了永嘉县永嘉中学语文老师周康平,周老师原于岩头生活过 7 年,并曾就读于岩头中学。周老师对于金贯真很是熟悉,他说:"我那时经常在金贯真碑前背书。"另外,周老师谈到如今金贯真烈士墓应为金贯真的衣冠冢。时间有限,我与周老师电话交谈的内容很简短。

【时间】 2012 年 7 月 24 日　星期二
【地点】 永嘉县屿山革命烈士纪念馆
【寻访经历】

　　费尽周折,我终于与现纪念馆负责人员取得联系。在我说明来意后,老伯非常热情地说:"到时候你来了,打个电话给我就行,我都在山上。"

　　这天上午,我起了个早,于上午 8:00 到达山顶,找到老伯,顺利进入馆内。

　　该纪念馆以时间为线索,从"中国共产党的成立和第一次国共合作时期"依次陈列,介绍至"中华人民共和国成立"。整个纪念馆分为两层,以螺旋状进行排列,介绍了各时期革命要事和具有里程碑意义的各大事件,并陈列了相应的重要代表人物。在更替推进的历史进程里,我寻找着金贯真的名字。

　　在纪念馆内,我摘抄和记录了以下资料(稍有校订):

五四运动标志着新民主主义革命的伟大开端,促进了马克思主义同中国工人运动的结合。永嘉城区(温州)青年学生、工人、市民奋起响应北京学生的反帝爱国斗争,举行示威游行,开展罢工、罢课、罢市和抵制日货活动,并组织"永嘉县新学会"等进步社团和创办《新学报》等刊物,积极宣传进步思想。1920年8月,谢文锦参加上海社会主义青年团,1921年10月,胡公冕在上海加入中国共产党。他们和家乡亲友郑恻尘、胡识因、金贯真、李得钊等一批先进青年联系紧密,对永嘉马克思主义的传播影响颇大,为建立中共温州独立支部奠定了思想基础。

谢文锦在上海工作和莫斯科东方大学学习期间,经常与郑恻尘、胡识因、金贯真、李得钊通信来往,并寄《新青年》《向导》等革命书刊给他们阅读。

永嘉首批团员名单有:谢选轩、金守中、李得钊、金弘谛、陈济民、金贯真、何志泽与戴宝椿。

1933年金贯真、李得钊在岩头文昌阁创办了"溪山第一图书馆",传播新文化、新思想。(根据金贯真的遇难日期1930年,以及后来的验证,该处"1933"为文字错误,实为1923年)

1926年秋,北伐军正向杭州进军途中,胡公冕被调任北伐军东路军前敌总指挥部政治部主任,金贯真在政治部任秘书兼党委书记。

1927年10月,金贯真赴莫斯科"中大"(即莫斯科中山大学)学习。

党中央十分重视浙南农民武装暴动,根据中央1930年4月3日第103号通知,浙南红军编为中国工农红军第十三军,成立了军部,军长胡公冕,政委金贯真,政治部主任陈文杰。

红十三军直属中央军委领导,是当时编入正式序列的全国十四支红军之一,下辖三个团,共有6 000人左右,经历大小战斗一百余次,曾攻克丽水、平阳、缙云县城,沉重地打击了国民党反动统治。红军所到之处,宣传十大政纲,开展土地革命,建立红色政权,教育和发动人民群众,有力地配合了全国的土地革命战争,并为后来红军挺进师的活动和浙南游击根据地的建立以及党组织的进一步发展,奠定了坚实基础。

红十三军军部旧址——胡氏四房宗祠,在五尺乡五尺村隔岸降山头山东麓,坐西朝东偏南。系五间两进、左右廊、悬山顶、合院式木构建筑,占地1 467平方米,始建于清雍正六年(1728)。祠宇年久失修,破漏严重,1985年以来,国家拨款,地方集资,建造大桥一座,并将军部旧址整修一新,右侧山坪耸立中国工农红军第十三军纪念碑,左侧新建红十三军战史纪念馆,现为省爱国主义教育基地。1989年列为浙江省第三批文物保护单位。

1987年，永嘉县人民政府在红十三军军部旧址，兴建"中国工农红军第十三军纪念碑"，原国防部部长张爱萍题写碑名，另建有红十三军纪念馆，为游人参观与爱国爱党教育重要基地。

1930年2月8日，浙江巡视员金贯真巡视浙南后给党中央提交报告，指出浙南由于闹荒，有向武装暴动方向发展的可能。

1930年3月31日，中共中央根据金贯真的报告，发出《致浙南的信》，决定正式组建红军和成立中央浙南特委。

1930年2至4月份，金贯真在瑞安先后召开温属各县第二、四、五次扩大会议，决议："在永嘉西楠溪、平阳江南一带组织红军，实现游击战争""温州游击队暂编为浙南红军第一独立团，台州游击队暂编为浙南红军第二独立团，永康游击队暂编为浙南红军第三独立团"。

1930年5月20日，金贯真不幸在温州虞师里被捕，当晚牺牲于松台山麓。

1986年夏，原国防部长张爱萍为金贯真烈士纪念碑亲笔题词。

【时间】 2012年7月24日　星期二
【地点】 永嘉县县委党史办
【寻访经历】

下午县政府工作人员的工作时间为2:00至4:30，我于2:30到达县政府，经过多番询问，找到了党史办负责人——编研科科长胡孜宪。

在说明来意后，胡叔叔很热情地到档案处为我寻找出许多关于金贯真的资料与回忆文章。其中很多采访资料我对其进行了复印与拍照，此外，胡叔叔还赠予我一本由他参与主编的书，名字叫《永嘉英烈传略》。

书中介绍的第三位烈士即为金贯真，胡叔叔说这篇文章大概是金贯真的儿子编写的，由周孝天整理。我摘抄和记录了该章内容（稍有校订）：

> 金贯真是第二次国内革命战争时期浙南杰出的革命战士，他为创建中国工农红军第十三军作出了重要贡献。他先后担任过中共中央巡视员、中国工农红军第十三军政委等重要职务，1930年5月在温州壮烈牺牲。

探索真理　实践真理

金贯真，原名家济，1902年12月15日生于永嘉县楠溪岩头一个农民家庭，父母还是千方百计送他上学。1909年起，他在岩头私塾读书，后入岩头高小。1919年2月，他考进温州省立第十师范。他学习勤奋，并在进步教师的指导下，积极投入新文化运动，如饥似渴地阅读《新青年》《共产党宣言》等革命期刊,探索革命真理。常与人言:"'天下兴亡,匹夫有责',我将何以使社会灿烂光华?我将何以使人群快乐无涯?"

五四运动爆发后,他和蔡雄、苏渊雷等组织"血波社""宏文会"等新闻学研究团体,1923年秋,邀请朱自清先生担任指导。他还同楠溪的李得钊、金省真等同学一起,组织"青年策进会""溪山学友会",为在楠溪山乡开展新文化运动而努力。由于他品学兼优,坚持正义,追求真理,勇于斗争,校长金嵘轩为他改名为"贯真",激励他为实践真理而奋斗终生。金贯真的老师、共产党员谢文锦经常从上海给金贯真来信,鼓励他积极参加革命活动。此时,金贯真除了参加爱国学生运动外,还利用假期,团结和带领楠溪在温读书的学友深入山乡进行演出、宣传。他还筹集资金购买进步书刊,在岩头"文昌阁"筹办"溪山第一图书馆",传播新文化、新思想。

1924年,他受聘在十师附小任教。这年秋天,谢文锦和胡公冕相继抵温,从事革命活动。金贯真在他们的帮助教育下,思想觉悟很快提高。1925年春,谢文锦介绍金贯真参加了中国共产主义青年团,同年转党,并成为浙南最早的党组织——中共温州独立支部的主要成员。谢文锦写给党中央的报告中,对金贯真的评语是"人极诚实可靠,对于现社会的情况及现政治的状况颇能了解,并知道病源的所在和改革的方法,这是因为他多读我们出版物的结果。"

1925年"五卅"惨案发生后,金贯真和"温独支"的其他成员,组织了"'五卅'惨案后援会",领导和组织游行示威,发动工人罢工、商人罢市、学生罢课,还发动募捐,支持上海工人的罢工斗争。嗣后,得到谢文锦的帮助,金贯真和李得钊两人去上海,进上海大学听讲。不久,党组织派金贯真到国民革命军参加军事训练。1926年秋,他在北伐军中担任东路军总指挥部政治部秘书兼党团书记。

坚持原则　敢于斗争

1927年秋,中央选派金贯真等100多人赴苏联学习,进入莫斯科中山大学(后改名为中国劳动者共产主义大学)。当时,王明等人控制学校党组织"共产党支部局",他们看不起有实际工作经验的同志,借苏共开展反托斗争之机,诬陷俞秀松、金贯真等人所谓的"江浙同乡会"是托派,对他们进行打击陷害。金贯真和俞秀松等坚持原则,进行了针锋相对的斗争。1929年8月,金贯真等26人离苏回国。偏袒王明的"中大"校长米夫,以第三国际东方部的名义,写信给中共中央,说这一批回国的人中,多数有参加托洛茨基反对派活动的嫌疑。中共中央为了考察了解这批回国人员的政治态度,在上海开办了特别训练班。学习结束后,中共中央认为多数同志"没有反对派嫌疑的真确证据",遂派金贯真为浙南巡视员。

巡视考察　忘我工作

1930年1月中旬,金贯真受命到达浙南,在白色恐怖十分严重的情况下,他不怕艰险、忘我工作,深入各地进行巡视考察。他以马克思主义阶级分析的观点,调查研究了温州、台州等城乡的社会情况。从1月中旬到2月底的40多天时间里,他的行程达数千里。他在温州地区30多天,先后在永嘉、瑞安、平阳等地召开大小会议21次。在台州地区12天,在海门、黄岩、路桥、玉环、温岭等地分别召开中心县委会议2次,县、区及农村支部、工人支部、保卫团支部等大小会议14次。工作极为紧张、繁忙。他在给李得钊的信中说:"有时一天要走一百几十里路"。有时搞不到吃的东西,还要提防敌特的盯梢、内奸的破坏和军警的盘查。

金贯真深切关怀和同情劳动人民的生活疾苦。他在1930年2月28日写给党中央的报告中说:"去年温属奇荒","劳动民众实无法可以生活下去。只有平阳的江南乡丰收,但'陪荒'的痛苦比多荒的更厉害,米价和别处是不相上下,因为地主都将米偷运至各县,致有钱买不到米来。佃农所收的东西除交新租外还要交陈租。结果还是粮食十分缺乏。现在温州起码有70％以上的户口都已无米粮,有30余万人已完全陷入待毙的境地。国民党政府不管群众的苦痛,拼命地实行土地陈报加佃粮,加村里制特捐,加保卫团捐。怨声载道,群众斗争的情绪自然一天天提高起来。"他在报告中详细叙述了饥民的闹荒斗争、驱逐土地陈报丈量员、烧毁土地陈报单以及揭竿而起进行暴动的革命行动,并为此叫好。他写道:"温州群众斗争情绪的高涨,在被捕和被杀同志中也可以看出来,在六七十个被捕杀的同志中,虽经过残酷奇刑拷打,但始终没有一个人揭出一个同志和一个机关来。"他的巡视工作报告不仅是生动、朴实地反映当时浙南人民革命斗争的工作报告,也是一曲浙南农民革命运动"好得很"的热情赞歌。

中共中央的重托,工农阶级兄弟的苦难生活和斗争热情,使金贯真忘我地工作,无暇顾及家里的亲人。1930年春节前夕,同志们劝他:"你离家五年多了,四处奔波,这次从苏联归来,该到家过一个团聚的年节了。"他说:"敌人花天酒地地过年,正是我们工作的好时机。"后来他的妻子郑玉钗正月初二赶到温州,俩人各自诉说了别后情况。就在当天深夜,金贯真听到了轻轻的敲门声,对妻子说:"我有事要去。等温州解放了,那时接你来!明天你先回家吧!"说着,披衣起来,开门外出,迎着寒风,踏雪而去,又投入了紧张的革命斗争。谁曾料到,这次以胜利相见为约的分手,竟成了这一对年轻夫妇的永别!

党的活动家 红军的好政委

1930年1月下旬,金贯真在瑞安肇平垟主持召开了温属七县党的干部会议,传达中共六届二中全会精神,研究党组织的整顿和发展工作,并作出了发动闹荒斗争和建立红军、发展游击战争等重要决定。在会上金贯真深入浅出地宣传讲解共产主义理想和当前斗争任务以及路线、策略、工作方法,使大家受到深刻教育。

他还经常同工人、农民谈话。他常说:"他们确实是积极勇敢的,和他们个别谈话,他们实能解决实际问题,讲出许多实际的办法""要动员一切同志做好群众工作"。

他很强调注意培养训练干部。认为"首先要把区委和支书训练得好""要多分配给积极分子工作,多开活动分子大会,在斗争中吸收同志(党员),在斗争中培养干部"。

他很重视政治宣传工作。要求"各支部要经常地做木炭队、白笔队、黑油队、标语队的工作"。他赞扬了"二月初间有个支部的同志在内河所有的桥间柱上都以黑油大书主要口号""甚至在敌保安司令部门口,都写出我们的口号来,县党部揭示板上我们的口号宣言贴了半日,方有警察去撕掉,看的人真不知有多少"。他对红军政治工作制度的建立,也曾提出很有见地的设想。

1930年3月下旬,他到上海向党中央汇报工作。党中央于3月31日给浙南党发出了关于工农兵运动的策略路线、建立红军、组织问题的指示信。信中指出:"党应当以浙南的永嘉、台州为中心,组织地方暴动,建立红军。"信最后指明:"特委工作的布置,已与金贯真同志当面讨论。"于是,他担负着组织地方暴动,组建浙南特委和建立红十三军之使命,从沪返温。5月上旬,他和中央军委派来的胡公冕、陈文杰等,以永嘉楠溪为据点,以楠溪的农民武装为基本队伍,并汇合了瑞安、温岭、永康、缙云等县的农民武装,经党中央批准成立了中国工农红军第十三军,胡公冕任军长,金贯真任政委,陈文杰任政治部主任。

为了贯彻党中央指示,搞好建军工作,金贯真主持召开会议,对红军的军事、政治工作作了重要决定:一是建立永嘉、台州、永康三个独立团,在扩大红军方面,计划将红军向有群众组织的地方发展;二是发扬军事民主,建立士兵委员会;三是加强党务工作,每分队建立党小组,每中队建立党支部,一星期开一次党员大会;四是提出政治纲领,主要内容是:1. 杀豪绅、地主;2. 没收土地,实行土地革命;3. 焚烧契据及土地陈报单;4. 分殷户米谷财产给贫民;5. 推倒村里制;6. 建立苏维埃政权;

7. 组织工农纠察队、赤卫队。但由于金贯真同志会后不久被捕牺牲,加上李立三路线的影响,红十三军成立后,集中出击中心城镇,上述各点未能完全付诸实施。

红十三军这支人民武装的崛起,有力地打击了当时浙南国民党反动派政权和封建势力。他们攻处州、打平阳、克缙云、夺瓯渠、战乌岩,活动于温、台、处的永嘉、乐清、瑞安、平阳、文成、玉环、黄岩、仙居、缙云、永康、丽水、青田等县,后来还影响浙西、浙北地区,队伍最多时曾发展到6 000余人,影响深远。党中央机关报《红旗》报1930年4月26日苏维埃特号《全国红军概况》一文中,把红十三军列入当时全国14支红军序列之一。苏联《真理报》还报道了红十三军攻打平阳的消息。

浙南革命武装力量的发展,使国民党反动派极为恐慌,他们调集部队,对红十三军进行堵截"围剿",并到处设暗探、派特务、悬重金,缉捕红军将领。1930年5月,金贯真到平阳预先布置攻城任务。5月18日他完成任务返回温州,被特务跟踪包围,不幸被捕,被解送国民党永嘉县政府。县长问他:"你为什么要去当匪?"他大义凛然,怒斥群丑:"你们国民党才是匪,我是为被压迫阶级的解放而奋斗的。"这使那些与人民为敌的豺狼们噤若寒蝉。他们生怕迟延有变,就在当天夜里秘密杀害了金贯真同志,时年仅27岁。

金贯真的牺牲,是我党的重大损失。《红旗》报1930年6月11日刊登了当时在中共中央军委担任重要工作的李得钊写的悼文,称"贯真同志是布尔什维克党党员的模范!"1930年8月,周恩来同志在莫斯科接见留苏学生时,讲到王明、米夫过去对回国同志的错误结论时说:"留苏回国的好多同志,表现很好,例如金贯真同志,浙江人民说他是'浙江的金龙'。他已经为中国的苏维埃政权贡献出了年轻的生命,在浙江领导农民斗争中壮烈牺牲了。"

1940年,党派金省真给金贯真烈士的家属赠送了抚恤金,并转达了党的慰问,鼓励亲属支持革命,抚育好烈士遗孤。

金贯真烈士永远活在我们心中!

除了这本图书,胡叔叔还为我找出了许多关于金贯真的档案,包括一些他的诗稿、手迹以及通过采访获得的金则超等人对他的回忆记录。这次获得的大部分资料为金贯真笔迹复印稿和采访者匆忙写下的记录,文字较为潦草和难以辨认;并且由于年代的不同,很多字词的搭配和运用都与现在很不一样,在逐字逐句输入时,经常会碰见生僻字,要借助于字典查询;另外,很多字由于是繁体字或是行草写就,难以辨认,这多有赖于请教外公,方知何字。为避免谬误众多,此处输入几份较为清晰的资料,如有谬误,望请斧正。

金贯真烈士遗诗①:

早晨的鹊儿(节选)

一

当我从睡乡里回来的时候,
寂寞还团团的围着。
我柔弱的心灵的忧思,
东一碰西一撞地像电流一样的闪烁。
唉,恼人的鼾声呀!
怎么只管把人生的惨剧细细奏演,
不知我柔弱的心灵,
将要为你破裂呢。

二

东方血一样的红了,
小鹊儿奏起"威——耶威——耶"的欢调;
围绕我的寂寞,
破散得像鼠寇一般,
使我冰冷的心儿,
澎湃得仿佛春潮;
使我灰烬的心儿,
燃烧得跟铁炉一样;
那时我积蓄下来的忧思与烦恼,
早已完完全全被冲了,融了,
啊!幽美的歌声哟!
人类的甘泉哟!

努力着

努力着破坏哟!
　　　　五月二十一日
这首是当大雨时做的,
这时我心里的热血和下雨的境况息息相应,
我本想做一首像怒雨骤至的氛味,

---

① 3月中旬,永嘉县民政局找到了一本金贯真遗诗选集。簿面上写着"贯真备""十二年三月"。这是1923年金贯真在温州十师读书时的作品。有蓝色墨水写的评语和修改的字句。

但恨我的艺术的手腕太薄弱,
羞不能如愿!

金贯真烈士遗作①:

打破一切偶像

清明前几日,我和一个朋友请假回家:不巧这日的潮候迟,到了夜间三时才可下船,那时万籁无声,四向寂然,只有天上一轮明月挂着,银河横着,反映着水面,银光灿烂。我虚冥的心里,不觉勾起一个强烈的感想,故作此:

春来好久了,大地上铺满了碧绿的茵褥,天空里散布着柔和的慈母似的光亮。花儿,到处向着人们微微地痴笑;鸟儿站在树梢上袅袅地唱歌;蔚蓝的青天,美丽的云花荡漾;森茂的林园,叶儿浓嫩欲滴。气儿清,风儿和,一幅清幽的美景哟!啊!啊——我心胸的血液涌沸,我心琴的弦儿在响,我啊我,正要张了翼儿飞扬。世界上一切的事本也只有飞扬,我向着太空里飞扬,向着旷野中飞扬;我向着乐园里飞扬,向着桃源中飞扬。我飞扬到了老庄屈子的身上,飞扬到万代为民权而死的志士的心上,我飞扬到我爱人的琴弦上!飞到我最安适的故乡,鼓勇!鼓勇!飞扬!飞扬!

天上浮云叠叠,地上湿露重重,小星不住地闪烁,在银白游龙江面上跳跃,山也睡着、树也睡着、草也睡着、花也睡着、鸟也睡着、人也睡着;一切的造物,都鼾鼾地睡着。四向的边际,还有似透非透的薄雾团团锁着。清清寂寂,好似一座极乐的世界。那时我和朋友,并坐在江中的舟上。对着皎皎的月亮,很欢悦的(缺一字)着。它的幽光,一直照透我的心灵。消融了我内在的燥热;冰化了我久结的愁怀,我心胸里空虚溟静,尽量吸收它的光明,此时没有物我,没有彼此,世界上只是个我,我便是世界。啊!啊!月亮呀,你须永远拥抱我在你的胸怀,人间的空气,只有污浊弥漫,助我的努力破坏,破坏了四向的薄雾,破坏了四围大山,破坏了一切的偶像,破坏了人心的隔膜。唉!朋友呀!努力破坏!破坏!

人间最宝贵的,只有金钱,人间最羡慕的,只有权势。有了金钱,有了权势,上天便上天,下地便下地;哪个禁得住政客和军家的暴肆?哪个禁得住资本家的虐待?人类这样绵延,不过悲叹的悲叹,怨天的怨天,有什么善恶可说?有什么是非可辨?唉!人呀!愚蠢的人呀!一切都由人们创立,何至反被背逆的善恶是非钳制啊!啊!潮呀!奔腾的思潮呀!我

---

① 原载于1923年《永嘉周刊》。转摘自:周天孝:《师生英烈耀千秋》,浙江人民出版社1989年版,第43—45页。稍作校订。

们愿,随着你奔腾,去到广漠中找我的方针,奔出了东海,奔入了太平洋,奔过了苏耶士,奔到大西洋,带着暖流去融化南冰洋北冰洋,带着寒流去调剂赤道上的热瘴。激起波浪,让慈母来装点神异的美,好使久闷的征人观赏,倦息江湾,便也和着亲吻,留个深深印象。唉!朋友呀!勇跃,勇跃!奔腾!奔腾!教师只叫我努力前行,不教我在绝路彷徨的方针!我见过多少青年,为了情人牺牲,泣血愁离,多少志士受着环境的压迫,灰心丧气,仰天嘘息。哪里知道宇宙间,并没有完全满欲;也没有完全称意;只有遗憾,只有迷离,只有永不能找到淡淡的影迹。啊!啊!风呀!飘摇的风呀!我们愿跟你飘摇,尝尝飘摇的滋味。飘过峨眉,飘过昆仑,飘到阿尔卑斯,飘到喜马拉雅;飘出富士,飘出落机!扫净了败叶,好使春之女神装点出新鲜的美丽。遇着白雪的山巅,便也讨个洗礼。唉!朋友呀!鼓励!鼓励!飘摇!飘摇!甚么飞扬,甚么破坏;甚么奔腾,甚么飘摇,都极平常,并没有奇异,并不见过激,今日的我们,还在黑夜里飞绕,云雾中步行。少有人是绝对的朋友,也少有人是永远的恩人,并且也未有能力支持自己的身心。啊!奔驰!奔驰!那边有我慈母等着,我的兄弟姐妹望着,也有我爱人,正在热泪盈盈地愁闷呢!啊!船儿呀!助我毅力兴奋,奔驰到我最安适的故乡。

[民国]十二、五、十三作于师校

另有金贯真诗作、报告党中央的手迹以及采访金则超得到的其对金贯真的回忆记录,均为照片材料,此处省略。

寻访体悟

这次的暑期实践为期不长,但对我来说,这是十分宝贵和印象深刻的经历。这次实践没有团队合作,没有大家一起出谋划策、齐心协力。寻访过程中,很让我头疼的便是无法寻得同行的伙伴。记得第一次爬屿山的时候,无人相伴,我便拉上自家小弟同去,那天他也是满头大汗,当我因为第一次成果不佳,需再登山一次时,他坚决地拒绝了我再次同行的提议,他的态度我很是理解,大热天去爬山也着实难为他。随后,我但凡与同学见面或相聚,便会询问:"某某地方有兴趣陪我去考察看看不?"很多同学的反应是惊讶与摇头,但也有同学因为假期无聊乐意同行。就这样,我与一些同学前往了这么多个地点。整个考察过程虽然可以咨询老师,但结果大都是靠我们自己摸索、尝试得出的,实实在在践行了校训——"自强不息"啊!

这次寻访并不是一帆风顺的,比如:我一连爬了屿山三次,联系了金建武老师三次，咨询了姨夫三次，打电话给纪念馆大叔三次，等等，这么多个"三"，还真有点"一波三折"的意味。但每一次无论成果丰硕与否，我都觉得自己收获良多，因为有一种"走出去"的自豪感和亲自调查的满足感，再加点大汗淋漓的畅快感。

这次寻访中，遗憾与不足也是有的，比如：在开始调查前，我计划从"金贯真的生平事迹""民间对他的看法"和"革命传统继承"三个方面进行考察，关于第一点，其生平事迹已收集得较为详尽，但令人不满意的是资料多为政府方面的文字记载，我未能亲自到瑞金医院去询问金贯真的后人金爱伦，也未能在当地学生中间做一次问卷，调查他们对革命烈士尤其是金贯真同志的了解，同时也无法花时间询问当地的老人们，金老师（原岩头中学历史老师，现任上塘中学副校长）一直忙于公务，直到我离开温州也无法与我交谈，更使我深感遗憾和无奈的是，我爬了三次屿山，即使最后一次成功入馆，也还是没能与馆内正规工作人员进行交谈和咨询。缺憾是难免的，但意识到缺口，才更接近完整，若还有机会，我相信我可以做得更完善！

不过，这次寻访的收获当然是很多的。在搜集和整理过程中，我对金贯真有了一定的了解，自己现在都可以陈列出他的人生大纲了。他是位积极吸收新思想、努力创造新文化的新青年，因此他才能在短短的28年的生命里，为人民、为革命、为历史写下自己的传奇。他给我留下的印象，概括起来就是"深入群众的好战士"，他是个实事求是的实干者，多年奔波在外，四处调查，准确反映民情，敏锐地提出建议与方案。在整理他的资料的时候，我还觉得他是个很硬气的人，例如：一次，一位县长为保住乌纱帽，恳求金贯真设法让他与胡公冕见上一面，并愿给酬金四百大洋，但金贯真说："事业要紧，我们不能要这不义之财。"同时，他也是个满腔热血、满怀抱负的有志青年，这些从他的诗作与文章，甚至谈吐举止中可见一斑，他对着那时混乱艰苦的社会怒吼，但却又不失希望，他是个积极的革命家，迫切地渴望投身到革命当中去，不辞辛苦地为党为人民奔波劳累。

关于寻访技巧和方法，我自己也总结了不少：一是在参观纪念馆等公共设施之前，应查询好它的开放时间。总的来说，就是事先的准备工作要先做好。二是在调查过程中记录工作要做好，否则后续工作很可能难以为继。例如，第一次去纪念馆，我因未拍下纪念碑的主要内容而无法确认金贯真这个名字的具体位置以及所处时期。三是要及时行动。上述的缺憾，从另一方面说明了及时行动的重要性。这个假期我的一位朋友曾向我说起，他前段日子没心思外出调查，等这几天有动力与热情了，竟刮起了台风。我自己也有类似的体会，所以，当有了想法，有了计划，行动是关键，毕竟不可控因素太多，我们需要及时认识环境、适应环境并利用环境。此外，在调查过程中我们会发现越来越多的问题，心中有越来越多的问号，我计划中关于问卷的想法也是后来回顾思考时产生的,可是那时该中学已放假,难以做集体问卷了。可见时间良多,合适的契机却"时不我与",社会调查总是在"实践—发现—实践"的过程中完善的,因而预留的时间要充足而有效。四是打破思维定式,避免执拗于原有的偏见。在我之前的认知中,当今社会对历史文物、革命记忆是不太重视的,文化继承有一定的裂痕,于是当看到金贯真烈士墓的小道杂草丛生时,我就莫名产生这里鲜有人至的看法,但杂草的生长周期短,在野外更是生长旺盛等因素也是应该予以考虑的,而且,烈士墓前的空地较为干净,并无多年失修之样,两旁的植物看上去也有人修剪,所以自己之前较为偏执的观念应予以重新审视。正如马林诺斯基在《江村经济》序中所说"预先设定了不存在的力量或是忽视了前进道路上的阻碍对群体都是有害的",避免偏见,分析事实,"没有调查权就没有发言权",用事实说话,才是一个社会人该有的素养与追求!

这次的寻访可谓极具"人和"的优势。中国各地方言存在差别是进行实地调查的实际困难之一,村里的人们除了自己的方言外,一般不懂其他地方方言,而我的家乡就是当地,就不必再花时间去学习当地方言了。除此以外,我还有一大资源便是当地的人脉,我也许不知道金贯真同志的具体情况,也从未去过岩头镇,但我却可以知道自己的老师、同学中有无岩头人,他们就像桥梁,为我们到达目标的彼岸提供了便利与支持。所以说,人与人的联系可帮助我们直接进入调查本身,而无须浪费时间去做那些初步的准备工作。

我第一次做了一次小小的社会调查者,也许跌跌撞撞,也许不尽完美,但因为用心而弥足珍贵,因为残缺而值得回味!

这是一篇日记式的寻访报告,报告逐日记录其寻访过程,无论是查到线索的成功喜悦,还是一无所获的失落沮丧,报告都全方位地予以记述,这种方式充分呈现了寻访的艰辛和不易。波折和失落是这类寻访活动中最常遇到的事情,这种挫折训练对于20岁之前一帆风顺的年轻学子而言,不失为一次很好的历练。

金贯真作为红十三军的创始人之一,却在以往的革命史教育中少有涉及,因而对于年轻学子而言更是陌生。金贯真在浙江省立第十师范读书时,曾与苏渊雷等人组织爱国学生团体——血波社,让缪腾腾去对其寻访的重要缘由是因为苏渊雷先生也是我的老师,我知道他是"大革命"之前的早期党员,但对其革命生涯始终缺乏了解。因而我希望通过对金贯真的寻访,能间接了解和认识苏先生。缪腾腾不负众望,通过她的寻访,金贯真的革命事迹也逐渐清晰地呈现出来。

金贯真到上海大学读书,是由当时中共浙江党组织负责人谢文锦(也曾任课于上海大学)引荐的,同时到上海大学的还有其同学李得钊。红十三军创建之际,金贯真与中共中央军事部之间的联系人就是担任中央军事部秘书的李得钊。2016年,刘波女士为撰写《李得钊传》曾到访上海大学,交流中所获得的部分关于金贯真的资料信息也进一步丰富了之前缪腾腾的寻访调查。

这篇报告最值得肯定的,就是"寻访体悟"部分。对于革命先驱的寻访,不仅是一次发现历史的过程,更应该是一次人生意义的教育过程。这也是我们给学生们安排这类寻访的初衷。

整个寻访过程的遗憾就是未能对金贯真的后人进一步追访。其后人不仅有温州最初民营医院的探索者,还有优秀的大学生村官,如果能完整地做完相关寻访,就可从中看到时代精神在三代人之间的传承。

从红色寻访中反思对早期
革命者历史的关怀
——寻访丁景吉

夏兆强　社会学院2011级

2011年的暑假,我们社会学院部分11级学生进行了一次关于20世纪20年代上海大学社会学院校友的寻访。我的这段寻访历程是从7月24日真正开始的。

我的寻访对象是一位名叫丁景吉的老党员。关于丁景吉的信息耿敬老师已经在很早之前发到我的邮箱里面,但是信息偏向粗略和简单,甚至谈不上是寻访线索。我决定首先从互联网上获取相应的信息。在网上进行相关的搜索,反复出现在我视线中的是网上的一篇博文——《从父亲徐风笑的遭遇看王明宗派主义干部路线》,这篇博文中提到了丁景吉这个人,但也只是只言片语:"丁景吉,又名丁晓、丁晓波、丁云波。安徽省宿县西五铺(现为濉溪县五铺乡)人。1903年生人,1922年考入上海大学,在该校加入中国共产党。父亲与他曾于1926年冬在组织的安排下一起到武汉国共合作开办的'安徽党务干部学校'学习,当时那个学校的副校长就是李启耕。1927年4月父亲担任组长,与丁景吉等人曾在执行任务时一起被国民党逮捕,一起经受了敌人的严刑拷打,却始终未暴露身份,释放后又一起被组织派回宿县工作。丁景吉是父亲志同道合的战友,也是有过生死之交的好友。"从博文主页中我了解到博主和主人公徐风笑是父子关系,因此我推测其对于父亲的朋友丁景吉的了解也可能不只是这篇博文里面的只言片语。于是我关注博主的微博,并且写了相应的留言,也在网上搜索相类似的博文并写了相应的留言,但是几天过后这些微博仍然没有任何回应。我又仔细地核对了一下这几篇博文发布的时间,发现这几篇博文都是2007年左右发布的,时间已经很久远了,而且博主好像年龄都在65岁之上。因此,我只有放弃这种寻访途径。

由博文上的粗略信息我得知丁景吉是濉溪县人,所以我最初打算去濉溪县的党史办或者相关的同类机构了解相应的信息。通过了解我发现濉溪县党史研究室曾被评为"11年全省党史系统先进集体",这更增加了我对这条途径的信心。我开始上网查询关于濉溪县党史研究的资料,在"濉溪党史"网站上我发现了一些关于濉溪县党史的资料,但是资料并不很多,相关的仅包括几个当地有名的老革命者的传略比如"赵皖江传略""谢萧九传略"等。最初开始的时候我自以为在濉溪县党史官网可以找到关于丁景吉的一些资料,但是找了很久,出现最多的都只是看似在濉溪县当地有些名气的优秀革命者,这个结果难免使我有些失望。为什么小有名气的零星的几个革命者可以在党史资料不多的官网上有一些传略而这些草根革命者却连名字都不被广大网民所得知?最后我只能放弃互联网这条途径,转念想通过濉溪县党史研究室采用实地走访的形式查询关于丁景吉的信息。

我打通了濉溪县党史研究室的电话,接听这通电话的是濉溪县党史研究室的负责人(公务员)杨西大叔叔。因为当时的时间也很晚了,所以杨叔叔答应我明天把查到的信息给我,他说这个丁景吉的信息他好像是有点印象的,这让我小小地欣喜了一番。至此我的寻访经历可以说是取得了阶段性的进步。次日下午,我又打电话给濉溪县党史研究室的杨西大叔叔。杨叔叔说由于丁景吉去世得比较早,而且时间也比较久远,所以他对于丁景吉的具体信息了解得也不是很多。但是杨叔叔给了我一个号码,号码的主人正是濉溪县党史研究室的副编审——郑于光,但是他现在已经退休了。因为郑于光爷爷曾经做过关于濉溪县老革命烈士的党史研究,所以对于丁景吉这个人可能会有些了解。于是我下午就打电话给郑爷爷,郑爷爷接了电话,他的语气很温和。郑爷爷说他是退休的职工,赋闲在家,可以随时接受访谈。到这里整个寻访是真正地取得了实质性的进展。得到这个信息之后,我就开始筹划去拜访郑爷爷。我想关于丁景吉的一切事情也只有在接触到郑爷爷之后才能有点眉目吧。

我是在8月1日的上午开始从我的老家灵璧坐车前往濉溪县的。到达濉溪之后稍作休整,我开始给郑爷爷打电话,我们约在下午2点半的时候在郑爷爷家里进行关于校友的寻访访谈。

8月1日的下午2点半的时候,我已经到了郑爷爷家里。郑爷爷对人很热情也很好客。我通过了解得知,原来郑爷爷是安徽师范大学中文系毕业的第一批学生。他在1954年的时候考入华东财政干部学校(专科),于1958年的时候进入安徽师范大学深造。从师大毕业之后,郑爷爷来到含寿学校培养小学教师。在"文革"后期的时候,郑爷爷来到了濉溪县委党校从事党校理论教员的工作。郑爷爷做了8年的教员,于20世纪80年代入党,于65岁退休。他的最后一份工作是在濉溪县党史资料征集办公室做副编审,也就是在这里的时候,他开始知道丁景吉这个人。我看到他的家居陈设,有单独的一间书屋,里面塞满了关于濉溪县党史的很多资料。通过和郑于光爷爷谈话,我也了解到很多老上海大学的信息。老上海大学的社会学系可谓是盛名一时，里面汇聚了瞿秋白、邓中夏等一大批有志国人，而丁景吉也正是老上海大学社会学系的一员。

在和郑爷爷的访谈过程中，我了解到一些关于丁景吉的信息：

丁景吉1903年出生，因患肺结核于1928年去世。丁景吉原是安徽宿县人，但是20世纪50年代的时候濉溪县成立了，丁景吉所在的家乡也被划分到了濉溪县里面去，所以丁景吉是真正意义上的濉溪县人。他先是在安徽省立第四甲种农业学校学习，后来又来到上海东南高等专科师范学校（即老上海大学）社会学系进行深造。

丁景吉于1919年5月6日的时候和宿县五铺乡的几个老乡赵立仁等组织同学进行过声援北京学生反帝爱国运动，当时他还在安徽省立第四甲种农业学校进行学习。

1920年的时候，丁景吉和同学等成立了剧社，其中的骨干有丁景吉、杨梓宜、徐仙舟等人。他们排演过《八国联军进北京》《安南亡国惨》《孔雀东南飞》等剧目。

1922年的时候，丁景吉考入上海大学，他确定的入党时间因为年代久远已经无从查证，因为1923年之后的上海大学党员小组的名单里面都没有丁景吉的名字，但是丁景吉又是在上海大学入党的，所以可以推定他的入党时间是在1922年到1923年之间。

1927年的时候，丁景吉被党中央批准去莫斯科中山大学（以下简称莫大）学习。这种党中央派去莫大学习的形式总共有四期。当时丁景吉是第三期学员，副书记是王明。王明、张闻天、王稼祥等是第一期学员。而接受党中央去莫大学习的全体学员大概有1 000人，宿县的一共有8个。因为1927年的时候发生了汪精卫反革命叛变，所以当时形势还是很严峻的。丁景吉在莫大学习的时候由于空气干热，加之突如其来的肺结核，很快就住进了医院，并且身体极度虚弱，于1928年辞世，享年25岁。

此外我了解到20世纪90年代，郑爷爷当时还在濉溪县党史办公室工作的时候，他曾经带领着寻访团队对濉溪县当地的老革命者进行过寻访，但是对于英年早逝的革命烈士丁景吉的寻访所得来的资料也就是这么多，甚至于现在的党史研究室里面关于丁景吉的资料还没有这么多。我本想去县烈士文化馆或者是丁景吉的故居濉溪县五铺乡走访的，期盼着能获得一些蛛丝马迹，但是郑爷爷的一段话完全打消了我的念头，与其说是念头不如说是期许。他说县烈士文化馆里面甚至都没有丁景吉的名字，有的仅是几个有名气的当地老革命者，至于丁景吉的老家经过几十年的变迁早就不知道变成什么样子了，又何谈找丁景吉的故居呢？在20世纪90年代他们进行寻访的时候都没有查询到有关丁景吉的亲属的信息,更别说现在想从他的亲人那边入手了。至此,对于丁景吉的寻访算是告一段落,但是我的思绪却飘了很远。

没有故居,没有烈士纪念碑的留名,甚至没有几个人知道历史上曾经存在过这样一个全心全意为革命奉献自我的烈士。这样一个有奉献精神的革命烈士缘何在历史车轮碾过之后留不下一丝痕迹?我想不仅仅是因为人物距离现在比较久远,资料难以考证,也不仅仅是因为其英年早逝没留下后代子嗣,更深层次的原因是:当我们一代一代人在对革命历史进行思考和追溯的时候,大多数目光似乎都集中在革命中的精英阶层,而对草根革命者历史的关怀却远远不够。这是不是该有所反思呢?

点评

夏兆强的这份寻访报告比较代表性地体现了安排这种"红色寻访"的意义。这次的寻访对象——丁景吉,一个在20世纪20年代投身救国图强的热血青年,短暂的生命未曾闪耀其绚烂,其热情投入的付出似乎也被人忽略,他,成为一个几乎被人遗忘的人。一个与现在大学生年龄相仿的青年人,百年前在关心什么,他们的追求是什么,他们孜孜以求的与现在青年学子有何不同?通过寻访,也许能获取些许触动与感悟。

对于丁景吉这位寻访对象,目前相关资料极少,基本无法理清其一生的基本线索,即便其家乡的地方党史研究者,对其也少有了解。没有后人、没有墓地、不知故乡、不知经历,对这位革命青年的寻访应该说是极其困难的和极具考验的。然而,正是这样一位抛弃一切个人利益、勇于牺牲和付出的革命青年,即便我们没能找到任何关于他的有价值的线索,其投身于反帝反封建的奋斗精神,却更让人感慨和感动。

因而,夏兆强深深体会到,默默无闻的草根革命者的牺牲与付出更值得去挖掘。

积极推动妇女解放运动的先烈
——寻访张应春

柴燕芳　社会学院 2011 级

很高兴,在这个夏天,我成为上海大学社会学院的一分子,耿院长在我们还没接受专业知识学习前给我们安排了个暑期任务,我被指派到离我家相对比较近的吴江去进行一次红色寻访,寻访一位曾经在上海大学学习过马列主义,最终为了维护共产党的利益被国民党活活刺死的女烈士——张应春。

这个暑期我陪妈妈回了趟老家,和同学聚了聚,于是把这次寻访放到了暑期将要结束的时候。8月23日,是七夕节,即是中国的情人节,老天可能是想给有情人们创造一个浪漫的氛围,于是下起了小雨。很高兴在这个天气比较凉爽,日子比较特殊的一天踏上我的寻访之路。

从苏州到北厍的车很多,每20分钟就有一辆,所以买票,上车,一切都很顺利,只是那个地方还挺偏远的,看着车越开越偏,我开始有点担心了,担心路盲的我能不能找到那个地方,开了一个多小时的车终于到了北厍汽车客运中心。

通过询问工作人员,我们了解到张应春烈士并没有后人,她的故居在黎星村,黎星村附近有个张应春烈士公墓。因为地方比较陌生,所以我选择打出租车,但是没想到下雨天这个地方的出租车更是少之又少,于是我问起路边的摩的师傅是否认识张应春烈士公墓在哪,很巧的是这位师傅正好住在黎星村,所以他知道这个地方,于是他开摩的把我送到了那里。当我知道那师傅住在黎星村时,感到一丝幸运;但得知他并非本地人时,又有些失望——本来还想问问他是否了解一些关于张应春烈士的信息。从摩的师傅口中我得知烈士公墓正在重新修建中。

一进大门,我就看到了正在重修的烈士墓,碑的后面写着"革命烈士永垂不朽"。在革命烈士碑的后面有一面临时的烈士墙(现在只是用布临时弄的,以后会弄成石碑的烈士墙),烈士墙前面写着104个吴江烈士的名字,第一个就是张应春烈士。在烈士墙的后面,有一个张应春烈士的墓,墓碑是于右任题的字。在墓碑的右面,有两只石狮子和一个木匣子,木匣子里放着张应春烈士的半身雕像。在墓碑的左边,有一些新造的房子,这应该是纪念馆。

看了一圈我居然没有看到一个人，于是我以为纪念馆和公墓是分开的，在别的地方。于是我走出了烈士公墓，看到一个老爷爷正在等公交车，我去询问了一番，原来纪念馆就是在这里面，而且老爷爷说里面有一个管理员的。于是我又走了进去，看到一个里面晾晒着衣服的房子，我敲了敲门，喊了几声，果然里面有一个老爷爷。我向老爷爷说明了我这次来的目的，老爷爷感到一丝无奈，他说这个地方已经盖了两年了，但是上面拨了款下来，经过层层的克扣，最终工人却拿不到工资，所以这里盖了两年都没有盖好，据说接下来会派别的古建公司来接手，到2013年的清明节肯定会弄好了，因为到那个时候，很多领导都会来的，不像现在这样一片凄凉。老爷爷开门给我们看了一下里面没建好的纪念馆，纪念馆的牌子也就被这么扔在地上。

这位老爷爷带着我又逛了一圈，并为我讲解，他说："张应春一直以秋瑾为榜样，所以又名秋石。浙江有秋瑾，江苏有秋石。"

以下是我搜集整理的张应春的生平事迹：

张应春，出生于1901年11月11日，江苏吴江人。张应春的母亲因为连生了4个女儿，受到了家庭和社会的歧视，这导致她精神不太正常。母亲的悲惨遭遇，使少时的张应春痛恨封建礼教，产生了想要解放妇女的思想。虽然张应春是个女孩，但是其父亲在教育方式上比较开放，因此张应春有了上学的机会，在高小读书时，她就提出："我辈要勤奋学习，要争女权，要以天下为己任。"1919年，张应春考入上海中国女子体育专门学校。1924年，她在松江景贤女中任教，接受了新思想，参加了改组后的国民党。这时的张应春清楚地意识到不能让妇女再这么被压迫着，于是她决心对缠足、蓄发、束胸一类陋习开刀，咔嚓一声，她剩下了一头齐耳短发。张应春还根据亲身感受，挥笔写下了《对于本区女同胞的几句话：剪发问题》《对于本区女同胞的几句话：束胸和社交》等文章。1925年8月，张应春担任国民党江苏省党部执行委员兼妇女部长，从此走向辉煌而艰险的新的革命征途，并于此年秋加入了中国共产党。她在这年12月17日给在黎里的柳亚子信中写道："我以为入了党，当然以党为前提了，一切都可以牺牲的。至于使命呢？我们恐怕无异吧——革命——孙先生遗给我们的使命吧。"1926年3月12日，在南京举行纪念孙中山先生逝世一周年大会和中山陵墓奠基礼上，张应春发表了演讲，会后，率领女同胞们参加了游行。3月，在党组织和各界人士的大力支持下，她主编、创办了《吴江妇女》（月刊），并亲自撰写了多篇文章，突出地阐述了妇女解放与国民革命及阶级解放的关系。1926年3月12日，南京举行孙中山先生陵墓奠基典礼，她和柳亚子、侯绍裘分别赶到南京，手执"拥护国民会议"的旗帜，走在女工队伍的前头。奠基时,国民党雇用一帮打手冲击会场,向柳亚子等左派领导人大打出手,她奋力护卫,使柳亚子等安全脱险。1927年3月,她被任命为中共江浙区委妇女运动委员会委员、中国济难会全国委员会委员。4月7日,因侯绍裘急电她被召去南京。10日晚,中共南京地委会同省市党部、总工会的党内负责同志在南京纱帽巷10号召开研究应变反动血腥镇压的措施和对策的紧急会议,她被敌人侦缉队获悉,包围了会场,她同侯绍裘等10人不幸被捕。在狱中,她英勇顽强,敌人严刑逼供,将她吊打一天一夜,昏死过去又被冷水泼醒,可她只回答"我是党员"一句话。恼羞成怒的敌人将她装入盛有石灰的麻袋,用刺刀活活戳死后连夜秘密抛入通济门外九龙桥下的秦淮河中。

去寻访前,我在网上搜到很多关于张应春烈士的资料以及烈士公墓的图片,但是真正去了,所看到的一切却与网上的图片相差很大,一个烈士墓修建了两年却还未竣工,看上去一片凄凉。这个比较偏僻的村庄,说实话,我相信很少会有人来,但是这些烈士不应该被冷落,他们的精神更是等待着我们去传承。

点评

张应春在20世纪20年代被看作是秋瑾一样的女杰。她是柳亚子的弟子,由侯绍裘引导走上革命的道路,积极倡导妇女解放,顶着世俗的压力毅然剪成短发(当地习俗将短发女子看作是尼姑),树立起新时代革命妇女的形象。她牺牲后老校长于右任为其题写墓碑,她是非常典型的为自由解放付出生命的女革命家,是值得缅怀和追忆的。柴燕芳寻访的意义也在于此。

然而,寻访的结果却令人唏嘘。国家富强了,经济发展了,当人们关注的重心开始转向现实问题时,这些革命前辈逐渐走出了我们的生活,消失在我们的视野之外,但这并不意味着他们牺牲与奋斗所呈现出的精神也离我们远去。寻访,更多的是寻访这种精神,去重新认识和挖掘其中的现代价值。

虽然如今张应春烈士墓(包括纪念馆)已经成为江苏省不可移动文物,但在寻访之际,张应春纪念馆建设的延误与拖沓,一度让人感受到"忘记历史"的"背叛"的意味,同时也多少会被学生理解为是一种对"张应春们"精神传统的轻视态度。虽然我并不太希望学生们因寻访而引发任何不快,但这也可能是他们面对社会现实的重要一刻,需要直视!

家乡人的骄傲
——寻访佘惠

赵　慧　社会学院2011级

得到耿敬院长的暑期红色寻访议题：寻访革命烈士佘惠，我随即想到了一连串的准备工作。首先，到网上多收集他的资料以便初步了解这个烈士，当然，要尽可能找到与他有关的联系方式或人；然后，到当地党史办、方志办、图书馆等地方去查找他的详细资料；最后，走进他的家乡，了解他的故里、家人后代并尽量收集、拍照。想得倒是挺容易，但真正实施起来没有一步是简单的！

2012年7月15日，我开始了寻访的第一步：在网上疯狂地寻找佘惠烈士的任何信息。经过将近一周的搜索，网上有的信息我基本上都收集到了（其实真正有作用的资料只有百度百科的资料和几篇文档，其余网站上的内容基本上都是重复的），我得到的信息如下：

佘惠原名佘爱生，出生于一个殷实农民家庭，汉族，籍贯是湖南省慈利县，出生于1896年，死于1932年。他的大致战斗经历如下：（1）1904年入学读书，先后就读于慈利县立初级中学、长沙明德中学、上海大学（1912年考进慈利中学，和袁任远同学；1914年入湖南师范学校；1921年入上海持志大学）。（2）1926年，任国民党党部秘书。加入中国共产党。（3）大革命时期，转入广州国民党中央党部学习。后被分配到国民党南昌市党部任秘书。（4）1922年，参加南昌起义，随起义部队南下途中，因病被送往上海治疗。病愈后与党组织失去联系，为躲避敌人的搜捕，曾一度潜入天津新编教导五师政治部任秘书和转赴《河南日报》当编辑。当年秋，唐生智主政湖南，改组国民党县委，佘惠受命返慈利参加县改组委员会。（5）1928年3月，佘惠任国民革命军新编教导团第五师政治部秘书。（6）1929年9月，在陈豪人的推荐下为反蒋的俞作柏、李明瑞起草讨蒋通电。电文第一句写道："夫蒋介石，沪上一流氓尔。"成经典名骂。（7）1929年10月初，按照邓小平的指示，起义部队先期派遣共产党员佘惠与何建南各带一个营的兵力，进驻左右江地区的百色、龙州两地，同时筹办出版红军报纸，以宣传党的主张。他们分别购置简陋的印刷设备，先后出版石印的《右江红旗》和先油印后改石印的《群众报》。（8）1929年10月，任军部秘书长,代理一纵队政治部主任。(9) 1929年11月中旬,随邓小平至右江为龙州起义和建立红七军做准备。(10) 1930年2月,随部赴隆安作战,负责伤员的抢救工作。(11) 1930年6月,邓小平回广西,佘惠随其率部打回百色,扩大右江游击区。(12) 1930年10月,任红七军十九师五十五团政治委员,先后参加攻打柳州、桂林的战斗。(13) 1931年1月,随部转战于桂北、湘南、粤北一带。同年春进入湘赣边根据地后,立即投入中央苏区第二次反"围剿"战斗。(14) 1931年7月,所部编入红三军团建制后,继任红七军五十五团政治委员(一说为第二十师政治部主任),参加中央苏区第三次反"围剿"战。(15) 1932年,在中央苏区"肃反"扩大化运动中被错杀,时年35岁。(16) 1945年,中共中央在延安为其平反昭雪,并追认其为革命烈士。

当然,拥有这些信息还远远不够。于是我把目光集中于从网上寻找与之有关的联系方式或者人。人倒是找了一大把,凡是在他的网上宗祠给他祭祀过的佘姓人全被我加入QQ群中。我本想从他们口中了解佘惠的事情(甚至幻想他们之中就有佘惠的后代),但事与愿违,我不仅没有找到佘惠的后代而且也未了解到他的一星半点消息。查到这儿,我心中不免充满了失望。

没办法,我只能继续查找,终于在海量信息中看到一个博客,博主自称是佘惠的外孙女,半信半疑的我看了她为外公写的博文,没错,就是我要找的人。顿时,我的斗志再次被激发。我从她的博文(稍有校订)中了解到关于佘惠的一些事迹:

> 当毛泽东主席在天安门城楼上向全世界庄严宣告:"中华人民共和国中央人民政府成立了!"那震耳欲聋的声音也响彻了广西,一九四九年十一月二十五日,中国人民解放军乘胜追击、挥师南下的脚步势如破竹地向广西柳州挺进,几乎是不费吹灰之力,摧毁了桂系军阀白崇禧的残余,轻松占领柳州,外婆终于迎来了朝思暮想的解放。忍受着长期分离之痛苦的她,迫不及待地将自己封存了将近二十年的秘密告诉已经十七岁上高中的母亲,"你的父亲是当年的红军,也就是现在进城的解放军,他要回来了。"
>
> 母亲喜极而泣,在此之前,她从未见过自己的父亲,从小到大她时常问起自己的父亲,得到的都是轻描淡写的回答:"他到日本去做生意,后来客死他乡。"外公的身世对母亲来说一直都是个谜,她哪里知道含辛茹苦的外婆在当时那种白色恐怖的年代,为了让母亲少受磨难,不得不把真实的情况隐瞒下来,当外婆把真相告诉母亲时,母亲的喜出望外可想而知。于是,母亲欢歌笑语地参加到了学校迎接解放军的队伍中,外婆与母亲踌躇地等待着夫妻、父女相见的那一幸福的时刻。

当年时任红七军政治部秘书科科长的外公与同是红七军政治部干事的外婆孙醒侬，共同的理想让他们相识相恋，革命者的恋情既普通又浓郁，很快就开花结果，一九三零年二月的一天，一间小学教室当新房，两张门板当婚床，两人的背包当嫁妆，在证婚人李明瑞、张云逸和红七军战士们的祝福中，外公外婆结婚了。结婚的第二天外公外婆就一起出征，《南宁晚报》曾登载过这段特殊的婚礼，叫作"枪声贺喜情犹盛，敌顾为衾礼何丰"。他们的蜜月是在一个个战斗中度过的，他们总是分开—团聚—再分开—再团聚，在一起的时间屈指可数。一九三一年部队要北上，所有的红七军女战士都要留在地方，已有身孕的外婆不得不再一次和外公分开，他们都预感到这一次分开的长久。分别时，外公把自己一直随身带的相片、钱包送给外婆，告别了外婆和未出世的孩子，坚定地融入浩浩荡荡的红七军队伍之中。

绵绵的思念，长长的等待，当年外婆从广西辗转越南、中国香港到上海，生下母亲，山高水长，根本无法和外公联系，只好又回到广西。

正在外婆和母亲在满怀欣喜盼着重逢的日子时，当时已经担任广西人民政府主席的张云逸，和担任南宁市军管会主任、南宁市市长的莫文骅却正在焦急地寻找佘惠的爱人和他的孩子。很快外婆和母亲被接到柳州市军管会，当时得到的消息是外公参加一九三二年反围剿的战斗期间，在中央苏区"肃反"扩大化中含冤去世。这迟来的消息，使失去丈夫和失去父亲的母女俩悲痛欲绝，莫文骅将军安慰她们说，中共第七次全国代表大会上佘惠已被追认为革命烈士，佘惠为之献身的新中国已经成立了，党不会忘记佘惠烈士，你们应该感到高兴。

很快党的温暖接踵而至，她们母女俩被接到南宁，受过党教育多年的外婆迅速地从悲伤中走了出来，毫不犹豫地投入到广西的妇女工作之中，在广西妇联福利部、办公室等多个部门担任领导，为广西的妇女事业做了大量的工作。母亲也在党的关怀下健康成长，她先在广西革命大学学习，参加清匪反霸，土地改革，后考入中南政法学院，成为新中国自己培养的第一批政法大学生，毕业后参加过日本战犯审理，长期担任民事审判领导工作，业务精通，成绩显著，曾受领导人邓小平的接见。外婆和母亲都曾经当选为广西政协委员。外婆不改军人情结，为母亲找了一个南征北战的军人，有了幸福的家庭，有了我们姐妹、姐弟仨。

不久广西民政厅特派一名处长陪同我的父亲母亲前往外公的牺牲地江西于都，在当年外公住过的村子，一个老赤卫队员的儿子，把他们带到一个红军的墓前，一个醒目的墓碑"红军之墓"矗立在当中，这不由得让人想起了龚自珍"青山处处埋忠骨"的著名诗句。据这位老乡的了解和描述,他的父亲老赤卫队员还活着的时候,告诉自己的孩子,这里葬的是一位红军的领导,湖南人,他经常帮老乡打谷子、抓鱼,对老百姓和蔼可亲。最让人感动的是每年的清明时节老赤卫队员都要给这位红军上坟,香火不断,他去世前交代他的子孙,死后还要安葬在这位红军的墓旁,陪伴着他。这应该就是外公的长眠之地。老乡小心翼翼地从墓中取出头骨,按照民俗滴血认亲,母亲的血缓缓地渗入了遗骨的整个前额,是自己的父亲,"爸爸!"一声久违的呼唤,那一刹那悲伤的母亲几乎是哭倒在墓前,戎马一生的父亲也掩面而泣。后取出的遗骨在父亲母亲的护送下,被送回外公曾战斗过的地方广西南宁,现和已于一九八八年去世的外婆安葬在广西革命烈士陵园,一对龙凤陶瓷棺椁让外公外婆永远地在一起了。

我从小和弟弟妹妹一起听着外婆讲外公的故事长大,外公在我们成长的岁月里留下了深深的痕迹。

从她的博文(稍有校订)中,我更是了解到佘惠的爱妻对他的看法:

在外婆的心中外公一生分四部曲:

一是进步青年佘惠。外公在湖南老家上中学时期,就像那个时期的许多青年人一样,主动接受了五四运动的新思想、新文化,寻找救国救民的真理。一九二一年考上了上海持志大学,在上海这块中国共产党的诞生地,外公更加如饥似渴地学习,坚信只有走十月革命的道路才能救中国。毕业后他积极地投入到反帝反封建的北伐战争中,一九二六年加入中国共产党,完成了一个进步青年向共产主义战士的华丽转变。

二是早期党员佘惠。入党后,在党的领导下,外公更加如鱼得水,开始实现为共产主义事业奋斗终身的诺言。一九二七年八月一日在江西南昌市国民党党部任秘书的外公参加了周恩来领导的著名的南昌起义,打响了对国民党反动派的第一枪。一九二九年七月受党的派遣,他前往广西绥靖司令部教导总队任政治教官,配合张云逸秘密发展党员,建立党的组织,开展兵运工作,为中国共产党争取李明瑞的部队,为后来的红七军的成立打下了坚实的基础。

三是红七军"秀才"佘惠。在一九二九年夏外公为俞作柏、李明瑞起草的反蒋电文"夫蒋介石,沪上一流氓耳。"痛快淋漓地把蒋介石的反动罪行诉诸于众,充分显示了他的才华。一九二九年十二月十一日,邓小平、张云逸领导了著名的百色起义,成立了红七军,《中国工农红军第七军目前实施政纲》,以及起义军的布告和告群众书等重要文件,都是由担任红七军政治部秘书科科长的外公负责起草的。他还筹办和主编主撰了红七军的《右江日报》（现被称为我军最早的报纸之一）和《士兵之友》，被战士称为军中的"秀才"。

四是政治工作者佘惠。知识分子出身的外公在红七军这支英雄的部队里，不断地成长、成熟，既是指挥员又当战斗员，指挥参加过许多巩固和发展右江革命根据地的战斗、红七军北上过程中的反阻击战斗、进入中央苏区的反围剿战斗。同时他更是一名优秀的政治工作者，曾代理红七军一纵队的政治部主任，红七军第一次党代会整编后任二十师政治部主任，红七军北上缩编后任五十五团政委，部队到达江西崇义，红七军将"军前委"改为"团前委"，在邓小平书记前往上海向党中央汇报工作后，佘惠继任团前委书记。

他是妻子永远敬重的领导、兄长和丈夫，为此妻子一直未再婚，他们在一起的时间很短很短，但那份情却很深很深，因为没有任何人可以替代外公的位置。最难得的是，历经磨难的妻子，从没有任何抱怨，坚定的信念始终不改，在她那我们读到了共产党员的坚强和忠诚。晚年体弱多病的妻子，为了让后代记住这段革命历史，又拿起笔，记录下佘惠短暂而又光辉的一生。

在我们心目中，佘惠是纪念碑里的英雄，是一串串英雄的故事，是令人仰止的大山。为了纪念佘惠，其外孙女和母亲姓佘。不跟父亲姓，按照中国的传统习惯，常常使人费解。

正是这篇博文，让我更进一步地了解了佘惠的人生，也让我对寻访充满了无限期望和信心。于是我准备将她的外孙女作为切入口（此时的她已和家人生活在广西多年，我认为只要能获得她的联系方式，和她进行一场交流，我就能获得佘惠的第一手资料）。于是我在她的博文中反复留言，但是总也得不到回复，看来这条路又被切断。没办法，此路不通只能换他路，于是我决定从与他息息相关的事件——百色起义——出发来了解他。我在网上搜索了大量有关百色起义的信息，但由于当时参加的人过多，要从中得到佘惠的详尽资料变得像天方夜谭一样困难，大量的相关书籍都只是一笔带过人物介绍。有一天，我浏览网页时有一本书引起了我的兴趣——《百色起义人物志》，看简介，我发现这本书详细介绍了所有参加百色起义的人物的信息。我打算买下这本书。但是我尝试了很多购买方法都买不到。唉，我再一次跌入谷底，眼看着线索就在眼前，但我却得不到。有点绝望了，于是我决定缓解一下情绪，8月10日到慈利寻找信息。

2012年8月10日，我来到了慈利，并暂时居住在小姨的家中。直到此时，我仍没有一丝丝的线索。反复地与家人商量之后，大家一致同意：要想获得佘惠的资料就必须找到佘惠的家以及他的家人或邻居。可是，看遍所有的信息，我也只能了解佘惠是慈利人。但慈利也不小啊，那么多的乡和镇，我该如何找到他的家呢。正当这时，家人帮了我一个大忙，他们要我到民政局查佘惠烈士的档案。经过沟通，工作人员决定让我查佘惠的档案，从其档案中我终于找到了一条至关重要的信息——他的详细地址是在慈利县甘堰乡坪溪村桥头。终于，寻访有了方向，但是下一个问题接踵而至，我该怎么去呢？虽然我的家江垭与甘堰同属慈利，但由于甘堰很偏，我们都从未去过甚至从未听说过那里，谁也不知道那里的交通状况如何，如果那里交通状况极差，一天才有一趟车经过，即便我找到了他的家并了解到他的信息，那我该如何返回呢？作为外地人，我会不会被当地人欺骗呢？一大串的问题和假设涌上心头，我心中一直退却，或许我不该去当地寻访，如果为了一个寻访遇到生命危险可怎么办啊！听到我的疑虑，家人都笑了，到底是没走进过社会的人。最后，奶奶决定陪我一同前去，但前提是寻访和交流必须自己独立完成。犹豫了一会儿，我还是同意了。

  2012年8月11日，一大早，我便和奶奶赶到车站。其实我心中一直疑虑到底有没有甘堰这个地方，或许它早就不存在了。多处询问，我们找到了唯一一辆会经过甘堰的汽车，忧喜交加（喜的是确有甘堰这个地方，忧的是甘堰这么偏，车程一定不短，偏偏我和奶奶都晕车）。看来我的忧虑奶奶也有，一上车，奶奶就一个劲儿地问到那儿需要几个小时，"师傅啊，我们都是慈利人，你可不能骗我们啊，待会儿一定要把我们安全地送到甘堰，千万别把我们哄上车，待会儿又不管我们啊。"奶奶的要求把司机弄得哭笑不得，"老人家，您别担心，我们的车确确实实会经过甘堰，既然你们没去过，那待会儿到了，我一定会叫你们的，这车坐到甘堰才20多分钟，况且路段平稳，我相信您一定不会晕车的。待会儿到了甘堰，您随便找个摩托车司机，他一定会把你们送到目的地的。"哈哈，心中的石头总算落地，坐在车上我完全忘了自己的任务，沉醉于沿途的美景。张家界多山，果然不错，沿途奇形怪状的葱郁山体不断从我身边跑过，我开始想象英雄家乡的样子。终于到了甘堰，正如司机所言，我们很容易就找到了一个摩托车司机，而他也十分地热情。我告诉他地址和我们此次来的目的之后，他萌生了帮助我们的念头。佘惠烈士果然十分出名，司机随便问了一个沿途老人，他十分骄傲地谈起那个年代以及那位英雄人物。终于在司机的带领下，我们到了佘惠的老家。但听说，他的家已经被过继的儿子给翻修了，我心中有一点小小的失望。听司机说马上就要到佘惠家了，我突然无法淡定了，一想到要和英雄的家属聊天，一想到马上就要得到多日一直搜集的资料，一想到自己将要做人生的第一次小采访，我心中顿时翻江倒海，又是激动又是紧张。不过我并未将自己的情感表露出来,不想再让奶奶看到我的疑虑,毕竟寻访走到今天真的很不容易,我再也不想出任何差错了。不多久,我们终于到了佘惠的家。在司机的吆喝下,佘惠的家人纷纷出来了,首先是一位老爷爷和老奶奶,接着是一位壮年男子和一位妙龄少女。通过他们的自我介绍,我得知,这位老爷爷正是佘惠后来过继的儿子的孩子,打量了一下他的家人和周围的环境,我开始回归正题。掏出笔记本,我开始有顺序地询问这位老人家,可是由于年龄太大,老人家口齿也不清楚了,听了半天,我还是没有得到有用的信息。壮年男子看出了我的疑虑,递给老人家一块西瓜,让他好好休息,说:"问佘惠的事儿,找我算找对人了,前些年他的另一位妻子孙醒侬回来过,并告诉了我他的一切事情,在她的帮助下,我写了不少关于佘惠的书籍,只是不久前被一位官员拿走了,要是能给你看一看,估计你一定会找到自己想要的东西。"听完了他的话,我又喜又悲,这么多天的折腾,我总算找到正确的线索了,可是那本完整的书我却无缘看到,唉!突然,有人给司机打了一个电话,说要搭乘他的车。奶奶就催促了我一下:"你快点问啊,人家司机赚钱也不容易,也不能让人陪你一个上午吧。"于是,我从小小的遗憾状态进入到寻访的状态。我说:"叔叔您好,既然您对他了解得那么详细,那我可就问了啊,首先是第一个问题:他的父母分别叫什么名字,他们的职业是什么呢?"壮年男子果然记得十分清楚:"他的父亲是佘维城,是个教书先生,还是个未中举的秀才,他的母亲姓李,但具体的名字我可就记不清楚了,反正家里以农业为主,比较贫寒。""那他的妻子呢,你们了解吗?""他有两个妻子,原配是于小慧,后一任是孙醒侬。"听到这儿,我有些不理解了,"他为什么会娶两个妻子呢,是因为原配死了,还是他们之后离婚了呢?""原配没有死,他们也没离婚,只是当时的情况就是这样,男人娶两个妻子并不违法啊。""那他的妻子们都是干什么的呢?""于小慧要说也是一个知识分子,以前在长沙女子学院读过书,毕业后一直在慈利女校任教,身体硬朗,一直跟自己的女儿生活在一起,活了将近100岁才去世;孙醒侬嘛,我不太了解,好像生前任过广西妇联办公室主任,1989年在广州病逝,享年80岁。"听到这儿,我心中感慨万千,他的原配于小慧等了他将近一个世纪,但最终也无缘再见。随后我问了他佘惠后代的情况,他回答:"他的原配给他生了一儿一女,女儿尚在,儿子佘南阳毕业于军官学校,是国民党特种兵,不过英年早逝,在一次执行任务途中溺水身亡了。正是由于佘南阳出了事儿,所以于小慧就过继了一个儿子来传香火,他叫佘绪平,非常喜欢读书,真的是活到老读到老啊,念书一直念到42岁,还远赴日本留过洋。他的一手毛笔字写得那叫一个漂亮啊,简直是无可挑剔!""呵呵,看来这一家子都十分有文化啊!"我动情地说,"对呀,他的第二位妻子孙醒侬为他生了一个女儿,佘力,又叫佘曼莉,曾任广东省高级人民法院民事审判厅厅长,女婿是河北的,也相当有名气,叫印玺。现在女儿、女婿都退休了,居住在广州梅花园高干休养所。""那他有孙子吗?""肯定有啊,孙醒侬这边,他有一个孙子,两个孙女,三个孩子分别是孙子佘凤,孙女佘雷和佘英。"终于弄清了这复杂的人物关系,我心中的担忧也渐渐少了。"那,是否现在的当地人都知道他是烈士呢? 他小时候的家境是怎样的? 他的性格呢?"或许是问题一下子问得过多,壮年男子有些招架不住,"等等,你慢点说,我好像没听懂,佘惠当然出名了,谁不知道他是烈士啊,只可惜英年早逝!"对哦,如果佘惠不是那么早出事儿,别说他们现在的佘家,就是整个慈利也会因为他而光荣啊,这个不免是一个遗憾啊!"好吧,我慢点说,他小时候家境怎么样? 成绩怎么样? 还有性格?""他小时候的家境肯定差了,还辍过一次学;成绩那是相当好,一直拔尖,老师们都特别喜欢他;性格嘛,这个我就不知道了,毕竟我也没见过他本人啊,不过我觉得他人品一定好,哈哈。"听到这个回答,大家都笑了。"等一下,还有一个压轴的问题:他曾经在上海大学读的什么系啊?""什么系,当时应该没有系这一个说法吧,况且他在上海大学并未读很长时间,他主要是读了黄埔军校,是黄埔军校第三期学生并获得过硕士学位,曾在蒋介石为校长、周恩来为主任的时候担任过政治教官。"说完,壮年男子拍了一下脑袋,说:"对了,这儿有族谱,上面的信息更详尽,你等着,我给你去拿。"趁着这个空儿,我拍了好几张房子及其周围的照片。"我来了,你看是这个吗?"三四本族谱中,我们一下子就找到了佘惠的详细资料,"对对,就是这个,写得好详细啊,真是太感谢您啦。"这时司机的手机又响了,估计是乘车的人又在催促。奶奶也按捺不住了:"你快点抓重点抄,耽误别人太长时间了。"于是我连忙抄完了一些资料,和奶奶一起告别了佘惠的亲人,我们终于踏上了回家的征程。我心中无限遐想:到底是英雄的故乡,这儿的人们依旧那样淳朴,好心的大巴司机和摩托车司机以及热情的佘惠亲戚,谢谢你们,给了我一个快乐的上午,我会永远记住这短暂的时光!

点评

对于佘惠这个名字,即使在一些正式的党史研究文献中有时也写作"余惠",这到底是化名还是误读,对于如今的人们来说是难以确认和十分困惑的。由于其牺牲年代较早,我们对于他的认识和了解也多有缺失。

虽然许多上海大学的师生经过近百年历史冲刷,已经被越来越多的人遗忘,就是在其县域范围的故乡也不会有什么人记得,但在佘惠的家乡(至少是甘堰乡的范围内)人们还记得他,还流传着他的故事。这说明,家乡是以佘惠为骄傲的。相对于那些默默无闻的先烈,佘惠算是幸运的,当然这也是寻访者的幸运。

通过寻访和知情人的讲述,我们可以超越简单的文字描写,看见一个有血有肉、有情有义的革命者。虽然民间口耳流传的事迹多有缺失和错漏,甚至有夸大和神化,但这就是他们活在人们心中的形象。

这次寻访最重要的史料价值是找到了佘惠的族谱,由此可以确认其真实的姓名:姓"佘",不姓"余"。

红色火种的传播者
——再访李征凤

黎雨昕　社会学院 2011 级

近年来桂林把革命文物保护工作列入了政府工作议程。2022 年临桂两江李征凤的故居被纳入了市县级文物保护单位并在此基础上建立了两江镇红色教育基地。这次寻访也正是以其故居为中心展开的。

历史背景

除了享有"山水甲天下"的美誉,桂林亦是一座历史悠久的古城。公元前 214 年,秦始皇开渠,桂林便"南连海域,北达中原",由此桂林的政治、经济、文化和军事地位逐日突显。明朝,朱元璋封其侄孙为靖江王,藩国桂林。至今,靖江王府的大青石城墙仍保存完好。民国时期,以新桂系为首的李宗仁和白崇禧主政广西,李、白两人都是桂林人,桂林也曾被长期设为民国时期广西的省会。

"红色火种"的守护人

毛泽东提出"星星之火,可以燎原"的理论,即随着革命发展,零星的工农武装割据革命政权能逐步突围国民党统治的白色政权,从而实现红色政权的快速扩散并最终统一全国政权。李征凤(1902—1927)即为守护这星星之火的万万千千人中的一员。

李征凤于 1902 年生于临桂县两江镇西岭村。1919 年 5 月 4 日,就读于广西公立法政专门学校法律系的李征凤受到北京学生爱国示威游行的召唤积极参与反帝爱国演讲活动。他不仅参与了桂林话剧史上第一部公演话剧《朝鲜亡国痛史》,还成为桂林学生爱国会改组的桂林学生联合会干事。

1923 年至 1925 年,他先后就读于北京大学和上海大学。1924 年夏,李征凤进入上海大学,直接受到中国共产党的教育和瞿秋白、恽代英、肖楚女、张太雷、陈望道等共产党人的影响,并受到马克思主义理论的熏陶,加入中国共产主义青年团。1925年秋天,李征凤从上海转到广州,由中共广东区委派至梧州,并于同年12月在梧州加入中国共产党,执行中共梧州地委的工作任务,迅速发展桂林的党、团组织及各种革命运动,以适应革命形势发展的需要。1926年初,李征凤以个人身份加入国民党并在桂林地区中共党组织建立工作中发挥了关键性作用。他与随后被派回桂林的中共党员罗瑞成、谢铁民、苏鸿基、胡佩文在1926年7月组建了桂林第一个中国共产党组织——中共桂林县支部干事会。

1927年"四一二"反革命政变后,国民党桂系集团开启了反共"清党"运动。在白色恐怖的笼罩下,李征凤作为桂林第一个中国共产党组织的书记被捕。同年10月14日,李征凤被杀害于桂林丽泽门外,时年25岁。

寻访第一站:李征凤故居

从桂林市区出发,大约一小时就可到达临桂西岭村。进村后,在一位村民热心的帮助下,我们联系到了村支书从而找到了李征凤故居。这座宅屋属于清代传统建筑,坐西朝东,砖木混合结构,属于硬山顶式桂北民居风格。打开木门,穿过前院到达堂屋,此处有为党员教育课堂准备的木质座椅若干,书架一排以及投影仪一台。转入侧屋便有李征凤事迹展,村支书热情地为我们讲解李征凤生平遗迹。该展以时间为顺序利用图文展墙叙述了李征凤从好学求知的学生到先锋共产党员再到为革命献身的烈士的历程。

据说李征凤的父亲是以教书为业的前清秀才。在其父的影响下,他自幼好学并志存高远,常以忧国忧民的文人武士为榜样。清代广西科举共出了4个状元,数量上全国排名第五,这4个状元均为临桂人。李征凤故居前100米便是靖江王后代逃难于此所建的朱家大院,从西岭村驾车到李宗仁故居也仅需3分钟。可见这一地区浓厚的读书气和淳朴的立业风,而李征凤也正是在这样的风土人情中成长为一名先锋青年。

寻访第二站:学生爱国运动旧址

1917年,李征凤考入桂林的广西公立法政专门学校法律系。受到1919年北京五四青年运动的影响,李征凤积极参与桂林爱国民主运动,大声疾呼"不要做亡国奴"。作为桂林学生联合会干事,他与桂林学生运动骨干谢铁民一起组织抵制日货的纠察队,在曾经的下关码头拦截运有日货的船只。

曾经的下关码头即是如今象鼻山正对面的漓江东岸的河滩。如今象鼻山已是旅游打卡胜地,江上来往的不再是商船而是游船。百年来,此处依旧熙熙攘攘,只是人们来此不再是为了生计而是享受山水之乐。随着生活水平的提高以及交通的便利化,越来越多人得以在闲暇之余外出旅行。百年来,正是像李征凤这样坚定的革命人士的努力让中华民族站起来并一步步走向富强。

寻访第三站:英勇就义丽泽门

从象鼻山景区的滨江路出发转入杉湖北路便到达两江四湖景区,李征凤就义的地点就在榕杉湖旁的翊武路上。寻访当天飘着小雨,水上烟雨朦胧,树木闪烁着绿光,石板路上倒映着这个城市的光影。穿过古南门便看到古榕双桥,再往前走几步便是黄庭坚系舟处以及白崇禧旧居。转过桂林图书馆就能隐约望到一座橙红色的悬索桥即丽泽桥。沿着桂湖边往红桥的方向走大约200米便可寻得蒋翊武纪念碑。李征凤就义的地点(丽泽门外)也就是在蒋翊武纪念碑附近。

1927年,国民党桂系集团追随蒋介石在上海发动了反革命政变并建立了"广西清党临时委员会"。李征凤作为最早被派回桂林建立中共党组织活动的党员成了第一批被逮捕的对象。在狱中,他毅然写下绝命书,愿为革命理想舍身成仁。同年10月,在当时"宁可错杀一千,不可放过一个"的血腥政策下,李征凤被杀于桂林丽泽门外。李征凤的侄女李美美回忆道:"从我小时候开始,我爸爸李文钊就跟我说,我二叔李征凤就义时,始终不肯下跪,是站着被处决的。临刑前,我二叔一直在痛斥国民党背叛革命……"

在丽泽门外,李征凤拒绝了国民党的威逼,在此地以身殉党,他的生命永远停止在了25岁。相似地,蒋翊武(1885—1913)在辛亥武昌起义后不受袁世凯的利诱,在此地英勇就义,他的生命停止在28岁。如今丽泽门已在历史的长河中逐渐褪色,桂林的地图上已找不到它的图标,然而这些为理想献身的青年革命家会永远地载入史册,他们留下的红色足迹,是理想和信念的生动诠释,他们视死如归、一往无前的革命精神,在"甲天下"的桂林山水间永续长存。

后　记

寻古探今,走进历史才能反思当下。我们回顾百年前的青年的选择,追寻他们生命的足迹,从而擦亮历史这面镜子,让光照进过去和未来,点燃一盏指路明灯。尽管每一代青年都有各自的使命和挑战,但都面临着一个相同的问题,即如果人生中遇到艰难时刻该怎么办?莫言曾致信青年回答了这个问题——只要不被大风吹倒便是胜利者。红色寻访实践可以归为"扎根教育"的一部分,只有根在这土地扎得足够深,才能在乱云飞渡中从容地作出选择。

　　这是一篇非常独特的寻访报告,之所以名为"再访",是因为我们现在看到的报告确实是 10 年后的再访。2012 年暑假,黎雨昕回到家乡对李征凤烈士的事迹进行了一次寻访,并提交了一份寻访报告。10 年后,在德国的杜伊斯堡-埃森大学攻读博士的她,当听说寻访报告要结集成书时,非常高兴,对于当年的寻访印象深刻,非常想再进行一次寻访。没想到,对于当年懵懂的学子来说,当时的寻访工作是作为暑期实践项目去完成的,一定程度上是为完成学分的例行实践,许多人对那次寻访活动可能都淡忘了,但她却兴致盎然地利用回国探亲的机会再度进行寻访,这不仅是对过去学习生涯的追忆,也是对李征凤烈士的一次再认识。当年广西有十五六位青年学子奔赴上海大学读书,既有李征凤、陈培仁等地方党组织的创始人,也有韦杰三这样的革命烈士,涌现出罗尔纲等著名学者,及国语运动的重要推动者曾可光。这不仅说明上海大学作为革命学府在全国的影响力,也说明当年的青年学子为国家民族的生存与发展不断寻找道路和途径所作出的奋斗与牺牲。

他用信念,写就无悔人生
——寻访安体诚

沈康珺　社会学院 2012 级

接到学院的消息,说有一位校友在唐山,我内心深感惊讶,还有一丝疑惑,这是一位什么样的校友? 同时也感叹,能有一位同是唐山人的校友前辈,非常荣幸。因此,我便开始到网上去搜索这位校友——安体诚烈士的资料。

在搜索引擎中输入"安体诚"烈士的名字,出现了众多的资料链接,可见,安体诚烈士对于那个时代、对于那些地方,是多么重要的人物。通过这些网站,首先,我大概梳理出了安体诚烈士的概括性资料以及经历:

安体诚(1896—1927),字存斋,笔名存真。河北丰润人。早年就读于天津法政专门学校附属中学,后升入该校本科。1917 年毕业后由学校资助赴日本留学,1918 年入日本京都帝国大学经济学部学习,受河上肇的影响开始接触马克思主义。1921 年夏回国到天津政法专门学校任教,同年 9 月参与创办天津工余补习学校。1922 年经李大钊介绍加入中国共产党。曾任中国劳动组合书记部北方分部领导成员兼天津特派员,中共北京区委委员,一度担任中共北京区委秘书。同年秋冬,他利用北京政府交通部密查员身份参与领导发动山海关、唐山两地铁路工人罢工。1923 年夏应邀任杭州法政专门学校政治经济系教员,先后担任中共杭州党小组组长、独立支部书记、《向导》杭州发行部主任。积极贯彻中共关于国共合作的决议,促进浙江省国共合作统一战线的形成。1924 年 3 月被选为国民党浙江省临时党部执行委员,负责宣传工作。1925 年夏被派往西安,以中共北京区委兼地委特派员身份做兵运工作。9 月任国民三军军长孙岳的秘书,参与组织成立国民党陕西省临时党部。不久主持成立中共西安特别支部,任书记。同年底被调到北京大学任教,参与中共北方区委和国民党北京市党部组织部的领导工作。

1926 年夏被派赴广州到黄埔军官学校工作,先后担任军校政治教官、政治部宣传科科长、中共党团干事,并兼国民党黄埔军校特别党部宣传委员会委员,主编《黄埔日刊》,同时兼任第六届广东农民运动讲习所及广州劳动学院教员。他积极宣传孙中山的三大政策,维护国共合作的团结,反对国民党右派的破坏言行,支持北伐战争,曾撰写许多宣传革命的文章。1927年广州"四一五"反革命政变后,被迫率部分中共党、团员自黄埔军校转移至上海。不久被国民党右派特务分子逮捕,在狱中严守党的机密,威武不屈。5月在上海龙华英勇就义。

同时,经过一些信息的查询,我了解到安体诚烈士墓在冀东烈士陵园。所以我便决定前往烈士陵园一趟,了解更多关于安体诚烈士的信息。

记得上次还是因为高中的扫墓活动来冀东烈士陵园,这次再来,我心里的敬慕之情愈发浓厚。我邀请了一位高中朋友和我一起前往,我们进入陵园的管理处,希望找到相关的工作人员为我们介绍情况,可是进入办公楼,却发现只有一位工作人员,他也并不了解情况,他给了我们两本陵园相关的宣传材料——《冀东烈士陵园文苑》和《冀东革命英烈故事选》,但是我从中并没有太多的发现。

随后,我们遇到了门卫大叔,他们询问完我们此行的目的之后,便带我们去陵园纪念馆,寻找相关人员。

进入陵园之后,挺立的纪念碑、幽静的环境让我们肃然起敬,这里安葬着为了革命事业奋斗的英烈。有这样一位同乡校友也更让我们感到激动和骄傲,更想多了解这位英烈。

在前往陵园纪念馆的途中,我们经过烈士铜像群,我对朋友说,我们来找找这里有没有安体诚烈士的铜像。事情顺利得惊人,我一转眼就看见第一个铜像便是安体诚烈士的,我和朋友深深地鞠了一躬,并拍下了照片。但是后来没有找到他的墓地,据馆员说,有铜像的烈士,墓地群里没有他们的墓地。

我们进入纪念馆,纪念馆工作人员带我们找到了馆内安体诚烈士的照片和简介。看着烈士的照片,我们发现他眉眼中有着年轻人的朝气和志气,有着那个年代的革命前辈特有的时代责任感,让人不禁肃然起敬。

馆员拿出了馆内关于烈士介绍的图书,书里面介绍了两件与安体诚烈士有关的物件,但是,可惜的是并没有看到实物。我们感觉到了这些物件的重要性,也看到了安体诚烈士在革命事业中的特殊地位。

我们和馆员进行了交流,并从纪念馆宣传部的负责人那里询问到了安体诚烈士的孙女安静平女士的电话号码,以便于之后与她进行联系。

当我们询问能否看安体诚烈士的档案的时候,馆员告诉我们,档案属于个人信息,没有介绍信,没有证明,是不便给个人看的,虽然我和朋友一再请求,但却未果。我便请档案馆馆员扫描一份安体诚烈士的档案封面给我,在我的一再央求下，馆员同意了我的请求，并答应将扫描件发到我的邮箱，我在当天下午收到了邮件反馈，邮件还附有馆员查到的安体诚烈士的简介。

我获知安体诚烈士曾是车轴山中学的校友，但时值暑假，不能进入校内采访调查，我只能从相关人员口中获知零零散散的关于校方如何纪念这位烈士校友的情况，也未有过多收获。

为了更真实地反应车轴山中学对于安体诚烈士的宣传纪念工作，更加清晰地了解一位烈士的精神，我请我的同学引荐她曾在车轴山中学读书的父亲，对其父亲进行了简短的采访。

采访内容如下：

问：您好，请问车轴山中学是否有安体诚这位校友？
答：是的。
问：车轴山中学是否宣传过这位烈士？怎么宣传的？
答：宣传过，请了解安体诚的人（校友和家人）作过专题报告。
问：车轴山中学如何纪念这位烈士？
答：在校园内建立雕塑。
问：您都了解他什么？
答：知道他的生平事迹。
问：您在这位烈士身上都体会到了什么？
答：那个时代独有的炽热的爱国情怀。伟大的人会被时代记住，激励我们做有用之才。
问：您认为车轴山中学对校友的宣传力度怎样？
答：一般。
问：相比之下，您认为车轴山中学对哪一位校友的宣传力度较大？
答：都差不多，安体诚算是力度比较大的。

从简短的采访中，我了解到该校对于这位烈士校友是进行过宣传的，并也给学生们留下了较深的印象，也印证了我们这位校友的与众不同，对人们的深远影响。

这次的寻访经历让我感受到了那个年代革命烈士们的爱国情怀和革命精神，也让我体会到了社会人体察社会的过程，对于我，这是一个很重要的经历。

点评

安体诚是中国共产党建党初期北方党组织的重要成员。上海大学成立时，李大钊主持北方党组织的工作而无法就职于上海大学，便从北方党组织中挑选一些重要的骨干充实到上海大学,如于树德、李俊,其中也包括安体诚。

安体诚较早离开故乡唐山,并且还曾赴日本留学,回国后也主要是在唐山以外的天津、上海、广州等地从事革命工作,因而在唐山对其事迹进行寻访,还是有一定难度的。找到了安体诚的烈士墓,寻访者所能做的更多的是瞻仰和祭拜。由于是初次安排学生寻访,学院也难以预料学生会遇到怎样的困难,所以连介绍信也未曾开具。能够通过积极的沟通获得对方的理解而得到一份烈士档案封面的扫描件,是其个人努力的结果,也是一种能力的体现。

其实,这次寻访比较重要的成果是找到了安体诚后人的信息,但十分遗憾的是学生未能随着这条线索继续深挖下去。对寻访过程完整性的忽视是学生寻访活动中稚嫩的表现。同时,学生在访谈技巧方面的经验也稍显不足,这在对同学家长的采访中便明显地体现出来。

兄弟双烈　浩气长存
——寻访周传业、周传鼎

蒋寒玉　社会学院 2012 级

缘　起

在这片历史悠久的颍淮大地上，人们传颂着为无产阶级革命事业献身的"兄弟双烈"——长兄周传鼎、弟弟周传业的故事。两人同时入私塾、小学，同时去南京、上海求学，同时在上海光荣地成为中国共产党党员，并在 1925 年回阜阳后积极从事党的活动，领导参加了著名的"四九"起义，直到第二次国内革命战争时期，兄弟两人同时陷入反动派的魔掌，在安庆北门外英勇就义，为了中华民族的解放，为了共产主义事业的胜利献出了自己年轻宝贵的生命。

在没有接到这个寻访任务之前，我对两位烈士的了解仅限于中学地方历史课本上那薄薄的几页烈士事迹简介。因此在准备寻访之前我希望能做足功课。我在网上搜索两人的资料，却都只是简短的一小段介绍；问父母长辈可曾听说过这两位烈士，他们的回答却基本都是"印象模糊了，好像小学课本中有介绍，也好像烈士陵园和四九起义纪念馆里有关于他们的介绍"。这让我内心不禁对即将开始的寻访工作打了个问号。

过　程

7 月 31 日　星期三上午，访党史办

第一天我怀着不安和期待来到了中共阜阳党史研究办公室，党史办的负责人梁杰主任接待了我。我详细地说明了来意，并主动将自己的身份证、学生证等证件交给他，他看之后笑了笑说："像你们这一代的学生已经很少会有人知道这两位烈士了，更别说对他们感兴趣了。"我很不好意思地笑了。随后他简单地介绍起两位烈士："周传鼎、周传业两兄弟是较早加入中国共产党的爱国青年。他们虽出身于一个封建大家族，但是经常接受新文化新思想的熏陶，并在寓所共同创办了进步杂志《新阜阳》宣传革命思想。两兄弟在上海求学期

间加入了中国共产党,成为学生运动的领袖。后来,两兄弟在上海参加了五卅运动,传业差点被巡捕房逮捕。他们回到阜阳后参与领导了著名的'四九'起义,在起义失败后不幸被捕,被国民党反动派残忍杀害,两人牺牲时都很年轻。"

随后他向我引荐了宣传科的负责人,在他们的共同帮助下我看到了一本20世纪80年代阜阳党史办编著的《颍州党史人物传略》,在上面找到了数篇介绍两兄弟生平事迹的文章,很是详细。以下是我摘抄和记录的资料(稍有校订):

> 周传鼎(1905—1929),字延祚;周传业(1907—1929),字励久。周氏兄弟出身于一个旧式封建家庭,书香门第。祖父早殁,祖母执掌家政甚严。父亲周鹤宾,字雁臣,清末拔贡,曾任阜阳县财政局局长,以人品忠厚老成,文笔流畅著称于阜城。母亲徐续曾,幼时读书聪颖过人,能诗会文,博古通今,思想较新,在教育子女时常对周家祖母残酷压榨劳动人民、用旧礼教约束子女的行为表示气愤,成为周氏兄弟最早的思想启蒙者。1924年,在南京读中学接受了进步思想的周氏兄弟在寓所创办《新阜阳》杂志,号召广大青年走向社会,投入爱国斗争中。同年,两兄弟奔赴当时的革命中心上海求学,传鼎进入上海大夏大学教育系,传业进入上海大学社会学系读书。后经郭铸九介绍两人一起加入中国共产主义青年团,后来又转为中国共产党党员。
>
> 在上海大学这所革命学校里,周传业经常接触到中国共产党的一些领导人,如邓中夏、瞿秋白等,于是他更加如饥似渴地学习马列主义,思想焕然一新。由于周传业学习积极,工作认真,斗争坚决,组织上分配他担任党小组长。1925年周传业被党小组派往小沙渡日本纱厂,开展工人俱乐部和工人夜校工作,参与该厂的"二月罢工"斗争。
>
> 1925年5月30日的五卅运动,推动了中国大革命形势的发展。周氏兄弟也参与了此次运动。游行的工人和学生在南京路老闸捕房门口与英国巡捕房发生冲突,英国巡捕房开枪扫射游行的学生和群众,制造了震惊中外的"五卅"惨案。周传业也在冲突中被捕,随即逃离。
>
> 1925年暑假,周氏兄弟回到阜阳与当地党员张子珍取得联系,在阜阳中大街以开设淮颍书局为掩护,成立了阜阳县最早的党组织——中共阜阳小组。
>
> 1926年春,在大革命处于胜利高潮、失败前夜的时候,周传业、吕鼎才、李象贤、董橙君4名共产党员,在恽代英的领导下成立了"四维社",创办了《阜阳青年》半月刊。在"五卅"惨案一周年之际,周传业以"寒沙"的笔名在《阜阳青年》上发表了《五卅运动后国民应有之新觉悟》的专论。指

出了运动的积极影响和深远意义,阐明了工人阶级是革命的主力军,中产阶级是革命的同盟军,号召人们从血的教训中吸取经验。

1926年12月,周氏兄弟回到阜阳,他们联络了李光宇、吕浩汝、董橙君、张蕴华、乔锦卿等共产党员,成立了中共阜阳临时支部,下辖行流、插花、城关3个党小组。

1927年初,国共合作的形势越来越好,周氏兄弟根据党的指示加入了国民党,周传鼎代表阜阳县参加了在安庆召开的国民党安徽省第一次代表大会。4月,中国国民党阜阳临时县党部成立,周传业、周传鼎等5人为县党部委员,周传业兼任宣传部长。自此,两兄弟有了合法身份进行革命宣传。

1928年大革命失败后,周氏兄弟在中共皖北特委的带领下参加了轰轰烈烈的"四九"起义。在周氏兄弟开展农民运动的地方,行流区王官集军民联合举行了2万多人的大会,正式宣布成立"皖北苏维埃政府"和"皖北工农红军"。苏维埃政府虽然只短短存在了3天,却成为激励后人为革命奋勇前行的一面鲜艳旗帜。

"四九"起义失败后,我党许多同志英勇牺牲,周氏兄弟在革命先烈的血泊中勇敢地站起来继续抗争。两个月后重新建立了中共阜阳城关临时区委,是年冬恢复了中共阜阳临时县委。

1929年5月12日,由于一次通信被敌人发觉,传业、传鼎两兄弟同时在太和、阜阳两地被捕,同时被捕的还有县委委员李香亭,以及刘学勤、王乐民、袁新民等同志。在狱中,敌人对他们严刑拷打、威逼利诱,他们始终坚贞不屈,显示了一个共产党员的崇高品质。即使在狱中受尽非人的折磨,两兄弟也坚持斗争不曾松懈。1929年10月29日,时任安徽省主席陈调元以"暴动劫狱"为名,将周传业、周传鼎等12名共产党员押赴安庆北门外杀害。兄弟两人临刑前高呼"打倒蒋介石!""中国共产党万岁!"等口号,壮烈牺牲。时传鼎年仅24岁,传业22岁。

这短短数千字的介绍虽然不足以概括两兄弟短暂而英勇的一生,但是通过这些文字的描述,我还是被两兄弟的英勇深深地震撼了。同时内心更为以前自己对英雄的事迹知之甚少感到惭愧。他们为阜阳的解放事业,为中华民族的解放事业奉献了自己的生命,他们的英雄事迹值得广为传颂。

8月4日　星期日上午,访四九起义纪念馆

为了了解英雄的更多事迹,了解那场轰轰烈烈的"四九"起义,我的第二站来到了位于行流镇王官集的四九起义纪念馆。

也许是因为持续的酷暑难耐,也许是因为位置偏远远离市区,这天上午我成为这里唯一的游客。刚一下车我却看到两扇大铁门紧紧地闭着,似乎这里并没有人,也没有开馆。我急忙向附近的居民们询问,一位抱着孙子的大爷告诉我最近这个月天气很热,几乎没有人来这里,这里又只有一个工作人员,所以经常会关门。我急忙问:"大爷,您知道怎么找到这个工作人员吗?或者您有他的联系方式吗?"热心肠的大爷直接帮我拨通了老馆长的电话,告诉他有人来参观纪念馆,让他来开门。挂断电话,大爷说:"他马上就来,你们等着吧。"感谢过好心的大爷,趁着等待的工夫,我在周围转悠了起来。纪念馆门前的路并不好,也没有留出空间让游客停车,不知是因为当初设计的人粗心了,还是因为本来就甚少有人组团来参观,根本就没有留出停车场的需要。

在胡思乱想中,我听到了大铁门缓缓打开的声音。一个身材并不高大、面容有些苍老的男人走了出来。我知道他应该就是纪念馆的老馆长,也是唯一的工作人员李馆长。简单介绍了我的身份和来意,他带领我们开始参观。

一进门,一座高高耸立的石碑吸引了我的注意。走上台阶,上面写着"四九起义纪念碑"几个鲜红的大字,让人顿感庄严肃穆。石碑的旁边是一个干涸的池塘,上面已经长满了青青葱葱的灌木和草丛。老馆长介绍道:"这里名叫'月牙池',以前是一个池塘,应为形如月牙而得名。但已经干涸很久了,成了一片很大的空地,可以进行一些革命活动。1928年初,皖北特委书记魏野畴经常在这里与特委同志研究工作和接见群众。在'四九'起义之后,周氏兄弟也就是在这里召开了2万多人的大会,成立了皖北苏维埃政府。"我静静地站在这里,脑海里想象着那慷慨激昂的革命场景,有多少革命英烈的热血滋润着这片土壤啊!

穿过一条小土路,我来到了一个普通的农家小院。门前的一棵大枣树据老馆长介绍是当年特委书记魏野畴同志亲手种下的。如今这棵见证了数十年风雨沧桑的枣树已被列为文物受到保护。我轻轻抚摸着老树粗壮的树干,想象着当年魏野畴烈士和许多同志也是站在这里,一边劳动一边商讨着革命。那时他们的心里一定充满了热烈的希望和坚定的信念,相信他们的革命事业终有一天会像这棵枣树一样茁壮成长,结出累累硕果。而今天,这棵大树早已枝繁叶茂,年年都会结出甜美丰硕的果实,当年艰辛的革命事业取得了成功,换来了今天和平安宁的生活。当时的种树者开路人虽然不能亲眼看到这一切,他们的英灵也会得到安息吧。

大树背后是三间普普通通的平房,这就是所有资料展示的地方。房间里的墙上贴满了关于"四九"起义及相关烈士的生平简介和照片,还有几个玻璃展示柜。所有的房间里都没有风扇,闷热得让人喘不过气来,玻璃展示柜里的一些文物资料已经泛黄,甚至落满了灰尘。在馆长的帮助下我找到了《阜阳青年》第一期至第五期的期刊，以及周传业、周传鼎两位烈士牺牲时的珍贵照片。老馆长介绍说这些资料都是烈士的遗孀辗转流离中保存下来的，革命胜利后就捐献给了当地党史馆，纪念馆建成后又转到这里珍藏。

我看着墙上两位烈士年轻的面庞，不由感叹那时的他们面容清秀，眼神清澈而坚定；而再看他们牺牲后的遗容，消瘦沧桑，足见他们为了革命奉献了全部的心力，在狱中受到了多少非人的折磨。我问老馆长还有没有更多的文物和资料。老馆长摇摇头，他说自从来到这个纪念馆工作，十几年里他一直在努力收集相关的资料。可惜时间相隔久远，有关的人和物早已不在，相关领导又没有给予太多的支持和帮助，导致收集整理工作一直很难完成，这也是他很遗憾的一点。

整个陈列室并不大，我仔细地参观了一遍便走了出来。老馆长站在枣树下，详细地向我说起了"四九"起义前前后后的经历和故事——说起以魏野畴为首的同志们如何策动国民党第十军中的有志之士；说起周氏兄弟如何在行流镇打土豪分田地发动农民运动；说起魏野畴和同志们如何谋划起义却不幸被叛徒出卖（他们在一个大雨滂沱的夜晚发动了起义，却因为敌人火力强大无法攻破，魏野畴等领导者身先士卒在战斗中英勇牺牲）；说起皖北苏维埃政府成立时群情激昂的壮烈场面和被国民党反动派驱逐屠杀的悲壮，让人感慨不已。

因为在来之前做了一点功课，我了解到这位老馆长也是一位令人敬佩的共产党员。自从纪念馆建立他便调来这里工作，一个人守着这个岗位十几年。他自己努力收集资料，自己编写解说词义务为来参观的游客解说，自己负责纪念馆的清洁维修等工作。他的家远在几十公里之外的县城，所以十几年来他也很少回家，一直一个人住在这纪念馆旁边的房子里，生活清苦而孤单。

我问他："这里条件这么简陋，您没想过退休吗？您的家人支持您的工作吗？"

他说："还好，家人比较支持，只是我回去得很少。这几年身体不太好了，我也和领导提过几次，希望能早点找个人来接替我，也好教教他。但是这里的条件没人愿意来啊！我还会再接着干下去，但是不知道我还能坚持几年。英烈的故事不能没人传承，我是个共产党员啊！"

老馆长的话让我陷入了沉默，我环视着这空空荡荡的院子，想到刚刚参观的简陋的陈列室，不由得对这位老馆长的默默奉献，及其对信念的坚守肃然起敬。

在离开的时候，我提出要给老馆长和这个纪念馆照一张合照，老馆长有些不好意思地答应了。他说我去洗把脸，又用手拨弄了一下头发，站在陈列室门前一块"四九起义纪念馆"的匾额下留下了一张珍贵的合影。临别的时候老馆长叮嘱:"你如果以后找到关于两位烈士的更多资料或者文物,记得复印一份给我寄来。"我郑重地答应了他的这个请求。当我快要走出纪念馆大门时,回头还看到老馆长一个人站在枣树下。他孤寂的身影将会默默地守护着这里,传承永远的革命精神。

从纪念馆回来的路上我的心情久久不能平静,我不仅受到革命先烈精神的鼓舞,还为老馆长十几年默默坚守的精神深深感动。这个平凡人的平凡举动诠释了一个共产党人的高贵。

8月16日　星期五晚,访烈士亲属汪莉女士

结束了纪念馆之行后,资料的收集工作也进行得差不多了,我拜访了最后一个线索人物,周氏兄弟的亲属——汪莉女士。刚开始我只知道她在阜阳市审计局工作,询问知情人才知道她已经退休。经过多方打听我得到汪女士的联系方式,她却一直不在阜阳。最终在这个周五她答应接受我的采访。怀揣着收集的所有资料我如期来到汪女士的家中。一进门我便表达了感谢,并主动将自己的证件交给她看。在确定我的来意后我们开始了拉家常式的谈话。

交流中我了解到汪女士并不是周氏兄弟的直系亲属,她的外祖父与周传鼎烈士的夫人王淑懿女士是一母同胞。对于两位烈士,由于辈分相隔较远,她了解得并不多。"您的母亲或是外祖父有没有跟您说起过关于两位烈士的事情呢?"我问道。

"小时候说过一些,但是说的也不多。实际上对两位烈士的事迹只有他们的夫人最了解。周传鼎烈士没有子嗣,周传业烈士的女儿也是遗腹子,关于他父亲的所有记忆都来自她的母亲。两位夫人都早已去世,周家其他的兄弟姐妹也都散落全国各地了。"

"那现在周家的直系亲属都不在阜阳了吗?周传业的女儿现在在哪里呢?近况又如何呢?"

"周传业有一个遗腹子名为周家龄。老人现在定居在杭州,如今也80岁高龄了,并且患有糖尿病综合征,生活无法自理。她的三个儿女都定居在美国,我们之间的联系很少。只有在'四九'起义八十周年的时候她回过一次阜阳,市政府的有关人员联系到我们。之后再也没有见过了。"

"那您或者周家龄老人那里还有其他关于两位烈士的遗物或者更多资料吗?"我急切地问道。

"没有了,周家所掌握的所有两位烈士的资料和文物都捐给当地博物馆和党史办了。而且周氏兄弟牺牲后他们家道败落,一家人生活十分困顿,颠沛流离地生活了20多年,保存这些资料已经十分不容易了。而且在'文革'时期,你知道他们虽然是烈士家属,但是周家毕竟曾经是封建大地主家庭,由于阶级

出身也受到了一些冲击的。"

我听后内心有些小小的遗憾和失望。但是听汪女士说周家龄的子女准备为两位烈士铸两座铜像捐献给四九起义纪念馆,我感到稍许的欣慰。虽然年代相隔久远,虽然周家的子孙如今分散在各处,但是他们先人的崇高品质和精神依旧流淌在他们的血脉中,并将永远传承下去。

从汪女士家里出来,我顺道来到了周家大院曾经的所在地——鼓楼商业街(原名大隅首)。这里曾是老阜阳城的商业中心,也是最繁华的地带,如今却成为老城区改造最头疼的问题之一。周家大院和淮颍书局的旧址都在大隅首路西。新中国成立后这里所有的房屋都被拆迁重建,成了阜阳市最早的商业街。如今在这里早已不见任何的文物遗址,有的只是小商贩们的叫卖声和交谈声。人声嘈杂的氛围竟让人感觉到一种市井生活带来的踏实和安心。我随机询问了周边的几个小贩知不知道周氏兄弟、知不知道原来的周家大院大概在哪里,大部分人的回答都是不知道或不清楚。我想他们也许永远都不会知道在他们生活的地方曾经生活着一些为了革命事业牺牲的英雄,也永远都不会了解这片土地上曾经发生过多少轰轰烈烈的革命故事。但这也许并不重要,如今他们的生活安稳而充满希望。这不就是当初抛头颅洒热血的烈士们奋斗的目标吗?

后 记

第一次做校友寻访的工作,我的收获很难用语言文字将它梳理清楚。我从来没有尝试过这样深入地去认识、了解历史人物。我以为他们离我很遥远,我以为我不会产生任何共鸣。然而在这次寻访中,不管是老馆长还是两位烈士的故事,都一次次地使我的心灵震撼和触动,也让我一次次地重新认识那一段历史,重新认识自己的家乡。遗憾的是由于时间原因,我没能去参观烈士陵园,不能亲自向为革命付出一切的烈士们致以最高的敬意。

回首历史有时会是件痛苦的事,尤其是那一段贫穷落后、屈辱挨打、动荡不安的历史。那一段历史直接戳中我们内心深处最隐秘、最深刻的痛处,然而我们却必须要铭记,必须不断重温,必须让记忆一代代传承下去,因为这是一个民族前进的动力,这是我们敢于面对未来一切艰难险阻的精神支柱。

点评

当年,同时在上海大学任职或学习的父子兄弟有很多,如于右任不仅本人担任校长,还将女儿、儿子、侄子都带到上海大学读书;也有几兄弟同时参加革命的,如吴云、吴霆、吴震三兄弟以及梅电龙、梅宗林、梅玉珂兄妹三人,他们都成为中国共产党的骨干分子。但同时投身革命事业且同日牺牲的,大约只有周传鼎、周传业兄弟。

由于当地较为重视周氏兄弟的事迹,所以比较全面清楚。但因为他们牺牲时十分年轻,存在直系后人的可能性也比较小,所以当蒋寒玉选择他们作为寻访对象时,我都不知道给出怎样的指导,或提出什么具体的要求。虽然从现有资料看,几乎所有关于他们事迹的介绍中,都只谈到周传业入读上海大学,没有周传鼎曾入读上海大学的信息,而现有的上海大学资料中确是有周传鼎的记载的,只是具体何时周传鼎又转入上海大学的,不得而知。这一点,大约通过寻访是难以确认的。

历史学家克罗齐说"一切历史都是当代史"。从某种意义上说,这项寻访项目的意义,不仅是重新挖掘和发现历史,也同样是认识和理解现在。

寻访活动的当代意义,对于参与寻访的学生而言,或有行动和沟通能力的提升,或有思想和心灵的些许触动与感悟。同时,我们也可以通过其寻访活动,发现普通人对于这些先烈的精神是如何坚守与维护的。虽然周氏兄弟的英勇事迹值得传播与宣扬,但不断挖掘搜集其资料、长年守护他们的老馆长,也同样值得学习。

他留给世界一个苍凉的背影
——寻访钱康民

朱　琳　社会学院2012级

当我知道,在吴江,这个生我养我的地方,这个我待了20年的地方,曾有一个校友,那种感觉,不可谓不奇妙。

他生于1907年,逝于1939年,生命不过短短的32年,生在一个混乱不堪、朝不保夕的年代,他几乎为了中华民族的荣光与未来奉献了一生,而他那么短暂而绚丽的生命,终是临死之前也未能见证祖国真正的繁荣昌盛。

生于乱世,死于乱世。

心中却有太平盛世。

并为此安身立命,尽付心血。

我来到吴江区档案局。

因为没有相关的介绍信,查阅的又是历史档案,我和档案局工作人员就那么僵持不下,他不断地确认我的基本信息、我查阅资料的目的与用途,看着我忐忑而期盼的神情,终是松了口,让我先将查档的基本表格填好。

我认真地填完表格并交给工作人员,他仔细地核对完信息,便领我到电脑面前,告诉我只能查阅电子档案,并且不能使用数码电子设备进行拍摄。我点点头说好。

我输入钱康民和他父亲钱涤根等关键词,但出来的资料与图片却与我想的相去甚远。在我的想象中,应该会有一些东西可以显示他的生平与轨迹。但其实,出来的只有两份资料——是关于他子女领取抚恤金的相关证明。

我当时看到这些之后,莫名地就有些心酸与难过了。想想我虽然与他素未谋面,这仅有的校友关系也隔了太久太久,但我却真的心疼了,这是一个革命烈士啊,他为了中国的崛起与独立,将整个生命都扑到了革命事业的奋斗上,他的生命才走过32年,在最好的年华,迎接他的,却是死亡。

钱康民就义的时候不过才32岁,只留下妻子和年幼的儿女,在那个战乱的年代,一个女人拖着3个孩子的日子,该有多艰难。

于祖国于世人,钱康民留下的是一个伟岸的背影,那个背影始终是向前的,始终是坚毅而决绝的。

于家庭于妻女,钱康民留下的却是一个孤寂的背影。他从中学起便开始参与革命活动,毕业后更是组建军队开始抗日,他对于家庭,始终是亏欠的。

这样的一个他,最终留给他深爱的祖国和他割舍不下的妻女一个苍凉的背影,缓缓倒下。

钱康民一共育有3个女儿,分别是钱慕凝、钱慕瑾和钱慕龄。钱慕凝和钱慕瑾先后参了军,钱慕凝于20世纪70年代末过世,钱慕瑾已从机关部门离休,成年后到百货公司工作的钱慕龄现也已退休。

原来,她们也不过是普通人,过着最平凡的日子,当初父亲逝世,女儿年幼,母亲走投无路,只能离开吴江,避居到安徽芜湖外婆家。在那样的年代里,一个女人带着3个年幼的女儿,日子艰难,能够活下来,熬到和平年代,纵使没有扬名,却将父亲的血脉与精神,一代代地传承,谁说这不是一种伟大呢?

后来我又去了党史办。

说明了来意之后,党史办的工作人员也陷入了为难境地,她说我想要找到详细的生平资料应该是不可能的,党史办里的资料都是经过整理的,最原始的第一手资料应该在档案馆里。

我便说,我去过档案馆,但是看到的资料都是一些关于钱康民子女抚恤金的证明,并没有关于他的详细并且直接的资料。

她点点头,说她是从档案馆调到这里的,对于那里也很熟悉。她也知道我想要找什么样的资料,但是档案馆里的资料并不一定是我想要找的或者是我需要的,因为时隔多年,能够保存下来的资料可能并不全面,而且,最直接最重要的资料也不一定能找得到。

我明显地失望了。

在开始寻访之前,我并未意识到这是一项多么困难而曲折的工作,我只是觉得我应该会享受这样一种抽丝剥茧的过程,我以为我可以在网上找到相关信息,提取关键词和关键人,然后去一一找到。

后来,当我在网上只能搜到一篇又一篇重复而概括的资料时,我突然觉得无力而茫然。我该怎样在茫茫人海中去找寻一位逝世多年的人呢?

在开始寻访之前,我脑海中是有美好的设想的,我想,我可以在网上找到钱康民的基本信息,可以在档案馆找到他的一些入学纪录、军队纪录等,然后可以在党史办找到他的详细资料,再顺藤摸瓜找到他子女的信息,并对他们进行采访。

然而,事实是,我在档案馆里找不到任何关于钱康民入学的时间证明,我去党史办的时候,我能找到的他的全部信息,也不过是吴江县志里他的介绍。

党史办的工作人员也很抱歉地和我说,这里并没有钱康民的其他资料了,只有县志里还有他的人物介绍，只是这个也是后人经过编辑整理的，无法当作第一手资料，不过这是吴江的县志，也算是正史了，应该会对我有所帮助。

我接过书一看，里面的内容大致和网上的相同，不过相较于网上的概括，书上关于他的生平还是详细了很多。

尽管失望和遗憾，我还是不得不离开，临走前，工作人员也将关于钱康民那一部分的介绍复印好了递给我，我表示感谢后，迈着沉重的步伐关上了门。

尽管我的预想已经一个个被击碎了，但毕竟线索还没有全部断掉，寻访，还是要继续。

下一站，是区委统战部。

因为在查阅相关资料时，一篇报道里提到了区委统战部的一位沈先生是一位老松陵人，对钱康民的父亲钱涤根很有研究。

我到了统战部，说明来意后，办公室的人面露疑色。

因为在网上查不到沈先生的全名，只有他的姓氏与大致年龄。而按照年龄推算，沈先生现在已经退休。

办公室的人帮我找到了统战部的退休名单，唯一一个符合沈先生年龄的只有一位史先生，而另一位沈先生的年龄明显对不上，他们便问，有没有可能当年写报道的记者搞错了？因为在吴语里，沈和史的发音很相近，如果老人家说话不清楚的话，很有可能就听错了。

而后来办公室的人补充道，那位史先生已于今年去世，如果这位不是报道上的沈先生的话，那么沈先生并不是在统战部，而是另有其人。

面对突如其来的变故，我也有些愣了。仅有的线索到这里也仿佛断了。如果史先生真的就是那位沈先生的话，那么他已经过世了，如果不是的话，那么沈先生就不是在统战部工作的，那他又是谁呢？

我觉得一筹莫展，事情似乎陷入了僵局。因为我突然觉得，好像在这个世界上，已经没有人了解当年那段历史，也没有人了解钱康民了。如果我不是因为寻访，我又哪里会知道吴江曾诞生过这么一个英勇的烈士呢？莫名地一阵惆怅与无言的悲伤突然涌上心头。就算是这样勇敢而值得敬佩的人，几十年之后，竟然也无人知晓了吗？

我的本意一直是希望能去采访了解钱康民的相关人士的。我本来并不觉得这有多困难，我本能地想，他的子女一定还会留在吴江，而且他是烈士，一定会有很多人知道他。但其实是，他的妻女当时为了避难，早早地就逃亡到了安徽并且一直定居在那里，而钱康民年纪轻轻便英勇就义，在时隔几十年后，也只有那些老人才会记得曾经的传说了。即使是从事相关工作的人员，听到这个名字时，也只是觉得很熟悉，却也没有进一步的了解。更别说普通的民众了。

在这片土地上，曾经诞生了无数伟大的灵魂与英雄，而沧海桑田，又有几个能被记住呢？终究敌不过历史与时间。因为寻访的搁浅与停滞不前，我整个人仿佛也陷入了莫名的悲伤中而无法自拔。

我想，那个时代的人，他们的生命大多是短暂的，即使侥幸在战事中保全了性命，却仍然难逃天灾人祸。在那样一个黯淡无边看不见光亮的时代，那样一群人却活得那么恣意而充满希望，他们将生死看得很淡，将儿女情长也看得很淡，就算有，也绝对不是矫情小气的风花雪月，而是相忘于江湖的、荡气回肠的理解与守望。他们可能也不过就似我们这般普通，只是因为那样的国仇家恨，便生生地被逼出了一丝伟大与高尚。

我总是试着将我放在同他们一样的位置上去思考问题，钱康民，1907年生，1939年逝。生命不过短短的32年。不知该说是巧合还是注定，他的父亲钱涤根也是一名烈士，父子都是烈士，也算是家门荣光了。因为自幼受父亲的影响，钱康民的革命思想、爱国情怀的种子早早就在心中生根发芽了，这无疑是一种英雄的传承。1927年，父亲却不幸被杀害，这一年，钱康民不过才20岁，同我现在的年龄一样。

我尝试去站在他的角度，处在他的环境下去体会他的丧父之痛，却发现，世上并没有感同身受这一说法，那根针没有扎到你的身上，你就永远不知道有多痛。从小温饱不愁、有父母呵护、家庭和睦的我，根本无法体会他的那种绝望与坚强。

但我想，那个年代的人，是更刚强的人吧。习惯了硝烟弥漫，习惯了生离死别，他们并没有我们这般的脆弱或者不堪一击，在那样的内忧外患之下，许多人都是抱着必死的决心活过一天又一天。

但是这样的日子虽然提心吊胆，却并不茫然。他们有信念，也有信仰。那是一种崇高的、闪闪发光的理想，是当时每一个有志之士的精神支柱。为了民族、国家，所有渺小而平凡的人都汇到了一起，变得那样的勇敢而强大。只是，在那样的环境下，所有的成长与坚强，都显得那么让人心疼。那时的钱康民，虽然艰难，但也会一夜之间长大与成熟吧。

于是，这样的钱康民考入了上海大学政法系。

那是被誉为"文有上大，武有黄埔"的上海大学，那是拥有瞿秋白、于右任等一大批革命积极分子学者的革命学校。在这样激进而昂扬的氛围中，钱康民开始了自己的大学学习生活，他在大学4年中，苦学语言，掌握了5门外语，并且如饥似渴地阅读进步书刊和革命理论，努力寻求救国救民的真理，他还经常写些唤醒民众、针砭时弊、揭露黑暗现实的文章，他开始大放异彩，开始承担起民族与国家的重任，开始找到了信仰。

他的生命，开始与中国紧紧相连。

经过了前几次的打击与挫折后,面对这次的无功而返,我倒突然看得淡然了。父亲看我情绪低落,便安慰我道,这本来就是一个久远的人物了,有关他的人物也早已不在。当时那么乱,很多资料都无从查证,而且他的子女早已不在吴江,我们也无从找起。再说,他去世的时候还那么年轻,女儿们都还小,想来父亲也只能是模糊的记忆了。

我想,我应该要去接受这样的遗忘吧。

钱康民曾在他短暂的生命中最大限度地发挥了自己的作用,作出了贡献,他是没有遗憾的。他对自己和自己的家人都是亏欠的,对自己太不爱惜,对家人太过残忍,早早就离他们而去,但是他却一生都不愧对国家人民,不愧对天地,浩气长存。

他的女儿钱慕凝和钱慕瑾先后参了军。而孙子钱继军也特别喜爱武术,10岁起就开始习武,擒拿格斗十分精通,1978年入伍后,担任过警卫工作,后来转业到公安系统工作,立过3次三等功。这或许,是伟大的另一种继承。

他们的祖父与父亲,怀有崇高的理想与人格,他们浴血奋战,不就是为了保民族独立、人民安康吗?如今的山河无恙,也是对英烈的告慰。

当钱康民的女儿在年逾古稀之时重返故乡来祭奠祖父钱涤根时,我突然被深深地感动了,这是血脉啊!血浓于水啊!

我想,英雄的事迹永远都不会被忘记,会作为一个古老的故事流传在他们的子子孙孙口中。

点评

对于钱康民到底是不是上海大学的学生,我一直存有疑惑:几乎所有的网络信息所提供的说法,都说他曾入上海大学读书。有的说是在其父亲钱涤根烈士牺牲后进入上海大学的,钱涤根牺牲于1927年1月16日,从钱涤根牺牲到上海大学被查封,其间大致有3个月的时间,但钱康民是否在其父牺牲后即刻入读上海大学而成为上海大学的一员,这一点无法确认;另外,也有记载钱康民是1929年进入上海大学的,因1927年上海大学就被查封,因而这一说法是不成立的。当时,很多曾有在上海读大学经历的人,往往会被后世误作在上海大学读书。这里也许是同样的错误。现有记载的表述多是"入读上海大学法政系",上海大学本身并无法政系,据此推测,他入读的大学也许与上海法政大学(或上海法科大学)有关联。但这些都需要进一步确认。正是带着这种期望,我让朱琳去做了这次寻访。

从这份报告中,我们可以看到学生的尽心和努力,但各种看似有可能的线索在进一步追索之下,仍毫无头绪和进展。最终,连钱康民到底与上海大学是什么关系,仍无法确认。

之所以在这本寻访集中还将此寻访报告收入进来：一方面，相对于寻访到有价值的信息而言，我们更看重寻访活动本身对学生的锻炼；另一方面，通过寻访，即便我们没能确认寻访对象是否是上海大学的校友，但在对寻访对象的不断挖掘中，我们仍可以从中认识和了解到，百年前，同样是年轻人的先辈们，是如何将个人的理想与国家和民族的前途和命运紧密联系在一起的，他们身上所蕴含着的信仰力量和牺牲精神，仍会激励今天的青年一代。

缅怀先烈 追寻足迹
——寻访许继慎

金冀安 社会学院 2012 级

背　景

国民大革命期间,上海大学于 1922 年 10 月 23 日由东南高等专科师范学校改组,社会学系一并成立,瞿秋白任社会学系主任。由于很多国共两党领袖、著名学者和社会精英曾在社会学系任教,培养了一大批国共两党精英和干部,因此上海大学也被称为"红色学府"。

缘　起

时至今日,新上海大学社会学院要成立校友会,需要联系革命时期在上大社会学系求学的一些人物及其后人,并计划聘请他们的后人为荣誉理事。我受学院委托,寻访当地的老校友及其后人。

2013 年 7 月 28 日,我收到了学院耿敬老师的电子邮件,内容关于社会学院校友寻访。我从小生活在安徽六安,对六安历史上的一些名人也有所见闻,而看到六安有那么多人曾经在上海大学社会学系求学,其中不乏当时著名的革命将领和社会活动家,于是对此产生了浓厚的兴趣,回复同意接受这项寻访任务。随后我便着手对老师给出的名单进行研究,在网上搜集相关资料,并计划前往六安市委党史研究室寻求更多资料。

由于持续的高温天气,寻访工作一直无法开展,直至 8 月 13 日,天气稍稍转凉,我在市政府有关领导帮助下约见了市委党史研究室的蒋主任。蒋主任热情地接见我并询问我相关情况。当得知我院要成立校友会,并欲聘请校友后人为荣誉理事时,他表示支持和赞许,希望我院能坚持此项目并做好。蒋主任对上海大学的历史相当了解,他向我详细地介绍了上海大学当年历史,还从电脑中把上海大学近来校史研讨会的资料调出供我参考。

我随即把耿敬老师给我的校友名单给蒋主任看,他在仔细阅览之后对着名单——向我解释，目前与市委党史研究室经常保持联系的仅有许继慎的后人，陈钧、谢芸皋、王逸常、王绍虞、丁香墀5位先烈的后人可能在后期革命过程中牺牲了，无法取得联系；王明的后人移民俄罗斯；杨溥泉的后人20年前有接触，仅有独女1人，现今同样很难联系到，但她与许继慎后人有交往，可以通过许继慎后人渠道联系。

在进一步交流后，蒋主任将许继慎后人的联系方式给了我，其中其长子许民庆和长孙女许智文、次孙女许智宏生活在广东。由于距离遥远，我短期无法前往广东拜访。蒋主任还把许继慎在六安的后人的联系方式一并给了我，其侄子许光明留守在许继慎纪念园内，重孙许挺居住于六安苏家埠镇。蒋主任推荐我去联系许挺，表示他可以配合我进行寻访工作。

临走之际，蒋主任特意去书库为我挑选一些红色读物，希望我以中共六安市委党史研究室名义带回上海大学，将这些书赠予上海大学，并交换上海大学校史方面的一些书籍，为我院成立校友会提供支持。我为此向蒋主任表示感谢，并邀请蒋主任有空去上海大学看看。

2013年8月15日，我通过手机、QQ等方式联系到了许继慎烈士的重孙许挺，约定于8月20日，我前往苏家埠镇拜访。通过一番交流，我感觉到许挺先生是一位十分平易近人的人，十分愿意帮助我进行此次寻访活动。

8月20日中午午饭过后，我按约定前往苏家埠镇拜访许挺，随车一同前往的有市人民医院办公室主任（我的母亲）和六安市裕安区发展和改革委员会副主任石秀明。经过40分钟车程，我们抵达了目的地——苏家埠镇。许挺先生在家门口迎接我们。

许挺先生十分好客，天气炎热，他特意从自家冰箱为我们拿出冰棒解暑。他首先向我们介绍了自身的情况：他大学主修医学，曾在市人民医院实习过，现在经营镇上一家诊所，还自修法律，目前正准备国家司法考试。他的儿子和我同龄，当年以全镇第一的成绩考取郑州大学。

接着他把其他家庭成员相继介绍了一下，加上此前蒋主任也曾做过相应介绍，我对此有了进一步了解。目前许继慎后人主要分布在全国的三大区域：安徽六安、广东广州和湖南湘潭。许继慎长子许民庆正是在湖南湘潭的国营江南机器厂找到的。目前许民庆两个女儿都在广东生活。

为了使采访更加正式，我还邀请许挺先生录了一段视频。在视频中，我提了四个问题，许挺先生就每个问题都进行了耐心细致的解答。第一个问题关于许挺先生与许继慎烈士的关系以及家族成员现在的生活状况。许挺祖父是许继慎的弟弟许希孟（六霍起义领导人）的儿子，后过继给许继慎当儿子（即过继了一个本家侄子）。家族成员现分为两支，一支为广东一带许民庆及其后人，另一支则是六安苏家埠许希孟后人。家族成员目前生活工作自力更生，没有十分大的成就，但无愧于先人。第二个问题关于许挺和家族内成员对许继慎的印象，他把曾祖父的光辉历史娓娓道来，在重温历史的同时流露出自身对许继慎的敬仰和怀念之情。第三个问题关于如何看待社会上对许继慎的评价，许挺用"五四运动时期安徽省著名的学生领袖""国民革命军著名北伐将领""中国工农红军的杰出领导人"和"人民当中优秀的代表"4个评价概括许继慎光荣的一生。最后一个问题关于对上海大学社会学院进行校友寻访和聘请荣誉理事方面的看法，许挺对此表示感谢，并愿意为上海大学社会学系作出自己的贡献。

采访结束后，在许挺先生的带领下，我们驱车前往许继慎陵园。为我们开陵园大门的是许继慎的侄子许光明大爷。由于平日前来吊唁的人员很少，所以大铁门一直关闭着，等到周末或节假日才免费对外开放。陵园内的气氛庄严、肃穆，拾级而上后到达凭吊平台，正中央竖立着许继慎的半身塑像，身后为坟墓。两边的大理石板上记录着许继慎烈士一生的事迹。徐向前同志为其题墓志铭"中国工农红军第一军军长许继慎同志之墓"。

绕过墓地正后方我们看到为其新修建的许继慎纪念馆，纪念馆左侧还依照当年许继慎住所原样还原了其故居。我们一行步入纪念馆，在登记册上写下了我们的名字，发现之前来此参观的人并不多。全馆由六个部分组成，以许继慎六个不同时期的事迹作为内容展示。第二部分"投身黄埔　北伐骁将"介绍了许继慎于1923年10月入上海大学社会学系学习，在张太雷、蔡和森、瞿秋白、任弼时、李达、恽代英、蒋光慈等一大批优秀政治理论教员的影响和帮助下，其思想产生了巨大的飞跃。1924年5月黄埔军校在上海招生，党组织决定派许继慎、曹渊、杨溥泉等投考，5月许继慎被录取到黄埔军校第一期第二队。由于国民大革命期间的动乱局势，许继慎在上海大学学习时间并不算长，但是在上海大学求学这一段经历可以说是许继慎人生的一大转折点。

我还了解到徐向前之所以与许继慎的关系不一般，是因为两人不仅是黄埔军校的同学，也是后来光山改编后红一军主要领导人，两人长时间的革命友谊使得许继慎在遇害后功勋并没有被随之抹去——徐向前同志在许继慎平反以及寻找其后人方面做了很大的努力。

令我影响深刻的还有张国焘《我的回忆》中的一段话："许的能力确在各师师长之上……独山战斗其实就是按照许的作战意图……四个师长唯许继慎马首是瞻……"的确，许继慎与张国焘相比，他运筹帷幄、决胜疆场的英雄本色，忠于革命、百折不挠的革命情怀和光明磊落、勇于负责的高尚风范永远值得我们后人学习和敬仰。

点评

对于中共党史与军事史上被誉为"军事家"的许继慎来说,其被错杀是非常遗憾的事。而有关他的信息和资料也多有散失,确实需要及时收集与挖掘。有关许继慎的线索,一开始也是模糊不清的,是否有后人,不得而知;他的一个孙子是否曾在上海大学读书,也无法确认。因而,金冀安的寻访便是要厘清各种信息。

许继慎与陈赓、曹渊、杨溥泉等人一样,到上海大学的目的是为了报考黄埔军校,因为当年黄埔军校招生在上海大学设立了一个招考点。一些提前到达的青年就先滞留在上海大学,并利用这段时间旁听与学习,接受了瞿秋白、张太雷、恽代英等共产党领袖的革命理论。后来,他们之所以参加共产党、走上革命道路,在上海大学这段学习经历,应该是产生了非常重要的影响。但凭这一短暂的学习和旁听身份(甚至都没列入旁听生名单),能否将其算作上海大学的学子或校友,让人一时难以把握。然而,正是许继慎在黄埔军校所填写的履历表,让我们确认了他在上海大学读书的经历。由此,我们也可以确认其与上海大学的关系。

金冀安的寻访应该说是比较顺利的,能找到其纪念馆、后人,并与其后人有了较为充分的沟通与交流,这也是接续许继慎与上海大学关系的先声。之后,上海大学美术学院院长曾成钢为许继慎塑像,这也可以看作是这种前缘的再续吧!

风吹雨打自从容
——寻访董每戡

徐悠怡　社会学院 2012 级

缘　起

在暑假过了将近一半的时候,我收到了一份出乎意料的电子邮件,是一份来自耿敬老师的关于 20 世纪 20 年代上海大学校友寻访的邀请。据他信中所说,瓯海有一位与 20 世纪 20 年代的上海大学有关的人物,叫董每戡,是永嘉三溪横屿头村(今属瓯海区潘桥乡)人。

坦白说,在收到耿敬老师的邮件之前,我对董每戡先生是一无所知的。虽然曾经也搜索过上海大学知名校友中的浙江人或是温州人,但是没想到在 20 世纪 20 年代就有这么一位,而且竟然还同是潘桥人。当时一看到老师所写的简短介绍我就心动了,也许是出于与知名校友同乡的一种自豪感,我立即就接下了这份校友寻访的任务。

之后我又在网上搜寻了一下董每戡先生的相关资料,仔细一看,一种浓浓的自豪感油然而生。

董每戡(1907—1980),原名董国清,又名董华,中国著名戏剧家、戏曲史研究专家。1907 年生于浙江省温州市永嘉三溪横屿头村(今属瓯海区潘桥乡),幼时名国清,入学取名董华,每戡是其笔名。1926 年毕业于上海大学中国文学系。1927 年 8 月,受党的指派,回温州从事革命工作。不久,由于叛徒告密,上级机关被破坏,来温联系的同志被逮捕,董每戡亦遭通缉,走避农村,在岷岗的深山古宅中蛰居数月。第二年前赴上海,东渡日本,进日本大学研究院专攻文学与戏剧。1929 年底返国,任教于上海剧专。20 世纪 30 年代初,加入左翼作家联盟、左翼剧联,并在剧联从事进步的戏剧活动。1943 年,转入教学工作,任教于四川三台东北大学、金陵女子文理学院、大夏大学、上海戏剧专科学校等院校。新中国成立后,董每戡到湖南大学中文系任教,1953 年后,转到中山大学任教。仅仅 5 年以后,他在那场著名的政治运动中受挫,随即携家迁居湖南长沙,过了 20 年近乎流放的生活。1979 年落实政策后,他又回到中山大学,但不到一年，便溘然长逝。"韧性当师不老松，风吹雨打自从容"，这是董每戡先生身处逆境时写的两句诗，彰显了他坚毅的品格。一生坎坷，却矢志不渝，实在令人肃然起敬。

于是，怀着对董每戡先生的敬意，我回到潘桥，去探寻他的故事。

过　程

2013 年 8 月 1 日　星期四

　　前几天我在网上搜集了一些董每戡先生的相关资料，不过对于他的故居的介绍也仅仅说明地址是在潘桥镇横屿头村。昨天在和妈妈闲聊时谈及此事，我竟意外地收获了一份惊喜——以前曾租用我家楼下开店的叔叔一家竟是横屿头村人。

　　今天一早我就打电话联系叔叔。先是确认了一遍他们确实是横屿头村人，之后我便询问叔叔是否知道那儿有一处董每戡故居。令人欣喜的是，叔叔的确知道有这么一处故居。据他所说，横屿头村确实有一处董姓故居，不过由于各种修补改建已经变得面目全非，只剩下一块牌匾可以证明了。我在网上查到的资料也显示，政府的确将董每戡先生的故居拆迁，该故居范围内已不存在任何原建筑，只有由董每戡亲族在原址前建的一个供后人瞻仰的纪念亭。他问我："你说的那人叫什么？我不确定他和那位董勉先生是不是同一个人。"我一下子愣了："不会吧，好不容易打听到的故居难道不是董每戡先生的？"我翻了一下先生的资料，董每戡、董国清、董华，好像确实没有董勉这一名字的记载，难道真不是？"他叫董每戡，这是笔名，原名叫董国清，又名董华。你说的那位董先生我也不确定是不是，明天去那里看看再说吧，毕竟都姓董又同为住横屿头村的名人，应该不会这么巧吧。"我回答道。明天去看看就知道到了，根据网上找到的资料，瓯海区的文物清单里并没有两位董先生的故居。

2013 年 8 月 2 日　星期五

　　早上吃完饭我就坐车去了叔叔家，一路上我充满了期待，想了很多到时候要问的问题。在他家店里等了一会儿，叔叔闲下来的时候我们便坐车去了横屿头村。首先我们登上了蜿蜒的山路，据叔叔所说，在山顶上有一处董每戡先生的纪念馆。然而，到达之后呈现在我眼前的，虽说的确是一座房子，但除了一块写有"董每戡纪念馆"的牌匾之外，就再没其他什么地方像是一处名人纪念馆的样子了。铁门紧闭，杂草丛生，看着不像是纪念馆，倒像是一座危房。眼前的景象犹如一盆冷水浇灭了我内心的激情。叔叔看我这么郁闷，笑了笑告诉我："这块匾挂起来就是为了防止政府拆了这座违章建筑的。好了,赶紧走吧,别被人看见你在拍照。"从山上下来,我们又去了董每戡先生的故居。路上叔叔为了防止我太过于失望,提前给我打预防针说:"那个故居现在已经全部是给外地人居住了,而且也已经面目全非了,你要做好心理准备啊。"说得我更加郁闷。停车之后,他领我到了一处住房前,对我说这就是董每戡的故居,我跟在他后面走了进去。这里曾经是一座四合院的样式,只不过如今却被整改得凌乱不堪。中间的院子里四处堆放着石块、木板等东西,周围的房间也被修建得充满现代气息,整个故居早已没了一丝一毫的文化气息。所谓的"董每戡故居"也只不过空有一个称号罢了,甚至连题字都没有,除了附近的人恐怕也不会有其他人知道这里居然还有一座名人故居了。

心中准备的所有问题都打了水漂,别说董每戡先生的事迹,附近的人连董每戡是何许人也都不清楚。这一趟"实地考察"当真是"乘兴而来败兴而归"了。在回来的路上叔叔问我,是不是很失望,我只能无奈地笑笑。翻看着今天拍的照片,我不禁担心起之后的调查来,不知道接下来该怎么办了。

2013 年 8 月 16 日　星期五

由于在网上找不到瓯海区史志办的联系方式,无奈之下我只好到政府部门询问。绕了好久终于找到了史志办的负责人陈先生。我向他说明了自己是上海大学社会学院的一名学生,此次前来的目的是为了了解董每戡先生的事迹。他听完我的话后又仔细地看了看我的学生证、身份证,一再地询问我的目的,他问我:"你找这些资料做什么?"我说:"这是老师布置的一项任务,是校友寻访,董每戡先生也是上海大学毕业的呢。""好,你等一会儿,大概下午的时候会弄好吧。""好的,谢谢。那我下午 3 点左右过来可以吗?""嗯,可以。""不好意思,真是麻烦您了。"

下午 3 点我准时到了办公室,陈先生已经在办公室了,见到我来便请我坐下,然后递给我一份资料,是有关于董每戡先生的详细介绍:

> 董每戡(1907—1980),原名董华,永嘉县横屿头村(今属瓯海区潘桥乡)人。早年就读温州艺文中学,后入上海大学中国文学系,在教师瞿秋白影响下加入共产党。大学毕业后,于民国 16 年(1927)8 月奉党指派回温工作。适党组织被破坏,遭到追捕。在友人掩护下,避居岷岗乡间数月。次年春潜赴上海,东渡日本。18 年底返回上海,先后加入"中国左翼作家联盟""中国左翼戏剧家联盟"和"左翼文化大同盟",从事革命文艺活动。创作了不少剧本,其中《C 夫人的肖像》,尤为引人注目。
>
> 抗战时期,在周恩来直接领导的国防部第三厅工作,曾率领演剧队到

各地巡回演出,宣传抗日救国,并创作了《保卫领空》《天罗地网》《秦淮星火》《神鹰第一曲》《孪生兄弟》《孤岛夜曲》《俘虏》《最后的吼声》等剧本。民国32年(1943)下半年开始转入教学,先后在四川三台东北大学、金陵女子文理学院、上海剧专、上海大夏大学等校讲授文学和戏剧史等课,并潜心从事中国戏剧史研究。

新中国成立后,在湖南大学和中山大学任教。1957年被错划为右派。1978年平反,回中山大学执教。同年11月作为特邀代表参加第四届全国文代大会,并被推为《中国大百科全书戏曲卷》编委。1980年2月,因积劳成疾,在广州去世,终年73岁。遗著有:《每戡剧集》1—5集,《每戡独幕剧》七种,《中国戏剧简史》《西洋戏剧简史》《西洋诗歌简史》《琵琶记简说》《三国演义试论》《戏剧的创作和欣赏》《说剧》《五大名剧论》等。

——摘自《温州市志》(1998)第746—747页

还有他的个人著作若干,在此就不一一赘述了,因为实在太多,看都看不过来。

根据资料,我了解到,除去早年在温州求学,董每戡先生仅有一年不到的时间是在温州生活的。自1927年奉党指派回温工作,1928年春便潜赴上海。

1927年,大革命失败,白色恐怖笼罩全中国,诸多共产党人被追捕。

这年8月,在上海到温州的包船上,一位年轻人看起来愤懑而迷茫。突然之间,他拔出手枪,将整整一梭子弹射入水中……这位年轻人叫董华,即董每戡。此前在上海大学攻读戏剧专业。在学校求学期间,就已经在瞿秋白的影响下加入了共产党。这次他回乡的目的,就是受党指派回浙东地区重建当地组织,开展农民运动。只是,他还没有回到温州,就得知浙江省委机关遭到破坏,负责浙东起义的省委代书记王家谟及特派员周定、郑敬衡在温州被捕(后来全部牺牲),国民党便在全省展开大搜捕的消息。董华只好在友人的掩护下躲起来。军警来搜捕他时,他在木杓巷二号曾宅其三姑母(姑父曾小周)家的谷仓里躲过一劫。事后逃入郊外岷岗山林之中,结果就连家中的一些亲戚都以为他当了和尚。

次年初,上海《申报》开始刊登通缉名单《温属共产党人通讯录》,其上第一人赫然印着"董丏(与"勉"同音)丏"。这个人其实就是董华。在多方的通缉追捕下,董每戡只好逃离温州,潜赴上海,东渡日本。

资料中还有"董每戡"这个笔名的由来。上海《申报》刊登的通缉名单《温属共产党人通讯录》中把董华的化名印成了"董丏丏"。在温州方言中"丏丏"与"每戡"谐音,于是从那时起,他就把自己的名字改成了"董每戡"。同时也解决了我之前的疑惑,为什么网上的资料中并没有"董勉"这个化名而叔叔却如此称呼董每戡先生,原来并非董勉,而是董丏丏,久而久之就被人听成了董勉(丏)。

看完资料后,我又询问了有关于横屿头山上那座所谓的"董每戡纪念馆",不知道陈先生是否知道它的情况。结果我一询问,陈先生就连连摆手说他并不知道有这么一座纪念馆,可能是民间自己搞的吧。

看他这个样子我也只好先告辞了,准备明天再到那附近的人家去问问。

2013年8月17日　星期六

今天早上10点多我又一次去了横屿头,我记得上次去的时候在纪念馆下面有几户人家居住,或许他们能告诉我一些事情。

这次没有叫上叔叔一起,一路走来差点迷了路。这里的路又窄又乱,路两旁都是房屋,遮蔽了视线,而且还十分曲折。路上我问别人是否知道那座建有董每戡纪念馆的山怎么走,有的人摇头就走,有的人直接就说这里没有什么纪念馆。就在我心生绝望准备放弃回去找人时,一位大爷看我走来走去挺辛苦的,就问我要去哪里。我就问他附近有没有一座山,山上有一座董每戡纪念馆的。大爷说:"有是有,不过那座纪念馆也不是什么纪念馆,什么都没有的。""没事,就是那座山!老师傅能麻烦您指一下路吗?"我很高兴,终于找到路了。

在大爷的带路下,我终于到了目的地。谢过大爷后,我便沿着山路向上走去。还好这座山并不高,走了十几分钟我便看见了人家。喘了口气后,我便上前询问一位正在门口抽烟的大叔,不知道他对于那座荒无人烟的董每戡纪念馆知道多少。

刚开始他还是有些警惕的,在我告诉他我是一名上海大学的学生,并且出示学生证后,他才有些放松。我告诉他我正在做一项校友寻访的活动,正在调查一些相关资料。开始他还是很配合的,在询问他在这里住了多久时得知这儿的人大部分都是原住民,最少的也都住了几十年了。于是我便想接着问他有关于山上那座董每戡纪念馆的情况。结果我刚一询问,他就立刻紧张地问我问这个做什么。我说我只是好奇,那座纪念馆怎么这么破旧,像是没人住的危房一样,怎么会挂着董每戡纪念馆的牌子。他就说这种事他也不清楚。然后就说自己还有事情要忙就走了。我只好再去问别的人。可是一连问了好几个,不是一开始就不理睬我,就是叫我小孩子家家的不要管这种事。总之没一个人想谈这个问题,到最后也没问出个所以然来。

回去的路上我打了个电话给叔叔,跟他讲了今天发生的事,叔叔也很无奈。于是到最后,我也不知道为什么要在废弃的房子上挂一块"董每戡纪念馆"的牌匾来防止房子被拆。

2013 年 8 月 18 日　星期日

　　董每戡先生虽然出生于温州,但实际上他在温州生活的时间并不长久。从网上找到的资料可以看到,董每戡先生出生于永嘉县潘桥乡横屿头村,6 岁入私塾念书,14 岁进入温州艺文中学,之后便进入上海大学就读中国文学系,直到 1927 年"四一二"事变后才奉党指挥回温工作,然而一年不到便又离开温州逃往上海,之后便一直因为战争或是政治因素辗转于各地,最终在广州溘然长逝,而他的后人也迁居到了长沙。

　　然而,董每戡先生对故乡的思念却是从未断过。在查找资料时,我在某一期的温州都市报上看到了一位记者对董每戡的儿子——董苗先生的采访。在采访中记者曾问起:"乃翁的思乡之情至深,您与他一起回过温州吗？在他眼中故乡是怎么样的,对您有谈起吗？"而董苗先生则回答道:"新中国成立前他曾带我回过老家。新中国成立后,只有 1956 年 6 月底回过一次温州,也是他最后一次回老家。那是他参加了北京的《琵琶记》讨论会,取道上海回温州看望我祖母。在温期间,应温州市图书馆梅冷生先生邀请,作了一场专题讲座。他对家乡的情感十分深厚,日夜思念。1960 年夏天,父亲要我回老家探望年迈的祖母,好像把自己的乡愁寄托给我了,让我去完成他魂牵梦绕的夙愿。那时祖母和二婶一起居住在信河街。在温州我住了半个月,带回了父亲最爱吃的'明甫干'、对虾等,他是一脸的喜悦,睹物思乡,如同回到阔别多年的家乡。"董每戡先生的思乡之情甚深,他还曾满怀深情地写下三首《思乡》诗:

　　　　故乡山水有佳名,雁荡幽奇海内惊。昨夜龙湫飞入梦,枕边忽起撼天声。
　　　　故乡风物最宜人,膏蟹鲜蜻味可珍。凤尾鱼怀满肚子,蚕虾软甲世无伦。
　　　　谢池春意年年绿,月夜花朝入梦频。我亦有家归未得,痛心追悔负慈亲。

只可惜最终还是客死异乡。

2013 年 8 月 19 日　星期一

　　这是最后的总结了,通过这么多天的查找资料,实地考察,以及采访访问等,我对于董每戡先生有了更深入的了解,他对中国戏剧的不离不弃,他对创作事业的殚精竭虑,还有他对故乡的拳拳思念,无一不感动着我、影响着我。然而这些天的所见所闻也让我对董每戡先生在温州的待遇感到寒心,故居已移作他人房屋,所谓的纪念馆也名不副实,人们对于这样一位革命家,一位著名的戏剧家居然知之甚少。温州,作为这样一位名人的故里,好像已经将他遗忘。无论如何,作为一名温州人,又是董每戡先生的老乡,我诚心地希望大家能够重视起来,不要忘了温州除了苏步青、夏鼐、刘伯温这些名人之外,还有一位董每戡。

点评

董每戡在中国话剧史上有着重要的历史地位,也是早期投身于革命文艺的代表性人物。谈到作为"文明戏"的中国话剧的发展史,人们耳熟能详的往往是周恩来、李叔同的传说,其实,当年温州地区一批年轻人所进行的话剧实践与探索,也是值得肯定的。董每戡便是其中的重要成员。

董每戡早年是位热血青年,他以戏剧为刀枪,宣传革命思想、投身革命活动,在"四一二"后被通缉。他在抗战时期创作一系列剧作,以唤起民族觉醒、动员民众投身抗日救亡。解放后,他主要从事现代戏剧的理论研究。但关于他的信息和资料,随着时间的流逝,也逐渐被忽视,不断散失,难以记述。我们希望:通过寻访,能将这些曾在中国历史发展中作出突出贡献的人的事迹重新挖掘出来,从中认识他们的信仰与奋斗。

董每戡一生中的大部分时间并不在温州,所以即便是温州老乡,徐悠怡是否能找到有价值的信息,取决于家乡人对董每戡的认知程度和重视与否。其实,在这份报告中,我们没有看到更多有价值的新资料。除了看到学生寻访过程的努力与坚持,还有一点可以发现:当地人在房屋动迁中拿"董每戡纪念馆"来作"挡箭牌"的做法,也在一定程度上可以看到董每戡被家乡人所认可与肯定。

追循英烈脚步

——寻访薛卓汉、吴振鹏

韦　佳　社会学院2012级

缘　起

刚刚进入社会学院的我，一心想利用暑假时间开展一个有意义的寻访活动，但是怎样才能更有意义呢？我想了许久也没有想出答案。正在纠结的时候，我收到耿敬老师的一封邮件，他给了我一条线索：有两位革命烈士校友——薛卓汉、吴振鹏刚好是安庆籍，但是两人的资料尚不是很全，其子女后人下落更未可知。院里现在想要成立校友会，希望能够找到他们后人的联系方式。我不妨利用这个暑假来从事这件寻访工作，若能成功进行，既能帮学院找到两位烈士后人，又能通过这一途径宣扬革命精神，对于我自己又何尝不是一种锻炼和充实呢？

于是，我马上召集了三位上海大学安庆籍的同学，成立寻访工作特别行动小组，展开寻访工作。

我们首先从网上查找了一些资料，但是网上的资料远远不能满足我们的需求，小组中有同学提议先去博物馆看看，于是寻访之旅从博物馆开始。

寻访日记

2013年7月30日　星期二

一大早我们就赶往安庆市两家博物馆。其中文物陈列馆陈列的文物多为安庆的另一位革命名人黄镇将军的遗物，对其他历史文物涉及较少。我们询问了馆内工作人员后，也得到了类似的答复，馆内展品以与黄镇将军相关的文物为主。在文物陈列馆扑了空，于是我们又前往安庆市博物馆。然而，我们所找到的所谓安庆市博物馆其实是黄梅戏博物馆，展品也以黄梅戏文化为主，对其他方面涉及较少。于是，去两家博物馆登门查询资料的计划都扑了空。

回来之后，我抱着一线希望，又一次打电话到博物馆询问，对方得知我要查询两位革命英烈的相关资料后，给我的答复是，博物馆只有古代的文物资料，并无近代革命烈士的相关资料。当我询问哪里可以查询时，对方说，档案局可能会有。于是我又打电话去档案局，而档案局方面给的答复是，两位革命英烈去世得早，且不确定去世的时候是否归档到本地，所以档案局也找不到他们的相关资料，工作人员建议我去图书馆询问。于是我打算第二天再去图书馆试一试。

根据从网上查到的信息，我发现吴振鹏同志不仅是我在上海大学的校友，也是我的高中母校安庆一中（原安徽省立第一师范）的校友，于是我想到母校的校史馆，不知道那里会不会有他的相关资料。由于在暑假，校史馆不对外开放，我只能求助高中时候的历史老师。历史老师知道后，马上答应帮我询问一中写校史的老师，表示隔天给我答复。

2013年7月31日　星期三

接着昨天的寻访进程，我一大早赶往市图书馆。

我提前在网上搜索过图书馆的介绍，得知图书馆内还有地方文献馆和历史古籍馆，所以直接奔赴这两间馆。工作人员在得知我的来意后，给出的答复是，他们所有的文献和古籍都是民国之后且年代较近的，两位烈士所处年代比较尴尬，分别出生于19世纪末和20世纪初，又都逝于20世纪30年代，关于他们的信息又甚少，实在无从查起。文献中找不到，他们向我推荐了一位研究安庆老城历史的专家——市文联副主席张健初先生。于是我关注了张先生的微博，安庆老城闲人，并在微博上将问题私信给他，但是没有收到回复。

那边，母校的历史老师给了我回复，她帮我弄到一本母校的百年校史，和一张吴振鹏同志的照片。但是校史馆由于在整修，还不能进去参观，所以只能放弃进入校史馆寻找线索的念头。以下是一中校史上对吴振鹏同志的介绍：

> 吴振鹏（1906—1933）别号翔云、静生，笔名李冰，怀宁人。1922年保送进入安徽省立第一师范，积极参加爱国民主运动，组织进步文学团体"曦社"，创办"曦报"（墙报）及校工夜校，担任教学工作，宣传马列主义。1923年后加入社会主义青年团。因参加反曹锟贿选游行示威活动被学校开除，因全校师生的强烈反对，学校被迫收回成命。国共合作时任国民党安徽省立一师区分部负责人，并任安庆团支部委员。"五卅"惨案发生后，参与柯庆施等组织的后援会工作。同年秋，共青团支部在省立一师成立，吴振鹏担任团支部书记。同年考入上海大学社会学系，担任上海共青团引翔港区委书记，并先后发动部分工厂、码头工人，成功地举行了罢工斗争。1927年出席在武汉召开的中国共产党第五次全国代表大会，当选为

共青团中央委员和中央局委员,担任共青团江西区委书记、省委书记,亲自负责编辑区委机关刊物《红灯》,撰写《红灯之下的蒋介石》等文,揭露蒋介石制造九江"三一七"惨案的罪行。1929年初,调任中共江苏省委委员、团省委书记,兼任中共南京市委书记。1930年7月,任江苏总行动委员会委员,青教处书记。8月任中央总行动委员会委员。在南京组织"红五月行动委员会",号召开展"五罢"斗争,进而实行城市暴动,以推动全国革命早日成功。9月,被调回上海,先后担任团中央宣传部长,共青团满洲省委书记和中共中央巡视员等职。由于长年为革命奔波,吴振鹏劳累过度,肺结核病情加剧,但他抱病坚持工作,不肯休息。1933年被捕,敌人的酷刑与恶劣的监狱生活,使他的肺结核病不断加重,6月他在狱中病逝。

在校史上得到一点信息以后,寻访工作又陷入僵局,这个时候,家里人建议我去寻求电视台的帮助,于是我找到当地电视台的一个栏目《热线800》。栏目记者得知后,当天下午就对我进行了采访,并对我的寻访工作表现出很大兴趣,很愿意帮我寻找这两位烈士家属的下落,并通过电视台的平台进行宣传。记者答应第二天陪同我去当地民政局查询。

2013年8月1日　星期四

早上,在记者的陪同下我来到市民政局优抚科,科长翻出两本烈士名录。不过科长告诉我们,优抚科现在所有的烈士资料大多是在抗美援朝及对越自卫反击战中牺牲的烈士,对于抗战之前牺牲的烈士则涉及很少。我们翻阅了两本烈士名录,也没有找到两位烈士的资料和信息。只好告别了优抚科。

离开民政局,记者又电话询问了之前提到的张健初先生,但是张先生给出的回答也是未曾听说这两名烈士,无能为力。无奈,我们只好谢别了记者,尝试其他途径。

2013年8月4日　星期日

从吴振鹏的资料中我得知,他从小父母双亡,在安庆西门孤儿院长大,于是我抱着一丝希望又去了一趟西门孤儿院。可是我遗憾地发现,孤儿院早已搬迁,原址已盖了新房。四处打听,我得知孤儿院现已搬至茅岭附近,于是驱车前往,但是没能进入其中。

2013年8月7日　星期三

我早上打电话到安庆市委党史研究办公室,资料科的方科长一听说两名烈士的名字,马上回答我说:"薛卓汉我知道的,不过他的信息主要在六安寿县,这里有的可能不多,吴振鹏我也有印象,不过印象不是很深。这样,我帮你找一下。"于是我与方科长约定第二天一早去党史办。

2013 年 8 月 8 日　星期四

早上来到党史办,方科长一见到我就笑着说:"资料我真的找到了一点,不过不是很详尽。"说着从一个牛皮纸袋中翻出几张微微泛黄的纸。分别是叶晓明(作者是合肥重机公司学校教师)所作的《吴振鹏烈士传略(征求意见稿)》(《江淮英烈》第三辑)和彭生高所作的《薛卓汉烈士传略(征求意见稿)》。

当我提出能否复印这两份材料时,方科长一再强调,这两份材料均为个人所作传略,且只是征求意见稿,还未有定论,表达的观点可能也含有主观色彩,所以只能参考,不能作为史实研究。

在之后的闲聊过程中,方科长与我分享了一些他对于两位烈士和历史研究的了解。

据方科长说,20 世纪二三十年代,安庆有一批年轻的革命人士被组织上派往上海,有一部分在上海的大学里面学习,一部分在上海组织、参与革命运动,还有一部分可能去了日本留学深造。薛卓汉和吴振鹏就属于在上海学习的这部分人。由于年代较早,留下的相关资料不多,资料所述未必准确,真实性也难以考证。对早期革命家的研究在 20 世纪 80 年代差不多就告一段落了,对那个时期的革命家的研究多以后人或同时期的老人们的口述为主,20 世纪 80 年代的时候,那些老人们可能都有 80 多岁的高寿了,所以如果现在再去考究,老人们可能大部分都去世了,如果还健在少说也有 100 岁出头了,难度也是非常大。薛卓汉的资料较吴振鹏的略微详细一点,但是主要还在六安寿县。吴振鹏因为逝世得比较早,而且职位也没有薛卓汉高,所以记载的资料要少一点,找起来难度也比较大。

后　记

虽然我们的寻访历程告一段落,但是对两位烈士的研究还远远没有结束,我们目前还是没有找到两位烈士后人的下落及联系方式。由于薛卓汉后人可能留在寿县,所以党史办的方科长建议我们去六安问一问,兴许会找到一点线索。根据网上的信息,薛卓汉烈士遗有一子一女,儿子薛帧栋,1955 年大学毕业后一直在湖南长沙工作、生活。女儿薛民解放后被安排在安徽寿县酱品厂工作至退休,2009 年 1 月 17 日去世,享年 78 岁。重外孙朱洋。关于吴振鹏,演员黄若萌自称是其外孙,母亲王行是吴振鹏的女儿。

点评

薛卓汉、吴振鹏都是安庆地区中共党史上的重要人物,为安庆党组织的创建与发展作出了突出的贡献。由于牺牲较早,关于他们的生平资料比较零散,搜集寻访是比较困难的,如果再想寻访到后人也是不容易的。这几乎是所有参加寻访活动的学生们所普遍遇到的问题。

韦佳的寻访过程与绝大多数同学是一样的,先是网上查找资料,再回到安庆的纪念馆、博物馆或档案馆查询,再者就是到党史办去碰碰运气,如果遇到地方党史专家熟知寻访对象,寻访工作就会相对顺利一些;如果连地方党史研究者都不了解或没有线索,那么寻访工作就难以进行了。所以,相对于在地方党史上有其历史地位的人,寻访对象并不属于党史范畴或地方精英的人,寻访起来就更困难了。

韦佳的寻访一直是作为案例,被分享给之后参与寻访活动的学生们的。寻访中一切线索都走不通的情况下,通过当地电视台去向全社会征询线索,不失为一种可资借鉴的策略选择。虽然我并不主张所有的寻访都选择这样一条路径,但这种充满了"变通性"的策略选择与调整,也是一种能力的体现,是需要学生去参考和学习的。

他们走在革命的前列

——寻访叶天底、王一飞

鲁佳莹 社会学院 2012 级

缘　起

我知道叶天底和王一飞这两个人物,是读小学时在学校走廊的人物墙上,是在初中的《上虞名人故事》里,是在高中的红色教育中。但每次都是蜻蜓点水,我并不真正了解他们的故事。如今,我上大学了,机缘巧合,我竟又重新接触起这两位了不起的革命人物。通过文献资料的查阅、实地考察和对他们后人的采访,我渐渐地走近他们的故事,体味他们的侠骨柔情、百味人生,感受那个年代的革命激情、满腔热血,这大概就是缘分吧!

过　程

2013 年 7 月 28 日晚　星期日

夏日的蝉没有一刻是消停的,吱吱吱地叫着让人有些心烦意乱。我转着手中的笔,徘徊在几个暑期社会实践的课题之中,无从下手。

突然,我看见耿敬老师发来的邮件。一口气读罢,先是恍然大悟,接着是若有所思,悟的是我居然忘了寻访校友这个不错的暑期调研,思的是原来这两位革命先烈也与我的大学有着联系,这莫不是冥冥之中安排好的?我心情激动,马上回复了邮件表示愿意与感谢。于是,我趁着有这份热情,当下就开始进入准备阶段。由于涉及两个人物,我决定先从叶天底烈士开始进行重点的考察。我立刻在网上搜集相关资料以进一步了解人物的生平,但可惜查到的都是些过于简单的人物生平。而我想知道更多的细节,因为我总觉得有故事味的小细节让人印象更深刻。于是我开始搜索人物传记类的书籍,希望从中完整了解叶天底烈士。经过一番搜寻,我确定传记是有的,但没有售卖,这点让我有些纠结。

晚些和朋友聊天,不想却有了些收获,我说:"我打算去上虞市党史办了解一下情况,这两位人物与党和革命有着密切的关系,尤其是叶天底烈士与上虞建党之间的联系甚密。"朋友说:"要不你先去查阅上虞党史资料,我记得上虞市图书馆有上虞党史,还有各类上虞名人的传集,或许就有你要找的两位。"上虞图书馆,对啊,这个地方可是有很多上虞本地特色书籍的。"那里一定可以找得到。"我信心满满地对她说。也不知道为什么我这么肯定,但我确信图书馆一行是不会让我失望的。

2013年7月30日上午　星期二

连着几天,上虞城白天40℃左右的高温让人惧怕出门,没有一滴雨,没有一丝风,只有毒辣辣的太阳炙烤大地。这样的高温天气,用我们这里的方言讲,只能趁着早风凉办点事了。于是,大清早我便来到了上虞图书馆。

上虞图书馆并不大,借阅室里的书籍也不齐全,但关于上虞本地的自然人文等书籍倒是很全面。我开始用书目检索的方法搜索,关于上虞党史,我查到了4本相关的书籍,我选择了其中一本由浙江人民出版社出版的《红色印记:上虞党史回眸(1915年5月—2010年12月)》,里面简单地介绍了上虞党史的要览,也记录了叶天底与王一飞烈士对上虞党建和党组织的发展作出的重大贡献。只不过不详细,也不是我要找的内容,但这对整体历史脉络的把握很有用。我接着搜索叶天底和王一飞烈士的相关书籍,又分别查到了4本,最后我选择了由上虞市新四军历史研究会主编的《大道之行:叶天底传集》与《军中翘楚:王一飞传集》。书很厚实,里面不但包括了人物的传集,还有一些珍贵的照片以及人物遗墨。

我抱着这3本书走出了图书馆,有一种说不出的沉重感。心想:这大概就是历史的厚重感吧,只不过我这小小的身躯如何抵得住革命年代的那些风风雨雨呢。正在唏嘘之时,我猛然抬头看到眼前的一幢高大建筑物,6个大字映入眼帘:城市档案中心。我一个字一个字地念了一遍,一种神秘与威严感在我心头萦绕,我的思绪又飘开了,直到公交车来了,才缓过神来匆匆上了车。

以前静不下心来读革命人物传集的我,这一次有了不一样的心情。当晚,我便开始认真地阅读起了《大道先行:叶天底传集》。读了大约半本的样子,我突然觉得我应该立刻去他的故居看看,那里应该会有更多的实物资料。叶天底故居位于上虞市丰惠镇,从来没有去过丰惠的我一人前行显得有些单薄,于是我约上了一个好友决定第二天一同前往丰惠镇谢家桥村的叶天底故居。

2013年7月31日　星期三

我们顺利地到达上虞汽车东站,出了东厅,发现那里有一排开往丰惠的车,我俩傻眼了,究竟是哪一辆呢?我们在这一排车前走了一圈,我询问了一位像售票员的阿姨,阿姨顺手指了旁边的一辆车。

上车前,我记了一遍那辆车的重要站点:东站—丰惠—下管—大燕。然后也没有多想便上车安稳入座了。没几分钟车子便开动了,我满心期待:现在我的寻访之路才正式开始。

车子经过了好几站,售票员开始向我们收取票款,当问我们到哪一站下时,我告诉她:"我们在谢家桥村下车。"

"谢家桥村?"她一脸茫然,然后摇摇头对我说:"没这个地方,我们车子不经过。"

刚听完她的话我就急了,涨红了脸,说:"谢家桥村就是叶天底故居所在地,这个你知道吗?"她依旧是一脸迷茫的样子,尴尬地朝我摇摇头。

"那我们是乘错车了。"朋友对着我苦笑,"这人生地不熟的。"

"不管了,先到丰惠再说,这车子是经过丰惠的吧?"事到如今,我只好采用这样的策略。

"那你们就在丰惠车站下车,再问问看,到站了我会提醒你们的。"售票员见状,也蛮热心地想帮助我们。

一路上,我和朋友关注着窗外的路标,期待可以找到"谢家桥村"的影迹,但终是一无所获。窗外的风景都是陌生的,前面的路也是未知的,不过,我一直觉得我们一定能够找到,似乎是某种力量在召唤着我。

我们在丰惠车站门口下了车,环顾四周,感觉像在镇上:路上各色车子往来频繁,路边也是商店林立,不远处还有一个很大的丰惠菜市场。"那里有一块很大的车站牌,过去看看。"朋友拉着我的手跑到了站牌下。上面写着各路车经过的站点,我们一站站寻找,可就是没有看见"谢家桥村"三个字,唯一有点相近的名字站点是"谢桥"。"你说,这谢桥和谢家桥村有关系吗?不会就是谢家桥村吧!"我一脸正经地问朋友。

她"噗嗤"一声笑了,"你呀,望眼欲穿了,名字差那么多好吧。"

我决定询问路边的店家,第一次是一个六七十岁的老奶奶,她正在餐馆里擦桌椅。"奶奶,您知道谢家桥村是在哪里吗?"老奶奶大概是听不惯我这外镇人的口音,总是听不真切我说的地名。"谢家桥村啊,谢—家—桥—村!叶天底故居在的那个地方。"我重复了好几遍总算让奶奶听懂了我的话,她边念叨边想着,最后还是摇摇头告诉我不知道。奇怪,这个村子凭空消失了吗?

我道谢之后打算接着询问,没走几步,看见一群人围在一起乘凉聊天,这些人都是50岁左右的样子,听他们的口音应该是丰惠人。我上前向其中一位大叔询问:"大叔,你知道谢家桥村在哪里吗?"大叔有些羞涩,"这个……",旁边其他大叔大婶听见后,都七嘴八舌地议论开了,我又重新向他们说明了一遍:"谢家桥村,就是叶天底故居所在地。"最后,经过他们的讨论,一致得出结论：谢家桥村就是在谢桥，叶天底故居在谢桥。看来我的胡乱猜想还是个客观事实呀！我们道谢之后，回到了站牌下开始等车去谢桥。

"你们要乘车就乘'夹塘车'或者'余姚车'，不要乘到'永和'的车，不然绕远路的。"那位羞涩的大叔随后又特地到站牌下对我俩说，让我有点小感动。

我们成功地在谢桥的"三角站"下了车，按照售票员姐姐指导的方向前行。走了大约5分钟的路程，终于，"叶天底烈士纪念碑"出现在我们眼前，我俩高兴极了，也顾不上太阳的暴晒，奔向了纪念碑。纪念碑后面的房子就是叶天底故居了，黑瓦白墙，墙边青草簇拥，让我顿时感受到了一种江南小户的朴实与宁静。我暗暗想：这一座看似安静的小院里竟然孕育了惊天动地的红色革命——中共上虞独立支部创建地。若不是有救民于水火，救国于危难的爱国之心，若不是有一种敢闯敢拼与不畏牺牲的精神，叶天底何以走在革命的前列，引导人民，尤其是农民，在黑暗中开拓出一条光明之路？

我走近了，最外面的门是开着的，但里面还有一道门却上了锁，是打不开的。我听见有人在讲话，但又听不真切。回到大门口后我才发现外墙上有一个小窗，有一个人背对着窗户坐着，声音就是从那里传出来的。我找到了进屋子的门，发现了一对老夫妇和一个中年男子，男子正是背对窗户坐着的那位，老婆婆正在整理念佛用的黄纸，老爷爷正边打扇边和男子讲话。据我猜测这对老夫妇应该就是故居的看守人了。我向他们道明了来由——我想看看叶天底故居。老爷爷告诉我："故居是锁着的，但钥匙并不在我这里，在一个叫张大勇的人那里，如果要进去就必须去他那里拿钥匙。"

"那么，有他的联系方式吗？"

"你去他们家看看，不远，就在三角站附近的路边，花圈店的对面，到那里问一声人家就知道了。"

我和朋友退出屋来，开始寻找张大勇的家。三角站就是我们下车的地方，我们匆匆走回三角站，路上几乎没有什么人，许多店铺也还没开门。我们在这些开着的商铺前寻找了一番，没有发现什么花圈店。于是我问了一位开农药店的阿姨，阿姨表示不清楚。"你觉得这些店铺哪家是花圈店哪？"我问朋友。"这个问题，天知地知，可惜你不知我不知。"她只能这样调侃我了。也罢，我们再找找其他人问问。辗转几次，终于问到了一个知情人，我们顺利找到了张大勇的家，只不过我们见到的是紧闭的大门。问了邻居，他们告诉我们，张大勇去政府上班了，下午才能回来。至于他的妻子，他们说得很含糊，像是说去上班了又像是说去菜市场了，总之中午以后才会回来。我接着询问张大勇的联系方式，邻居很是推脱，说这个他们不知道，我想了想也只好作罢。

天气很热，才在路口站了一会儿我俩就大汗淋漓了，脑袋也开始发晕，这种状况是等不了他的妻子回来了。

在回家的路上,我回忆着这一天的种种经历,和形形色色我寻求帮助的人,可以说有过徘徊和不知所措,但还算比较顺利。我对接下来的寻访充满了希望。

2013 年 8 月 2 日　星期五

这样的夏日遇上雨天,真是极其难得的,宜人的暖风伴着温润的雨点,让人有一种晚春的错觉。既然天公作美,不妨出去走走,但想到前天提及的张大勇,他既然是在政府部门工作的,那双休日极有可能在家,我们可以明后天去拜访他。那么,今天我就先去上虞档案馆寻找一个重要的实物——《共产党宣言》首译本。"1921 年春,叶天底最早把陈望道 1920 年 8 月翻译的《共产党宣言》中文首译本带回上虞,马克思主义理论书籍开始在上虞传播。"我从网上了解到上虞档案馆馆藏的《共产党宣言》首译本是国内保存最完整的文本之一。

转眼便来到了城市档案中心(即上虞档案馆),一想到我即将踏入这幢让我心生神秘的大楼,我的心情变得好激动,几天前打的那个照面原来是为了今天的正式相见呀!

档案馆安静、整洁,有着一种历史的严肃感和庄重感。"你们有什么事吗?"门口的保安叔叔问。

我上前向他解释:"我们想找《共产党宣言》的首译本,请问您知道这个在哪里吗?"

"这个……你们去楼上看看展厅里有没有,再问问三楼办公室。"

我们在大厅里看到档案馆的平面图,上面显示有好多个展厅,如"友好往来""乡贤名人""历史文物"等展厅。我们大致记下了可能相关的几个展厅,第一个去的就是"历史文物"这个展厅,可是很奇怪,平面图上显示的位置上根本没有"历史文物"展厅。难道……这平面图是错误的?总之,我们找遍了档案馆一楼也没有发现"历史文物"这个展厅。我们接着上了二楼,二楼的西侧有个叫"乡贤名人"展厅,在"上虞革命先烈"中,我找到了叶天底与王一飞。"碧血洒疆场,青春献人民"。

叶天底(1898—1928),原名霖蔚,又名天砥,学名天瑞,上虞丰惠谢家桥人。1915 年毕业于县第一高等小学,次年考入浙江省立第一师范。1920 年夏在上海与俞秀松等创建社会主义青年团,1923 年底加入中国共产党。1924 年秋,受党的委派赴苏州开展革命活动,次年在乐益女中创建中共苏州独立支部,任书记。1926 年 7 月 16 日在返乡养病期间创建上虞第一个共产党组织——中共上虞独立支部,并任书记。北伐军入浙后,以共产党员身份加入国民党,任国民党临时县党部执行委员兼农工部长,领导全县人民开展反帝反封建斗争。1927年11月,中共浙江省委决定举行浙东暴动,但未及行动,被敌人探悉,叶天底等遭敌人逮捕,次年2月8日在杭州英勇就义。

王一飞(1898—1928),又名兆鹏,亦飞,上虞丰惠人。早年毕业于绍兴山会初级师范,后在家乡任教。1919年受五四运动影响,前往上海探求救国真理。1920年入上海外国语学社学习,同年加入社会主义青年团。1921年春,由上海共产主义小组派遣,与任弼时、刘少奇等人赴苏联莫斯科东方大学学习,次年正式转为中国共产党党员,并兼任社会主义青年团旅莫斯科地方委员会委员长,出席少共国际"四大",共产国际"五大"。1925年回国,负责中共中央军委的筹建工作,其间曾任中共上海区委书记兼宣传部长,主持上海市和江浙两省党务工作。1927年当选为中共"五大"中央委员,7月被任命为中共中央军委秘书长,并参加著名的中共中央八七会议。同年10月被任命为中共湖南省委书记,12月领导发动长沙暴动,失败后因叛徒告密被捕,于1928年1月18日在长沙就义。

简短的几百字记录了这两位烈士的一生,没有过多的修饰,也只是太过官方的文字。突然我意识到这两位烈士竟是同年生,同年死,在最灿烂的年华为革命事业奉献了宝贵的生命。叶天底为了党支部的建设奔走奋斗,克服重重苦难,终因浙东暴动而牺牲自己;王一飞致力于党中央的建设,最后也因暴动而牺牲。他们走在革命的前列,摸索在充满荆棘的中华大地上,用青春和热血燃起红色的星火。正是有这样一批批的铁骨英雄才使中国共产党不断发展、壮大,才有了我们幸福的今日。我知道,自己也许永远都无法体会到他们为革命事业可以不顾一切的那份心,那比焰火烈、比钢硬的心,我只能深深地震撼,无法用言语来表达。

我好久才缓过神来,匆匆去了二楼的大众查阅室,大致浏览了一番,未果。倒是那里的保安小哥很是热情,建议我去询问窗口的工作人员。三两句之后,工作人员告诉我:"这么珍贵的东西当然是放在库里了,不过三楼的'珍贵文物'展厅有复印本,你可以去看看的。"

于是,我们上了三楼的"珍贵文物"展厅。不想在那里有些意外的收获。我们成功地找到了真正的《共产党宣言》中文首译本,旁边则放了内容的复印件以及一些鉴定的报告。只不过这些东西都放在了橱窗里,工作人员不让打开作进一步的观看。不过令我兴奋的是"上虞档案馆收藏的首译本由上虞丰惠中学老师夏云奇于1991年中国共产党建党70周年前夕捐赠。据上虞党史研究室认定,这本《共产党宣言》首译本,是由夏禅臣(夏云奇父,春晖中学教师)的浙江"一师"的同学,也是华林在上虞外国语学社的同学叶天底赠送给夏禅臣的。"那么,这本就是当年属于叶天底的书了。

我们随后又找到了叶天底在狱中写给母亲和大哥的亲笔信,读罢泪涔涔哪!在狱中受尽痛苦的他,以"种种种种,请你安心"来宽慰家中的慈母,试想这位母亲如何"安心"哪,但我想她会为有这样的儿子而欣慰、骄傲!其实让我触动最深的是写给大哥的信中那句"我决不愿跪着生,情愿立着死!",这绝对是肺腑之言,因为最后他用年轻的生命诠释了这一切,用他青春的血液为中国革命谱写了华丽的一章!

我正在感叹之时,差点被工作人员锁在了展厅里。下了楼梯,到大厅,遇见方才的保安叔叔,讲了些客套话,我们便出馆打算乘车回家了。但我的心里总思量着:这些资料毕竟是辅助的材料,还得去故居看看,去看看才好!

2013 年 8 月 4 日　星期日

上午 8 点半,我顺利到达叶天底故居。我先去了张大勇的家,看到他家门开着,我有些欣喜若狂,连忙上前敲门,可是,喊了半天"有人吗"也没半个反应,我的心凉了半截,总感觉情况有点不对。

我遇到了张的邻居,她告诉我,张大勇去上班了,他的妻子也去市场了,至于大门为什么打开着,她道:"他们平时就这样子。"说完就走了。我不甘心,又询问了在不远处串珠子的两个老奶奶。其中一位老奶奶很是热心,她告诉我张大勇的妻子是在市场上卖水果的,这个时候可以去市场上找她。我按照老奶奶指的路线和描述的张夫人的模样,在市场的一角寻到了张大勇的妻子。

她看上去 50 岁左右,短短的头发,黝黑的皮肤,显得很干练。当我向张夫人道明寻她的目的时,她似乎有些不乐意,但她还是愿意陪我走一趟。语气生硬地对我说:"你先走着,我随后便到。"说完,她开始忙着收拾水果摊。我感激地看了她一眼,边走边想着:这位张夫人心肠倒挺好的,就是说话态度有点硬,让我有点紧张。

我刚到故居门口,张夫人也骑车到了。推开门,四角方方的院落白墙黑檐,青石铺成的地上长着星星点点的绿草,院落的一角种着一棵桂花树,绿荫葱葱,生机盎然,不时传来清脆的鸟鸣,这该是江南水墨画里才有的场景呀。桂花树的一侧则竖着一块"叶天底烈士纪念碑"的碑,是上虞县人民政府于1988年公布的,碑上已覆了些墨绿色的青苔,与这江南小户朴实、柔和的韵味相融合。碑的背后紧挨着一户居民的墙,大概是为了迎合故居的主调,小窗和门都用了深酒红色的漆(与故居楼房颜色一样)。突然,那小窗户里探出一个脑袋,朝我微笑,我点头回应,只不过那时我还不知道这个老人就是我要采访的人——叶天底的侄孙叶根发老先生。

正屋是一座坐南朝北、三开间、砖木结构的两层楼房。此处便是叶天底出生之地,现辟为纪念室。因为纪念室里没有解说员,我只能自己一点点地看了。正大门上悬挂着胡愈之书写的"叶天底纪念室"匾。两侧檐柱挂"为有牺牲多壮志,敢教日月换新天"抱对。陈列室的正中放着一尊叶天底的半身塑像,鲜红的党旗为背景,两侧墙面挂着徐南寿、赵诚等人为叶天底题的词。然后,我顺着时间一点点回望叶天底的一生,从"少年时代""'一师'求学""上海建团""春晖执教""上海入党""苏州就职"到"上虞建党",最后"杭州就义"。时代的背景和英勇的心让他选择做革命的先锋者,甚至用生命来守护这一份革命事业。我不禁感叹:这样一个英雄,英年早逝啊!30年的岁月是如此短暂,只是历史上的沧海一粟,但他的生命价值却是永恒和无限的,那折射出的光辉让我们永远铭记。每每参观这样的烈士纪念馆,我总会很受触动,那个年代的人们,何以有这样的铮铮铁骨呢?为了让革命继续,他们选择牺牲自己竟也是毫不犹豫,突然想到生活于安逸的现代社会的我们是不是已经让浮华和喧嚣侵蚀掉了本该有的无畏气概呢?不同时代的人们对于人生的选择因时而异,但我想无愧于心大概就是最好的了。

出了纪念室,我想寻找一下叶天底的后人,但据我所知叶天底是没有娶妻生子的,那么他最亲近的就该是侄子了。我根据年龄推算,其侄子少说也得七八十岁了吧,就算是还活着的,那也不一定还记得叶天底的样子或一些故事了,很多应该也只能是老一辈口耳相传。我询问了守门的老爷爷,大概是方言上的差异,沟通了好久,他才听懂了我的意思。他极为热情地告诉我故居的旁边就有叶天底的同宗子孙,他怕我不认路,便自个儿在前头走,让我跟着。

没走几步路,就到了刚才探出脑袋的老爷爷的家,老爷爷就是叶天底的侄孙——叶根发。叶爷爷70岁左右的样子,头顶上没有了头发,只留两鬓白发,笑眯眯的,显得很和蔼。他正在泡茶,看见我们进来了,示意我们先坐会儿。带我去的老爷爷,略兴奋地对他说:"根发,有个小姑娘想要和你聊会儿天!"叶爷爷边点头边答:"好啊!"随后,叶爷爷请我进另一屋子里,正是紧挨着叶天底故居的那间。他拿出竹椅来请我坐下,我一时有点不知所措,也不知道从何处开始聊起。我询问了他的个人情况,叶爷爷很不适应我的口音,有点无法理解我问的问题。他告诉我他叫叶根发,是叶天底的二哥叶云蔚的孙子,当年叶天底牺牲的时候他的父亲还只有三四岁,所以关于叶天底的故事也都是老一辈传下来的。他很激动地向我讲述了他所知道的关于叶天底的故事,像叶天底患有"麻风病",很多人给他介绍姑娘他都拒绝了,怕害了人家姑娘,所以自己没有留子嗣;叶天底奉母亲之命前去收租谷,却连一颗都没带回家,等等。这些事情讲述得都很真实。叶天底烈士是令我们无比敬仰的人物,口耳相传的故事自然是十分多的,至于它们的真实性,我也不想太深究了。

和叶爷爷聊过之后,我向他说明了关于校友会的想法,他欣然同意,并留下了他两位儿子的联系方式。我简单和他道了别，便离开了谢桥。

我辗转来到了丰惠镇上，打算开始寻找王一飞故居，以便为下一次来访做准备。但没想到寻找王一飞故居要比预料快得多，没走岔路，短短30分钟左右，我便成功找到了王一飞故居的方位。这里一带都是明清时期留下来的古民宅，大致还保持着原来的模样，门厅很高大，前廊上镂刻的木雕花彰显着岁月的痕迹，灰白的粉墙和破旧的瓦片诉说着时间的逝去，大门上似乎有着永远都抹不尽的灰尘。这些原先是大户人家之寓吧，可如今呢？我沿着狭小的弄堂走着，不平整的石板路通往巷子的尽头，两侧房屋的墙角簇拥着绿色的野草，一堆一堆的。我突然想到了戴望舒的《雨巷》："撑着油纸伞，独自彷徨在悠长、悠长又寂寥的雨巷。"只不过今天是个晴天，阳光明亮得有点晃眼。"10号，9号，8号，7号……"我边走着边在心里默默地念着，我知道一转身就是我想到达的"6号"了，我深深地吸了一口气转过身去，眼前正是王一飞故居，但大门是紧闭着的，大概是迎着阳光的缘故吧，门厅显得很是朦胧。"汪汪汪……"路的前方一群小狗突然朝着我狂吠，我被惊得清醒了，急忙退回了巷口。

我在巷口向几位阿姨打听怎样才能进入故居，她们告诉我：门是虚掩着的，只要推开进去就行了。我有些将信将疑——这可是故居呢！据我所知，这宅子虽然不属于王家，但终究是私人财产，主人目前住在百官，随便进出不就是私闯民宅了吗？况且这是故居，不是还应该受到政府保护吗？究竟是怎么回事，我得去看看。终于，我克服自己的恐惧心理，和这群小狗进行了一番搏斗，成功获胜了。我试着去推开门，大门的漆早已经剥落了，露出原木来，门缝很大，有被撬过的痕迹，大概是年代太久的缘故吧。我很容易就推开了门，小心翼翼地走了进去，门厅很大，地都是用整块碎石铺成的，但很平整，有一些杂草从中长出来。我抬头就看到了一个醒目的"福"字，黑色漆，写在门楼的白墙上，"福"字的前面就是"王一飞故居"的碑，是上虞市人民政府在2003年立于此的。我环顾了这门厅与门楼之间的天井，墙角堆满了破旧的瓦片和一些废弃的残木，地上一堆一堆地长满了高低参差的杂草，有一种荒芜感。我走到门楼前，一道生了锈的铁门紧锁着，铁门上有一个可以翻盖的小窗，我用手推了一下，开了，我踮起脚往里面探了探，就是正堂了，可是里面空空如也。我探了好久，想看清楚点，但碍于窗子之小，无法进一步看清。我叹了一口气，为此番的萧条，为岁月的无情……我后退了两步，抬头好好观察了这个门楼，突然觉得很奇怪，高高的门楼上方几块石雕花竟少了一半，莫非是年代久远，日晒雨淋而破损掉落了？其次就是门楼上的题字了，似乎是用白色的漆将原先镂刻的几个字进行了涂抹，但我还是大概能读出这四个字：居仁由义。我一个人站在那里，不由得心里有点犯怵。

我看到铁门的一角用红漆写着的两个电话号码，猜测这号码大概是宅子主人的。为了好好了解这一切,我立刻拨打了这两个电话号码。我拨打第一个号码,结果是个空号,我又尝试了两遍也是如此。第二个号码是个座机号,我拨打过去,响了好久,终于接通了,电话的那头传来一个女人的声音,一口丰惠话,此人就是宅子主人的妻子。我简单地表明了自己的身份并告诉她我想进故居看看。虽然方言不同沟通起来有些不便,但还算顺利。她告诉我,有一个叫阿江外婆的人,大约80多岁的样子,可以去找她。她告诉了我阿江外婆家的号码和住址的大致方向。我照着她说的地址,沿着小庙弄一直走,此时已经接近中午12点了,路上根本没有人。快到弄堂的尽头了,我看见一户人家开着大门,一位六七十岁的老奶奶正在煮菜,我便上前询问了一番,老奶奶显然不大喜欢我这个外乡人,没怎么搭理我,只丢下一句"没有阿江外婆这个人"便自顾自做菜了。我出门想寻人问个究竟时,突然看见一个穿着白色T恤、戴着墨镜的男人朝我多看了两眼,我脱口便问了他,这下算是问对了人,他知道阿江外婆的家。他带我到了一个小屋门口,并帮我敲了门,大约半分钟后,一个看似六七十岁的老奶奶来开门,她手里拎着一只水桶,一看见我就说:"走吧,钥匙在我这。"是阿江外婆?她似乎看出了我的疑惑,便接着说:"我就是阿江外婆,刚刚屋子的主人打电话来说有人想进故居看看,我猜就是你了。"我认真地点点头,跟在她后面走着,问:"您真的是阿江外婆?看起来好年轻,一点都不像是80多岁的人。""80多喽,老了,我的大孙子都30多岁了呢,最小的孙子也有你这么大了。"她说完,朝我笑了笑。

很快我们就来到了故居,阿江外婆边开门边告诉我:"去年这里遭小偷了,很多东西都被偷走了,其实现在里面没什么了。"

"小偷?"我反问了一句。怪不得这大门有撬过的痕迹,可是,这里是政府保护的故居,小偷的胆子也太大了吧!

阿江外婆打开了门楼的铁门,我们走了进去,里面是大大的三开间屋子,前檐设卷棚廊,这就是楼座了吧,王一飞就出生在这大宅子里。可是,这楼座的大门却是没有了的,正堂厅内堆着一些长长的旧木和旧雕花门,地面已积了一层灰,随处可见蜘蛛网,真的是环堵萧然啊!我的心情变得很沉重,不光是因为自己无法搜集到关于王一飞的相关资料,更是因为这样的文物居然惨遭如此破坏还没有一点保护措施。

我接着问:"那小偷是怎么进来的呢?偷了什么东西呀?这里怎么会这么破旧?"

"来,侬看,就是那里进来的",阿江外婆指着正堂,现在已经用木板拼接成了一道木墙。阿江外婆又指着门楼檐上的砖雕花对我说:"小偷进来什么都偷,看,这里的雕花什么的都偷了,只剩这么几块了。"我叹了一口气,看见门楼上的题字——落槐呈祥,更感悲凉。

我看见前檐廊柱上似乎有被撬过的痕迹,问:"这里也是被小偷撬过的?"

阿江外婆抬头看了看,说:"这里倒不是,是屋子主人自己撬掉的,都是木雕刻出来的菩萨啊什么的,很值钱,所以卖掉了。"

"啊,这样啊,这可是文物啊!"我不觉惊叹。我顿了顿,接着问:"那小偷后来抓住了没有啊?"

"抓是抓住了,屋子主人的女婿是在公安局工作的,去年遭贼后就报了案,很快就抓获了。"阿江外婆很是激动,指着大厅顶梁:"你看这些,以前都是挂着灯笼用的。"她又指着卷棚廊的木雕:"还有这里,都雕着漂亮的花纹,都被撬掉了,很可惜!"

"那么,这里东、西厢房的门可以打开吗?"我指着大厅左右两侧紧闭着的门问。阿江外婆告诉我,东厢房不属于这家的主人,西厢房里是空的,什么东西都没有。

"那么,这里既然作为王一飞故居,以前有存放他的一些实物吗?就是他生前用过的东西或者写的字,等等。"

"这个是没有的,房子是属于姓陈的人家的,就是人家的屋子了,怎么会放这些呢?这个问主人比较好。"阿江外婆说。

随后,我又问了阿江外婆一些关于王一飞的事情,她只知道这宅子以前是王一飞的祖宅,其余的她就不清楚了,对于王一飞后人,她也说不清楚。

我最后环顾了一下门楼里的院子,发现了一朵缸内的粉荷在风中摇曳多姿,也许它想说些什么,是对物换星移的感叹吗?是想探寻百年前的故事吗?是对意外访客的感触吗?

回家的路上,我一直在想,想着今天的一些事,尤其是关于王一飞烈士的寻访。说实话,王一飞故居的现状是大大出乎我意料的。有好些疑问积在我的脑海里,像故居遭遇小偷究竟是怎么回事?具体的情况是怎样的呢?为什么故居设立了文物保护的碑却仍然是他姓私人财产?寻找王一飞的更多资料,我接下来该怎么做?等等。

2013年8月6日　星期二

昨天简单地整理了一下寻找到的资料,鉴于对王一飞故居的一些疑问,我决定今天先去丰惠镇政府了解相关的情况,再找屋子的主人作一些了解。

一大早我就到达了丰惠镇政府的大门口,我向门卫叔叔询问了文化站所在的办公地点,他告诉我文化站的工作人员都下乡去了,办公外出。我简单和他道明此行的目的后,他建议我可以去史志办询问相关情况,并告诉我可以找一个叫"金炳尧"的办公人员。

我很快就找到了史志办,敲门之后,我推门进入。里面坐着两位老伯,一位年纪稍大,头发已花白了,他正戴着眼镜,拿着笔看书;另一位老伯稍显年轻点,正在电脑前工作。

简短地自我介绍后,我说:"我想了解一下关于王一飞故居的情况。前几日,我了解到的情况是故居在去年遭遇了小偷,政府这里有相关的记录吗?"

两位老伯相视后都摇摇头,年纪稍大的老伯对我说:"这件事我们不太清楚啊!这个政府里是没有记录的。"

"那这个故居不是文物吗?不应该政府带头做好相关的保护工作吗?"

"因为这个故居目前还属于私人财产,政府也无权过问,但这件事我们还真不知道。"年纪稍大的老伯对我说:"这个王一飞故居的问题目前还比较棘手,王家到王一飞父亲这一代已经是家道中落了,王一飞小时候家里很是贫困,后来基本的生活都无法保障了,家里人就拿这房子进行抵押换钱。但是抵押期限到了,王家还是拿不出钱去赎回房子,那么这个房子就是属于别人了,直到现在房子还是别人家的,不是王一飞家的财产。"

"那么,为什么政府现在还没收回呢?这可是重点文物呀!"我问。

"这个政策没落实好是一点,重要的是涉及钱的问题,价钱没能协调好。"老伯怕我不理解,接着解释道:"比如这所房子只值一百万的,但房子所有人不肯,需要两百万,这样没法协调。"

我默默地点点头:"原来这样啊!"

老伯接着对我说:"现在我们丰惠镇有很多文物保护点,像胡愈之故居,还有你说的王一飞故居等地方都是因为政策没能落实好,存在的问题比较大。"

我又问了一些关于王一飞的其他问题,也是一无所获。我突然想起还有一个王一飞的铜像,便试着问问:"那么,王一飞的铜像呢?据说是在北撤纪念馆里了。"

年纪稍大点的老伯推了推眼镜,回答我:"这个问题可以问对面的金师傅。"金师傅?大概就是门卫叔叔所说的那位了吧。金大伯咳嗽了一声,对我说:"你先等一下啊,我填完这个表。"我点点头。

走了大约五六分钟的样子,我们便来到了北撤纪念馆。我在北撤纪念馆里里外外找了好几遍,也没有发现王一飞的铜像和相关资料。"金伯伯,王一飞的铜像呢?不在这?"

"哦,这个,在前面的'陈列馆'里吧!"

我跟着金大伯出了北撤纪念馆的大门,往前行走了十来米,金大伯边开门边对我说:"这里就是陈列馆了,铜像应该在里面。"

院门打开了,是一座别致的院落,阳光、绿意、鸟鸣配合得恰到好处,静谧而有韵味。陈列馆是一座坐北朝南、三开间、砖木结构的房屋,是红漆、白墙、黑瓦的经典结合,崭新又规整。正门上方悬挂着黑匾金字的"上虞革命史迹陈列馆",两侧朱红色的檐柱相对立着。金大伯推开门,里面的屋子瞬间就亮堂起来了,我一眼就看到王一飞铜像放在正中央,但很显然当我环顾完铜像周围时,我发现这个铜像似乎与四周的背景格格不入,背景记录的都是在全面抗日战争时期上虞城团结一心抵抗外敌的大事。接着,我又参观了整座陈列馆,希望可以找到一些关于王一飞和叶天底烈士的其他资料或实物,但是除了两张再简洁不过的介绍就没有什么了。因为两位烈士都牺牲得太早,在上虞关于他们的一些实物也比较少。

我在陈列馆逗留了一会儿,觉得也寻不到其他什么东西了,于是,我向金大伯询问关于王一飞先生的实物以及后人等事情,金大伯显然不是很了解,支支吾吾了半天,我没有什么收获。我作了简单的道别后,便离开了陈列馆,突然觉得应该再去王一飞故居周围看看。

我马上来到了小庙弄,在附近看到了几位年过半百的阿姨,便开始询问有关王一飞的事,但那些阿姨也不是很清楚,因为时间太久了,而且她们中不少都是外乡嫁过来的,对着小庙弄里的事也不甚了解,只知道这里的故居是姓陈的人家,但很早以前就搬去百官住了,不住大宅子了。是不是应该问一下老伯会多知道点呢?唉,关于王一飞烈士的寻访目前看来也很棘手啊。

2013 年 8 月 8 日　星期四

今天,我终于再一次拨打了王一飞故居主人的号码,内心有一点小紧张。我看着事先准备好的列在白纸上的一些访问内容,深深地吸了一口气。电话接通了,是上次接电话的那位女士,我向她道明了此次致电的来由——我想进一步了解一下故居的情况。她将话筒给了她的丈夫。我礼貌地打完招呼后就开始了询问。电话那头的叔叔一开始似乎有些不快,但聊了几句之后他也开始适应了,和我讲了一些关于故居的事,从故居入小偷之事到故居现状的阐明,言谈中,叔叔为故居的现状深深地忧虑,深切地渴望故居能够得以开辟利用起来,革命烈士精神能够得以发扬。至于王一飞后人等事,他不想提及,我也不便再做强求。在简短的 10 多分钟通话中,我看得出来,叔叔很尽职地在保护故居,不仅仅因为故居是属于他的私人财产,更因为在他的心中,王一飞革命烈士的精神值得传承和弘扬。

随后,我简单整理了刚才的电话录音,也好好回味了叔叔的话,有些说得的确很在理,我们上虞市政府对这些文物保护的力度有待加强。

之后,我又通过在网上搜寻,找到了王一飞的孙女——沈小英女士的办公电话,但几次三番拨打,均没有人接听,再去寻找其他联络方式,未果,这让我很遗憾。

结 语

几天下来的校友寻访,让我受益颇多,也让我走出了这么多年来暑假的既定模式。在寻访中,我接触到了不同的人、不同的事,走在陌生的道路上,领略不一样的沿途风光,体味寻访过程中心情的起起伏伏。叶天底和王一飞,两位走在革命前列的英雄,他们的故事有血有肉,有细腻如水和万丈柔情,有惊天动地和轰轰烈烈。我有幸能去寻访这两位校友,虽然我采用着不专业的方式,看到的也还只是冰山一角,但我问心无愧,因为我一直在突破自己并且相信我自己。他们一直在前进,我寻访的脚步一直在追赶。

点评

无论是叶天底还是王一飞,都是中共党史上名垂青史的人物。叶天底是早期社会主义青年团的重要骨干和创始人之一,王一飞因在苏联接受过军事教育,回国后不仅负责过上海第三次武装起义的军事工作,还长期活跃于各种暴动与武装起义的领导岗位上。

两人中,王一飞是真正的上海大学校友,其从苏联学成回国后,即接受安排前往上海大学任教,传授革命理论与思想。叶天底严格地说不算是上海大学的校友,他只是在上海从事党的工作期间,经常前往上海大学听课。上海大学作为"赤色学府"(当时"工部局"的提法),当时已经形成了一种全新的大学生态,学校周边住着许多进步青年,时常到上海大学"蹭课",周边高校的学生也时常到上海大学来听讲座或旁听,如李强、傅学文等,也有党组织指定青年党团员前去上海大学听课或听讲座的,如谢怀丹等,甚至还有专程从外地到上海大学"旁听"一段时间的,如范金镳。当然,也有社会上的先进青年无组织、无计划地"偶尔"旁听,如陆久之等。叶天底因从事党的工作时常到访上海大学及附近,故而也就顺便"旁听"一下。鲁佳莹对叶天底的寻访,也引发了之后我对那些上海大学"旁听生"的关注,这些"旁听者"从另一个方面让我们认识到上海大学的"特殊"与"与众不同"。

上虞对当地的党史人物还是比较重视的,搜集了相关资料,保护了相关遗物。还有一个可以检验各地方对当地的党史人物重视程度的"指标",就是与后人保持联系的程度。越是予以重视就越会与后人们保持密切的联系,随时掌握资料动态,随时挖掘新的线索。

独思图报沥血尽
——寻访陈枕白

徐艺心　社会学院 2012 级

作为社会学院的学生，我对耿敬老师关于寻访老一代革命者的提议产生了兴趣。追本溯源的事情在过程中必定会有收获，但对于刚接触社会学的我来说，以此为暑期调研的课题也不知究竟是不是可以圆满完成。在思考了一段时间以后我还是决定着手一试。

在收到耿敬老师的邮件回复以后，我尝试联系了同在无锡的几位社会学新生，由于一些原因只有沈震同学参加了这项寻访。

虽然参与的人少，但毕竟是在故乡进行追溯，所以我一开始并没有特别担心，整理了耿敬老师发送的初步的网络资料以后，我和沈震同学见面进行了讨论。

无锡可寻访的对象不少，故而第一件事是确定一个寻访对象，耿敬老师给出的名单中，有几位名声较广，如秦邦宪先生，也有几位不太知名，我们并不了解也并没有相关的具体资料。考虑到知名者可挖掘的信息较少（例如秦邦宪，无锡有不少针对他的研究），其很多东西都是众所周知的，于是我们着眼于不太知名的几位。

当然，此时我们并不了解这几位在上海大学的经历，甚至他们是否真正在上海大学就读过也不甚清晰，网络上可供查找的资料其实并不尽如人意。

而最终将寻访对象定为陈枕白先生还是因为沈震同学曾在梅村高中就读，而陈枕白先生则是梅村人士，基于这点我们认为梅村可能会有迹可循，而若有人对梅村地区熟悉那就再好不过了。

由于第一次做这种工作，着手时也有些茫然，我们查询了地方党史办、史志办的电话，也查询了包括政府办公室在内的一些可能可以找到线索的联络方式，并立刻着手拨打了电话，但是听到的只是忙音，而后才醒悟当日是周末，这些办公室都无人值班。

我们不愿意浪费下午的时间，原本寄望于赴梅村一游，但考虑到梅村方面很有可能也并没有人在，决定到周一再进行。

而当日下午也并没有耗费,我们决定去市档案馆碰碰运气,也许会有一些资料,也方便我们着手查找,但是到档案馆的时候,我们被告知档案查找处周末也并没有人在。而当天档案馆一楼正有一个展览,热情的管理员拉着我们去参观。

展览展出的是一些清末以来的资料,也包括当时的一些老旧照片。我们也趁机向管理员询问了关于陈老的事情,但是很遗憾她并不了解。

第一天其实可以说是毫无进展,不过倒也不妨碍我们对之后的寻访寄予希望。

寻访第二天,我们原计划去梅村探寻,然而由于前日并未得到档案馆的资料,因此第二天一早,我们率先去了档案馆查询。

然而结果却是令人十分失望的。

档案馆只收集了1937年及以后的一些资料,而陈老并不在其中,我们也委托查找人员进行了相关的搜索,但仍然一无所获。

无奈之下,我们听从馆内人员的建议去了档案馆一旁的图书馆,猜想图书馆内应该有相关的资料,此时只希望不会再一次跑空。到图书馆五层历史区以后,我们着实有些不知从何入手,于是询问了管理人员,她指引我们去旁边的矮柜查找,矮柜里是民国以来的一些相关书籍。

很幸运的,我们没花多长时间就找到了一本《陈枕白纪念文集》,然而这也让我们感受到了一些挫折,毕竟已有完整的文集,我们很担心无法挖掘出这本书以外的东西。

当日上午我们阅读了这本文集,从各个角度了解了陈老,而查证他是否在上海大学上过学时,也得到了一些让我们有些动摇的结果。

陈枕白先生确实在上海大学有过一段经历,但并非上学,而是教书,教的是英文,这让我们有些犹豫是否应该继续下去,毕竟最好的结果是寻访到社会学的学生,但无论如何,已经选定了人选,寻访下去总会有所收获,最终我们没有推翻重来,而是决定赴此本文集的编撰处——无锡新四军研究所一访。

文集收录内容包括陈老的子女亲眷、同时期认识陈老的革命家等对陈老的看法。

文集最后也详细介绍了陈老的生平,着重的是"江抗"(江南抗日义勇军,下同)的部分。我们深知大事记部分无法得到更不一样的答复,故而希望可以得到一些细节的部分。

陈枕白夫妇给人留下的印象,大多温和不争,他们在无锡地区第一个农村基层党支部成立时,就正式成为共产党员,并开始为党作出贡献。陈老十分重视教育事业,早年办了梅村小学、华中公学等,而办学及之后到各处任教(包括至上海大学)的目的,也是为了给党输送新鲜的人才,可以说从未放下手中的任务。

而让我印象颇深的是，各人对陈老的回忆都提及他的淡泊、安定、磊落和坦荡。

书中有一篇，是其二儿子陈一冰对他前半生的回忆，以年谱记录，几乎囊括了陈老从1900年出生到1937年回乡办学教书的大部分大事。在这几十年中，陈老走得可说坎坷，甚至入过牢狱，也蒙受过冤情，而他却一直保持着淡然的态度，从不埋怨，而是做好自己的事。他的一生是坚强不屈、宠辱不惊、光明磊落的。对后代，他十分注重品行教育，而且他一再告诫后代，立身处世要靠众多的理解和同情、支持和帮助。这也是陈老屡屡向他人伸出援手，而在困境中，也有人愿意对他施以援手的原因。

而文集的第二部分，多是与陈老夫妇有所联系的，或多少相处过的同事或后辈的缅怀文录，作为老前辈，陈老在自己的工作岗位上从不骄矜，而是和善对待后辈，并且一心奉献于文博事业。

文集的后一部分收录了陈老的文集，陈老有几篇文录回忆了他的革命经历，他可说是一路追随党的脚步而来，在党成立的最初期就加入共产党，而后更致力于苏南敌后的抗日斗争，在"江抗"过程中更是作出了杰出的贡献。

放回文集以后我们又赴图书馆的资料查找处，希望可以找到一些档案资料，但很遗憾的是，我们依旧无法得到有效信息。

出了图书馆以后我拨通了新四军研究会的电话，电话中的负责人也十分热情，我们与他约定下午去拜访。研究会的线索又让我们有了走下去的动力。

寻访的那几日天气十分炎热，而下午日头更盛，我们却迟迟没能找到研究会，其负责人给出的地址是勤学路78号，然而在老建筑里穿过，巷中显示的门牌却直接由76跳跃至80，并无78号存在，让我们十分疑惑自己是否记错地址。最终我们在不远处找到一处大院，院中的老者十分热心地为我们引路，才使我们最终找到了研究会所在。

门不大，入内是狭长的院路，而尽头正在打扫的阿姨询问我们来意以后为我们指路，然而她也说我们来得不是时候，据说研究会的负责人今日中午就离开了，现在并没有人在。

我们感到疑惑，毕竟我们是按照规定的时间到达的。于是我们赶紧上楼一观，发现大门紧锁确无人在，却在门上看到留言一则，并附挂在把手上的袋子一个。

取下留言纸，其上措辞温和，大意是研究会负责人富秘书长今日临时接到开会的通知，故而只能先行赴会，随留言附赠《陈枕白纪念文集》一份，并说此书收录完整，其实也已是精华所在了。

失望在所难免，然而还是决定改日再来拜访，在将要离去时又有一位阿姨为我们引路到另一个办公室前,并说此办公室也作这方面研究,我们表达感谢,然后叩门询问。

门内的负责人约莫三四十岁,在我们说明来意以后十分抱歉地笑了笑说,当年编写这本书的人其实大多都已经不在研究会了,那些关于其亲人的联系资料也不知道还有没有,她个人是后来调来的,也没有办法帮上很多忙。

我们向她道谢,并说明之后会再来拜访,她表示给我们留言的富秘书长应该有所了解,让我们十分期待下次拜访。

其间,我们也留了纸条表示了再访的意愿,而后才离开。

当日时间并不怎么晚,我们本想去梅村,但是就我们所处地到梅村有两个多小时的公交车程,恐怕到了梅村地界相关部门也都没有人在,于是我们决定电话询问一番。

致电梅村组织办以后,我们得到了《梅村志》上关于陈枕白同志的介绍(稍作校订),如下:

> 陈枕白,曾用名陈志明,陈节,江苏无锡梅村人(1899 年 2 月—1993 年 3 月)。1922 年于上海参加社会主义青年团,1925 年入党。北伐时期,陈枕白同志在无锡荡口农民协会、妇女协会工作,发动农民迎接北伐军抵锡。1929 年和 1932 年两次被国民党反动派逮捕,关押在苏州监狱。在狱中,在敌人的酷刑下,陈枕白严守党的秘密,掩护组织,保护同志,坚持斗争。出狱后,一直在常州、无锡做小学教师、校长,以教书为掩护,从事党的地下工作。
>
> 抗日战争时期,陈枕白同志历任无锡沦陷区各界抗日联合会主席、党团书记、锡北行署主任、无锡反清乡办事处主任。期间曾受党组织委派,于 1941 年至 1942 年在上海做地下工作。
>
> 解放战争时期,陈枕白同志任江海公学、苏中公学分校、华中公学副校长,华中大学秘书长,为培养人才、夺取解放战争的胜利作出了积极贡献。
>
> 新中国成立后,陈枕白同志先后任无锡市教育局长、江苏省人民监察委员会秘书长。1956 年任江苏省文物管理委员会副主任委员(主持工作)。
>
> 陈枕白同志的情感和事业,深深扎根于无锡广大地区人民群众心中。他的一生,是光明磊落的一生,为党和人民事业奉献的一生。

但当我们询问关于其后代信息时,那边却回馈说没有收集,这让我们难免失望。沈震同学表示也许我们应该去寻找一下《梅村志》的编纂人,说不定会有相关的信息。

我们再次拜访新四军研究会时总算没跑空,而研究会的富耀南秘书长也热情地表示他已久候了,很高兴我们能够积极了解老革命家的事迹,他说研究会确实掌握了陈老的一些资料。

富秘书长主要向我们讲述了"江抗"时期的一些事情。

当时中国共产党和国民党达成了协议,将江南8个省的红军编成了新四军,全称是国民革命军陆军新编第四军,决意深入敌后打游击。

国共合作后,新四军的活动范围其实不大,周恩来代表中共中央到新四军军部,帮助他们确定了新四军"向南巩固,向东作战,向北发展"的方针,也由此,新四军东进,随后建立茅山根据地。

为顺利东进,新四军派人到东路进行战略调查,当时王必成赴梅村附近调查,而张京、陈枕白与他接头,汇报了近况,这增强了陈毅东进的决心。

1939年5月8日,"江抗"正式成立,无锡,陆富前带部队于当日到达梅村,各界抗日联合会开了3 000人欢迎大会,组织大会的人正是陈枕白先生,而"江抗"的东进也兴起了无锡百姓参加新四军的高潮。

而在"江抗"期间,陈枕白夫妇以梅村小学作为一个对外通讯联络点,作出了极大的贡献。

遗憾的是,当时无法录音,所以富秘书长讲的有些零碎的内容来不及记录,而且富秘书长对于当年的细节也确实不甚了解。当我询问是否可以找到陈老的亲人时,富秘书长犯了难,他告诉我,《陈枕白纪念文集》早在10年前就编纂完毕,很多其亲人的资料都已遗失或者变更,他只记得陈枕白的女儿傅红渠还健在,并且应住在上海南京西路附近,但他无法提供更详细的信息,包括电话和具体住址,这些资料都已经几乎找不到了,但富老依旧表示会帮助我们寻找。

临走时富老还送了我们许多文集,其中竟包括对上海大学的另一名校友——秦邦宪先生的研究。询问之下我们才知道富老是主要研究秦邦宪的,关于秦邦宪的书也是他亲自编纂的,这让我不由想到,也许下一次寻访,这是一条很好的捷径。

因富老曾经说过傅红渠是上海文艺家协会的一员,我希望可以致电询问,但竟没能找到这家协会的电话,最后只能作罢。

在休整一段时间以后,我决定先前往上海寻访陈老的女儿傅红渠。陈老夫妇最后一段时光是与他们的女儿傅红渠一起度过的,如果真的可以找到人,倒不失为圆满的结束。

去上海的行程并不顺利,当天也许日头太大,竟致中暑,改签车票再去已耽搁了不少时候。到达南京西路附近后我找了熟悉附近路段的朋友带路,然而事情永远都不会这么容易,我在附近询问,查访了很久,但因为信息太少,范围太粗略,并且居民的信息也确实不容易找到,最终到日落时都一无所获。

这里不加赘述,毕竟并未找寻到有效线索。

从上海回来以后我竟不知为何大病一场,几乎一周才缓了过来。此时时间紧迫,我却还未找到有效的线索,这时候我在网络上看到了同为一届的社会学学生借助媒体在寻找他们家乡的校友亲人,本也动意,后来觉得还是无甚大的作用。在身体好转以后,我们决定先往梅村一行。

梅村距离我们的住所确实十分遥远,跨越了一整个无锡,在公交车上颠簸了两个多小时,我到达梅村的时候已经是正午。

我们决定先去泰伯庙附近一观,据网络上查找到的资料,老革命陈枕白家住梅村镇中心老街上,老房子已被日本鬼子烧掉,原老房子东面离至德桥数十步,石拱桥相当雄伟、高大,南面是一条新街,前面是梅村中心小学,西靠泰伯庙很近,北面临伯渎河畔。

虽然天气炎热,泰伯庙内竟还有不少人正在朝拜。在那附近,我们找到了伯渎河,却没有看到志德桥,而老房子早已拆除,更加不可能有所存留了,高楼也已造了起来,河畔风光十分不错。

我们在网上查询到陈老的小儿子陈一冰可能回迁梅村,这几乎是我们找到的最后一条有效信息,我们决定去市民中心询问。

不料市民中心并不近,又加之从未来过,我们根本找不到路,一路询问到目的地以后已经下午4点了。

在市民中心大厅里我们看到了指示标牌,上述党政办公室在五楼,上楼后叩开办公室门的瞬间,我确实有点紧张。

办公室的工作人员得知我们的来意后帮忙查找,但很多人都表示听说过陈一冰却不了解其详细信息,而办公室的人也说我们该去询问组织办,但梅村组织办我们之前已经拜访,却也没有更详尽的信息。

党史办的工作人员在查询不到具体信息以后领我们去机要室进行下一步查询,他们找出了《梅村志》供我们翻阅,但是《梅村志》上又确实只有早些时候在组织办取得的资料,更别说陈老的儿子陈一冰的资料了。

最终他们为我们致电了《梅村志》的编纂者之一,本以为会有所获,最终却得到了让人失望的消息。

陈一冰先生自小随陈老外出南京等地,回迁概率不大,他们也没有相关记载,而党史办的工作人员建议我们去锡山区档案局(馆)查询,或者致电教育局询问(之前资料上有载,陈老曾在新中国成立初期任无锡市教育局局长)。

虽然十分失望,我们还是打起精神致电了教育局,不出所料,依旧得到了令人失望的消息,现任的工作人员没有听说过这个名字,而资料更无从查起。

随后我们立刻致电了锡山区档案室,但是也没有进一步的资料,工作人员说我们应该去无锡市档案馆查询,我有些动摇,当时天时已晚,我们决定第二天再去一趟无锡市档案馆。

经历了很多波折,此时暑假也几乎所剩无几,我却依旧一无所获,这让我十分紧张,也有些难过,此时若要重新寻访另一位校友似乎已经来不及,第二天我赴市档案馆时已经不抱希望,而事实也没有什么奇迹发生,依旧一无所获。

调研过程中,我感慨良多,最终没能找到蛛丝马迹令我心有不甘。也许时间太久远,我所找到的很多线索最终都已中断,这让我十分失望。沈震同学本已做完了自己的调研报告,对于他的帮助我十分感激。

而此番最大的收获应该就是了解了一段真实的旧事,陈老的形象在我心中也日渐丰满。这是一个很神奇的过程,几乎我所找到的所有人都给予了我很大的帮助。

对陈枕白先生的寻访到此成文,虽然完全不圆满,也已足够让我受益良多。我之后要再与新四军研究会联系,希望对秦邦宪先生的寻访可以进行,但此时暑假已经不长,也许在寒假中我会继续这项工作。其实寻访的过程虽然挫折不断,但也乐趣良多。

革命先辈的精神值得学习,而陈老所展现的是另一种风貌,温和而坚韧,不移也不屈,他并不锋芒毕露,而是磊落而坦然的,是完全不同的另外一种风貌。

在逆境中淡然处之,在顺境中坦荡自然。

为人之道,莫过如此。

以陈老逝世前写的最后一首诗结尾:争学黄牛苦耕耘,屡遭宁戚鞭敲身,独向残阳嚼枯草,抚舐当年火燎痕。死时方知万事轻,独思图报沥血尽,家祭盼能告乃翁,湖海生涯敢独醒!

上海大学有许多来自无锡的学生,其中最有代表性的是秦邦宪、糜文浩、安剑平,对于无锡这些老上海大学学生的寻访也是我一直想做而未成行的想法。徐艺心的寻访多少弥补了我的缺憾。之前,一提上海大学的无锡学生,不是秦邦宪就是糜文浩,偶尔会提及安剑平,而少有提到陈枕白的。陈枕白虽然也是无锡人,但似乎与安剑平、秦邦宪们少有交集,无论是锡社还是孤星社的活动资料,都不曾出现陈枕白,而且在现有的上海大学资料中也没提到陈枕白。好在《陈枕白纪念文集》提供了他在上海大学学习、工作的线索,同时还提到了在上海大学听课的同盟会员陈荣轩及其女儿陈云仙,还有在上海大学任教的无锡人朱枕薪。另外,陈枕白的妻子傅达平竟然还是平民女校的学生。应该说,找到这本《陈枕白纪念文集》很有价值。

徐艺心的寻访本身虽有诸多不顺、波折,但最终却能通过寻访到的资料,确立起陈枕白这样一位鲜少有人了解的上海大学学生的形象。

学 贯 中 西
——寻访李季

陈　婷　社会学院2012级

缘　起

2013年7月28日下午,我意外地收到耿敬老师发来的一封邮件,说曾经在20世纪20年代上海大学工作的人中有一位李季教授,曾是中共早期领导人,后来成为托派。希望我能去寻访一下他的资料。主要收集他的资料、纪念地(出生地、故居、纪念碑、墓地等)、照片、事迹,找找他的后代,留下联系方式。

暑假一开始,我和同学一起开了一个补习班,我们一周放一天假——星期日。收到邮件时是星期日下午,我正在准备星期一要上的课。

看着将有这么多的时间不能做寻访,我先在网上查找资料,但是没有关于李季的任何家庭信息,个人信息也不甚详细。

过　程

2013年8月4日　星期日

继在网上查找资料,寻找平江县史志办在哪里,终究没有找到答案之后,根据耿敬老师的指导,我自己来到了平江县城关镇,希望能找到平江县史志办。

从车站下车,我在车站的询问点向工作人员打听史志办在哪里,工作人员只说不知道就没再搭理我,我顿时觉得问错了人。

转念一想,去问县委里面的人他们肯定会知道的。我便直接奔向县委。哪知县委周日不上班,只好问问保安大叔。

"史志办就在里面,只是今天不上班,你明天来吧!"听到这句话,我的心高兴得快要跳出来了,盘算着等我和同学办的暑期补习班一结束就马上来县委找资料。

2013年8月13日　星期二

补习班于昨日圆满结束。

带着对社会实践的热情,我敲开了县委史志办的门。办公室内只有两位阿姨在办公。我向其中一位阿姨走去,对阿姨说明了我的来意,阿姨告诉我:"你先坐下休息一会儿,我帮你找找资料。"

约莫过了5分钟,阿姨给我打印了一份李季先生的资料,并把作者的电话给了我。"写这篇文章的是他(李季)的一个亲戚,叫李谦益,退了休的(教师),你可以先看看这篇文章,文章中若是有些有帮助的(资料),你可以打电话给他。他还有一个嫡亲的孙子,叫李明午,你可以找李谦益老师要他的联系方式。"我向阿姨道谢,离开了史志办。

社会实践真正意义上的第一天便取得如此成果,我对社会实践的热情与信心再度提升了。只是这会儿想想竟忘记问史志办好心阿姨的名字了。

2013年8月14日　星期三

今早8点,我准时给李谦益老师打了一通电话。

"您好,是李老师吧!我是上海大学社会学系的学生,陈婷。学校暑期派给我一个寻访李季老先生的任务,所以,我想约个时间和您见个面,可以吗?"

听到这话,老先生乐呵呵地说:"好啊,只是我这两天不在家,你可以过两天再打电话给我确认一下时间。弯楼屋里,你来这里,看到的最好的一栋房子,就是我家的。"

我知道有弯楼屋这个地方,却不知道具体在哪里。我猛然想起一个和我同在秀水完小读书的同学,他是四到六年级班上最受欢迎的男生了,我记得他说过他家住在弯楼屋。

想到这里,我没有继续问下去了。

"那好,我过两天再给您打电话!"

挂下电话,我心想,接下来的两天,我就只须弄清楚李老师家的地址并做好我的采访准备就好了。

2013年8月15日　星期四

我通过QQ找到了我住在弯楼屋的小学同学李军,和他进行了交谈。

通过交谈我得知李老师家就在我同学家旁边,在秀水村路口北面道路右侧第一个路口里边,并且他家的海拔位置相对其他房屋来说是最高的,所以也比较容易找。再者李老师也曾说自家房屋是那一片最好的一栋房子,我自信能很快找到李老师家。

接下来我做了一些采访准备,以确保采访的顺利进行。

2013 年 8 月 16 日　星期五

下午 5 点 20 分。我依照约定给李老师打了个电话确定见面时间。

李老师说自己已经回到弯楼屋了,我心中一阵高兴,跟老师说,"那李老师,我们明天上午 8 点见。"电话在这句话的回荡声中被挂断。

回想这几天的寻访工作,从去县委找资料到与李老师约时间再到了解李老师的住址,无一不进行得异常顺利,我心中既高兴又担忧。高兴的是我很快就可以把自己的寻访工作很好地完成,担忧的是太顺利的话,对自己的锻炼也是不够的。

但最终我说服了自己:人生路总归是不平坦的,若是顺利,则肯定是上天的眷顾;而有波折,肯定是上天对我的奖赏。

我总是这么厚脸皮。

2013 年 8 月 17 日　星期六

平江县的大巴司机开车可真快,我大热天的刚上车,在人轧人的车上只站了一两分钟就下了车。

依李军所言,我从秀水路口往北走。路上我一直向右张望,竟然看见不远处一座小山上有一栋大别墅。心中欣喜万分,便连蹦带跳地往那边去了。到山脚下时,竟出了一身汗。

等不及问别人,我来到了门前,门是开着的。见里面没人,我大声问道:"有人吗?"

只见一位老爷爷从里面的房间向这边走过来,我忙问老爷爷:"请问是李谦益老师吗?"

爷爷笑呵呵地说:"是的,你来啦!过来这边坐吧!"

我开始跟爷爷聊了起来。爷爷是 1934 年出生的,历任小学、初中、高中语文教师兼教研组长。在平江五中退休后,他参加了天岳诗社与岳阳市楹联协会,并在平江老年大学任诗词班教师。他在报刊发表诗文数百篇。在"首届中国百诗百联大赛"中,他的一楹联作品获得优秀奖。他还与人合作编著了由山西师范大学出版社出版的《高中现代文辞典》等 3 种教参。

我与爷爷聊起了他的伯伯,也就是李季教授。爷爷告诉我,他出版了一本书,上面有一些关于李季的资料。说着便起身向内房走去。

我打量了一下爷爷家的堂屋(在平江,人们建房子的时候,总是会将大门所在的房间建得较大,一般为 20—30 平方米,称为堂屋),估算这间房子约莫有七八十平方米,觉得这房子既宽大气派又有些空荡,倒不是因为家具,而是从我进屋以来只见过爷爷一人。

爷爷回到堂屋时,递给了我一本书,是由中国湘楚出版有限公司出版的

《狮山随笔》，书中有一篇文章《李季先生的译著生涯》，文中关于李季先生的介绍甚是详细。

李季，派名厚博，又名卓之，字茂由，号协梦，又号移山郎。清光绪十八年（1892）壬辰岁二月二十二日出生在湖南省平江县伍市镇秀水村弯楼屋的一个书香门第。高祖李玉田，清宣宗道光年间翰林院待诏。他的5个儿子均获官衔或学位，族人送"五子登科"大匾以志。李玉田遂将堂系命名为"五支堂"，到李季父亲李任农这一代时，"五支堂"人丁繁衍到100多人，但"醉卧烟霞"者多，矢志攻读者少。李季兄弟3人，唯李季聪明好学。老大跟老二便跟着父亲管理家业，经营槽坊，全力支持李季求学。

李季少年时期，正处在晚清和民国初期。中国社会，一方面半殖民地半封建化程度加深，另一方面先进的新文化正在冲击着落后的旧文化。私塾逐渐解体，新式学校方兴未艾。聪颖过人的李季，在私塾饱读"四书五经"之后，崇尚新学，先后考入多所学校接受先进文化。1912年李季在岳州中学初中毕业后，考入设在长沙的湖南省高等商业学校，一学期后，又入高等师范学校。在"惟楚有才，于斯为盛"的岳麓山下求学，李季发奋图强，他抱着先学好一门外国语，再"治国平天下"的宏愿，到英文科刻苦攻读，几无暇时，他的同窗契友戏谑他"把凳子都坐矮了"。

1915年，高师尚未毕业的李季，决定越级投考北京大学。这年秋天，他便成为北大英文系的一名新生。北京大学，人才荟萃，李季更是发愤不已，日就月将。同学们钦佩他刻苦攻读的精神和优异的学业成绩，夸他是"活字典"，有人问他"字典"里收藏了什么样的字，他自负而风趣地说："拿破仑的字典里没有'难'字，我的字典里没有'易'字"。

清末外务部左丞辜鸿鸣学者，精通数国语文，辛亥革命后于北京大学任教，学生称他为"辫子先生"。李季的好学精神和优异的学业成绩，深得辜先生的赞赏。在辜先生的精心培养与指导下，李季学业大进，成绩名列前茅。大学二年级时，他用文言文翻译了辜先生的英文社论《义利辩》，得到辜先生的高度赞扬。一时间，李季便成为北大的新闻人物，从此，他便走上了从事译著工作的道路。

1918年，李季在北大毕业后，留校担任补习班的英语教员，兼任北大高等补习学校主任。这年的11月，第一次世界大战结束，巴黎和会上的中国外交失败，激怒了中国人民，次年5月4日，北大等十几所学校的3 000余名学生在天安门前集会，五四爱国运动爆发了。学生们英勇斗争的精神极大地鼓舞了李季，使在中学和高师时就是抵制日货、救国储金活动发起人之一的李季，又以教员的身份投入五四运动之中。五四运动的初步胜利，使他认识到，只有"唤醒民众"，依靠群众力量，才能拯救中国。于是，他开始研究社会科学。起初，李季因翻译了托尔斯泰的几本小册子，几乎成为托氏"不抵抗主义"的信徒。旋而研究社会主义史，并翻译了英国人柯卡著、皮司增删重订的《社会主义史》，由蔡元培作序，1920年上海新青年社出版。李季在将马克思学说再度全面、系统地传入中国时，也改造了自己的世界观。1936年，毛泽东同斯诺谈话中说："我第二次到上海去的时候，曾经和陈独秀讨论我读过的马克思主义书籍，陈独秀谈他自己的信仰的那些话，在我一生中可能是关键性的这个时期，对我产生了深刻的印象。"毛泽东在这里提到的"马克思主义书籍"，包括了李季的《社会主义史》等译著。2011年3月7日，《北京日报》刊发的《"南陈北李"之外——建党史上不应该被遗忘的人》一文中有这样一句话：在社会主义知识荒的当时，《社会主义史》在勾勒社会主义发展史方面已是功不可没。1921年初，法租界曾查抄《社会主义史》。蔡元培为《社会主义史》作序，此序竟为"上海各学校并选为国文读本"。毛泽东在延安时追忆自己在1920年看了3本书，其中就提到《社会主义史》。他说："我才知道人类自有史以来就有阶级斗争，阶级斗争是社会发展的原动力，初步的得到认识问题的方法。"凡此种种，足以表明李季翻译的《社会主义史》在当时的震撼力。《湖南日报》2011年4月2日发表的《献身伟业，建党先声——湖南早期共产党人的建党活动》一文中，介绍李季时这样表述：李季"早期译著《社会主义史》对青年毛泽东影响较大"。

1919年下半年，李季受五四运动的影响离开北大，到山东枣庄煤矿担任英文秘书，在那里，他目睹了资本家残酷压榨工人的情景，趋向社会主义道路的意志更加坚定，他在寻求救国救民的道路。

这时候，中国一批先进的知识分子，在苏联十月革命的影响下，接受了马克思主义，正在酝酿着一场改天换地的革命运动。1917年陈独秀在北大任文科学长，1920年，其与李达等人在上海筹建成立中国第一个共产主义小组，李季闻讯后，立即离开山东，到上海参加了筹建工作。1920年8月，上海共产主义小组成立了，成员除李季外，还有陈独秀、李汉俊、沈玄庐、陈望道、俞秀松、杨明斋、李达、袁振英、邵力子、林伯渠、沈雁冰、李启汉、李中、沈泽民共15人。接着，《共产党》月刊创刊。该刊第一期《短言》中，第一次打出了社会主义革命的旗帜，为中国共产党明确了基本纲领。

1920年底，陈独秀应广东省省长兼粤军总司令陈炯明的邀请，去广东办教育。当时被第三国际派来中国的苏联布尔什维克党人维经斯基亦有事赴粤，李季随同陈独秀到了广州，除担任陈独秀、维经斯基两人的翻译外，笔耕不辍，并萌发了到科学社会主义发祥地留学的愿望。在赴德留学前，他的译著已超过50万字，除《社会主义史》外，还有罗素的《到自由之路》、列德莱的《社会主义思潮及运动》、马克思的《价值价格及利润》、里普奈西的《不要调和》和托尔斯泰的《现代的奴隶制》,等等。

1921年8月,李季支取了上述译著的全部稿酬,以中共旅欧总支所属法兰克福小组成员的身份,与一批赴德勤工俭学的同学,乘法国游轮"博图斯号",离开上海,远涉重洋,去马克思故乡留学。抵德后,李季经过8个月的德文补习,于1922年正式入法兰克福大学经济系学习,并专门研究马克思主义。这时,正值一战的战败国德国向英法等战胜国赔款之际,马克一再贬值,这给李季留德学习提供了经济上的有利条件。他不失时机地购进了有关政治、经济、哲学、历史和社会主义方面的书籍2000余册,夙兴夜寐,涉猎群书,精心写作。留学3年时间,除圆满完成学业外,李季还完成了70万字的《马克思传》的初稿,1926年定稿,由蔡元培题写书名,神舟国光社出版。

1924年,李季离开德国,前往苏联莫斯科东方劳动者共产主义大学(简称东方大学),一边学习考察,一边口头翻译德文教课。

1925年,离开苏联回国后,与瞿秋白、张太雷、李达、周建人、蔡和森等在上海大学任教。他初任经济学教授,复兼任社会学系主任。他一边教学,一边译著,这一年的译著有《通俗资本论》《马可·波罗游记》《人类在自然界的特别位置》《达尔文传及其学说》《妇女自然史和文化史的研究》《社会经济发展史》等,共80多万字,全由亚东图书馆出版。

1926年底,李季由上海大学转入设在武昌的中央军事政治学校教授社会学。这时候,国共两党顺利合作,全国各地的工会和农会组织相继成立。工农群众的革命热情空前高涨。对此,国民党反动派恨之入骨。1927年7月15日,汪精卫接受蒋介石"蒋汪合作,共同反共"的引诱,在武汉下令封闭工会、农会等革命团体,提出了"宁可错杀一千,不可放过一个"的反动口号,向共产党人和革命群众举起了血腥的屠刀。一时间,武汉三镇,血雨腥风,在这种情况下,李季机警地离开武汉,回到了故乡平江。在避难期间,开始构思《我的生平》的写作提纲,也从事养猪、种植等体力劳动,并相机向乡亲传播先进文化。

1928年,李季离开平江到上海定居。李季初到上海时,因某些思想观点与陈独秀吻合,故曾一度与托陈派有些瓜葛。后发现其派系复杂,空喊革命口号,实际上尔虞我诈,争权夺利,不符合自己的理想,1930年,停止了跟托陈派的一切往来;而后,又在一份大学杂志上登出与其脱离关系的声明。1931年,陈独秀被选为中国托陈组织的总书记,这时,李季既未介入托陈组织,也不与任何党派团体往来,只是埋头译著。这时他的译作和著作,接二连三地出版,可谓一生笔耕的黄金时代。1933年由亚东图书馆出版的约30万字的《我的生平》,以独特的形式,叙述了他半生的经历和对社会诸多问题的看法。特别是后两册,详尽批判了胡适改良主义的思想观点和学术观点,锋芒所向,入木三分。

除了译著外,他还运用马克思主义的观点,参与了有关社会史与历史等一些学术性课题的研究与论战,他的著作,除了《马克思传》《我的生平》外,还有《中国社会史论战批判》《胡适中国哲学史大纲批判》《辩证法还是实验主义》《二千年来中日关系发展史》《中国内乱外患历史丛书》以及尚未发表的《卡尔·马克思诗传》《燕妮·马克思诗传》和《腓特·恩格斯诗传》等。此外,分别载入《中国社会史论战》《读书杂志》《中山文化教育馆季刊》的《对于中国社会史论战的贡献与批评》《中国古代社会史的研究》等文章,都是颇有分量的著作。

1932 年上海沦陷在日寇之手后,李季能保持民族气节,拒绝了日汪集团的拉拢利诱,在家化名译著,生活费用还要靠夫人王雪华兼做一些缝纫活来补充。这时,延安也派人来上海接他,因女儿李琳太小未能同往。

新中国成立后,李季成了人民出版总署的特约翻译。1950 年,受约翻译《马克思与恩格斯通信集》。1953 年,中央派人将李季接到北京,刘少奇与周恩来同志接见了他,要他出任国家文化部副部长,他以译著任务繁重、一身难兼两职为由辞谢。不久,在《人民日报》上,他与刘静仁联合声明了跟陈独秀的有关问题。

1957 年,190 万字的《马克思与恩格斯通信集》译成出版后,他又翻译了《现代资本主义》和罗素的《心的分析》,总字数在 140 万以上。

在翻译这些著作时,李季战胜了长期患高血压的困难,竭尽全力,圆满完成了任务。1964 年,李季因中风而终止了译著,后病情日益恶化,终于在 1967 年 2 月 23 日与世长辞,享年 75 岁。

李谦益老师跟我讲起李季老先生曾经居住的地方,他说:"李季以前就住在这狮形山脚下,只是他后来待在家里的时间并不多,他住的地方已经是面目全非了,只有一处还保留着原来的模样。"

我还向爷爷询问了李明午的联系方式,爷爷把李季孙女李明吉的电话留给了我,并告诉我她在武汉教书,是学校的生物组组长。

我的寻访至此告一段落。

2013 年 8 月 26 日　星期一

就要开学了,我心里想着自己的寻访似乎有些地方不够到位。思考良久,才知道是自己没弄清楚李季先生的墓地,也没有找到他的正面照片。

我决定给李明吉老师打个电话。谁知李老师并没有接电话。我便给李老师发送了一条短信,询问李季先生的墓地和照片。

半小时过后,我接到一个安徽滁州的电话。居然是李明吉老师打过来的,心中一阵窃喜。她告诉我,他爷爷的墓地他们也不知道,需要信息和照片的话,可以去网上搜索"翻译家李季",是她为爷爷开的新浪博客。

我没有迟疑,拿出电脑就开始找,谁知这个新浪博客里面的文章多得很,找了一个多小时才终于找到了李季先生的正面照。

后 记

这次的实习进行得实在顺利,也让我对社会学、社会调查有了更多的兴趣和了解。

我的寻访从简单地在网上寻找资料开始,到去平江县委史志办查询具体资料和家庭信息,再到采访他的亲人进行实地考察,都由自己个人独立完成,这让我体会到了社会学的方法——先查阅相关资料,再做实地考察;也让我体验到了一种与社会打交道的乐趣,明白只有自己亲身去经历,去实践,才会有收获,行动才能获得真知。

然而,相比较而言,带给我更深触动的是我所寻访的人物——李季。我当然未曾见过李季,但是从他侄子李谦益的描述中,我对这位"懋猷先生"的好学精神敬佩不已。

在1921年8月李季赴德留学之前,他的译著已超过50万字。此时,李季年方29。

1927年夏,李季回平江老家避难,他依旧不忘自己的写作,开始构思《我的生平》的写作提纲,也从事养猪、种植等体力劳动,并相机向乡亲传播先进文化。

李季好学的故事在秀水村读书孩子中广为流传,被大家争相以为榜样。一位伟大的翻译家,能将自己所学尽心尽力地交给乡亲们,这需要他放下身段,与人们融合在一起。而李季做到了,这种亲和的形象是许多人所不能及的。

从李季身上,我们要学习的不仅是他的好学精神,还要学习他身上每个人都应当具备的与人分享知识、分享成果、分享成功的优秀品质和高贵品德。实习虽然结束,但我还想说的是——有些事并不如你所想象的那么容易,但也没有你想象的那么难,锲而不舍,努力奋斗,你就能成功。

点评

这是一次给人带来一定惊喜的寻访。

李季不仅是中国共产党法政史上非常重要的理论家,也在上海大学有着重要的地位,曾出任上海大学社会学系主任,是最早系统传播《资本论》思想的人,他对以阶级意识和阶级斗争启迪和鼓动青年学子的上海大学来说,是十分有影响力的。然而,由于他后来的托派经历,使得人们对其应有的历史地位不断忽视,甚至无视。如今网上搜索"李季",更多呈现的是创作了《王贵与李香香》的诗人李季。

当我给陈婷发邮件询问她是否参加寻访活动时,也未抱太大的期望。因为一位常年被无视的党史人物,要重新将其挖掘出来是十分困难的。不仅关于他个人的线索时断时续,即便将搜索的范围扩展至托派历史层面也是线索阙如。但当陈婷接受寻访工作并着手实施之后,虽有波折,却惊喜不断。不仅寻访到尚存的李季旧居,还找到了李季后人。

陈婷寻访所找到的重要线索,其实为进一步深入挖掘李季打下了一个基础。

他们走向了革命
——寻访张秋人、张以民

毛柳菁　社会学院2012级

前　言

　　这是我进入社会学系之后的第一个暑假。本以为大学生的暑假应当闲来无事，不想却接到了要进行暑期社会调研的任务。与社会学初步接触的我只对学科知识的大致轮廓略有掌握，但对于正式的社会实践却远没有头绪。除了定主题、发问卷、做访问，还要写长长的调研报告，实在不是轻易可以完成的。再加上我7月的一大半时间都顾着游山玩水去了，待到回家之时才发现光是定主题就够让人苦恼的了。正是忧愁之时，我在7月30日收到了耿敬老师的邮件，这为我的暑期调研项目指明了方向。

　　开始社会调研之前，我一想到自己要与先前从未接触过的政府部门接触，心中不免有些畏惧。我一介大学生会不会不受待见？要是他们无法提供给我相关的资料该如何是好？种种念头在心里盘旋。

　　然而时间一天天过去，或许是迫切想完成任务的念头战胜了原始的畏惧，熬过一个周末之后我终于鼓起勇气前往了。

过　程

2013年8月20日　星期二

　　换乘了三趟公交车，我终于赶在上午9点来到了之前在网上查询到的，以及在同学朋友中问询到的诸暨党史办所在地——诸暨市浣纱支路58号临江大厦的三楼。敲开中共诸暨市委党史研究室的大门，迎面出来一个身着粉红色衬衫，头发半白，额头饱满锃亮，且带着厚厚的眼镜片的中年男子，看样子是科长。听清我的来意之后，他赶紧邀请我入室坐下。室内还有一个25岁左右的年轻姑娘，坐在电脑前冲我笑了笑，看样子是科长的助理。

　　"那么你想寻访的校友叫什么？"科长扶了扶眼镜向我问道。

"一个叫张秋人,一个叫张以民。"我赶紧回答。"张秋人我知道的,牌头水霞张人嘛。当年的革命烈士啊,牌头的中小学生清明都会去他的纪念碑前扫墓的。张以民我好像没听说过呢。"助理抢先回答了。

"张以民怎么会没听说过呢?他就是我们诸暨当年开'一大'时候的宣传部部长啊,后来还当了人民政府秘书呢。不过像你们这样年轻的肯定是不知道的。"说罢,科长走了过来,请助理搜索电脑里与张秋人和张以民相关的文件。不一会儿就有一份关于张秋人和张以民基本信息的打印稿交到了我手上。内容(由中共诸暨市委党史研究室袁志松整理)如下:

1. 张秋人,1898年3月出生,乳名友表,学名慕翰,别号秋莼,诸暨市牌头镇同文村水霞张人。世代务农。幼年在本村乐贤小学、牌头同文书院就读。1915年,考入绍兴越材中学,1917年,转入宁波崇信中学,成绩连年保持全校第一。因积极参加五四反帝爱国运动,遭校方忌恨,取消原先免费保送大学的承诺。1920年,中学毕业,为谋生计,只身到上海求业,结识俞秀松、施存统、沈雁冰(矛盾)、邵力子、陈独秀、张国焘等参加早期建党建团活动、具有初步共产主义思想的知识分子,开始接受马克思主义。1921年参加"中国社会主义研究会",并在上海加入社会主义青年团,下半年加入中国共产党。

入党后,张秋人在党创办的平民女校担任英语教员。1922年夏,经陈独秀推荐,到湖南长沙会见毛泽东。随即被聘请到湖南省立第三师范学校任英语教员。以教员为掩护,帮助建立新州地区中共党组织,不到半年,就发展了一批党团员。

1923年,张秋人回上海从事青年运动。8月,在社会主义青年团全国第二次代表大会上,和恽代英等4人被选为团中央候补委员。

1924年1月,张秋人被选为中共上海地方兼区执委会候补委员。6月,任社会主义青年团江浙皖区兼上海地方执委会秘书(书记)。9月,补选为团中央委员,在宁波、芜湖等地积极开展建党团工作。1924年曾两次到绍兴指导发展青年团工作。同时,还担任上海非基督教大同盟领导成员,在上海《民国日报》与《中国青年》等报刊上发表大量声讨帝国主义侵略罪行的文章,为上海及江浙一带反帝运动的著名领导人。

1926年3月,张秋人到广州,继毛泽东与沈雁冰之后,接任国民党政治委员会机关刊物《政治周报》编辑工作。不久,又先后在毛泽东主办的第六期广州农民运动讲习、国民党广东省青年部创办的青年训育员养成所任教。随后,到黄埔军校任政治教官,积极传播马克思主义思想,曾与恽代英、萧楚女并誉为"广州三杰"。"四一二"反革命政变之后,到武汉黄埔分校工作,和向警予等一起从事党的宣传工作。

1927年4月,国民党右派在杭州大肆地逮捕共产党员,中共浙江省委遭到严重破坏。7月,汪精卫叛变革命,张秋人回到上海。在严重白色恐怖下,中央派他接任中共浙江省委书记,他明知自己在浙江认识人多,容易暴露而随时可能被捕,仍勇敢地接受任务。行前对友人风趣地说:"看来,我的头要砍在杭州。"1927年9月27日到杭州,当晚召开了会议,改组省委,讨论整顿组织和在农村举行秋收暴动等问题。29日,在杭州西湖边被捕。次年2月8日,在浙江陆军监狱就义。

1931年,毛泽东在瑞金回忆说:"张秋人是一个好同志,好党员,很有能力,很会宣传,很有群众基础。可惜他牺牲得太早了。"当年在狱中的失学青年薛暮桥,在张秋人的教育启发下,发愤学习,后来成为著名的经济学家。他以十分崇敬的心情,缅怀"监狱大学"的教师时说:"张秋人同志同我们永别了,但他勤奋学习的精神,永远铭记在我们心里。"

当年,张秋人遗骸由其大哥张金表运回故乡,安葬于牌头水霞张村前山头山坡上。新中国成立之初,政府为纪念烈士,重修坟墓。1957年,烈士母校同文中学(现牌头中学)立碑纪念。1974年,牌头公社革委会复立碑纪念。1981年4月13日,省人民政府公布张秋人烈士墓为省级文物保护单位,并于当年重修,诸暨县委、县人民政府立碑纪念。2000年6月,牌头地区遭龙卷风和暴雨袭击,张秋人烈士墓地围墙及门楼全部倒塌,诸暨市人民政府拨款按原样重新修建,形成现有规模。2002年,牌头镇人民政府、水霞张村又投资开辟和硬化烈士墓地入口处道路和停车场。

张秋人烈士墓位于诸暨市牌头镇同文村水霞张自然村前山头。墓坐北朝南,占地面积1 800平方米,墓地平面略成梯形,四周建围墙,高2.8米。用小青瓦压顶。围墙南侧设门楼一座,高4米,门台上方刻有"张秋人烈士之墓"字样。墓设围墙内居中处,块石水泥浆砌,直径3.5米。墓前立"张秋人烈士之墓"碑石一块,墓周设方形平台,高1米,有踏道,两边立石介绍张秋人烈士生平。平台边长10米,周设栏板和望柱。围墙内外四周遍植杜鹃、香樟、松柏等。

2. 张以民,诸暨牌头水霞张村人。1924年,在上海大学读书时,经张秋人介绍,参加社会主义青年团。1925年,参加五卅运动,被国民党反动派逮捕。出狱后,参加"上海济难会",进行革命活动。1926年,先后到广州和武汉参加党领导的工人运动和创办报刊工作。1927年"四一二"反革命政变后,回家乡开展秘密革命活动,建立了中共水霞张支部。6—7月间,任中共诸暨南乡区委书记。9月,中共诸暨县第一次代表大会召开,被选为县委委员兼宣传部长。1928年6月,中共诸暨县委召开全县党的代表会议,并确定开展以减租抗租为主要内容的土地革命斗争。会后,参与领导以陶朱乡和牌轩下为中心的全县农民减租抗争。1930年4月,诸暨农民暴动失败后,帮助并参加由中共中央派人参加的暴动总结会。1930年9月初,党组织决定再次举行农民暴动,与寿松涛一起回诸暨,参加在义(乌)北白峰岭召开的诸(暨)义(乌)浦(江)有关人员会议,会上成立了"诸义浦工农革命委员会",任总负责人兼政治部部长。后因遭国民党当局追捕,暴动流产,被迫再度流亡上海。1949年4月,回到家乡,参加了党领导的浙东游击队。5月,任诸暨县人民政府秘书。中华人民共和国成立后,张以民担任上海公安局被服厂厂务管理员。1950年,到北京纺织工业部办公厅秘书处任科员和图书管理员。1982年3月18日,在北京逝世。

短短的千余字传略,概述了张秋人、张以民两位校友的生平。比我想象的要惊心动魄得多!我所寻访的这两位校友,原来拥有如此壮烈华彩的人生。遗憾的是,这只是官方版本,从平铺直叙的文字中,我看到的只是他们工作的一面,缺少工作背后的情感和生活。

我当即发问:"科长,这些只是对两位革命者生平的概述,是网上也能搜到的内容。能不能提供给我一些这两位革命者鲜为人知的事迹资料以及他们后人的联系方式?能不能安排我去当地的纪念碑或是故居看看,并且与他们的后人进行一次访谈以了解更多的细节内容?"

"张秋人的纪念碑倒是有的,张以民的就没有了。由于当年他在北京逝世,他的子女并没有把他的遗骸运回故乡,而他们的子女据说也都定居在了北京不再回来了。至于联系方式……我找找。"不一会儿,科长翻出了一份文件,上面有张以民之子张示聪的联系电话。"关于他们的后人,我们这里存档的就只有这一个了。"我立刻拨通了电话,在电话中了解到,接电话的并非张以民之子张示聪,而是张示聪老先生的女儿,对方并不愿意透露名字,只让我们称呼她为"张老师",她现在是江西九江金安高级中学的一名老师。据她所说,张以民还有一个女儿在北京,但她们之间早已失去了联系。早些年她们还与曾在牌头国土所工作的张以民的侄子有往来,但近年来也没有了联系,无法提供给我们相关的联系方式。这位张老师还热心地答应我将会把她手头上拥有的与张以民相关的资料在网络上传输给我。我在电话中对她表达了万分的感谢。

就在我打电话期间,党史研究室的科长又帮我联系到了现任水霞张老年协会会长的张秋人之侄——张国良老先生。同时联系了牌头镇人民政府,希望能找个接待人带我去烈士墓拍照以及与这位张国良老先生进行一次访谈。然而不巧是的,负责相关事宜的陈柳芳副镇长恰逢外出,于是只得让我先等待一会儿,等她电话联系好接待人再回电给我。

我坐着等待，心中无限宽慰。"战况"比我想象中的实在好得太多了。不仅没有被冷眼相待，甚至还受到了颇为热情的接待。不管是科长还是助理都很热心而诚挚。在等待陈镇长回电的时间里，我向这位被称为"科长"的中年男子要了名片，方知他姓谢，是诸暨市史志办公室的科长。谢科长也很热情地与我聊天，问我相关的专业年级，又问我的故乡，这一问，竟发现我们二人是老乡！

"你来得正是时候，我们党史研究室也正在整理当年诸暨'一大'会议的资料，而张以民正是'一大'为数不多的参会人员之一。所以我们也很需要他相关的资料啊。"正说着，陈镇长打来了电话，把安排好的接待人员的名字、电话告诉了我。并表示对此类校友寻访社会实践活动的大力支持。

我心中大喜，原本以为的麻烦任务，没想到一天工夫便可完成了！我表达了对谢科长的万分谢意之后便离开了史志办公室。刚迈出临江大厦的大门，我便迫不及待地拨通了接待人员的电话，想与他约定下午见面的时间。此时正是上午 10 点半，然而在电话中接待员小何告诉我，张国良老先生有个怪习惯，要找他只能在上午，下午他就召集老年协会的老伙伴们打麻将了，而且他打起麻将来可是谁也不理，什么电话也不接。我估摸着从我现在所处位置到牌头的车程少说也得一个小时。于是我只好与小何约定第二天上午 9 点在牌头镇政府见面。

2013 年 8 月 21 日　星期三

我早早地从家中出发，赶在约定时间前 10 分钟到达了指定地点。陈镇长口中接待我的小何，是一个在牌头镇政府工作了 3 年的大学生村官，微胖，笑起来眼睛眯成一条缝，看上去十分和善。了解了我的来意之后，小何热情地开车将我送到了张秋人烈士的墓地。"你在这里等一下，我去旁边拿下钥匙。"我点了点头，便开始观察四周的环境。正前方用方正的楷体写着"张秋人烈士墓"几个大字，旁边还挂着几块印有"爱国主义教育基地"字样的牌子。近几日恰逢台风天气，天上的云层很厚，灰一块白一块的，将日光遮了个严严实实。墓地正前方是绿油油的稻田和高大的松柏。最惹人注目的是右前方的一大片荷花池，着实让人感受到了"接天莲叶无穷碧"的盛况，只可惜连日的阵雨让荷花失去了原有的红润。烈士在此地安息，与大自然同呼吸，甚是好。我还没来得及按下快门小何便取了钥匙回来了，打开了深锁的烈士墓地的大门。

迎面立着的一块牌坊，方正地写着"张秋人烈士之墓"几个大字。落款是诸暨市人民政府。门的两侧有两块小的立碑，分别写着"张秋人烈士之墓"与"张秋人烈士永垂不朽"，立碑日期分别为 1998 年与 1974 年，而 1998 年那一块立碑则明确地写着"重立"字样。紧挨着墓地的是张秋人烈士史迹陈列室，里面分别展示着"风华少年""初试锋芒"等10余块展板，记录着张秋人烈士的生平事迹。我将它们一一拍照储存下来。

参观完张秋人烈士墓与陈列馆之后，我便要求小何带我前往张国良老先生的住所。车子缓缓驶离烈士墓的时候，小何指着烈士墓地隔壁的一幢水泥房子跟我说："守墓人就住在这里。"

"守墓人？"我满脸疑惑地问道。

"是啊，你看那个就是张秋人烈士墓的守墓人老杨，我刚才的钥匙就是向他借的。他就住在这墓地隔壁，日日守着。"小何隔着车窗指着一个皮肤黝黑，戴着老花眼镜又赤着膊的大爷对我说道。院子里还拴着一条白色的小狗。

我还未来得及冲老大爷笑笑，车便载着我驶离了烈士墓。"小何师傅，那这里除了烈士墓，还有没有故居什么的？"我在车内向小何发问。

"故居早就没了。当年修建铁路的时候早把房子拆了。"

"哦，拆掉了啊。可那是烈士的故居啊，当时为什么没有留住呢？"

小何以为我不相信他，赶紧补充道："当时还没那么重视吧，绝对不是我不愿意带你去啊，真的拆掉了。你也不是第一个来寻访张秋人老前辈的人，每一个来的我们都只能带他们看烈士墓和陈列馆，其他的真没有了。"

"哦哦，好的好的。"看小何急了起来，我赶紧应允道。"那我们现在要去拜访的这个张国良老先生，是张秋人烈士的侄子对吧？"我看小何不说话了，又赶紧找话茬，希望能套出一些民间传闻之类的。

"这个人啊，名义上是张秋人的儿子，但他其实是张秋人的侄子，是过继给张秋人的。"

"过继？那张秋人自己没有儿女吗？他是没结婚还是结了婚没有生小孩？"

"结了婚没生小孩吧，哎哟，我也不是很确定，都是听说的，反正他没子女这是真的，你一会儿问问张国良老先生就知道了。"

"那村中有没有张国良老先生的子女？老人家访谈会不会不方便？"

"这个你不用担心的，他虽然年纪很大了，但是很能讲的。就是耳朵不太好使了。但是访谈绝对不成问题的，你放心好了，要不然人家怎么当老年协会会长啊。况且他的子女都在上海做建筑生意，都是大老板。"

正聊着，我们的车就开到了老年协会的院子前。周围安置了一些村民健身设施，打扫得十分干净。我在小何的指引下往里走，眼前的这位穿着白色背心，戴着老花眼镜看报纸的老人便是我要找的张国良老先生了。张老先生看到我们的到访赶紧站起来，顺手摘下了老花镜。小何向他说明了我的来意之后，他笑着示意我坐下。"张老先生，很高兴见到您，本次访谈我将要录音，您不介意吧？"我说完，却只见张老先生疑惑地看着我。"刚才跟你说了他耳朵不太好使了,你说话尽量大声点,录音没事的,就录着吧。那你们先谈着,我在外面等你。"小何赶紧说道。待小何离开,我便开始了我的正式访谈。由于张老先生的听力问题,我很多问题都需要问好几遍他才能明白,而且整个访谈过程都是用方言进行的,所以现将访谈记录整理如下:

我:"张老先生您好,我是上海大学社会学系的学生。我们学院要整理校友会相关资料,所以我想向您了解与张秋人相关的信息。请问您与张秋人烈士是什么关系?"

张:"张秋人在名义上是我的父亲,实际上是我的叔叔。我是他二哥的儿子,在3(虚)岁的时候被过继到他家里。我是1925年生的,1927年过继到他家里,然而张秋人1928年就牺牲了,所以我是由祖母带大的。"

我:"那么张秋人自己没有子女吗?"

张:"张秋人没有自己的小孩,他的妻子徐氏在1928年张秋人牺牲的时候已经怀有身孕,然而当时的动乱以及迫害导致她流了产。我过继给他的原因是因为当时他们家中有4兄弟,只有张秋人与我的父亲有文化,因此他们两个关系甚好。我家中还有许多当时张秋人寄给我父亲的信件与照片。"

我:"那么您能跟我们谈谈您对张秋人的印象吗?或者跟我们分享一些他的事迹。"

张:"他牺牲的时候我才只有3岁,哪有什么印象呢?你想了解他的事迹,恐怕只能去网上或是一些书上搜集资料了。"

听完张国良老先生的一番话,我心中不免有些失落。这次访问本就是想多了解一些关于张秋人老前辈的事迹,然而却扑了个空。我仍旧打起精神说道:"张老先生,看您气色这么好,又是老年协会的会长,您今年贵庚啊?"

"我89岁了!"张老先生满脸自豪地说道。看着这个双目炯炯有神的老大爷我心中不禁感慨万千,虽然他的头发花白甚至秃了一大半,但是老人家脸上的神情着实给人以十足的精神与生的希望。或许这也是老一辈的革命家传下来的正能量吧。

我在对老人家接受访问表示感谢之后又拜托他留下自己的联系方式,方便今后校友会活动的开展。张国良老先生热情地送我到老年协会的门口,又在我的要求之下照了一张像。

回去的路上,我心中不免有些失落与不甘,总觉得对张秋人同志的寻访做得很不到位,很多资料都没有挖掘到。于是我又回到了中共诸暨市委党史研究室,找到了谢科长。我把去牌头镇水霞张村寻访的大致情况与谢科长说了一番,并询问中共诸暨党史研究室是否编撰过相关的记录了张秋人生平的事迹的人物传记。

"你这么一说,我倒是想起来了。20世纪90年代的时候好像是出过那么一本书,小音(助理的名字)你去那个柜子里翻翻看张秋人的那本书还在不在。"

不一会儿,助理便拿了一本以大红色为背景色,封面上写着"张秋人"3个大字的书来。我一看印刷日期,是1990年7月,暗黄而粗糙的纸张揭示着它的年代性。我翻开书页,前面是一些手稿以及烈士墓的照片,后面是由不同人物对张秋人同志的回忆录拼凑而成的章节。我心中万分激动,觉得这就是我要找寻的"内部资料"了!上面清清楚楚地记载着张秋人同志的点滴事迹以及与其同时代的革命者对他的评价与回忆。我立刻激动地向谢科长发问:"科长,这书能不能送我一本?"

"这……你看这书我们都是不出版售卖的,是我们党史研究室的内部资料,恐怕不能随便送出去。"谢科长婉言相拒。

我立刻意识到了我的鲁莽,便不好意思地笑了笑说:"对不起啊,那这书上的照片可有备份的?"

"这照片恐怕也是没有了吧,也不知道当时是谁拍摄的,在哪里拍摄的。照片的来源我们已经不得而知了。要不,你把这书上的照片拍下来?"

我赶紧点头答应。书中有毛泽东、钱之光、徐镜平等同志的题词和张秋人同志的烈士像,我一一拍下作为寻访的资料。临走之时,谢科长又交给我一份文稿,是钱之光、钱希均同志发表在《人民日报》第五版的一篇题为《回忆张秋人同志》的文章。

回到家打开电脑已是下午4点多,我登录邮箱便发现了张以民孙女张老师发来的题为《关于张以民同志生平的说明》的详细资料。我心中大喜,长长6 000余字的资料,不仅有张以民小儿子张时恩对父亲生平的详述,更还有张以民生平所作的诗歌,以及张以民同志对生前的亲密战友宣中华及龙大道同志的悼词。这份资料在开头便清楚地写着张以民同志当年就读于上海大学社会科学系,是我们的校友,毋庸置疑!

后　记

到此便完成了我为期短短两天的校友寻访工作。然而之后的资料整理及报告的撰写则要花费更长的时间。在寻访的过程中我收获了很多,例如,怎样与陌生的机构交流;怎样善用言辞让不熟悉的人愿意为你的工作付出,怎样说话才能更简洁明了,等等。然而最重要的收获,是我在一份份对两位校友生平描述的资料中,感受到了革命的光辉。那个时代人们对革命的高涨热情,对人权、对自由、对个人价值实现的迫切追求都值得我们致以崇高的敬意。作为新时代的大学生,我们的革命热情哪去了呢?我们愿为祖国的发展繁荣付出一切的热情尚在吗？我们对人生意义的追求还那样强烈吗？

愿全中国的青少年都能树立理想，勇担大任，无所畏惧。

点评

这是一次成功的寻访，在众多参与寻访的同学中，也是少有的顺利。一方面，当地对于张秋人、张以民这些革命先辈的历史比较重视，搜集保护工作相对比较到位，与他们的后人也保持着长久的联系；另一方面，当地党史工作人员对青年学生的寻访工作给予了热情的支持和积极的配合。

在两人中，张秋人对于上海大学和中国共产党早期革命活动来说，是比较重要的历史人物，他曾在上海大学和黄埔军校担任教师，还是中国共产党革命理论的鼓动者和宣传家，更是"非基督教"运动的重要推动人物。上海大学的历次学生运动都有着他的身影。

其实，张秋人身上有着很多传奇。报告所提他牺牲时已怀孕的妻子徐氏，就是中国战时儿童保育会的发起人之一、上海大学附中教师徐镜平；而钱之光的妹妹、毛泽民的妻子钱希均还曾是张秋人的童养媳，后也成为上海大学学生，由张秋人引上革命之路。当初派毛柳菁去寻访时，我对张秋人有些了解，但对张以民知之甚少，因而觉得她短暂寻访的收获应该不大，主要还是以培育锻炼学生为主，所以她提交的这份报告，虽然没能充分体现张秋人丰富多彩的人生，但其所提供的信息和线索，以及对张以民资料的挖掘所得，应该说还是大大超出了我的预期。

追忆年华,感恩今朝
——寻访赵奈仙

方殷茵　社会学院 2014 级

从社会学院和志愿上大的微信公众号得知"寻访老校友"的活动,我没有想太多就报名了,单纯觉得这是件有趣、有意义的事情。

在耿敬老师提供的寻访名单中,我选择了赵奈仙作为寻访对象。一来我家住浦东南汇,与泥城横港村的赵老先生较近,二来赵老先生较张闻天、林钧、周大根等人相比名声较小,更需我们的深究。通过校友寻访微信群,我和新闻系大二学生冯瑞婷制定了初步的寻访计划:第一步是在网上查询信息;第二步是前往浦东档案馆、党史办;第三步是前往泥城革命史迹馆,可能之后会去横港村。

一、网络查询

名单上只显示赵奈仙是泥城横港村人,是烈士赵天鹏堂叔。我按这个名字搜索《我所知道的李主一等人》。这篇文章出现在奉贤史志的官网上,由赵六规口述、姚金祥整理,那么其真实性、准确性是很高的。文章是在1979 年写下的,年数已久,但从中可以看出赵奈仙与林钧、周大根、郭君毅、宋益三等人的革命情谊。文末给出了赵六规、赵六弟、赵六官、赵正林、赵振麟、赵乃仙等别名、出生年月、曾就任的单位和家庭住址,这对于我来说无疑是一大惊喜。

我根据别名搜索,有一篇来自云间山樵的博客《插队琐忆之一楔子:文革爆发、插队》,其中提及"历史老师赵六规,国民党新疆省政府的财政厅副厅长"。我大致浏览了云间山樵的博客,认为他在文中所提及的赵六规很可能就是我要寻找的赵奈仙。这位云间山樵先生在 2013 年 12 月 16 日之后再没有更新博客,私信他也并没有回复。

二、于浦东新区档案馆、党史办查询资料

很幸运的是浦东新区档案馆、党史办、地方志都在迎春路520号,位于同一幢楼。我第一次和同伴冯瑞婷见面约在地铁2号线科技馆站6号口。当天很燥热,马路上基本没什么行人。

我们步行至浦东新区档案馆,简单交代此行目的后,被告知除非是本人亲属或者提供其单位,不然是很难查到的。我们给出他曾任教于奉贤曙光中学的信息,依旧无果。其实档案馆对于寻访工作的作用并不大,更多人来档案馆是为了户籍证明等事情。

于是我们来到九楼党史办,但接待我们的一位工作人员告知我们她不是很了解。十楼的吴主任是泥城人,可能会比较了解。于是我们又给自己加油打气去了十楼。

吴主任今天不在,接待我们的是柴主任。了解我们的情况后,柴主任很热心地拿出几本书:《泥城镇志》《南汇人民革命斗争史》《浦东新区英烈传》,跟我们讲起他所知道的一些情况。之后又主动帮我们打印林钧夫人杨淑英所写的《林钧和淞浦特委》、周大根简介以及一篇在申报上的关于他壮烈牺牲的文章。我和冯仔细地翻阅着,看着从前那些革命者的名字就觉得越发熟悉亲切。林钧、赵天鹏、王剑三、周刚直的名字出现得挺多的。耿敬老师所提及的孕育了部分革命人士的川沙师范学校在《川沙县志》中也有所提及:

在750页,有关于川沙师范学校的介绍:"民国12年秋开办,所址在城厢镇仓场桥北首。招生1届,22名,对象为高小毕业生和助教员,学制3年。民国15年停办。毕业生共17名。"

上午11点多的时候,柴主任请我们吃了食堂,我们甚是感谢。后来我们又翻阅了《南汇县志》《奉贤县志》《川沙县志》。看着一本本大块头的书,我们深感编写人员的辛苦。

寻访校友路漫漫,下一步要改变方向了。可以从两方面入手,一是去泥城革命史迹馆,二是去上文提到的住址。

三、探访住址

7月26日下午,我们访长乐路942弄3号,弄堂装上了防盗门,按门铃也并没有回应,我们来回踱步了好久,真希望此时有居民的身影。我们等了良久,看到一位四五十岁的阿姨从门口出来,于是隔着防盗门询问,对方回答没有姓赵的先生,3号门住的是姓李的。我们问隔壁弄堂的叔叔阿姨,他们也不

了解。当时真的很泄气。

四、前往泥城革命史迹馆

我们在川芦专线新隆站下车,对面就是泥城革命史迹馆。上午10点不到的大厅,没有灯光,没有冷气,没有人,寂静让我们燥热以及心慌。冯瑞婷打着手机里的手电筒,那个要找的名字在入口显赫的位置,着实让人激动。不过和旁边几位相比,他只留下了名字。

在过往历史所带来的压抑和恐惧中,保安来了,电来了,他告知我们讲解员的办公室。于是在参观好整个史迹馆后,我们找到了讲解员的办公室。无所收获,对赵奈仙的讲解只是在五卅运动中一笔带过。同时,一位工作人员也不建议我们去横港村。另一位工作人员在得知我们的需求后主动联系了江锦维的儿子江兆平书记,望能得到一些其他讯息。

就职于泥城卫生所的江书记很热情地接待我们,对于赵奈仙他并没有很多记忆,只是知道他与父亲江锦维是一所小学的,师从林钧,后来其父就读于上大附中初中部时,赵奈仙是高中部的。

江书记有一本整理着父亲资料的簿子,有裁剪下来的报纸、老照片、往来书信。翻阅泛黄的纸质,亲手触摸那段历史,神奇又令人敬畏。

江书记主动留了我们的电话,说要是有其他消息会与我们联系。很快,他告知了我们赵奈仙当初的地址:长乐路942弄3号,1984年或者1985年去世的。儿子叫赵伟。这就是当初奉贤志网上看到的地址。我顿感失望,仿佛一盆冷水浇到头顶。

对于我来说,寻访校友是一个了解老上大的好机会。那段激荡岁月的脉络纷繁杂乱,有的永远理不清,但总有人去试着了解尝试,这何尝不是最好的慰藉和感恩。

点评

这是一次比较常规的寻访过程,按照网上提供的一点点线索不断追寻下去,能找到的寻访地点也基本都走到了。由于线索的中断,寻访也未能使我们获取超越网络信息的新资料。其实,出自泥城并投身五卅运动的上海大学学生中,林钧、周大根是被后世提及较多的,但赵奈仙、郭毅等人的情况却少有介绍。赵奈仙经历了种种波折,解放后曾担任中学教师,也对早期上海党的组织活动有过回忆,其他信息我们就基本不掌握了。我们也希望通过寻访,能获得更多关于上海大学的状况和五卅运动的生动事迹。

虽然通过多方寻访,对于赵奈仙的个人情况以及其后人的相关信息并没有任何新的收获,但在这一寻访过程中,上海大学的历史以及林钧、赵奈仙他们所经历的革命时代再度投射到学生的脑海。

寻访中,机缘巧合地找到了江锦维的后人,但方殷茵只是将其作为赵奈仙情况的信息提供者,其实江锦维也是上海大学附中的学生,而且其在五卅运动期间的被捕,间接地促使了五卅运动规模的扩大,应该说是一位有着一定代表性的历史见证人。没有沿着这条线索去进一步追寻,也算是寻访过程中留下的遗憾。

心 系 他 人
——寻访卢子英

徐　婷　社会学院 2014 级

缘　起

在社会学院报道的第一天,我们就接到了暑期实践活动招募志愿者的通知,要求参与者在自己的家乡,寻访一位老上海大学校友,暑期结束时交报告。说来也是巧,冬季学期的时候,我们应用写作课的吕永林老师布置给我们一项特别的期末作业——制作上海大学的名片。课上有好多小组的同学都选择从老上海大学的历史切入,他们大都略略地拉一遍年代大事表便结束了,仿佛嘴上说着,心里却很难自然地将老上海大学和他们联系起来。可是上海大学毕竟是我的母校,母校的过去我还是很关心的,我有段日子在溯园里散步,望见镀上夕阳的校友名单就会思绪万千。如果要制作名片,我有必要去了解这么一段历史,作为我理解上海大学的基础。那次课结束后,我常常会关注和上海大学形象有关的话题,这寻访校友的活动就是一次我走进过去的好机会。我当即便决定报名。

怀着一股脑儿的干劲,我听了上期活动的经验分享会,领了介绍信,选择了我的老乡校友——重庆合川的卢子英作为寻访对象。我不禁感叹:几十年前,我的家乡居然也有人到上海大学来念书,千里迢迢地赶到上海,如同我那时大包小包地到学校一样。几十年后,一个偶然的活动竟让一个素不相识的小青年去寻访他。一个个问号悬在脑中:他为什么来这儿学习?他是个什么样的人?他一生中做了什么?他也是献身革命了吗?他的人生对于我们青年人有什么可以借鉴的呢?

时空兜转着微妙的缘分,一个坚定的声音说:"我要找到他,尽管,我面对着茫茫的史海。"

过　程

2015 年 8 月 18 日　星期二

互联网是信息检索的第一步。我在百度里输入"卢子英"三个字,期待着能够清楚地还原他的人生。我本来担心网上的信息太少，然而网上搜到了 8 万多个结果，其中好些材料足够我了解他的事迹。在我眼中，历史有些死沉沉的、冷冰冰的，一点也不亲近，我也不喜欢主动去了解历史。为了避免看着走神，我就边看边做笔记，假装自己是侦探，按照年代的顺序，制作了一个关于他的大事年表、社交网络。

卢子英是 1905 年出生的，我不经意地一算，原来今年是他的 110 周年诞辰纪念。这为我的寻访又增添了一丝意义。我再细读他的资料，发现他有一个外号叫"卢老四"，原来他的二哥就是大名鼎鼎的实业家卢作孚先生。这让我又喜又忧，喜的是他好歹也是大家族的成员，搜集资料应该不难；忧的是，这么大的一个人物，我怎么才能请得到他的家属来接受采访呢？那就走一步算一步，我先把他的背景资料留了个大致的印象在脑中。

卢子英的人生大致可以根据地图坐标来标记，他 17 岁以前多是在重庆和合川（合川那时尚未并入重庆）待着，后在成都、上海和广州待过，1927 年开始在北碚任职，1949 年上调重庆工作，直至 1994 年去世，这段时间都在重庆。卢子英出生前，父亲的麻布铺子破产了，家里没有条件送他读书，未满 8 岁的卢子英被二哥卢作孚带去重庆学习和生活，因为二哥要求他每天晚上背一篇国文才可以睡觉，两个月后，他便跑回合川父母身边，不久又去大哥那里读小学，3 年半后辍学，便开始长期跟随二哥。他跟着二哥去成都工作，被二哥的好友恽代英、萧楚女当作小老弟对待，学习了一些革命思想。1923 年，17 岁的卢子英想要学习一技之长，便跟随着恽代英去了上海，在染织厂当学徒。经恽代英介绍，他结识了阳翰笙。这些进步的革命人士是卢子英的良师益友。1925 年 9 月，卢子英在上海大学投考了黄埔军校，10 月，卢子英被录取后去了广州。在黄埔军校里，卢子英继续学习革命思想，接受军事训练，在恽代英的介绍下加入了国民党。1926 年，由于患上疟疾，卢子英回到上海求医。其实当时的卢子英已经可以当中将了，但他的二哥对他说："中将很多，但北碚只有一个。"就这样，病愈后，卢子英回到了四川协助卢作孚工作。1927 年是卢子英告别学校生活进入社会的一年，也是他跟随二哥在北碚工作的一年。他的二哥被称作北碚的开拓者，而他被视作北碚的奠基人。在北碚工作的 23 年里，他剿匪安民、建设地方行政、教育、文化、卫生、交通等事业。1937 年，国民政府迁都重庆，北碚成为"迁建区的迁建区"。卢子英热情地接待外来的机关、单位和社会人士，如陶行知、郭沫若、老舍等。期间，他大力支持抗日救国事业。1949 年，他组织成立应变委员会，解决溃军过境问题，保证当地治安，随后迎接了中国人民解放军，北碚和平解放。之后，他上调到重庆市人民政府工作。对于他之后的生活，我在网上没有找到多少资料。

卢子英大半辈子都在为老百姓的幸福生活操劳，对家里倾注的精力很少。

家中的一切事务靠夫人邓文媛来打理。邓文媛深深理解自己的丈夫,在背后默默支持着他,让他安心搞好北碚的建设。《重庆晨报》在2011年曾采访过邓文媛,她仍然健在,但已98岁高龄,我能否找到她呢?2005年开始,她的女儿卢国模倒也写过许多文章纪念她的父亲以及她父亲的挚友。不过,我只能先把采访的事情搁在一边,网上的资料虽多,但是关于卢子英先生的照片、他后来在重庆的情况、具体的家庭情况、生活中的一些细节等信息很少。我无法真正去走近他,拼凑出一个鲜活的人物来。

揉揉酸胀的眼睛,我又继续开始计划去北碚的寻访之旅。因为我的小姨家就在北碚,所以我这次过去,可以在他们家寄宿一晚,然后慢慢寻访卢子英先生的事迹。正好,我在之前的徒步中认识了一个在北碚长大的朋友,联系之后,他同意对我第二天的寻访提供帮助。

2015年8月19日　星期三

我乘坐重庆轨道交通6号线,从两路口出发,经过两次中转,在状元碑下了车。我的朋友来接我,并愿意协助我在北碚的校友寻访活动。他说:"你们学校的活动真是好耍,让你来介绍我们北碚的历史名人,带我这个北碚娃儿了解北碚。"我笑了笑,跟着他前往北碚人民政府大楼。区政府的办公楼背靠缙云山,山上云雾环绕,暗沉的天低低的,整幢楼释放着政治风云的魄力。

从小到大,我从来没有专门去和政府工作人员打过交道,心里有些担心档案馆会不会把我们赶走。我微笑着走上前和门口的保安叔叔们沟通,告诉他们我们的来意,他们中有人知道卢子英,觉得我们的寻访有些意思,便立即帮我接通了档案馆办公室的电话,然而遗憾的是,工作人员说,民国时期的资料在解放后都被调到重庆档案馆了,北碚只有现在的档案。我有些后悔没有先去重庆档案馆跑一趟,而是直接跑到了北碚。不过,之后当我问他,如何联系到卢子英的后人时,他提出了一个有用的建议——联系民生实业有限公司。我觉得这条线还是有可能通得到我的采访人那里去的,所以就默默记下了。

雨一直下,风也吹个不停,我的裤腿上挂满了雨珠。我们穿过北碚的老城,老城的街道两旁栽种的是法国梧桐树,说是请的丹麦设计师来设计的,长椅衬着梧桐,倒装点得别有一番异国风味儿。两旁的商店高低、新旧不一。似乎,老城处于一种过渡发展的阶段,给人一种正在改造、求新,但是还没有改完的感觉。我们一直往嘉陵江的方向走,几分钟后就到了图书馆。图书馆和北碚公园是挨在一起的。因为图书馆的工作人员下午两点才上班,我们决定吃完饭先去北碚公园,那里有作孚园和卢子英先生的墓地。

北碚公园就是北碚人老城记忆不能割舍的一部分,更是山城公园文化的一部分。我的朋友说,北碚公园就是卢作孚先生办的,是供北碚市民免费休闲娱乐的地方，他小时候就来过那里很多次，里面以前还有动物园，非常有意思，不过现在已经没有了。公园依山而建，林木葱郁，雨天的空气更是清凉怡人。林中不时有一两只麻雀在地上啄食果子，蹦跳几下，仿佛出来向游客露个脸儿，然后一溜烟地飞走了。爬坡上坎的游览方式在下雨天更不太吸引人来，除了我们和茶馆里的老牌友，人便很少了。

作孚园在正门进去的山坡上，比较显眼的顶端，而卢子英的陵墓在山腰上的另一面，而且修建的时间也比作孚园晚几十年。地图上甚至没有标记出卢子英墓的位置，我们找了好久，在准备离开园子的时候才发现了我们期待的卢子英的足迹。

细细推来，这样的做法也有道理：一是因为卢作孚先生确实比卢子英先生去世得早，早年就把大块儿的土地用作作孚园的建设；二是卢作孚先生在北碚的指导和建设的总影响力确实比卢子英先生大，他在抗战交通运输中发挥的作用也是卢子英先生无法超越的，所以他们陵墓的规模差别也可以想见了。

我这样比较他们的墓地，有点"以小人之心度君子之腹"了，卢子英先生一向敬重自己的二哥，当然也会客观认识自己的成就，而且他在世时便毫无怨言地住在简陋的房子里，甘于清贫，这样的人在乎的是社会价值的实现，又怎么会去考虑关于"身后名"或者安息地的气派呢？

我们往一个古朴、雅致的亭子走去，就在下坡路中的一块不大的平地上不经意地抵达了目的地——卢子英的墓。上方的纪念碑上写着这样一段话：

> 卢子英(1905—1994)，四川合川人。1925—1926年黄埔军校第四期学员。1927—1932年任"江巴璧合"四县特组峡防团务局学生队队长，少年义勇队队长，1933—1936年任"江巴璧合"四县特组峡防团务督练长，1936—1942年先后任嘉陵江三峡乡村建设实验区署副区长、区长，1942—1929年任四川省北碚管理局局长。1950—1994年先后任重庆市建设局、农林水利局、园林局副局长和林业局顾问等职，其间还担任四川省、重庆市人大、政协及民盟、黄埔同学会等重要社会职务。卢子英一生与中国共产党肝胆相照、荣辱与共，为北碚的建设、发展作出了重要贡献，为抗日战争，人民解放事业和爱国统一战线作出了积极的贡献。
>
> ——卢子英墓碑筹建小组　二〇〇八年四月五日 立

纪念碑的最左端印着卢子英先生的浮雕头像，那是我第一次看到卢子英大致的相貌，艺术的手法把他眼神中的专注极致化了，他仿佛心思不在这林子里，而是关注别的什么事儿去了。

接下来，我们去了图书馆。地方馆藏的办公室里只有一位中年阿姨，她办公桌的右前方立了类似于装中药的一格一格的柜子。阿姨望向我们,我开口介绍了我们的来意,"卢子英?我们这里有很多卢作孚的资料,我不知道你说的那个人,反正你们自己找吧。"她拉开两格柜子,取出了一整盒的资料检索卡片,一抽屉约莫有几百张。"坐吧,坐着慢慢儿找。"阿姨说完便回到自己的座位上。

这些手写的资料卡上面标注了年代、事件、人物。第一次翻的时候,我翻得很慢,希望能仔细点找到相关的线索,但是一无所获。我又翻了一遍,找到了一个卢子英修建的大会堂的照片,然后在北碚图书馆的官网上检索到了他曾经写过的一个小册子。隔壁办公室的书记过来陪同一个编辑老先生查老报纸,我就顺便问了他。他答道:"你看下《北碚月刊》有没得,上面记载了北碚政府的工作情况,你说的那个人既然担任过重要的职务,上面可能有哦。"我怀着试一试的心情,请阿姨找出了《北碚月刊》,整本书厚得跟词典似的,繁体字竖版印刷让我很不习惯,边猜边读,找到了一篇卢子英写的《我们一起努力乡建》。

我记录好后,最后一次翻资料卡片,盯着那一页一页变换的字,在距离抽屉底1/3的地方,我幸运地发现了一张卢作孚和卢子英的合照。我很开心,它差点与我擦肩而过呢!

我端详着这张黑白照片,阿姨也随我一起看,我指了指左边那个笑得露出牙齿的人,"这个就是他吧?""对,那个就是卢子英。"卢子英高高的,脸上稍微有些肉,而且笑起来显得很阳光,"他年轻的时候恐怕还挺帅气的吧!如果可以看到他年轻时的照片……"

我们直到闭馆时间才离开。因为了解了更多的老北碚人和事,当我再次走上北碚街头,观望着梧桐、民房、斜雨,钻出历史的隧道,才感悟到北碚的一切显得那么来之不易,现在的北碚是那么地平静美好……

2015 年 8 月 20 日　星期四

"妹儿,你走错了,这里是档案局,你要查资料的地方应该在档案馆哟。"办公室的哥哥好像是头一回遇到走错的人。"现在档案馆还有两个小时下班,你要去要抓紧哟。"他好心地提醒道。我冲出重庆市政府办公大厅。在出租车交班时间,有幸坐上一辆同方向的车,去到了沙坪坝天星桥。

很快地我就坐到了数字阅览室里,数据库里关于卢子英的检索结果有2 000多条,这次我采取的是笨办法,一条一条地筛选。这里面的内容大都是关于政府工作的,标题多是"关于×××给卢子英的函",内容多用繁体毛笔字写成。

我把这些资料按照不同的来信的渠道分为3类,一类是下属写给卢子英作为汇报或者请求支持的,小到养猪饲料,大到北碚的水电厂建设,这些信大都较长;第二类是上级部门发给卢子英的奖惩令、判决书、任务书;第三类是亲朋好友写给卢子英的问候信以及要求帮忙或者会面的信。从收信量和处理的事务,我们可以推断,卢子英工作的任务比较繁重,并且他需要和下属、上级、亲朋好友等协调好关系,这对人的能力要求很高。

档案馆限制每人每天打印10张资料,我选择了卢子英的教育文章《我们应该怎样地迎头赶上》、中秋慰问志愿兵发言稿、20世纪40年代后期的政绩表、一封法院的诉讼判决书、某人写给他的丧子东山调查、黄埔校友会的询问信,这6种资料虽然不能全面地展现卢子英的工作和生活,但是可以体现出他不同的角色。

下午5点钟的太阳温暖而不刺眼,我甜蜜地把10页纸平整地抱在怀里,珍惜地捧着老校友的金色往昔。这微妙的氛围好像是属于我一个人的,是我和历史一对一的对话,是偶然的注视和观察所带来的。

2015年8月21日　星期五

我无意地搜索到了一个讲述卢氏家族的纪录片,里面有卢子英的夫人、北碚的研究员李萱华先生对卢子英的回忆。令人激动的是,视频中有一张卢子英身着军装的照片,大概是他在黄埔军校学习时留下的吧。

我点开民生实业有限公司(以下简称民生公司)的官网,把他们的电话抄在了本子上。谈起打电话,我有些紧张不安,打个夸张的比方,我此刻的心情就像是一个小乞丐想要和丐帮帮主通信的心情一样。又或许,人长大了,脸皮变薄了,所以行动起来总是顾这顾那的,害怕受挫,不过锻炼多了,脸皮又会厚起来吧。

最后,我没有给民生公司打电话,而是决定去找卢子英的女儿发过文章的《红岩春秋》编辑部。我想法很简单,同为文化工作者,他们更能够理解我的介绍信的内容,体会我想要联系后人采访的心情,更容易和我合作。而民生公司属于商业公司,我这种跟商业无关的忙不知能不能帮得了。我在家里温习了卢子英的资料,查好了杂志社的位置,准备第二天正式开始寻访,那是最重要的阶段。

2015年8月22日　星期六

"咚咚咚、咚咚咚——""您好!请问有人在吗?"我一边敲门一边侧耳听门里面的动静。5分钟过去了,还是没人来应。我到楼下的门卫阿姨那里询问,她指了指桌上堆起来的《重庆晨报》,"我也不知道啊,他们订的报纸都送来了好几天了。好像是搬走了还是怎样……总之,他们也没给我们打过招呼。"阿姨无奈地摇头说。我和阿姨沟通了一阵,留下介绍信,还写了一封专门的求助信,上面有我的联系方式。"你还是要等到周一哦,人家可能都没上班。反正他们来了,我就帮你给他们嘛。"阿姨对我说。谢过阿姨后,我就往家走。

这条线索就这样不了了之,我拿出了民生公司的电话号码。走着走着,我觉得是时候开启另一条线索,毕竟剩下的假期不多了,我总得试一试。下午5点左右,在国共谈判旧址桂园前面的一根柱子旁边,我蹲了下来,掏出手机,给民生公司去了电。

这种突然在路边蹲下就打电话的行为很奇怪,又有些冲动,然而如果没有这一阵的勇气,大概寻访在那时也就结束了。没有介绍信,没有当面的交流,没有熟悉的关系,只凭一通电话,我这种联系校友后人的方式也算"摸着石头过河"了。

"您好!民生公司综合部。"

"您好!我是……"我一口气介绍自己。

"我们公司有卢作孚研究室,他们应该能帮到你。不过周末他们休息,我先把办公室的电话给你吧。"一个温柔的声音传来。

"姐姐,"我进一步恳求,"我很快就要离开重庆了,可不可以把联系人的手机给我啊,等到周一,又要准备采访的材料,恐怕有点急。"

"嗯?可以倒是可以,只是你要等一下,号码保存在手机上的。"出乎意料地,她爽快地答应了。

我就这样获得了民生公司卢作孚研究室的工作人员的电话。在那天晚上,我联系到了研究室的人,她回应说,要先问问后人的意见,周一给我答复。

我主动把介绍信和学生证的电子版发给联系人,打算第二天将整理好的最近寻访获得的资料拿去给卢子英的后人看,请他们相信我,接受我的采访。之后,我开始了漫长的等待。

2015年8月24日 星期一

我等了一天没有回应,便发了个短信询问联系人,她也没有回复。我有些着急。杂志社那边也没有消息,所以,我没有什么可做,继续等下去。

2015年8月25日 星期二

我陪着朋友在三峡博物馆参观,丝毫没有注意到我手机上的未接电话。大约1个小时后,我才发现有电话打来过,因为是个本地的座机号码,我就拨了过去。

电话里传来一个干脆的声音,"请问你是徐婷吗?我是卢作孚研究室的,卢国模女士希望你能安排个采访的时间和地点。你安排好了就把信息发到上次你联系的人的手机上嘛。"

挂掉电话的一瞬间,我摇着我朋友的手,"耶,我联系到了!"博物馆要保持安静,旁边的人奇怪地看了我一眼。我压低了声音,比了个"耶",操心起安排会面的事情来。

当我安排好的时候,联系人却说,卢国模奶奶希望我自己给她打个电话去说。我彩排了一下开场白,发现每次说得都不一样,索性直接打过去了。

"喂,您好,请问是卢国模奶奶吗?"

接电话的正是卢国模本人,"对,你是小徐吗?"

我和奶奶的第一通电话居然打了有20多分钟,我时不时地和她谈起我去寻访的情况,并简单说明我明天采访的内容。我们本来约的是在她家附近见面,我坐车过去,碰巧,她第二天要到七星岗,去黄埔军校领她父亲的奖章,我和她约好陪同她一起去。得知我后天就要离开重庆了,她还同意之后带我去她妹妹家里探望她的母亲。

当开始写采访稿的时候,我顿觉下笔难。我采访的是她的女儿,她发表的文章多是从父亲对抗日胜利的贡献、北碚的建设的角度出发的,那么,我应该找什么样的新角度去挖掘卢子英先生其他的亮点?我询问时的切入口在哪里?怎样在问起她过世的父亲时,不致让她过分伤感?熬到晚上1点钟后,我终于有了一份相对满意的访谈问题的清单。

2015年8月26日　星期三

今天上午我的高中同学愿意来帮我摄像,我俩碰头的时候,恰好卢国模奶奶也到了。七星岗有两个公交车站。我站在离第一个车站不远的地方望见一个张望的婆婆,我准备好微笑,和她对望,她却没什么热情的回应。我加快脚步,待走到她身边后,她却尴尬地打量我。"请问您是卢国模奶奶吗?"她急忙摆手,原来我搞错了啊。

卢国模奶奶在第二个车站等我们,她那时正坐在候车棚下的椅子上,时不时地往我们这边看,一点也不急切。我目光扫过这个老奶奶,她白发苍苍,骨瘦如柴,左背驼得很厉害,可是两眼大大的,穿得很清爽,感觉人很精神。她左手提个口袋,右肩斜跨一个黑色合成皮背包,老人家是远视,我是近视,她远远地就笑着在向我挥手。"肯定是她了。"我心想。"您好,卢国模奶奶,我是徐婷。这位是我的同学,小周。"奶奶礼貌地回复后,我们就奔黄埔军校的办事处去了。

卢国模奶奶腿脚很利索,丝毫不像接近80岁的人,她走在前头,我们跟上去。重庆黄埔同学会办公点在一所居民楼里,负责人出来和卢国模奶奶握手。奶奶向负责人介绍我们:"这两位是上海大学的小同学,想跟着过来看看。"我们点点头,微微一笑。

办事员把奖章郑重地交到了奶奶手里。奶奶叫我们过去,"小徐,来看。"

奖章是由中共中央国务院、中央军委为纪念抗日战争胜利七十周年所颁发的。我们一同欣赏了那块奖章,我忍不住地惊叹这伟大的荣誉,竟"哇"了出来。奶奶倒显得非常地淡定,略带自豪地看着奖章。

负责人请奶奶坐下,又端来一杯水,"请喝水。"奶奶急忙道谢。接着,负责人夸赞了卢氏家族为抗战胜利所作的贡献,"我们重庆人因为有你们卢氏家族而感到骄傲!你的父亲是我们黄埔同学会第一期时候的顾问,我们很感谢他。"

当奶奶和负责人聊天时,我在屋里安静地参观。四下环视,这办事处里到处挂着早期重庆黄埔同学会的合照、字画、表彰的锦旗,等等,办事处的氛围与老居民楼有些嘈杂、世俗的外部环境不太搭。黄埔军校这块抗日时期的招牌终还是放回特定时代、特别的人的心中才尤其响当当。世人的需求变了,它的作用也许不那么大了,不过其历史的价值总是恒久地存在的。

奶奶不怎么说话,她就和负责人寒暄了几句,刚好负责人马上要去开会,我们就同奶奶离开了。

我本来准备打车,奶奶却说,能走过去就走过去,没事儿。我们去了一家环境比较幽静的茶楼,在那里开始我的采访。

我曾在查资料时看到,卢子英家里有个叫小竺的女儿,我想确认一下那是谁,所以第一个问题便问道:"您的小名叫'小竺'吗?那位白白胖胖的扎辫子的小姑娘?"

她爽朗地笑出声来:"嘿嘿嘿,对的,我的大伯给我取的。"

"据您说,家里现在有8个兄弟姊妹,我冒昧地问一句,我在档案馆查资料的时候,了解到您父亲的一个儿子去世了,那是怎么回事呢?"

老人想了半分钟,仿佛那是一桩很久远的事儿,"哦,那是我得病的弟弟,爸爸说不是自己的娃儿,救不活。"老人说得直接且简短,毕竟是在她小时候发生的事情,她也不怎么记得了。有趣的是,卢子英先生倒显得很乐观。

我好奇道:"我看您发表过好几篇关于您父亲的文章,突然开始回忆和书写父亲的过去,这当中有什么事情触动了您吗?"

她缓缓地说:"我是从2005年开始写文章的,我退休后,很多爸爸的朋友就劝我写点纪念的东西,我也就写了几篇。那阵爸爸的朋友陶行知、梁漱溟、郭沫若等,我也写过的。"

"您曾写过他报考了上海大学,他身边也有好多朋友是当时老上海大学的,那他当时有在上海大学旁听过吗?"作为小校友,我把这个问题抛了出来。

奶奶比较肯定地说:"我也是听我爸爸说,当时,我爸爸来上海学技术,受到共产党人的熏陶还有五卅运动的影响,后来决定报考黄埔军校。按例先在上海大学考试。那时,他和李硕勋,就是李鹏的父亲睡在一个铺上,还盖的一床铺盖。他们是同学,我父亲应该是在上海大学学习过的。不过,没学习好久,他就去黄埔了。"

看来,卢子英先生确实在上海大学待过,尽管时间很短。至于他自己是否承认是上海大学的学生,我们不必在意,只需要关注那段他曾经在上海大学学习和生活的经历,凭着这么一丝缘分去抓住他在历史中的痕迹。

提起父亲是否是"工作狂",奶奶认真地点了点头,随后描述起家里的经济情况来:"我父亲那个时候工资很低,还比不上他的秘书。他又特别喜欢帮助那些朋友,包括地下党人,屋头没剩什么钱。我家里经常是靠二伯父、二伯母的接济。我记得,我二伯母给我们做衣服、做鞋子,我妈妈生了小孩儿,没有奶,也是我二伯父出钱去请的奶妈,卢家的兄弟关系挺好的。"她接着又补充道:"我爸爸和我二伯父的关系尤其好,因为我爸爸小时候就跟着我二伯父,再加上回到北碚之后,我爸爸继承的也是我二伯父开拓的事业,两人互相扶持。"

我准备问"工作狂"的卢子英先生有没有在家里表现出很疲累的样子,我才刚开头,"似乎您父亲每天都这么精力充沛……"奶奶有些激动地接过话说:"他年轻的时候身体好得很,很喜欢运动,啥子足球、游泳、网球、骑马这些他都感兴趣。他之前还是在黄埔军校受过军事训练的,好多人吃不了苦就离开了,他还是坚持下来。后来在北碚(他)还当了训练队队长。"

当我反问:"他不可能一直这样精力充沛吧?"奶奶理解了我的意思,但是她略显抱歉地说:"那个时候我还小,就算他很累,我也没有特别去注意过。他在工作上很拼,在生活上都是低标准,例如,在家里,饭煮糊了,他也要吃,吃的菜都很简单。"

问起父亲是否会关心和过问家里的事情,奶奶回忆道,新中国成立前,他父亲没什么时间管家里,因为整个北碚的担子比较重,新中国成立后,他反而要操心得多些。不过新中国成立前的父亲有其他的关心方式,比如说,他到郭沫若家里去就会把哥哥和她带上,陶行知的育才学校演戏的话也会把他们带去,或者拜访一些朋友也会带上他们,等等,他也不是完全不管孩子。

谈起父亲对他们的要求,她有些自豪,因为父亲从来不要求他们去赚大钱,但一定要服务社会。卢国模奶奶可以说是坚守了父亲服务社会的信条,她在重庆医药专科学校当老师的时候,全身心地投入教研工作;全国统编教材的时候,她跑去当主编。她关心社会的教育多,关心自己家里的事情少,至今,她对自己的孩子都有些愧疚。

父亲对他们生活上的要求是,怎么简单怎么来,要低标准。例如,以前他们在家里几乎从来不过生日,只在母亲 90 岁的时候,庆祝过。卢国模奶奶现在仍然保持着这样的生活作风,我约她出来的时候,她就说:"我们中午随便吃点东西,不要点菜那种,就是快餐,低标准那种。"这和我们年轻人的消费观念差距很大,我们习惯享受,喜欢追求高质量的生活,即使是没有足够的钱,也会朝着那样的品质标准努力奋斗;而关于工作,我们在选择专业的时候出发点很少是服务社会,而是冲着好找工作,并且,常常一毕业就梦想着高薪,希望能够"赚快钱"。对比奶奶的作风和品格,我有些惭愧。

最重要的一点是,卢子英先生对孩子的品质很看重,甚至可以说对他们的管教非常严格。卢国模奶奶跟我讲述了她童年时被训斥的故事。那时她家住在坡上的破庙前,下面是过路的地方。她坐在门口吃广柑,小孩子嘛,就直接把剥下来的果皮扔在路上去。她父亲见着了,火冒三丈怒斥道:"马上捡回来!"她吓得一下子就跑下去,把果皮全部捡回来。还有一次,父亲在家里办公,请朋友过来喝盖碗茶,她不小心把盖子摔烂了。父亲生气地骂她,凶了好大一阵,把她骂哭了。好几天,她都不敢上桌子吃饭。父亲一直重复,那是公家的东西。

我本来觉得,父亲这么凶,对孩子这么粗鲁,应该道歉。当我表达出这个意思的时候,她说,不,是自己做错了,毕竟东西是公家的。那句话才把我点醒——我没有内化保护环境或者爱护公物的意识,我把自己的感受看得比原则更重要。父母教育孩子的时候,我认为:首先应该重视的是原则,其次才是去强调教育的方法。

最后我问奶奶:"我们以后也会组成家庭,你有什么想对未来的家长们说的吗?"她直截了当地说:"一定要重视孩子的品质,心系他人,但也要多关心家庭。"

可以说,卢子英先生是位有作为的政府官员,而她的妻子——现年 98 岁的邓文媛老太太,就是卢子英先生的贤内助。

我们下午前去探望了老太太。老太太年纪大了,视力极差,耳朵有些背,但是思维敏捷、充满激情。我凑到她耳边问她平时在家里做些什么,她说了两个字——"思考"。她提高音量,坚定地回应:"我虽然眼睛看不到,耳朵有些聋,但是我的脑壳(重庆话,指脑袋)一刻也没有停止过运转。我在回忆卢子英过去对北碚的贡献,我经常在想。"突然,她举起一只手,身体前倾,仿佛在发表一场大型的演讲,台下有无数个我的同龄人,她道:"年轻人,不要虚度光阴!"台下听众醍醐灌顶。

在她面前,我感受到那句话,很短,但是很有力。因为她一直在以身作则,尽管已经快进入期颐之年。

老太太待人友善,亲切和蔼,态度诚恳、笑容灿烂,"我欢迎你到家里面来,我听我女儿说了,我也一直在等你。这个很难得,这就是一种缘分。""你以前一直为你的孩子做衣服,做的还是江浙一带的娃儿穿的时髦的款式,真的很厉害。"我称赞她的女红。她开心到不好意思起来,"哦~谢谢!我的妈妈就是学缝纫的，所以我也很会做衣服。""老奶奶，您休息一会嘛，我怕您说累了。我看会儿你们的照片。"我凑在她耳边说道，她又笑起来，"哦呵呵……好。"然后，她就静静地等着，很有耐心，很有定力，满是专注，仿佛又瞬间回自己的世界里，和外界暂时分离。

卢国模奶奶翻出家里的相册，"从黑白到彩色，跨越一个世纪，从两个人开枝散叶，壮大为一家。"奶奶一张一张地说着，这个家庭昔日的团聚和温馨自然地从她的语气中流淌。她的话越来越少，我不经意地瞥见，她的眼眸中有些闪亮的东西，那可能是泪光。但我相信，流泪，不因物是人非，而是对时光变迁的释然；流泪，是因为思念和不朽的爱。

我再凑到老太太耳边，我说我要走了。老太太"啊"了一声，"这么快就走啊？"我知道她看不见，可是我感觉她看着我在说话，在挽留。"谢谢你专程过来，下次有机会还来耍！""哪里，我感谢你们才对。老奶奶，保重身体！您有时间也听听新闻，现在的世界很精彩。"她开心地答应了。

橘色的阳光铺洒在山城的马路上，漏进公交车，打到坐在窗边的奶奶脸上。我疲惫地靠在椅背上，取下眼镜，端详着卢国模奶奶，她不靠椅背，她好像还有什么事情要做，有什么事情要想。我问她，她说是她们学校的同事中原来有几个远征军，黄埔同学会今天说，要在今晚把名单报上去，国家要慰问这些战士。

她在急别人的事儿啊。她们一家子都是这样，总是为他人着想。这就是他们的家风——心系他人，心系社会，心系国家。

我的寻访仿佛由冥冥的力量在牵引着，直到一个意味深长的启示浮出：卢家的家风和20世纪，我们的校训和这个时代，两者竟如此相似，然而细细比较，某些事物也走形得厉害。

"你们家里有一只猫和一只狗啊？""对啊，把我袜子都抓烂了，但是孩子喜欢嘛。那只波斯猫要800元，长得还丑得很。"我想起我家里的狗狗把沙发啃掉一个角，这一刻，它建立起我们间的内在连接。可是，在历史的那道湾前，她能理解的、做到的，我却只能观察。

不过，我没有必要着急，因为我已经认识了一段历史。我关心的，不是别人怎么样而是我先怎么样；我关心的，不是个人如何而是社会如何；我关心的，不是硬造过去而是重塑现在。我也评判不出时代的好坏，它或许最好也最坏。

2015年9月3日　星期四

我真的不知道该说什么好，我很高兴甚至荣幸，卢国模奶奶可以与我分享这些柔软且有力量的瞬间。我也很感谢这次校友寻访中帮助我的朋友们，有些甚至素未谋面。我更感谢我自己这段时间的努力。

今天是我们抗日战争胜利七十周年纪念日,主席为抗战老兵们戴上了纪念奖章。我的老校友卢子英先生也有这么一块。黄土地下的人也戴得上的,因为我们用敬意为他献礼。

某些感受属于历史中过来的人,历史一直在移动,我们也许无法完全感受他们的感受,但要观察,努力共情,争取借鉴。但,这也是属于我们的时代,我们要满怀激情地,去改,去创。

点评

徐婷是一位认真到"较真"地步的学生,上课的每个课间她都会抓住老师问问题。这次寻访也体现出她的这份"较真"的态度。

对于卢子英是否是老上海大学的学生,我一直存有疑虑。在卢国模的回忆文章中提到:他是从上海大学考去黄埔军校的。另外,令我疑惑的是,卢子英作为"中国船王"卢作孚的弟弟,应该属于富裕之家出身,怎么会选择去上海大学读书呢?因而,我希望徐婷的寻访能加以确认。

在整个寻访过程中,徐婷与平常上课时一样,始终与我保持联系。对档案馆提供的资料如何选择、对资料存在的疑惑怎样判断,她不停地与我沟通确认。当她告诉我卢子英的夫人仍然健在,我也是十分兴奋。当她问我怎样找到卢子英后人时,我只能回答她:"努力想办法!"

这篇寻访报告值得肯定的应该有两个地方。

一是关于寻访对象的部分,虽然通过寻访我们仍无法确认卢子英是上海大学的学生,但他确实在上海大学滞留过一段时间,并与上海大学的学生(至少是四川籍老乡)阳翰笙、李硕勋保持着紧密的往来。这与陈赓、许继慎为考黄埔军校而滞留上海大学、进而旁听学习十分相似。同时,虽然卢子英家境不错,但卢作孚希望他能从基层做起,因而让他前往上海工厂做工,后因报考黄埔军校而滞留在上海大学。

二是关于寻访过程的部分。我们不仅可以通过这份报告,体会到其寻找过程的不易和艰辛,也可以体会到刚刚走进大学、尚缺乏社会阅历的大学生面对困难或挫折时的心路历程,有寻找到卢子英家属的喜悦心情,以及抗日战争胜利七十周年卢子英家属领取国家颁发奖章的重要时刻她在现场的那份"共情"。

报告那种娓娓道来的写作方式也是值得肯定的。

光荣的革命烈士，简单的普通人
——寻访何秉彝

万子薇　社会学院2014级

缘　起

在刚刚进入社会学院的时候，就听闻耿敬老师组织的校友寻访的调研项目。起初我对此是没有什么太大的兴趣的，但是学姐介绍中说的一句话打动了我。她说："我寻访的这些人，都已经被历史遗忘了。如果我们不去了解他们，还有谁会去了解他们呢？"

正是这句话，燃起了我探寻他们事迹的冲动。

我寻访的校友是何秉彝先生，一位在五卅运动中牺牲的英勇的烈士。作为一名烈士，他广为人知；而作为一名普通人，他却不被人们了解。

过　程

2015年7月22日　星期三

今天我前往档案局去探寻何秉彝先生的资料。

档案局有一个大大的展板，展示着彭州的名人烈士的资料。

档案局有当时报道何秉彝先生牺牲的报纸和何秉彝先生给妻儿写信的原件和复印件的存档，我逐一进行了拍摄。

何秉彝先生牺牲之后，许多报纸都对其进行了报道和缅怀。报纸上刊登了何秉彝先生牺牲后的照片，标题为"五卅事件之被难者上海大学学生何秉彝"。

何秉彝先生生前对自己的妻儿十分关心，在信中多有关照，字里行间都是深情。档案局还收藏了一封当时何秉彝先生写给自己伯父的信。

在参观了档案局之后，我又前往彭州园的秉彝亭。秉彝亭并不太大，中有何秉彝先生的半身塑像，塑像身后是刻下的关于何秉彝先生的生平简介。

2015年7月23日　星期四

我通过我外婆的人脉关系,成功地联系到了何秉彝先生的长孙何润身先生进行访谈。何润身先生请我到他的家里进行这次访谈。

刚一进门,映入眼帘的就是一柜子码放得整整齐齐的书籍。何润身先生正在笔记本电脑前整理着自己的文稿。虽然他已经72岁了,却仍然精神矍铄,看起来十分健康。

发现我们到来后,何润身先生才从自己的思路中回过神来,招呼我落座。房间并不是很大,但看起来十分朴素简洁。

何润身先生一开口,先聊起的就是"何门三烈士",即何秉彝先生和其胞弟何庸康先生以及他们的堂兄弟的并称。受中央党史出版社委托,何爷爷正在整理何家兄弟的书信,何爷爷说:"我本来也有自己的爱好,我是喜欢摄影的。每封书信我都一封一封地校对,对它进行删减和修改,对其中的一些进行注释。我觉得这件事情虽然麻烦,虽然要花费很多精力,但是非常有意义。"然后何爷爷拿出了一封信给我们举例,还笑说:"有些信的字迹有点潦草。又是文言文又是繁体字的。因为我们二爷的性格比较急,有些时候写着写着就写草了,就需要我们来整理。那个时候标点符号才开始用,所以需要我们来解释。"

何秉彝先生的小孙子接过话头说,他曾经受邀去过上海烈士陵园,曾经的几十亩地,后来发展到很大的一个规模。上海烈士陵园最后保留了对上海发展作出杰出贡献的200人,何秉彝先生也在其中。

何润身爷爷提到,自从何秉彝兄弟双双牺牲后,都只留下一个独子,"一个就是我们爸,另一个就是我们二爷的儿子,叫何均地,我们喊爹爹。就等于说我们已经完全成为一家了,他们两兄弟同时在1948年去当解放军。因为我们家那个祖祖(何秉彝先生的父亲)走了两个儿,两个孙子又都出去了,就硬是要喊一个回来。因为我们父亲大一点,就只有回来了。"

然后我就询问,政府是否让你们享受到烈士后人的待遇?何爷爷就说:"享受到了的,享受到了的。我们大爷的烈士证最开始是中央人民政府颁发的,不是叫烈士纪念证,是叫中国革命人员牺牲纪念证,还盖有中央人民政府之印的方章,还有主席毛泽东的签字。这个编号我还记得,虽然掉了,但是印象很深,是111号。前面没有0,因为他是最早牺牲的革命工作人员之一。后来民政部又给我们发嘛,四川又发嘛,彭县又发嘛,各级都有发。我们父亲那时候也享受抚恤金,1950年调到法院工作。后来政府把他从法院调到县里乡上的供销社,但他还是一心想干工作,一心为国家。没人干的工作他就去干,比如那个氨水,那个氨水你知道的吧?没有人做,很臭。上面喊他负责氨水销售、采买,他就住到库房里,久而久之就中毒去世了,才65岁。但是他没得怨言啊,他还曾经一再要求那个抚恤金就不要了。我们那时候的人就那么单纯。

像我们那个时候,当官的都很正派,你们喊我们(贪污)都不得干,心里头过不去。我们心安理得,一身清白。现在要好好发扬一下我们共产党的优良传统,先烈的精神。所以让我整理这个(何秉彝先生相关的资料),我就很乐意。"随后,何爷爷就这点又说,当年的烈士们都是大学生,思想开放,接受了很多新事物,但现在的孩子呢,关于接受些什么样的文化,这个分界线有点搞不清楚。

何爷爷说,他们当年也不富裕,家里开了一家裱白铺。他说,他们爷爷两弟兄在外头的时候,特别是他二爷在外头的时候,生活艰苦得很,有些时候都要饿肚子,都是东凑西凑地借钱。可见,当时的学生对于学习和新事物有着怎样的一种渴望,这是生活优越的我们所感受不到了的。

关于烈士子女的待遇,何爷爷说,这一点做得非常好。何爷爷二爷的独子何均地在外头的时候,中央问他:"你想做什么?"何均地答:"我想读书。"于是中央就把他送到大学。后来大学毕业,中央又征求他的意见。"我都还记得,他还给我写过信的。"何爷爷说,"他说他想当电影演员。之后就把他弄到长春电影制片厂。过了一年,他又给我写信回来,说,我还是搞文学的料。"然后何爷爷就笑了起来,说:"他性格就是很乐观。后来他又要读书,组织又把他弄到杭州研究院读研究生。毕业了就把他安排到郑州师范大学当教授,教了几年又到郑州大学当教授了,还是省文学会的秘书长。他妻子是河南省歌舞团演员。我们的堂弟堂妹也都是河南人,一个北京大学毕业的,一个郑州大学毕业的。北京大学毕业的妹妹跟他们同学结婚了,现在那个同学也是外交官,是欧洲一个岛国的大使。"

当我问到何秉彝先生的性格时,何爷爷说:"我们爷爷的性格,只能从书信中去推断。我们爷爷尊重父母,还很孝顺。包括我们二爷也是。我们爷爷去世以后,我们二爷还没有生孩子,就很关心我们父亲何均雨,因为他没有父爱,而且妈妈也去得早。差不多就是我一岁多的时候,我们奶奶就得病死了,大概就是1944年的时候。我们二爷的老婆,也守寡50多年,最后20世纪90年代在郑州去世的。何均地也是1998年在郑州逝世的。"

后来,我提到了何秉彝先生的墓地,希望能够知道何秉彝先生葬在何处。何爷爷说,这事情他也不知道,他还给报社写过信。当时在上海举办了很盛大的纪念仪式,政府隔一年把他的遗体从上海走水路运到重庆,再走陆路运到成都,他在成都受到了人们的缅怀(当时的报纸也有报道,档案局有存档),后来他的遗体被安置在牛市口的一个庙里面。当时是1925—1926年的时候,后来斗争形势不一样了,国民党叛变,国民大革命失败。然后成都有了翻天覆地的变化,他的遗体也不知道是在哪个庙里面了。所以我们也只晓得他的遗体被运到成都。可见,因为时局的影响,中国当时遭受了怎样的打击。

最后,何爷爷给了我一本书,是他当时参与编撰的一本介绍彭州市爱国教育基地的书。里面有专门描写何秉彝先生的生平和功绩的内容。书中写道：何秉彝先生，1902年生于新繁清流乡黄水泉（今成都市新都区清流镇），11岁随父母迁到彭县，就读于彭县闽省高级小学。1918年8月，考入彭县县立中学（今彭中）十三班。1922年7月，又以优秀的成绩考入成都工业专门学校。

从书中可以看出，何秉彝先生小时就有优良的品德和助人为乐、舍己为人的品质。据何秉彝先生的小学同学，著名作家艾芜说，一年夏天，何秉彝同几位同学到黄水泉塘洗澡，在水中嬉戏时，一位不会游泳的小同学不慎滑入了塘心深处。当小同学在水中挣扎着喊救命时，在场的同学全部都吓呆了，而何秉彝却毫不迟疑地奋力救起小同学，受到同学及家长的赞赏。

而何秉彝先生初中在彭中读书时也很有正义感。有一次，伙食团出现克扣学生伙食的舞弊事件，不少学生敢怒不敢言。可是何秉彝却站了出来，对此进行了揭露，并且鼓励同学们进行抗争，最后迫使伙食团管理者改善了学生伙食。

何秉彝先生对马列主义的追求和希望开始于他在成都工业专门学校的读书期间。当时，四川政界腐化，社会出现了许多落后现象，何秉彝先生深感失望。而当他阅读了马列主义的相关书籍后，认为中国将会有一个美好的前景。不久，何秉彝便同廖恩波等同学参加了学校的"青虹社"，挤时间学习和研讨《共产党宣言》等文章，并组织同学们走访，了解当时工人的工作和生活。我们可以想象到，当时，在人人都浑浑噩噩混日子的社会里，有这么一拨青年，他们热血沸腾，他们青春洋溢，他们为着救国救民的理想贡献着自己的力量。他们就是当时昏暗的社会中的一束强光，照亮了远方。

1923年5月，何秉彝不顾家庭的反对，毅然赴上海求学。当时上海的学校都很重视英语，为了今后的学习，何秉彝先赴杭州的英语补习班学习了半年，又于年底考入上海大同大学。次年3月，他与李一氓等6名同学发起组建了"彭县旅沪学会"。他极力鼓励杨石琴、杨达和胞弟何庸康等亲友到上海求学，反复与他们通信，期望他们对马列主义知识进行更深一步的学习，获得更加开阔的眼界。

不久，当何秉彝获悉上海大学有邓中夏、瞿秋白、蔡和森、恽代英、张太雷等中共党员、团中央负责人任教后，他决定报考上海大学。1924年8月，何秉彝如愿进入上海大学。在上海大学求学期间，何秉彝除去积极走访工人和参加工人夜校的教学外，还先后在上海《民国日报》副刊《觉悟》上发表了《被压迫的劳动者起来啊！》《官厅与罢工工人》等多篇宣传革命道理和鼓励人民群众起来斗争的文章。这样一个心系天下的青年，却在五卅运动时牺牲，多么令人悲痛和惋惜！

点评

对于一般的寻访者而言,要找到寻访对象的后人应该不是一件容易的事,但对于万子微来说,他却因机缘巧合而比较轻易地做到了这一点。

何秉彝是上海大学标志性的人物,几乎所有涉及五卅运动和上海大学(1922—1927)的论述都会谈到他,对于他在五卅运动中的事迹人们都比较熟知,因而从什么角度去挖掘以便获取更丰富的资料,已变得越来越困难。

这份报告最值得肯定的是它从一个之前少有人涉猎的视角去认识何秉彝,即从一个普通人的角度去认识和理解何秉彝这样一位反帝反封的革命者。以往我们对英雄认识和了解的角度往往侧重于其冲锋陷阵的斗争前线,仿佛其英雄气概是纯粹、天生的,是在面对牺牲与付出的关键时刻才能迸发和体现出来的,似乎与日常生活中的私情或个人情感并无关联。

通过寻访,我们可以从何秉彝那儿女情长的亲情互动中看到其普通人的情感,更可看到其在家庭利益和国家民族利益之间作出决然选择的意志及其精神的可贵。

不该被遗忘的松江兄弟
——探寻高尔松、高尔柏

张子蓓　社会学院 2014 级
郭　孟　社会学院 2014 级

"校友寻访"是我们进入社会学专业学习后接到的第一份任务,也可以说是我们走进社会学的第一步,我们对此次的寻访是充满着期待的。

所谓校友,就是曾经在同一个学校或研究院、所共同学习、工作过的人。我认为,我们之所以要寻访已故的老校友,是因为我们能够通过寻访了解他们的故事、他们的生活,从而了解我们的老一辈人是如何在上海大学学习,如何遵循他们的信念,又是如何来演绎一段精彩而无悔的人生的。可能,他们并不为世人所广知,然而,至少除了他们的家人之外,我们也是不该遗忘他们的。

我们选择了居住在青浦区的高尔松作为寻访对象,因为在网上了解到高尔柏与高尔松是兄弟,我们认为可以一起寻访,所以我们的寻访对象便是他们兄弟二人。

首先,在上届学姐学长的帮助下,我们在网上搜集到以下信息:1924 年下半年,高尔松、高尔柏都加入了中国共产党。那时正是第一次国共合作时期,为了便于革命活动,他们又加入了国民党。于是,我们寻访的第一站便是位于复兴西路的上海市委统战部。

在这里,统战部的老师非常热情地接待了我们,这令我们非常惊讶,同时也感动于他们对于此事的重视。这里的负责人在认真查找过后非常遗憾地告诉我们,由于我们寻找的人可能因为家里移居到国外的关系,再加上原先他们的居住地划分的地区为江苏青浦,所以在他们这里并没有值得提供的消息,但是负责人赠送了我们一本关于老上海大学的书,并建议我们去档案局查找一下资料,说不定会有意外的收获,同时,负责人还极其热情地留我们吃午饭,想与我们在校友寻访方面进行更深一步的交流,在我们婉拒后还积极地帮我们直接引荐了一位在档案局工作的老师,并帮我们联系沟通,使我们前往档案局的道路畅通无比。(在此对老师表示衷心的感谢!)

接下来,我们便前往位于中山东二路的上海市档案局。

在我们说明来意后,档案馆的老师善意地提醒了我们,档案馆只能查找宏观意义上的东西,而我们所希望寻找的老校友高尔松与高尔柏的具体信息是无法在档案馆查找的。虽然我们有些失望,但抱着侥幸的心理仍然办理了阅档证,进入资料室查找他们的资料。

但是,结果正如档案馆老师所说的那样,在档案馆中,我们只能查找到高尔松与高尔柏两人的著作,关于我们希望能找到的有关老校友的墓碑、故居、后代等的信息,仍是一无所获。

因为百度百科中关于高尔松和高尔柏的信息整理来源于上海市地方志办公室网站。所以我们抱着希望,去到上海市地方志办公室。到了之后,我们向门卫叔叔出示了学院的推荐信,门卫叔叔热情地帮我们打电话联系,随后领我们进入办公楼。见到办公室负责老师,我们首先做了自我介绍并且表明了来意。负责老师随即帮我们找来办公室的其他老师,以便我们进行详细的咨询。负责老师告诉我们,高尔松、高尔柏的信息是青浦区地方志办公室整理与发布的,随后负责老师帮我们打电话咨询了青浦区地方志办公室的老师。

青浦区地方志办公室的负责老师非常欣慰我们能够这样自发地进行老校友的寻访项目。但是老师非常遗憾地表示:整理高尔松、高尔柏两位资料的老先生已经退休很久了,如果以后能够联系到那位老先生,会主动联系我们。并且两兄弟的后人早已搬至国外。所以我们只是拿到了整理后的内容,关于高尔松和高尔柏其他更详细的信息却没有寻找到,非常遗憾。

以下是关于高尔松和高尔柏信息的整理:

高尔松

高尔松,字继郢,笔名高希圣,练塘镇人,中国民主同盟成员。幼年在颜安小学读书,1918年春,入上海青年会中学,秋,考进南洋公学中院,1922年毕业。

五四运动时,参加侯绍裘组织的宣讲团,创办义务夜校和九人书报贩卖处等活动。

1923年上半年,经侯绍裘、朱季恂介绍参加中国国民党。同年10月经杨贤江、沈雁冰介绍,加入中国共产党。并与夫人史冰鉴一起参加新南社,以诗文抨击时政。

1924年4月入东亚同文书院攻读日语,同时还在上海大学听课。"五卅"惨案发生,参加上海大学演讲组,旋任宋庆龄创办的《民族日报》编辑。迨国民党江苏省党部成立,被选为监察委员。

1927年3月北伐军逼近上海时,高尔松为《神州日报》撰写社论,热烈欢迎。中旬,受命回青浦筹组国民党青浦县党部。21日,在青浦各界人民代表迎接北伐军的大会上,被推选为青浦县长。

"四一二"反革命政变后,被通缉流亡日本,遂与共产党组织失去联系。在旅居京都期间,潜心著译。

1929年6月回国,在上海从事文化出版事业,相继开设平凡、开华、中学生等书局,编著社会科学著作。其他经营,在松江有均益钱庄、一大碾米厂,在练塘有新生药店。

著译大多与弟弟尔柏合作,曾合纂成《松柏文集》,其中有:《社会科学大纲》《社会主义大纲》《社会运动全史》《社会问题大纲》《社会科学大辞典》《经济科学大辞典》《经济学教程》《社会科学的基础知识》《现代社会学大纲》等。还编了《日华字典》《日本新语词典》《日语汉译词典》和中学国文、历史教科书。精通日、英、德、俄和世界语。解放前夕,从外文报上翻译了斯诺、史特朗、史沫特莱等记者对解放区的报道,油印后秘密散发,让上海人民得以了解解放区的真实情况。

新中国成立后,于1949年11月到北京,在出版总署任编审,翌年参加中国民主同盟。以后在古籍出版社、中华书局、商务印书馆任编辑工作。

编译过《社会科学大词典》《经济学教程》《社会运动史》等多种著作。

1975年退休,1980年双目失明,两耳失聪。长期患病,医治无效,于1986年3月31日逝世,终年86岁。

高尔柏

高尔柏,字咏薇,笔名郭真,练塘镇人,中国民主促进会会员。系高尔松之弟,昆仲齐名。青年时就读于南洋公学中院,"五四"时经侯绍裘、杨贤江、施存统等的指引,走上了革命道路。

1922年与侯绍裘等组织青年问题讨论会,在松江搞社会调查。

1923年10月,由杨贤江、施存统介绍加入中国共产党,并与夫人唐纯茵一起参加新南社。

次年在上海大学学习,同时在该校附中任教兼训育主任,还任上海学联主要负责人,并担任党小组长、支部书记、独立支部书记。其时国共合作,为便于工作,加入国民党。

"五卅"惨案发生后,高尔柏撰写长文分析五卅运动的发生及其原因,还指挥上海大学的示威游行。

是年11月,在"中山主义研究会"上被选为执行委员和《中山主义》周刊主编。后在国民党上海市党部任秘书。北伐军接近上海时,担任东南军政委员会委员。在欢迎北伐将士的大会上,他代表上海特别市党部发言,驳斥国民党右派的谰言,捍卫孙中山先生"联俄、联共、扶助农工"的三大政策。

1927年3月底与侯绍裘同赴南京主持江苏省党政工作,担任国民党江苏省党部委员、宣传部代部长,后又兼任秘书长。

"四一二"反革命政变,国民党江苏省党部被捣毁,侯绍裘被杀害,高尔柏以出席"南京市肃清反革命大会"而幸免,旋即潜回上海。不久又因受通缉而流亡日本,出国后与共产党组织失去联系。

1929年秘密回国,兄弟两人在上海开设书店从事译著和出版事业,书店虽两次遭查封,但仍坚持一贯宗旨,努力介绍社会主义经典著作。

1938年在租界孤岛上接办华华中学。太平洋战争爆发后,租界沦陷,1942年在松江创办茸光中学,由夫人唐纯茵任校长,抵制敌伪奴化教育,掩护地下党员的革命活动。

抗日战争胜利后,回上海恢复华华中学,继续经营书店业务,担任上海市教育会常务理事和私立中小学联合会监事长,同时担任青浦县参议员。

1946年,国共谈判时,周恩来曾在上海会见高尔柏,勉励他要养好身体,将来为党为国出力。

新中国成立后,于1949年底赴京,任高等教育部第二处副处长。翌年参加中国民主促进会,任中央宣传委员。

1957年被错划为"右派",中共十一届三中全会后得以改正。

退休后继续撰写革命史料。

1986年10月27日病逝于桂林,享年85岁。

点评

高尔松、高尔柏兄弟是中共早期党员,对松江早期党组织的创建和发展,是尤为重要的人物。同时,高氏在共产党的思想理论建设和传播方面也有着不可磨灭的贡献。由于他们较早与共产党组织失去联系,因而中共党史和革命史的研究和表述中涉及他们的很少,他们的事迹也渐渐被人们忽视。所以,有重新认识其历史地位的必要。

对他们的寻访因历史原因及其后半生远离家乡的经历而变得困难重重,所以在其家乡的寻访所获得的线索并不多。从寻访报告中我们可以感受到:一是学生们在线索断了之后的不断努力和尝试,这体现出一种执着认真的态度和对过往历史人物加以探究的热情;二是寻访过程中所涉及的相关部分工作人员对于青年学子寻访活动的热情帮助和鼓励,这说明人们对这项活动的认可和支持。

中国出版业的先驱

——寻访顾均正

朱　颖　社会学院2014级
高　颖　社会学院2014级

寻访顾均正在上海的经历

　　由于在嘉兴对于顾均正已经有了大致的生平了解,随后我们到上海进行进一步的调查,想要通过他工作的地方来了解他的生活。

　　顾均正在考入商务印书馆之后就一直在上海工作,先是从1923年开始在上海商务印书馆工作,随后在1926年应上海大学文学系主任陈望道推荐进入上海大学工作,同年进入上海开明书店工作。

　　开明书店最早位于上海闸北区宝山路宝山里60号,在前往闸北区档案馆查询没有结果之后(闸北区档案馆建立时已经离开明书店开办的时间相去甚远),我们到了宝山路宝山里找寻开明书店的旧址。在询问之后才得知,宝山里没有60号。开明书店开办后,规模扩展到64号。所以留下了宝山里61号现在的样子。

　　随后我们向资料比较齐全的上海档案馆查询资料,对方告知在上海档案馆网上查询就可以知道是否有相关资料,但是在官网查询以后我们发现没有顾均正的资料。

　　在网上,我们寻找到了民主杂志社的网页,并且在其中发现了开明书店全体人员的合照(部分)。

　　此外,我们在网上寻找相关资料时,发现了《民主》杂志中有一位编辑王士铮先生是顾均正先生的学生,于是我们写了邮件发送至《民主》杂志社,希望能够得到王士铮先生的帮助。我们在微博上还发现了一位研究顾均正先生的女士,我们在微博上通过私信求助这位女士,希望得到帮助。但至截稿前,还未收到以上两种途径的回复。

寻访顾均正在嘉兴的经历

在网上查阅了资料以后,我们首先打算到嘉兴地方党史陈列馆进行对顾均正先生的寻访。在查询嘉兴地方党史陈列馆时,我们没有确认好定位,导致首先到达的陆家桥并不是我们所要查询的陆家桥。

在经过修正之后,我们辗转来到了嘉兴党史陈列馆。在陈列馆中,我们并没有找到顾均正先生的有关资料。党史陈列馆陈列的是有关于中国共产党在嘉兴的相关记录。而根据我们在网上查询到的资料,顾均正先生是中国民主促进会北京市委员会的委员,这也就意味着在党史馆、党志办我们都无法查询到顾均正先生的资料。

下一站,我们来到了嘉兴档案馆,在《嘉兴市志》上找到了顾均正先生的相关资料(详情请见下文)。但是,顾均正先生在嘉兴的有关记录非常少。在阅读《嘉兴市志》上的资料后,我们了解到顾均正先生曾在嘉善俞汇镇任小学教员。于是,我们电话联系了嘉山县档案馆,但是并没有任何收获。

以下是我们整理的原记载在《嘉兴市志》上的关于顾均正先生的资料:

> 顾均正(1902—1980)嘉兴人,出身贫寒,父以经营米店为主。1920年,于浙江省立第三中学毕业后,因无力上大学深造,去嘉善县俞汇镇任小学教员。1923年考入商务印书馆编辑所理化部。1928年到开明书店工作,任编校部主任、《中学生》杂志主编多年。1953年任中国青年出版社副社长兼副总编辑。1951年加入中国民主促进会,历任民进中央常务委员,民进北京市委正副主任委员,全国政协第三、四、五届委员,历届北京市人民代表,市人民政府委员,北京市政协历届常务委员,第五届副主席,中国科普创作协会首届副理事长,中国出版工作者协会理事。
>
> 顾均正于1923年开始从事编辑工作,先在商务印书馆编纂理化读物,后调任《少年》杂志编辑。当时,他热心于儿童文学,读了许多世界儿童文学名著,翻译了北欧民间故事集《三公主》和法国作家保罗·缪塞的《风先生和雨太太》。1925年,在五卅运动中,他为反对英帝国主义的暴行,参加了《公理日报》的出版工作。1926年,他支持并参与创办反封建的《新女性》杂志,并为其撰稿。同年,还到上海大学文学系主讲世界儿童文学课。
>
> 1928年,顾均正到开明书店,负责编辑自然科学和少年儿童文学读物。1930年《中学生》杂志创刊,由夏丏尊、章锡琛、丰子恺、顾均正主编,顾均正负责自然科学方面的稿件,并主持日常编校事务。1934年起,顾均

正陆续用小品文形式,创作了《科学趣味》《电子姑娘》《科学之惊异》《原子时代到海洋时代》等科普作品。同时还翻译了外国科学文艺读物《化学奇谈》《物理世界的漫游》《任何人的科学》等。他还积极地组织翻译了苏联科普作家伊林的《十万个为什么》《五年计划的故事》《不夜天》《黑白》《几点钟》等。当时他编写了一本《少年化学实验手册》,并附有一套简单的化学实验设备,可做手册中的177种实验。顾均正编辑的《世界少年文学丛书》,从1926年到1949年共出版了60多种,其中有他自己翻译的《宝岛》以及安徒生童话。他所著的《安徒生传》是我国最早出版的一本安徒生传记。1932年,他还为儿童编过一本《我的画报》,由新中国书局出版,出版12期后停刊。抗日战争时期,顾均正蛰居孤岛上海,与友人索非自费创办了《科学趣味》通俗半月刊,他先后发表了《和平之梦》《伦敦奇疫》《在北极底下》《性变》4篇科学幻想小说,普及科学知识,宣传抗日。之后认识了巴金,并且保持交往。抗日战争胜利之后,上海一家反动报纸请他编辑《儿童科学》副刊,被他拒绝。顾均正善于扶植人才,1948年前后,他在一个科普刊物上看到了许莼舫的数学文章,非常重视,立即与作者取得联系。在10年内,许莼舫编著了10万多种数学普及读物,在开明书店出版有的书籍销售达百万册以上。

1949年后,顾均正从上海到北京,积极促进开明书店成为国家出版机构。1953年开明书店并入中国青年出版社。顾均正任副社长兼副总编,积极组织编译了苏联科普读物,如别莱利曼的《趣味几何学》《趣味代数学》《趣味物理学》等。同时,他还重新整理了伊林著作,根据伊林本人的意见出版了伊林选集9卷,他的科学小品集《不怕逆风》20世纪60年代出版后,很受读者的欢迎。

顾均正多年来还一直为爱国统一战线做了大量工作。在领导中国民主促进会北京市委工作中,20多年如一日,勤勤恳恳,认真负责。在民进会员中,尤其在文化出版界会员中享有很高的声望。顾均正因病逝世后,巴金写了感情真挚的散文《怀念均正兄》,收录在《随想录·病中集》中。

以下是顾均正先生编著或翻译的作品:

一、顾均正编著的作品
1.《安徒生传》(开明书店出版)
2.《和平之梦》(科学幻想小说集)(上海文化生活出版社出版,中国第一部创作科幻小说单行本)
3.《科学之惊异》(科学小品)(开明书店出版)

4.《电子姑娘》(科学小品)(开明书店出版)

5.《从原子时代到海洋时代》(科学小品)(开明书店出版)

6.《飞行的科学》(科学小品)(开明书店出版)

二、顾均正翻译的作品

1.《风先生和雨太太》(世界少年文学丛刊)(保罗·缪塞著,开明书店出版)

2.《挪威民间故事集》(世界少年文学丛刊)(阿斯皮尔孙著,开明书店出版)

3.《化学奇谈》(法布尔著,开明书店出版)

4.《科学趣味》(开明书店《开明青年丛书》或《开明少年丛书》之一)

5.《玫瑰与指环》(童话)(萨克雷著,开明书店出版)

6.《宝岛》(斯蒂文生著,开明书店出版)

7.《乌拉波拉故事集》(科学小品)(柏吉尔著,开明书店出版)

8.《物理世界的漫游》(科学小品)(盖尔著,开明书店出版)

另,陈伯吹序中还提到顾均正译《白猫》《三公主》《水莲花》《夜莺》,不知是单篇童话译文还是单行本,待考。

点评

顾均正先生在商务印书馆任职期间,应陈望道之邀,到上海大学讲授童话。上海大学给人的最初印象就是一所"革命学府"或"红色学府",是始终站在反帝反封建最前沿的大学。然而,上海大学的革命性不仅体现在五卅运动中的激情和牺牲上,也体现在一切除旧迎新的事业中,包括最基础的教育方面。

顾均正一生的工作有两个方面紧靠这一"革命性":一是通过长期的科普工作,完成现代共和国"新民"的打造,二是"从孩子抓起",培养上海大学的学生运用童话完成对儿童的启蒙教育,使中国的下一代人在成长中能从童话中获得正确的价值观、好奇心、探究欲和创造力。对老上海大学精神和价值的挖掘中,像茅盾讲授神话学、顾均正讲授西方童话,其所蕴含的现实意义与上海大学的创校目的之间的关系,还鲜有人关注。

在顾均正故乡对他事迹的寻访,不难预料到是这样的结果。按部就班地按照能获得的线索去追寻,一次次地寻访,一次次地线索中断。但这份寻访报告的价值不在于我们获得了有关顾均正更新的资料,而在于建立在寻访基础上对顾均正的再认识。像顾均正一样,他那个时代的知识分子将建设一个现代国家、培育现代社会的"新民"作为自己的使命,投身其中,奋斗一生。无论是对西方童话的讲授和翻译,还是针对全民的科学普及,都反映了顾均正的价值和意义。

川沙起义的组织者
——寻访王剑三

张旖旸 社会学院 2014 级

王剑三烈士简介

以下是我在互联网上搜索后整理的王剑三烈士的简介：

王剑三原名王鸣歧，号南冈。杨园乡金光村人。少年就学于川沙两等小学学堂，考入松江中学，中途辍学。遂任龚路镇明强小学校长，后考入江苏省立第三师范学校，毕业后留该校附小任教。1923年回川沙顾路镇惠北高等小学任教。1924年，县开办师范讲习所，任教务主任。后经林钧介绍，认识侯绍裘、张曙时、李立三等，不久，加入中国共产党。1925年，又加入国民党。8—9月间，侯绍裘、张曙时等在中共江苏省委指示下成立了国民党江苏省党部，王剑三即在川沙成立国民党川沙县党部，为主任委员。次年春离川，被中共江苏省委任命为特派员。是年冬，林钧主持在上海召开奉、南、川三县国民党县党部负责人会议，研究配合上海工人武装起义，筹备组织各县新政权。王剑三被推派为川沙方面负责人。1927年3月22日，上海工人第三次武装起义成功，翌日，率众夺取了川沙军阀政权，成立临时县政府，迁入"至元堂"办公。地主豪绅贿通陈群、杨虎密告王剑三等，遂于"四一二"反革命政变后，国民党东路前敌指挥部派兵将川沙县党部包围，王剑三等11人被捕，被关押于上海枫林桥特务处。王剑三在狱中受尽酷刑，坚贞不屈。4月26日被害于大木桥江境庙附近。新中国成立后，为纪念他，杨园乡金光村振华小学于1956年改名剑三小学。

调研日记

2015年7月5日 星期日

我姑姑的一个同学是浦东新区档案局的相关负责人，所以我就拜托姑姑给我她同学的联系方式。通过与姑姑同学电话确认，我得知因为王剑三同志在新中国成立前就已光荣牺牲，所以档案局没有他的相关资料。她建议我去浦东新区史志办查找一下相关的史料汇编。

2015 年 7 月 13 日　星期一

我在网络上查资料时，发现在 1973 年，川沙县民政局将王剑三的骨灰盒安放在川沙烈士陵园中，所以我去拜访了川沙烈士陵园。川沙烈士陵园的工作人员非常配合我的实践调研，应我的要求带我看了王剑三烈士的纪念碑，并帮我找了王剑三烈士的相关资料。但由于王剑三烈士英年早逝，实际留下的资料并不多，主要的资料就是在《浦东新区英烈传》和《川沙县志》上的相关记载，但是与网上查到的资料并无二致，烈士陵园的所长也对烈士的信息没什么了解。我去的时候革命烈士事迹陈列馆正在改造装修，不对外开放，所以就只得到了这些资料。另外，王剑三烈士的后人近期内并没有扫墓的记录，工作人员说他还需要去查看一下记录，如果查到了，会再联系我。

过了一个星期，烈士陵园的工作人员联系我说王剑三烈士的后人在 2009 年的时候有祭扫的记录，但好像并没有留下联系方式，也可能是因为他们的工作上有遗漏，总之他们那里没有王剑三后人的联系方式。

2015 年 7 月 14 日　星期二

我之前在学长提供的老校友名单以及网络资料上看到，王剑三烈士的故居地址应该是在浦东新区杨园乡金光村，于是我通过关系联系到了金光村村委会的相关负责人陈家康先生。我今天去了金光村，在陈先生的带领下来到了王剑三烈士的故居，其所在位置现隶属于金光村三队，靠近东靖路申江路。王剑三烈士的故居现已破败不堪，在几次暴雨后发生坍塌，但并没有得到及时的修缮。负责杨园改建的地产商表示这个房子还不如被拆掉，还能派上用场。

在对陈先生的采访中，我得知王剑三烈士在 1927 年 4 月 26 日英勇就义后遗体被家人领回，先是葬于故居附近，后迁至川沙杨园家乡（现为一企业停车场），后于 1973 年安葬在川沙烈士陵园。王剑三烈士的后人现迁居至江苏，可能是接到亲戚通知，在杨园乡 2009 年拆迁的时候，王剑三烈士的孙子来过上海，后因王剑三烈士的故居被列入保护单位而返回，村委负责人告诉我他的孙子现在应该已经去世了。当时村委会没有留下王剑三烈士后人的联系方式，而且由于拆迁的关系大部分居民都搬走了，我无法得知王剑三烈士在上海的亲戚是谁，所以无法联系到王剑三烈士的后人。另外，以王剑三烈士的名字命名的剑三小学现已被拆。

陈先生还给我提供了《杨园乡志》，其中有关于王剑三烈士的资料，但我发现与网络上的资料一致,没有什么补充信息。

王剑三烈士曾就读于川沙县两等小学堂(现为上海浦东新区观澜小学),我今天打算去参观一下,但是到了那儿才知道,现在正值学校放暑假,不允许无关人员进去参观。我在学校的网站上也没有看到校史的记载。

王剑三烈士还曾经就读于松江中学、江苏省立无锡第三师范学校,就任于川沙龚路镇明强小学、顾路镇惠北高等小学、川沙师范讲习所。但这些学校由于都开办于新中国成立之前,年代久远,现在已经不存在。

总　结

这次校友寻访总体上比较顺利,王剑三烈士的基本信息和故居、墓地都得以顺利地找到,而且我们得到当地相关部门支持,顺利地进行了采访。但这次寻访也非常遗憾,因为除了网络上能够找到的信息之外,没有得到什么特别的信息,而且对王剑三烈士的后人的寻访也因为信息不足而中断。

点评

由于历史原因,关于20世纪20年代上海大学的资料所存无几,同样关于曾在上海大学任职或授课的教师资料也多有缺失。王剑三与谢文锦等人一样,其在上海大学教书的经历多被后人遗忘,但与谢文锦在上海大学任教经历有着比较直接的证据不同,王剑三任职上海大学的记载并没有直接可靠的资料依据。让学生去做这次寻访的目的是,希望能找到更直接可靠的资料以确认王剑三在上海大学的经历。

王剑三曾经为配合上海第三次工人武装起义,组织发动了川沙起义,夺取川沙军阀政权,建立川沙县临时国民政府和农民协会,出任民政长,主持新政府的实际工作,开展打击土豪劣绅、减租减息的斗争。我们所了解的,多为这段他人生最辉煌的经历。

这次寻访,既没就王剑三任职上海大学的情况找到更确切直接的依据,也未能了解到更多更丰富的相关资料。但寻访中的发现——王剑三故居的破败及其英名湮没的现状,却体现了这次寻访的意义。

"毛泽东思想"的提出者
——寻访王稼祥

李章榕　社会学院 2014 级

缘　起

暑假我们社会学院发起了一项寻访校友的活动,我报名参加了。通过耿敬老师发给我们的校友名单,我看见了王稼祥这个名字。我知道他是伟大的革命者,关于他的其他事迹我却不知,只依稀记得小时候语文老师和政治老师会提起他。对于寻访王稼祥,我很有兴趣。

寻访前的准备

为了更好地了解王稼祥,我事先上网查了一下他的资料。一输入"王稼祥"三个字,马上就出现了关于他的很多信息,百度百科上也很齐全。可是我又有点担心了,这位老革命者的资料已经如此完备,我的寻访信息会比这更多吗? 我的寻访是否还有意义? 可是又一想,互联网上的信息也不全是对的,这次寻访是我自己的寻访,是我自己获得的信息,不一定与别人相同。于是,我坚定了自己的选择。以下则是我在互联网上搜索后整理的关于王稼祥的一些事迹:

> 王稼祥(1906 年 8 月 15 日—1974 年 1 月 25 日),安徽宣城泾县厚岸村人。原名嘉祥,又名稼啬。伟大的马克思主义者,杰出的无产阶级革命家,中国共产党和中国人民解放军卓越领导人,中国共产党和新中国对外工作的开拓者之一。革命战争时期历任中共中央党报委员会秘书长、中国工农红军总政治部主任、中央革命军事委员会副主席、中央三人军事小组成员、中共中央军委副主席、八路军总政治部代主任、八路军军政学院院长、中共驻共产国际代表;解放后历任中国驻苏联大使、外交部副部长、中联部部长。1943 年 7 月 5 日,王稼祥首次提出"毛泽东思想"。1969 年

10月,王稼祥被下放河南信阳,1970年冬回北京治病,1974年1月25日在北京逝世。

1906年8月15日,王稼祥出生于安徽省泾县厚岸村。1913年进入村中的柳溪小学读书。1919年毕业后又读了一段时间私塾。1922年,进入圣公会开办的南陵县乐育学校读书。1924年,在芜湖圣雅各中学高中部就读。1925年6月因参加爱国学生运动被开除。

1925年8月,王稼祥赴沪入上海大学附中,9月加入共青团。同年10月赴苏,进入莫斯科中山大学学习。由于英语基础好,他和张闻天、沈泽民等人被编入英文班,直接听外语课。1928年王稼祥由团转党,进入红色教授学院深造,同时在莫斯科中山大学开设"中国问题"课程。王稼祥认为苏联是中国革命的榜样,是"二十八个半布尔什维克"之一。1930年,王稼祥回国后,任中共中央宣传部干事。他曾批评过李立三立即组织全国暴动的观点,被向忠发指责,被给予党内严重警告处分,被调往香港担任记者。12月,中央政治局撤销了他的处分,王稼祥重新被调回上海。1931年1月,中国共产党六届四中全会后,王稼祥担任党报委员会秘书长。4月,王稼祥赴中央苏区工作,担任中国工农红军总政治部主任。

1931年11月,第一次全国苏维埃代表大会在瑞金举行,王稼祥被任命为中华苏维埃共和国军委副主席和外交人民委员(相当于外交部长)。12月,他和刘伯坚、左权负责指导宁都起义。1932年上半年,王稼祥参加了红军进攻赣州(不克)、攻克漳州和北上进攻的军事行动。1932年10月,在宁都扩大会议上,毛泽东的战略被指责,王稼祥在会议上表示支持毛泽东。1933年4月28日,王稼祥正和周恩来等人开会时,被敌机投弹炸伤,弹片一直留在体内,留下了终身痛苦的后遗症。1933年9月,第五次围剿开始,还在养伤的王稼祥仍参加军委会议,支持了博古和李德的军事主张。后来王稼祥还担任十八集团军政治部主任、中共中央城市工作部部长、宣传部代理部长。1934年1月他担任中共中央政治局候补委员。同年秋,他腹部通着管子,坐着担架参加了长征。

在长征途中,王稼祥和张闻天反对以李德为首的三人团的军事路线,支持毛泽东。1934年12月在通道会议上,在王稼祥、周恩来和张闻天的支持下,毛泽东的红军改向贵州进军的意见被接纳,红军得以占领黎平。王稼祥和张闻天为毛泽东在遵义会议取得军事领导权起到了重要的作用。在1935年1月的遵义会议上,他提出要毛泽东担任党和红军的领导。后来,毛泽东多次称赞这"关键的一票"。遵义会议后,王稼祥与毛泽东、周恩来组成中央军事三人组,指挥全军行动。1935年8月,王稼祥做了大量的说服工作,让张国焘暂时同意了北上的主张。1936年10月,党中央决定送王稼祥去苏联治疗。由于各种耽搁，1937年7月王稼祥才辗转到达苏联治疗伤病。11月起他代替王明（陈绍禹）任中共驻共产国际代表，积极向斯大林和季米特洛夫介绍中国革命和抗战的情况，介绍中共中央从中国实际出发制定的路线和方针，参与共产国际对中国问题的研究。1938年3月，任弼时到达苏联后，王稼祥又与任弼时一起做了许多工作，促使共产国际通过了肯定中国共产党政治路线和毛泽东的领导地位的决议。

1938年7月，王稼祥回国，先后在中央政治局会议和中共六届六中全会上传达共产国际的指示，进一步确立以毛泽东为主要代表的中共中央的领导和路线。会后，王稼祥担任中共中央军委副主席、总政治部主任兼八路军总政治部代主任、中共中央华中兼华北工作委员会主任、八路军军政学院院长等重任。他协助毛泽东主持军委的日常工作，直接参与了中共中央的一系列重大决策。

延安整风初期，王稼祥担任中央学习组副组长，参与领导了整风运动。他参加起草的《中央关于增强党性的决定》，被列为整风运动学习文件之一。1943年7月，王稼祥发表《中国共产党与中国民族解放的道路》一文，率先提出了"毛泽东思想"的概念，并对毛泽东思想作了阐述。

抗日战争胜利后，王稼祥在进行健康检查时发现之前治疗时受到X射线烧伤，伤口已经发生溃烂，他只得再次赴苏联治病。1947年5月，他回到哈尔滨，担任中共中央东北局委员、城市工作部部长，主持对哈尔滨的恢复和建设工作。1948年6月王稼祥曾起草《城市工作大纲》，提出"发展生产、繁荣经济、公私兼顾、劳资两利"的方针，这遭到了高岗和林彪的反对，草案未能通过。1948年王稼祥改任东北局宣传部代部长。在1949年3月的七届二中全会上，毛泽东和刘少奇肯定了王稼祥在东北采取的方针是正确的，王稼祥也递补为中央委员。1949年同年6月至8月，王稼祥随刘少奇赴苏联，通报中国革命进程、商谈建立中华人民共和国和发展中苏两国关系等重要问题。同年9月，出席中国人民政治协商会议第一届全体会议。1949年后以外交部副部长的身份担任第一任驻苏联大使，他参与完成了安排毛泽东主席访问苏联的重要任务，参加了中苏会谈和《中苏友好同盟互助条约》的签订。1950年夏，王稼祥身体不佳，到疗养院治疗和疗养，秋后回国，不再担任驻苏大使。

1951年初，王稼祥根据中央决定，负责组建中共中央对外联络部并出任部长，同时仍兼任外交部副部长至1959年。他强调机构设置少而精，提高了工作效率。4月，王稼祥前往苏联，同斯大林等苏共领导人会谈，斯大林提出以中国为主建立亚洲社会主义国家联盟的构想，王稼祥表示不同意。1953年至1958年，王稼祥任中央国际活动指导委员会主任委员。

1956年9月，王稼祥在中共八届一中全会上当选为中央书记处书记。1957年王稼祥及时纠正了中联部内部的反右派斗争扩大化。1959年整顿人民公社时，毛泽东特意要求将文件给王稼祥过目。1954年、1959年、1965年王稼祥当选为政协第二、三、四届全国委员会常委。

寻访过程

我是安徽省芜湖市南陵县人，而王稼祥的老家是安徽省宣城市泾县，虽然处在不同的市，可是从南陵到泾县，也比较方便。与朋友约好后，我们准备去王稼祥故居纪念馆寻找有用的信息。王稼祥故居纪念馆就处在泾县厚岸村。

8月14日，我早上6:40就从床上爬起来洗漱，整装出发，要带的东西昨天晚上就准备好了。大概7:10，我在汽车站买了去泾县的票，在候车厅等了没几分钟，就出发了。一路上，我满怀着兴奋与激动之情。大概过了1小时20分钟，我才到达泾县汽车站。朋友告诉我她马上就到，此时已经将近9点了，早上出门前也没有吃饭，所以我就买了几个烧卖吃。正好这个时候，朋友来了，然后我们马不停蹄地直奔车站，登上了从泾县去王稼祥故居纪念馆的车。上了车我才发现，是"后岸"而不是"厚岸"，我就问朋友是怎么回事，她说，好像两个都可以。

开车后，我望向窗外，真的很美，四周都是山，巍峨壮观。此时天又是阴的，给我一种十分深沉厚重的感觉。沿途几乎有二分之一的路程都是有水相伴的。左边近处是水，右边高山起起伏伏，给我一种说不出的感觉。水并不深，却很清澈，我想恐怕只有这样的山水才能孕育出王稼祥这样俊秀贤能之人吧。看看这被众山封闭的地方，实难想象王稼祥是如何突破这重重阻碍，并获得巨大成就的。将近一个半小时的旅途，就在这样的胡思乱想中过去了。

和朋友一下车，我们马上就沿着指示牌前往王稼祥故居纪念馆。走过一座石拱桥，再沿着一路的青石板，很快我们就发现了王氏宗祠。可惜这个时候门是关着的，路边的一位阿姨好心地告诉我们，下午1点以后才能开门，没办法，我们只有先去"王稼祥故居纪念馆"了。转过一条小路，我们就到了"王稼祥故居纪念馆"。只见正大门左侧就是王稼祥的半身雕像，戴着眼镜，目光炯炯。山里的天气变化多端，本来好好的晴天，突然下起了大雨。我们赶紧撑起伞，走进王稼祥生前物件陈列馆。

馆前是王稼祥少年时代的雕像。雕像全身白色，王稼祥一席长衫，手持书卷，装扮有那种"五四"青年的感觉，风华正茂，挥斥方遒。一进展馆，墙上挂满的照片就吸引了我的目光。里面展示了他一生的轨迹，从求学之路走上了革命之路,展示内容几乎和网上搜索的差不多,不过也有网上所没有的内容,比如王稼祥童年、少年时的读物以及给家人、朋友的信件。

走出陈列馆,我们又进入了王稼祥故居。走进大堂,就看见中间挂着一幅长方形的山水图。山水图的左右正好是一副对联。其实最令我感到奇怪的就是刚进大厅内部,桌椅前面,几乎是脚跨进大门不远的地方,就有一个天井,下面是一个蓄水池,抬头往上看,就是一片天空,房子的四面都会比天井这边低,这个时候天正好下雨,雨水像珠帘一样铺了下来。我正想找朋友好好欣赏一番,没想到她遇上了自己的大舅,她的大舅是政府工作人员,正好陪别人来这里游览。他知道我是他侄女的同学,于是就很热情地和我聊了起来。

她的大舅姓吴,我叫他吴叔叔。他跟我说这天井的设计目的是让雨水往自己家里流,古代用这水来救火,另外,此设计还寓意"肥水不流外人田"。而桌子上左边是镜子,桌子右边是屏风,寓意"平静""平安",而摆放在中间的钟则寓意"终身平静""一生平安"。他还告诉我,这是徽州古民居的特点。大堂的后面是厨房,厨房内还保留着老式的灶台,比较有特色的就是灶台中心处有着兰花的雕刻。走出厨房,我们又进入王稼祥少年时代的卧房。卧房靠外的一排窗子都是镂空的,可以看见院内的景色。此时正是石榴结果的时候,雨水哗啦啦地下,院外的盆景和紫薇都在风雨中飘摇,偶尔传来一两声鸟鸣,给人一种惬意无比的感受。室内唯一让我感到疑惑的是,床其实是由两个板凳和一块木板搭起来的,不知是怎么回事。屋内宽敞,除了生活必须的用品和一些学习用品,如笔、砚之外,没什么多余的东西。这个时候,已经过了12点了。吴叔叔叫上我们一起去吃饭,盛情难却,我们也就接受了。

吃完饭后,我找吴叔叔,问他有没有王稼祥后人的联系方式,能不能找到王稼祥的后人。他告诉我说,王稼祥没有后人,我又说,王稼祥不是有一个儿子吗?他告诉我说,那个儿子是前一个妻子生的,后面的妻子并没有生孩子。我又问,这边有没有他的什么侄子侄女之类的,他说没有。他说王稼祥出去念书后就没有回来了。我也就没有再说什么。

不久,吴叔叔请我们去查济玩,查济离这里只有几分钟的车程,是一座明清时期的徽州古城式建筑。于是我们就坐车前往查济。虽然玩得很开心,可是我还是想再去王氏宗祠看一看,或许还有什么线索也说不定。

大概玩了3个小时,我本来还想再回去,可是司机告诉我我们坐的是最后一班车。没有办法,我也就只好回泾县了,可是心里却十分后悔。后来我告诉朋友,说我明天还想再来一趟,她说要陪我,我说不要麻烦了,可是她坚持,所以我就准备明天再去一次。

当晚我们就在泾县一个宾馆住了下来。第二天一早,我们又一起出发了,这次寻访,心境又有所不同,可能是雨过天晴,觉得自己心胸又开阔了许多。

路上行驶了一个半小时,我们就到达了目的地。

这时王氏宗祠已经开放了,全木质结构,有着复杂的构造和精致的雕刻。门前挂着高高一个牌匾,上书"王氏宗祠"四个大字。走进祠堂,里面有王氏历代名人的画像和牌匾。正中的牌匾就是王稼祥的,可惜是个虚位。

此时有一位叔叔要我们填写旅客签名表作一个登记。我就边写边问,得知他姓王,我称他为王叔叔。我问他知不知道王稼祥的后人在哪里。他说不知道,说王稼祥少年时期出去读书后就再也没有回来过。我说自己在网上得知他有一位儿子。王叔叔马上就笑了,他说那是王稼祥第一位妻子生的,也不在这里。既然这样,我想王稼祥的父母亲至少会有些消息吧,所以我就问王叔叔王稼祥的父母在哪里,王稼祥是否回来看望过他的父母。王叔叔告诉我,他们全家在解放前就搬去河南了,从此就没什么消息。

带着深深的遗憾,我提出想和他合张影的要求,他欣然接受。走出厚岸村,朋友问我,没有找到更多有关王稼祥的信息,有没有失望。我笑了,或许我有遗憾,但是我并不失望,因为我了解了一位伟大的人。在这之前,我的心情是压抑的,因为我的几个亲戚都生病了,我在想,生活为什么会有这么多不如意;可是,这次寻访过后,我的心境突然就开阔了,想着困难总有结束的一天。或许这就是伟人给我的力量吧!

点评

王稼祥作为中国共产党早期领导人之一,在党史上有着重要的地位,因而其历史和生平都比较全面清晰地有所记载。在寻访活动中,我们并不主张对于这种地位较高、资料较丰富的人进行寻访,主要是可寻访的空间已经不是很大了。学生们的寻访往往只能利用假期较短的时间,这种难以持久的寻访工作是很难找到众多专家学者长期研究还未获取的信息的。但李章榕在确定寻访资料很齐全的王稼祥时,虽然略有疑虑,但很快确定了"寻访是自己的寻访"这一活动目标,希望通过寻访活动让自己有所收获。

不出所料,从整个寻访的过程我们可以看到遗憾,因为对于王稼祥一生中的几乎所有革命历程,尤其是最基本的历史事实,学术界都有所涉及且更为系统全面。短时间的故乡寻访,很难再有所突破。但对于李章榕个人而言,他却"并不失望"。通过寻访,对于原来不甚了解的寻访对象的革命经历有了更深入的了解之后,其对国家民族的命运与前途的付出与牺牲,那种精神的力量,似乎给他注入了一股无形的动力。

"心境突然开阔",这也许是寻访对年轻学子的意义所在。

20世纪北伐将领
——寻访于忠迪

刘斯祺　社会学院2014级

一、寻访背景及目的

一个世纪的轮回,使得很多重要的事都被我们遗忘了,目前上海大学正在大力建设的"溯园"项目,是为了纪念1922年到1927年的上海大学,寓意追溯传承前代之办学理念与精神。在该背景下,学校号召今年暑假期间开展上海大学校友寻访的社会实践活动。而我了解到我家乡附近便有这样一名革命烈士——于忠迪,而他的故事世人却知之甚少,于是我报名参加了此次活动,想要去了解和追溯于忠迪这位老革命家曾经的故事。

二、寻访途径

此次实践调研的寻访途径主要为三种:网络搜索、到当地档案局查资料、实地采访调查。

三、寻访过程

当我得到我将要寻访的对象时,便在网上搜索了于忠迪的大致信息,但是所得信息甚少,只有关于于忠迪的基本讲解,不过通过这一点点信息,我了解了他的大概生平,了解了于忠迪是一名优秀的革命战士,但却英年早逝,年仅25岁,便壮烈牺牲。他的事迹几乎被人遗忘,在网络上也呈现如此之少,我决定要将他的故事尽力挖掘出来。

回到家后,我先去了临澧县档案局,但是当我翻阅档案馆资料时,发现档案局的杰出人物列表里面却没有他的名字,这说明本地档案局里面没有他的详细信息,但我知道他的父亲曾在国民党内担任要职,于是也翻阅了国民党过去的档案,但无奈,也没有找到与他相关的信息。于是,我继续去了党史办和史志办，在这里，我在《临澧县志》和《中共临澧地方史》中找到了关于他的比较详细的信息，这较网上的信息又进了一步。

但是我发现这里面记载的大部分信息和资料都是关于于忠迪烈士参加革命的情况，对于他以前的事，他的家庭以及生活之事呈现得很少，于是，我决定去于忠迪的出生地新安镇找寻他以前的足迹。

但是根据当时掌握的资料，我只知道于忠迪先生是新安镇出生的，具体的地址却不得而知。为了缩小搜索的范围，我先找到了新安镇唐镇长的电话，通过唐镇长联系到其办公室邵主任，在邵主任的帮助下，我找到了于忠迪先生幼时生活的地方——兰田寺村六组。于是我便前往该地，到达后，我去了村组办公室，在办公室门口找到了于开玉书记的电话，通过电话联系，幸运地了解到于书记的住处离于忠迪曾居住的地方不远。但是于书记当时身在外地，无法带我前去，他告诉我，于忠迪先生的家已经过几次更换，而且他对于忠迪先生及其家人的事也不清楚，只知道有这个人的存在。

于是我沿路走门串户，去询问是否有人知道于忠迪先生或者与他相关的人，在询问的过程中，遇到了一位名叫珊珊的姐姐，在她帮助下，我找到了于忠迪先生的亲属——今年72岁的于坤战老先生，于坤战老先生的太爷爷于大建和于忠迪的爸爸于大智是亲兄弟。在和于坤战老先生的谈话中我了解到了更多关于于忠迪先生的信息。但遗憾的是原来他曾保存的关于于忠迪先生的照片和文章给了档案局的工作人员，而自己的备份却遗失了。

因为在与于坤战老先生的谈话中得知他给了一些资料给档案局，所以回到县城后，我又返回档案局想找到那些资料，但在翻阅了众多资料后发现还是无果，根据档案局的人所说，有可能资料已经移交给了上级。最终还是没能找到那张照片和文章。

四、寻访结果

以下是我搜集整理的关于于忠迪的资料：

于忠迪(1903—1928)，字景元，化名张轩秋，1903年出生于湖南临澧县新安镇一书香家庭。他幼时在新安娄江小学读书。1920年，随父去上海，先进复旦大学附中就读，并在学校加入中国社会主义青年团。毕业后，他考入私立上海大学学习。该校是以共产党人为主要领导的进步学校，邓中夏兼校长，他在该校得到了锻炼和提高，加入了中国共产党。1925年秋，他离开大学，投笔从戎，到北伐军第六军担任政治部秘书，协助林伯渠做政治工作。1926年他随军北伐，出任第六军第十九师政治部主任。对第六军的强大,蒋介石视为眼中钉,对革命人士以莫须有的罪名进行追捕和杀害。于忠迪脱险出来,到达武汉,在董必武的直接领导下,他历任湖北省委秘书及军委秘书,后改任汉口县委书记。在汉口工作时,迭受反动派包围,均能机智脱险。不幸在1928年初,被捕牺牲,时年25岁。

《临澧县志》记载(稍作校订):

  于忠迪,字景元,曾化名张轩秋,临澧新安镇人,父亲于若愚,曾任武汉国名党中央党部书记长和中华人民共和国政务院高级监察专员等要职。于忠迪幼年就读于娄江小学,能写一手流畅的文章,并热心于群众文娱活动,曾编写过一些群众喜闻乐见的通俗文艺小品。1921年,于忠迪随父去上海,先进复旦大学附中读书,加入共产主义青年团转党。毕业后,考入私立上海大学,这是一所共产党人创办的进步学校。于忠迪一面勤奋学习,一面参加反帝反封建的实际斗争,不断得到锻炼,很快成为一名较成熟的共产主义战士。

  1925年秋,忠迪投笔从戎,决心拿起武器,打败军阀,赶走帝国主义列强。他先入广州革命政府短期军事训练班学习,即参加第二次东征,在汕头、梅县一带,挫败陈炯名的叛军。还师后,到六军协助林伯渠做政治工作。1926年夏,他就任六军第十九师政治部主任,随军北伐。9月19日,该师在工人、学生的支援下,攻克南昌,因敌军集中重兵抢攻,该军遭到重大伤亡,被迫再度撤出。后经积极补充兵源,并从广东调来第十八师,在兄弟部队的增援下,经过五夜激战,第十九师于11月16日,再克南昌,于忠迪随第十九师沿南浔铁路挺进,一举攻克九江市。

  1927年3月6日,程潜率领由六军、二军与独立二师组成的江右军,沿长江南岸东进,所向无敌。20日,向南京发起总攻,经两天激战,扫清外围各个据点。23日,二军向通济门、武定门逼近;六军直抵雨花台,守敌向城内仓皇逃窜。军部令十九师担任主攻,于忠迪(代师长)率部衔尾追击,由中华门冲入城内,其他各部队均于当晚进城。24日,全部占领南京城。在二、六两军的强大攻击下,麇集南京的十数万直鲁联军土崩瓦解。二、六军的强大,被蒋介石视为眼中钉,其采用欺骗拉拢与暴力进攻的反革命两面战术,将其吃掉。于忠迪脱险出来,回抵武汉,在董必武的直接领导下进行工作,先任中共湖北省委秘书与省军委秘书,后改任中共汉口县委书记。汪精卫背叛革命后,其父劝他东渡日本,暂避风险,他不为所动,转入地下,坚定、沉着地与敌人作殊死斗争。

  于忠迪在汉口迭受反动派的包围,处境十分险恶,但均能机智脱险。

1928年初,中共湖北省委在汉口河街道生码头裕泰栈,设立秘密联络点,经常约集各区县党的同仁在栈内联络、约会。进进出出的人很多,引起武汉卫戍司令部稽查队的注意,他们先派人盯梢,后突然实施搜捕,三四天时间,共捕去35人,其中有不少人是党内的重要骨干。反动当局分5批共杀害26人,于忠迪牺牲时的化名为张轩秋。

另外,《1921—1949中共临澧地方史》也有对于忠迪的记载。

于忠迪离乡较早,17岁便随父亲去了上海,且英年早逝,在调查过程中很多与其相关的人或了解其事迹的人都已经不在了。目前只能联系上于坤战老先生。据于老先生所说,于忠迪小时候,因其家是地主,所以住的原先是一个三进三出的大宅子,但遗憾的是该宅子在1958年大跃进时被拆毁,目前只能找到原先该宅子所在的地方,但完全看不到过去院子的影子,且现在的房子也是经过了几次的轮转。

通过于坤战老先生的讲述,我了解到于忠迪的更加详细的家庭情况:于忠迪的父亲名为于大智,笔名于若愚,曾为武汉国民党中央党部书记长,且和著名的无产阶级革命家、党和国家的领导人、也同为临澧县人的林伯渠同志是朋友,后来于忠迪也曾协助过林伯渠一起进行革命斗争。于若愚有两子,名为于忠沂(哥哥)和于忠迪(弟弟),于忠沂与其父亲于若愚都为国民党人士,于忠迪则为共产党员。于忠沂较于忠迪先出去,其曾担任过河北昌黎农学院校长,于忠沂有一子,名为于乾标,于乾标也有一子,名为于立川,于立川现居北京。但于坤战老人表示,他们在十多年前有过往来,但目前没有联系了,他也不清楚该老人的联系方式。关于于忠迪一脉的延续,于坤战老人说他只知道于忠迪结过婚,其妻子是武汉某县的妇联主任,并无后代,但其详细状况并不清楚。

关于于忠迪本人,于坤战老先生回忆道,于忠迪能写得一手好文章,当时他曾在《申报》上发表过文章,且他对于阶级的认识特别深刻到位。原本,于坤战老人表示他们曾有于忠迪发表的文章,但早年已交给了档案局,自己的备份在频繁搬家中遗失了。遗憾的是,我在档案局搜索和查阅,却没有找到该资料,据档案局的工作人员表示,该资料有可能移交给了上级机构。

由于时隔过久,且所存资料和了解的人士稀少,所以我寻访到的与于忠迪有关的人和事只能局限于此,而就所了解的情况来看,于忠迪极大可能没有后人,所以也无法进行后续的了解和追寻。

五、寻访总结及感受

在整个寻访的过程中,我原本一直是很有信心也是抱着很大希望的,但是我逐渐发现，想要去了解一个相隔一个多世纪的人真的很难，而且他仅仅25岁便壮烈牺牲了，很多时候，于忠迪的信息找来找去只有那么一两条，而关于他生活的事却几乎没有任何资料，所以每当我找到一个与其相关的信息，都会激动一阵子。不过有的时候我会感觉真的什么线索也没有了，比如当时在兰田寺村时，我一家一户敲门，却很少有人听过这个名字，了解的人就更少了，在找了很多户人家后，才遇到于珊珊姐姐，也在她的帮助下找到了于坤战老人。

虽然能寻访到的信息很少，但是我认为我寻访的过程算是顺利的，整个过程和我计划中的较吻合，在这个过程中我收获了很多。

首先，在寻访过程中，我发现档案局对过去的档案和信息的系统化和具体化处理工作仍有些许缺陷。当我在档案局查资料时，档案局的工作人员说，有部分党员的资料在党史办，所以我只能再去党史办询问，可在党史办也是无果；而且，在我查阅资料时，档案局的人说，当时的人对档案的保护观念不强，所以导致很多信息的缺失。而经过这次调研，我体会到：第一，档案的集中系统化和统一管理很重要，这有利于对档案的保护和找寻，避免档案的遗失或找寻的烦琐和困难；第二，要加强对档案的保护，加强对档案信息的完善，不能忽略档案的意义。

其次，在整个寻访的过程中，我认识到计划和步骤的重要性，以及做事情要坚持，要有信心。因为于忠迪老先生外出求学较早，所以关于他的直接信息很少。在我准备直接前往新安镇时，爸爸提醒我要先找到这个人在哪个村，尽量减小搜索的范围，这样能够更快地找到联系人和相关资料。在爸爸的提醒下，我找到了于忠迪先生大概的村组，缩小了寻找的范围。无奈即便如此，还是没有任何线索，所以当时我只能逐一敲门询问，而询问的人中有置之不理的，有敷衍的，也有完全不了解的，但也有帮忙问家里的老人的和热心指引的。所以在完全没有线索时，不要放弃，只要当时还有一个方法没用，就要坚持下去。

最后，在寻访过程中了解的革命烈士的信仰和坚守给了我深深的震撼。当我在第一次知道于忠迪先生的名字时，我对这个人的了解是一片空白的，通过网上的信息，我知道他是一名北伐将领，且25岁便牺牲了。我又想到，世人对于他的记忆还有什么，几乎大部分的人都忘了这个早逝的生命，也忘了当时那个年轻的生命追寻和信仰的是什么。原本我要寻访的人是丁玲，但是我觉得丁玲的故事也许早被世人熟知，她的名字也被众人铭记，她的作品中的精神和意义也被无数人分析，当然，关于丁玲也许还有可以寻访的东西，但是，我更想去了解这个同样也为他信仰的事业奉献了一生，众人对他却知之甚少的烈士。的确，现在的我们很多时候只是空洞地、被动地去歌颂革命精神，却无法真正地感受到它，因为我们没有经历过，所以我们没有来自内心的共鸣与触动。而我在寻访的时候,有人已经不记得北伐究竟是怎么回事,更不用提参加了北伐的于忠迪了,那个时候有千万个像于忠迪一样的人,那些年轻的生命心中都有他们的执念和追寻,也许现在的我们没办法感受,但我只想说,我们别忘了,这些是信仰,不管什么时候,每个人心中都要有一种信仰,只有这样,生活每天才有希望。寻访于忠迪的故事,只是因为我想要将他的曾经讲述出来,然后告诉世人别忘了这些曾经为整个社会的信仰抛头颅、洒热血的人,别忘了他们的热情和坚守。

点评

出身临澧的老上海大学学生丁玲是众所周知的著名作家,而刘斯祺同学却将寻访对象定位于那些"为他信仰的事业奉献了一生,众人对他却知之甚少的烈士",为此,他选择了于忠迪。虽然于忠迪是北伐名将,但随着时光的流逝,这位100年前的人物的生平与事迹,已经渐渐被人所遗忘。于是,刘斯祺同学希望通过这次寻访活动,试图去认识和理解:当时那个年轻的生命追寻和信仰的是什么?

其实,于忠迪与众多被遗忘的革命先烈相比,还是留下了一些资料和线索的:有党史资料的记载,有照片的存留,有后人仍健在,还有所写文章的传世。即便如此,其历史事迹也难以更加丰富些,其后人的追述也多有错误,其故乡也几乎无人记得这位北伐名将的名号。虽然寻访所获得的收获不会更多,但寻访活动本身正如刘斯祺所说:再讲述一遍于忠迪的故事,是告诉世人别忘了那些为坚守信仰流血牺牲过的人们!

白昼隐没的星光
——寻访王陆一、马文彦、李秉乾、秦治安

刘 菲 社会学院 2014 级

刚刚报名参加"寻访老上大校友"的这个活动时,我心里还担心老师会不会安排我去陕北寻访,因为陕北的方言和关中是很不一样的,我恰好是西安人,听不懂陕北方言。而当我看到校友名单的时候,发现有几位校友都是三原籍的,在我姥姥家所在的县城,于是就决定寻访这几位老上海大学校友。

之前我每次去姥姥家的时候都会路过于右任的故居,那时只知道他是国民党的元老,上了大学之后才了解到他是老上海大学的创办者,并且曾是我们的校长。了解到这些我不免有些自豪感。而通过此次活动,我知道了三原还有其他几位老上海大学的校友,心里也很渴望通过寻访了解到更多关于他们的信息。

因为于右任先生的资料已经很全面了,所以此次寻访不打算进行更深的调查。于是,此次我寻访的校友是:王陆一、马文彦、李秉乾(李子健)、秦治安。

一、准备工作

回家安排好假期的作息之后,我就开始着手准备寻访所需的资料了。首先是在网上查找相关的资料。

寻访对象中只有王陆一先生和马文彦先生有百度百科的资料,但是其资料也是不全面的,所以我还搜索了其他网站的一些资料,例如知网上与他们相关的文献。这个过程也是很耗时的,因为查得到的文献中只有一篇是将王陆一先生作为主角来研究分析的,剩下的都是在文献中间有王陆一先生"客串"的。而马文彦先生则没有更多的资料。

至于李秉乾先生和秦治安先生,我只是在网上零零散散地找到一些关于他们的资料,通过博客等途径了解到一些关于他们的信息。刚刚开始查找李秉乾先生的资料时,我看到一篇文章专门写他的生平,就先保存了下来;但是

在我后面查找的更多的资料中我发现一些节点性的时间与那篇文章是对不上的。于是我重新搜索了李秉乾,不过此次的关键字变为"李子健",然后又找到了一些资料,经过仔细比对,我终于发现之前我找到的第一篇文章是错误的,可能只是重名而已。这也算是我在做准备工作时的一个小波折,不过这倒是提醒了我一定要注意资料的准确性,以提高效率。

以下就是我在网上搜索并整理的关于几位校友的资料:

(一) 王陆一

王陆一(1896—1943),原名肇巽,又名天士。陕西三原人。5岁入私塾,八九岁时能写诗作文。后因家道中落,考入西北大学却不能续读,就任陕西省图书馆管理员,借以博览群书,长进学业。辛亥革命后,愤于袁世凯复辟帝制,破坏共和,与王芪等共举反袁。王绍文遇害,王陆一回三原,参加邓宝珊、张义安领导的三原起义。于右任回三原任陕西靖国军总司令,王陆一为总司令部外交处职员。于右任见其才华横溢,擢为机要秘书,参与戎机,凡军中文电布告之类往往倚王陆一为之。形势逆转后,王陆一护侍于右任转战淳化、武功、扶风、岐山、凤翔,直至靖国军解散,又绕道陇南、陕南入蜀,乘轮抵沪,后任职于国民党上海执行部,佐于右任等创办上海大学。不久奉派回陕,任教职于西安成德中学,襄佐陕西国民党党务。

1924年春,王陆一复赴沪执教于上海大学。同年秋,衔于右任之命赴北京、张家口一带联络军事,参与冯玉祥、胡景翼发动的北京政变。孙中山、于右任北上后,王陆一奉调在孙中山行辕专理文牍,与孙中山、李大钊多有接触。

1925年夏末,王陆一奉派留学于莫斯科中山大学,以文学沟通社会科学,凡苏联建国设计与执行方法,无不深切探讨。留苏期间,他写有不少歌颂俄国十月革命和社会主义的诗歌。翌年夏,于右任赴苏联考察并敦促冯玉祥归国重整军事。是年冬,王陆一弃学归国,追随于右任致力于国民革命,任国民军联军驻陕总司令部办公厅主任。国民军联军(时改称国民革命军第二集团军)东出潼关参加北伐与武汉革命军会师中原,王陆一随侍于右任至汉口,旋回陕讲学于省立第一职业学校。

1928年春,王陆一奉召赴宁,筹组国民政府审计院。5月,任中国国民党中央党部秘书处书记长。孙中山安葬于南京前夕,征选哀词,应征者数百人,惟王陆一所作入选定谱,为世人称赞。1929年初,中国国民党第三次全国代表大会召开之前,内部派系斗争闹得乌烟瘴气。王陆一因不满所处环境辞职。他客居上海,专心笺注《于右任诗存》,尤着重于陕西靖国军一段史实。后应聘为安徽大学文学院院长。1931年,王陆一当选为中国国民党第四届中央执行委员会候补执行委员。"九一八"事变发生时,广州方面的胡汉民、汪精卫等与蒋介石矛盾重重。鉴于国难当头,王陆一随于右任奔波于南京、广州之间,极力调解斡旋。蒋介石、胡汉民、汪精卫上海晤谈后矛盾暂时平息,王陆一遂出任中国国民党中央民众运动指导委员会副主任。旋经于右任推荐,担任监察院秘书长。

1935年,王陆一又当选为中国国民党第五届中央执行委员会执行委员、中央政治委员会委员兼中央党部民众训练部副部长。筹建西北农林专科学校期间,王陆一出任筹备委员会委员。抗日战争时期,王陆一为民族生存,不辞劳苦。1938年后的三年中,他以国民政府军委会军风纪巡察团委员身份,来往于第一、第五、第六战区,巡察工作,审视军防。

1941年夏,因于右任提请,国民政府特派王陆一为监察院晋陕监察使,离渝赴陕,扶疾登程。在任两年,力谋澄清吏治,署内立案无留。在陕期间,受于右任之托代理陕西革命先烈褒恤委员会主任委员,编辑陕西省先烈革命史迹、传略等数十万字。

王陆一一生博学多才,弱冠即以诗文名关中,抗战以后更热情奔放,谱写了大量乱离战歌,有诗词近300首刊印行世。1943年10月20日辞世后,于右任撰书的墓志铭曰:"万族咸熙,雄文苦战,发此宏声,难酬宿愿。"

(二)马文彦

马文彦(1902—1983),化名曹骏天。陕西三原人。早年在三原县小学和渭北中学读书,1923年考入上海大学,同年加入中国共产党,曾参与创办《新群》杂志。1925年初,马文彦到河南郑州从事工运工作,7月任共青团开封地委书记,并筹建河南省总工会。

1926年5月中旬,马文彦受李大钊委派担任于右任的俄文翻译,同往苏联敦请冯玉祥回国。回国后参加了五原誓师和西安解围战。1927年6月,冯玉祥在陕西"清党"反共,马文彦被通缉,遂化名曹骏天到富平教书。1928年春负责富平县中共组织的恢复工作,并积极准备武装起义,渭华起义失败后,马回富平继续任教,因当局通缉避居上海。1930年去济南任教,1933年7月杜衡叛变后,再次避居上海,后与中共组织失去联系。

1936年,马文彦作为杨虎城的参议参加西安事变。西安事变后,马文彦在三原县西关文昌巷的家实际上成了杨虎城在渭北的红军接待处,杨虎城曾拨给1 500元作为活动经费。1937年10月,马文彦作为秘书随于右任一同撤至重庆,1939年返回陕西。1941年,参加中国民主同盟。

1949年5月西安解放后,马文彦任西北军政大学修建委员会主任、科长等职,1950年任西北民盟总支委员兼副秘书长、陕西省人民政府监察委员会委员,1953年参加西北赴朝鲜慰问团赴朝慰问志愿军。1955年后任西安市建筑工程局副局长,为西安市政协委员、常委、副主席。1983年3月病逝。

(三) 李秉乾

李秉乾(李子健,1901—1966),陕西三原人,陕西早期革命家。1922年考入上海大学。1924年加入共青团和中国共产党。1925年1月,受团中央和党组织派遣,回到故乡三原县,宣传马列主义和中共的纲领。指导省立第三师范学校和省立渭北中学等校青年成立了共青团三原特别支部、渭北青年社等组织,在引导青年参加革命活动方面发挥了积极作用。1925年10月奉中共组织指派赴莫斯科中山大学学习,1926年11月回国后在西安中山军事政治学校任教。1927年5月,协助耿炳光等组建中共陕西省委。7月11日,第一届陕西省委成立,李秉乾任省委委员;9月26日被选为省委常委兼宣传部长。

1928年初,李秉乾被国民党逮捕,次年5月出狱后相继在《西安日报》《天津大公报》《西北文化日报》《青年日报》《秦风工商日报联合版》等报刊社担任编辑,撰写评论、社论,揭露国民党腐败真相,支持中共主张和纲领。1936年,西安事变期间,与其兄李寿亭先生为杨虎城将军出谋划策,为杨将军率领的十七路军与红军结盟,抵御国民党中央军进逼起到了重要的作用。1937年1月,受杨虎城将军委托,赴富平县庄里镇和泾阳县云阳镇迎接南下的红军,协助红军作统战、征粮、筹款等工作。1942年,参与创建民盟西北地方组织。1947年5月被迫流亡上海,继续从事民主运动。

中华人民共和国成立后,李秉乾历任陕西省林业厅厅长、中苏友好协会西安分会副主任、陕西省人民政府副秘书长、陕西省人民委员会委员、政协陕西省委员会委员、中国民主同盟中央委员、西北总支部秘书长、陕西省委员会副主任委员等职。

(四) 秦治安

秦治安,1902年出生,陕西三原县西关人。其父曾经商,后在于右任先生所办的三原县民智中学任总务,秦治安也就读于民智中学。1920年左右,于右任先生回乡探亲,顺便视察了民智中学,当他了解到学校缺少教员的情况后,决定从自己的工资中抽出一部分钱,挑选几名学生到上海读大学,为民智中学培养教师。秦治安被选中,前往上海大学社会学系学习。

在上海大学读书期间,由于秦治安的钢笔字写的好,刻印钢板、蜡纸很在行,同宿舍的同学侯绍裘(早期共产党人,曾任江苏省委书记,后牺牲)常让他刻印一些文件,如《共产党宣言》、苏共的一些情况等宣传资料。这让他的思想起了一些变化。

1923年,秦治安在当时素有"文有上大,武有黄埔"之称的上海大学上学时加入中国共产党,1925年5月,领导上海大学学生参与五卅运动,组织学生游行,为游行总指挥。当游行队伍行进到宝山路口时,遭到镇压,军警向游行队伍开枪,前面的学生倒下了,秦治安爬到电车顶上,观察到这个情况后,立即组织游行队伍撤退。1925年6月15日,上海大学出版《上大五卅特刊》揭露、控诉帝国主义罪行,鼓动爱国反帝斗争。1925年8月,上海大学租闸北青云路师寿坊(今青云路167弄位置)15幢民房为校舍,于9月10日开学上课。校舍虽极为简陋,"晨听马桶音乐,午观苍蝇跳舞",人称"弄堂大学",但成百上千的学生从四面八方来到这所"革命大本营"接受教育,完成学业。

1927年,蒋介石发动"四一二"反革命政变,进步学生被抓。秦治安和战友们一起被捕,被关入一所有玻璃窗的大房子。有一位战友从被关押房子的窗子探头出去观察,被反动派军警一刀砍去脑袋。见到反动派如此凶残,秦治安决定组织大家逃跑。趁深夜搭人梯从后窗逃走,恰好后窗外是个纱厂,他们得以死里逃生。

在白色恐怖下,党的组织转入地下,秦治安也和组织一时失去联系。他返回原籍三原县,三原县党组织书记周志轩是秦治安的同学,和他取得了联系。接着,秦治安返回上海。不久因三原县党组织被破坏,周志轩到上海找到秦治安,并接到党组织的通知,要求革命工作职业化、社会化,秦治安与周志轩研究后决定一起去南京报考公务员。秦治安考取高级职员,周志轩考取初级职员,在于右任先生主持的国民党政府审计部工作。因为收入颇丰,秦治安资助周志轩,给周志轩家汇款,后周志轩返回陕西。在此阶段秦治安一直利用这个身份和收入接待陕西地下党去上海党中央联系工作的同志。

1941年起,秦治安任中共中央社会部西安情报处交通科科长。他的同学原中共中央社会部西安情报处处长王超北对他的评价是:"秦治安对工作是认真负责的,他严守时间,风雨无阻,从不贻误,说几点到就一定几点到,数年如一日,一直保持着高昂的勇往直前的精神风貌,认识他的人没有不称赞的。"

二、寻访日记

2015年7月17日　星期五

今天早上到了姥姥家后,我略作休整就出发前往三原县人民政府,希望可以在县志办查到一些关于四位校友的资料。

县志办的工作人员很热情、耐心，在我提到想要查一查几位老上海大学校友的事迹时，他们很热心地翻阅资料，最终在《三原县志》中帮我找到了许多有用的资料。当我问到还有没有更多关于他们的事迹、故居、后人等信息时，工作人员告诉我这些资料他们是不知道的，让我去图书馆或者档案馆查一查。于是我从县志办出来后，又向三原县图书馆出发了。

进入图书馆后，通过向工作人员询问，我找到了地方文献室。在这里，工作人员将一本厚厚的《三原辞典》递到我的手上，其中包含了自然人文、从古至今的三原县的资料。我在这本书中，也找到了许多需要的资料。但是遗憾的是，这里也并未记载几位老校友的故居以及后人的情况，询问无果后，我决定去档案馆。

来到档案馆，我向工作人员说明了来意，但是他告诉我这里没有个人档案，只有一些大事的记载……

虽然没有找到几位老校友的故居以及后人，但我也算是收获颇丰，找到了许多网上没有的资料。

令人又遗憾又诧异的是：无论是在图书馆、档案馆还是县志办，都没有找到关于秦治安的丝毫信息。询问工作人员时，也没有人听过这个名字。

2015 年 7 月 19 日　星期日

本来计划今天在家整理资料的，但是昨晚爸爸突然说他的朋友邀请我们一起出去玩，所以今天我们来到了位于铜川市照金镇的陕甘边革命根据地纪念馆。

在馆中我们看到了很多发生在这里的故事、留在这里的物品，当然主角要数习仲勋了。本来只是想多了解了解习仲勋的生平，但是在参观过程中我们无意中就看到了李秉乾先生写给团中央的一封信，这实在是令人欣喜的一件事情。

2015 年 7 月 20 日　星期一

今天，根据计划，我要去南郊中学和民治中学进行老校友的寻访。

我和爸爸一起来到了三原县南郊中学，也就是于右任先生于 1919 年所创建的渭北中学，希望在此能得到一些关于曾在这里读书的李秉乾、马文彦的资料。但是令人失望的是，现处于暑假期间，学校各部门都在休假中，我们无法获得任何资料。于是我们又转道去了同为于右任先生创办的民治中学，希望找到一些秦治安的资料，然而结果相同，学校依旧放假。

在这两处寻访无果后，我们又来到了于右任故居和于右任纪念馆，因为以上老校友都多多少少和于右任有过交集，所以我们也希望能在此获取一些信息。

在缅怀于右任先生的同时，我也在于右任纪念馆中找到了王陆一、马文彦的信息：在"国民联军驻陕总司令部组织人员表"中记载，于右任为总司令，王陆一为办公室主任，马文彦为办公室秘书。

结束了这一天的寻访后，爸爸在网上看到了王陆一先生的照片，他当时就说有些面熟，像是他一个同学的爷爷。到了晚上，爸爸告诉我他的初中同学和王陆一先生确实是有亲戚关系的。这个消息来得太让人激动和兴奋了！

现在就等爸爸和他同学联系好时间进行寻访了！

2015年7月26日　星期日

昨天爸爸和他的初中同学王绵阿姨联系好了之后，我们决定今天晚上去其家中进行访问。到了王绵阿姨家后，她热情地接待了我们，并且将我们所需要的、她所有的关于王陆一先生的资料全拿给我们看。其中有两本关于于右任的书和南郊中学的宣传资料都有提及此次寻访的对象。

在看完这些资料之后，我开始对王绵阿姨进行访问。她说那个年代的事情太久远了，对当时那代人知道得比较多的是她的姑奶奶，但是遗憾的是老人在前几年就已经去世了。而王绵阿姨本身对王陆一并没有太多的了解。当我问到她与王陆一是怎样的亲戚关系的时候，阿姨说："我记得我姑奶奶以前是把他叫哥的，他（王陆一）应该是我祖父的三哥，应该是堂兄弟的关系。"

随后，在跟王绵阿姨的聊天中我得知王陆一先生还有一个女儿，目前在美国经商，并且曾和她的哥哥王纯先生有过生意上的合作。于是，阿姨拨通了王纯先生的电话，由我和他在电话中进行交谈。

王纯先生在电话中告诉了我很多关于王陆一和其女儿的事情：

王陆一早年一直没有孩子，在其40多岁时才有了一个女儿，因在湖南芷江出生，故名王芷来。女儿王芷来还有一段时间受于右任先生抚养，可以说是于右任先生带大的。

后来王芷来女士同丈夫章功申在美经商，其公司名为美国玖达世界贸易公司，其丈夫章先生任总裁，她为副总裁。原地址在美国佛罗里达州，后迁至密西西比州。（后来我曾让在美国的朋友帮忙找过这个公司和地址，但是什么都查不到了，估计是他年龄大了，不干了。）

同时，王芷来女士还是一个相当爱国的人，大约在20世纪90年代刚刚改革开放时，王芷来曾回到祖国进行一些商业往来，在中国三地投资工厂，分别为：和西安西京电子公司合资的中美先锋电器陶瓷厂（但早已破产）、淄博先锋陶瓷厂和唐山先锋陶瓷厂。西安的工厂曾经生产过电器陶瓷元件，但后两个工厂却是没能运转起来。

除此之外,王芷来女士还多次在哥斯达黎加投资,常去哥斯达黎加总统家做客,在促成中国与哥斯达黎加建交这一重大事件上面作出了巨大的贡献。

"虽然在 20 世纪 90 年代我和王芷来有过生意上的往来,但是那次生意做完之后就再也没有联系了,算起来也快 20 年了,估计连人还在不在都不清楚了,若是还在估计都有七八十岁了,这些都很难说。他好像还有个儿子,之前是在纽约上大学,但是现在在哪我也不清楚了……"

后来挂断电话之后,王纯先生发来一张照片,内容是当年他同王芷来生意交流的一份文件。

从上述信息中,我们不难看出王芷来女士同她父亲一样,都是极具爱国情怀的仁人志士,而在与王纯先生和王绵阿姨的交谈中,我也能感受到他们对王芷来深深的崇敬之情。

并且,王纯先生还告诉我多日来寻访无果的王陆一先生墓地所在的地点:陕西省泾阳县,关中环线斗口农场西约 600 米(路北 300 米农田处)。

三、寻访感悟

曾听过一首歌,里面的歌词中有这样一句:夜已央,天已亮,白昼隐没了星光。

这也是此次寻访触动我最深的部分。当夜幕降临,一片黑暗,此时的星星,哪怕只有一颗两颗,都会显得格外明亮;可是当白昼到来,天地一片光明,谁还会看到那些星星点点的微光?谁还会想起曾在黑暗中给人带来无限希望的星光?

在这次寻访过程中,我自己也了解了很多关于那个革命年代的事情。这短短几天的时间,我仿佛是旁观了一遍他们的人生足迹。虽然那个年代是混乱的、黑暗的,但是就是在那漫漫长夜中,他们坚定着救国救民的信念,努力地为祖国建设与和平事业奉献着自己,尽管只是微弱的光亮,也足以让他们为之头破血流、肝脑涂地!在那个年代,更有于右任等仁人志士在革命的同时不忘办学兴教育,这更是对中华民族复兴的巨大贡献。虽然如今那些学校已不复当年荣光,但当初在乱世仍不忘教育的这种理念、信念才是更值得我们当代人去学习和传承的,正是我们所说的"再穷不能穷教育"。

太阳初升,白昼却不应该隐没星光。王陆一、马文彦、李秉乾、秦治安,他们不应该只是作为老上海大学的校友而被我们缅怀,更应该作为爱国志士、榜样去被人们铭记。他们不正是如今和平时代被白昼隐没的星光吗?黑暗年代一去不复返了,但这并不意味着这些时代的巨人也要葬身历史的洪流;如今山河犹在、国泰民安是对他们这短暂却光辉的生命最好的回应。

点评

  这是一份少有的全方位寻访的报告。在几年的寻访活动中，根据每位同学的家庭地址，我们会提供其家乡附近的多位寻访对象，由学生根据具体情况去选择合适的寻访对象。当然我们也希望学生能尽可能多做一些寻访，毕竟失落已久的上海大学师生信息的重新挖掘本身就是十分有价值的。但大多数学生是选择其中一位去寻访。而刘斐所提供的是唯一一份体现"全面撒网，重点捕捞"原则的寻访报告。

  其中，王陆一作为于右任的秘书，以学生身份进入上海大学，实则是于右任在上海大学的助手，一生追随于右任，其资料虽然零散，但也不难寻找。难能可贵的是，刘斐在这次寻访中能找到王陆一的亲属，是机缘，也是努力寻找的结果。

  至于马文彦和李秉乾都曾参与中国共产党的早期革命活动，后因种种原因转为民主党派，因而对于他们的事迹的宣传和挖掘是欠缺和不足的，故所能找到的资料也是有限的。而秦治安则一直从事地下工作，虽然与王超北、艾稚青（曾为上海大学学生）同为中共西安情报处的重要成员，但他仍属于"单独行动"者。也许是其长期隐蔽战线的生活习惯，他的个人身份信息即便是建国后，也少有披露。所以，寻找起来十分困难。

  虽然这些寻访对象，在不同的历史时期都曾为国家民族作出过贡献，但对于众多不是历史爱好者的年轻人来说，他们却成了早已被人遗忘的过去。经历了这次寻访，学生一个非常重要的收获就是体会到：这些寻访对象，"不应该只是作为老上海大学的校友而被我们缅怀，更应该作为爱国志士、榜样去被人们铭记"！

党的老一辈革命者
——寻访李宇超

霰文卿　社会学院2014级

缘　起

大学第一年匆匆而过,夏季学期的一天,专业分流刚刚结束,我和往常一样,浏览着上海大学社会学院公众微信号里新推送的内容。那天的推文与平日的内容似乎有些不同,"寻访老校友"的大标题让我的目光停留,在浏览了推文全部内容之后,我了解到这是一个可以返乡就近实现的暑期社会实践项目。怀揣着对社会学院的新鲜感以及对初次尝试暑期社会实践的兴奋心情,我决定报名参加这个项目,心想不管结果好坏与否,都是对自己的一次锻炼。

报名之后,负责本次社会实践项目的学长陈少林通知我们参加该项目的指导老师耿敬老师以及之前做过本项目的学姐们的指导与经验分享交流会。讨论会中,耿敬老师讲述了寻访的方式和意义,以及值得注意的相关事项;学姐们则讲述她们进行该项目时的经历,这些都给了我很多启发与引导。

由于我住在山东东营,所以我选取距离自己最近的山东诸城作为调研地,选择李宇超先生作为寻访对象。在将名单提交之前,我试图在网上查找寻访对象的相关资料,不知是不是同是校友而且又同是山东人的某种特殊联系,我心中的自豪感油然而生。

　　李宇超(1906—1968),字任西,号越公、羽超、语超、域超,曾化名杜少野、袁少白、李筱毓、刘仲民、刘秀民等,山东省诸城市人。
　　1921年,考入济南正谊中学。
　　1924年,加入社会主义青年团,后加入国民党,参加了国民革命军。
　　1925年,考入上海大学。"五卅"惨案发生后,与孟超、张少卿等一起赴济南宣传上海反帝斗争形势,继之回到诸城,组织成立"五卅"惨案后援会。10月,调中共中央第一期军训班学习,同时转为中共正式党员。结业后任中共中央山东省军事特派员。

1926年夏,调上海大学工作,兼任浦东军事工作员并负责商务印书馆的工会工作。

1927年2月,任中共英租界沪中部委委员、宣传部长,参加了周恩来领导的上海工人武装起义。

1929年后,先后在中央组织部、中共行动委员会、中央军委、中央宣传部等部门工作。1934年任中共中央上海局秘书长。

1935年,调陕北苏区,中途返沪失掉组织关系。

1936年8月,恢复联系。抗日战争爆发后,先后在中共中央组织部工读学校、中央政治研究室、延安交际处、行政院高级研究班等单位工作。

1944年冬,随王树声纵队南下,先后任中共豫西地委委员、宣传部长、中原军区第一纵队联络部副部长等职。

1946年,回到延安。

1947年春,参加陕北土改工作团,7月随刘邓大军挺进大别山,任中共罗麻工委委员兼工作队长。1948年任中共河间地委副书记兼宣传部长。

1949年,任华南大学副校长兼党委书记。

1950年,调回山东,先后任中共山东分局统战部副部长、山东省政府副秘书长、副省长等职。

1962年,调中共华东局任秘书长兼机关党委书记。

1968年,被林彪反革命集团迫害致死。

1979年3月,中共上海市委为其平反昭雪,骨灰被安放在上海龙华公墓。

在网上查过资料后,我向耿敬老师请教一些问题,老师提及刘淑琴是李宇超的妻子,她也是上海大学的学生,只不过名单上写着她是桓台人。不知为何,我心中一股兴奋之情无法抑制,或许是想到这两位20世纪20年代的人物竟然因为上海大学的关系与我这样普通平凡的大学生产生联系。我即将踏上寻访两位老校友的路程,不知隔了这么久远,他们的踪影我能寻摸到吗?

2015年7月20日 星期一

订好了明天去诸城的车票,我今天上午便收拾好行李。今天正好是周一,想必大家都开始上班了吧。我找出本子,上面密密麻麻写着我要寻访的相关机构的联系方式。我先拨通了诸城市史志办的电话,进行自我介绍并阐述寻访目的,希望他们能够帮助我顺利完成本次社会实践项目。对方的回答让我明白这次寻访并不会特别容易,"我们史志办是2008年刚成立的,只有从2008

年往后的资料记载,之前的资料恐怕是没有,况且你要找的资料是20世纪20年代相关人物的,这估计很难啊。"由于在网上没有查找到当地党史办的电话,于是我向对方询问党史办的联系方式,向他们问问看,对方热情地给了我联系方式后,叮嘱我说"可能党史办也是没有的"。怀着一丝忐忑的心理,我决心打一通电话问问,但结果如出一辙,党史办也因成立时间不久,缺少相关资料。但是当我提起我要寻访的人物名字时,对方一句话让我低落的情绪有些起伏,"我看到过李宇超这个名字,我们这里有一点资料,但只是书面上的文字,有可能图书馆会有相关信息。"于是我转而向图书馆询问,办公室人员十分热情,将馆长的联系方式给我,之后我与馆长进行短信沟通与电话联系,将所要查询的人物名字发送给她,希望她能够帮助我查找到相关信息。

通过询问其他相关工作人员,我了解到诸城并没有革命史迹陈列馆,李宇超的故居也随着历史的变迁没有保存下来,墓地不在本地,后代更是在外地居住生活。这些都告诉我,明天的调研不会非常顺利,但是既然选择了这个任务,一开始就要明白这条路上会有许多困难需要面对和克服。艰难险阻更能激发我寻访的动力,也让寻访之路更多姿多彩。

2015年7月21日　星期二

乘大巴经过四个多小时,我到达了诸城汽车总站,由于之前跟史志办、档案馆等部门联系过,所以我下了车便与同伴直奔第一个目的地——档案馆。

诸城市档案馆负责接待我的工作人员是一个约莫四五十岁的中年男子,模样和善,让我打消了曾以为的被无情拒绝的顾虑。我向这位工作人员说明了来由并出示了学院提供的介绍信之后,他非常热情,并支持鼓励我们大学生多做这样的社会实践项目,他边说边拿出一本《诸城市志》,翻到"人物篇"这一章节,其中有李宇超先生的资料记载。

> 李宇超(1906—1968),字任西,别号越公、羽超、语超、域超,曾化名杜少野、袁少白、李筱毓、刘仲民、刘秀民等。诸城市万家庄乡东臧家庄人。1919年求学于县立高等小学,1921年考入济南正谊中学,1924年由王尽美介绍加入社会主义青年团。此后在济南、上海等地从事学生、工人运动。后遵照党组织指示加入国民党,参加了国民革命军。1925年考入上海大学社会科学系学习。"五卅"惨案发生后,积极参加反帝斗争,到处进行反帝宣传,故被英帝巡捕逮捕,获释后又奉党组织委派与孟超、张少卿等一起赴济南宣传上海反帝斗争形势,继之回到诸城,会同国民党县党部组成"五卅"惨案后援会,组织领导学生开展游行示威、查禁英货日货等,对诸城反帝爱国运动的开展,起了很大推动作用。

1925年10月调中共中央第一期军训班学习,同时经何昌介绍转为中共正式党员。结业后奉派济南任中共中央山东省军事特派员。1926年夏调上海大学工作,兼任浦东军事工作员和商务印书馆的工会工作。翌年2月任中共英租界沪中部委委员、宣传部长,参加了周恩来领导的上海工人武装起义。1929年后调中共中央工作,先后在中共中央组织部、中央行动委员会、中央军委、中共中央宣传部等单位工作。1934年任中共中央上海局秘书长。1935年因调陕北苏区中途返沪失掉组织关系,后经鲁迅转信,于1936年8月又同党组织重新取得联系。抗战爆发后转赴延安,先后在中共中央组织部工读学校、中共中央政治研究室、延安交际处、行政院高级研究班等单位工作。1944年冬随王树声纵队南下,先后任中共豫西地委委员、宣传部长、中原军区第一纵队联络部副部长等职。1946年调回延安,次年春参加陕北土改工作团。7月随刘邓大军挺进大别山,任中共罗麻工委委员兼工作队长。1948年调任中共河间地委副书记兼宣传部长。1949年调华南大学任副校长兼党委书记。1950年调山东先后任中共中央山东分局统战部副部长、山东省政府副秘书长、副省长等职。1962年调中共中央华东局任秘书长兼机关党委书记。1968年逝世。1979年3月在上海龙华革命公墓举行了骨灰安葬仪式。

——摘自《诸城市志》(1840—1987)第737—738页

  我翻阅了一下《诸城市志》这本书,翻到前面几页,看到这本书的编撰人员姓名,于是我问道:"是否能联系到编撰这几本书的人呢? 通过哪些渠道可以找到他们? 或者我是否可以找到李宇超先生的后代了解更多的信息呢?"对方皱了下眉答道:"写这本书的人有一位姓邹,年纪挺大了,现在过了很多年了,也不知道……唉,估计是很难找到了吧! 我这边没有他的联系方式。而且他的后代都在外地,也联系不到他们。"心里还是有一些惋惜的,谢过那位工作人员之后,我决定去档案馆碰碰运气。

  档案馆和史志办在同一所大楼里,上了三楼便可看到史志办的牌子。面前与我交谈的是一位30岁左右的工作人员,上来我就直奔正题,对方也说了解李宇超这个人物。在交流中我得知他是编撰《诸城市志》这本书的人员之一,《诸城市志》一共有两版,第一版记载的是1840—1987年间的主要人物与事情,第二版记载的是1988—2007年的大事件,他是编写第二版的人员之一。"我们史志办是1982年成立的,1993年被撤销,2008年恢复成立。这本书的第二版也就是1988—2007年间的人物篇也只是把上一版的原封不动地搬下来,如果这些年间有著名人物出现我们会进行补充。所以我估计现有的资料会很少,其实各地也是大同小异的,对于这些很久远的资料保存得不好,这还是体现了人们对历史文化的不够重视啊。"我问及有没有其他机构，比如党史办，有李宇超先生资料的记载，他回答道："党史办和我们是一样的，也是刚刚成立，你到那里去找资料的话，他们也只能够提供出《诸城市志》的资料吧。"

虽然经过一下午的寻访收获的资料并不是很多，但是毕竟没有空手而归，自己也搜集到了一部分资料，希望明天的寻访能够顺利吧。

2015 年 7 月 22 日　星期三

这是寻访的第二天，虽然诸城没有革命史迹陈列馆，但之前我在网上查到这里有一个诸城市名人馆，于是我决定到那里看一看是否能够找寻出一些信息。

名人馆不需要购买门票，身份证登记后就可以凭票进入参观。我这次来的目的性比较强，遇到工作人员就问是否有李宇超先生的资料展示，工作人员给我指了方向："二楼北厅就是了。"

找到李宇超先生的展板后，我向馆内的工作人员说明自己的身份与前来拜访的目的，并问能否提供讲解，工作人员答道："目前的资料就只有面前的这小块展区，我们负责管理这一块，没有其他的人负责讲解的内容。"于是，我转头仔细观察身后展区的文字资料、图像资料和他的生前遗物，我生怕遗漏下什么信息。

展区的文字信息与我之前搜集到的资料内容大致相同，所以我重点观察图像资料以及他生前的遗物。一张张图片记录了李宇超先生的点滴：1919 年 15 岁的李宇超在济南正宜中学读书的照片，1927 年与刘淑琴结婚的照片，1930 年与刘淑琴在上海的照片，1946 年 1 月中原突围之前的留影，1949 年与次子李晓光在济南的照片，1951 年华东统战大会于上海的合影，1955 年在北京、1956 年在济南与家人、邻居的照片，与诸城茂腔剧团演职员的合影。玻璃柜中仍然保存着李宇超用过的砚台、毛笔、眼镜，以及茶壶、饭盒、大衣、绷带，还有李宇超读过的《毛泽东选集》(1945 年晋冀鲁豫出版社出版)。不管是黑白色照片抑或年代弥久的泛黄老照片，还是保存至今的生前物品，都清晰记录了李宇超从年轻到暮年的一路经历与变化，保留下了对李宇超的记忆。

2015 年 7 月 23 日　星期四

因为之前我与图书馆馆长进行了联系，对方在我到达诸城前就已将资料找好，寻访第三天我便直奔图书馆。

图书馆庞馆长说有关李宇超的书这里有两本，《诸城市志》和《中共党史人物传》，但第二本与我之前看过的《诸城市志》相差无几，只是书中的一块文字有他的记载，并且文字资料的内容是差不多的。

因为无法继续寻找到后人以及相关知情人士以更加细致地了解李宇超先生的日常生活,只有一些文字和图片资料,所以寻访也接近尾声。然而我心中夹杂着各种纷繁心绪,除了对李宇超先生同是山东人及同是上海大学学生感到骄傲,对他投身革命的英勇精神感到敬佩之外,也有扼腕叹息之感。虽然书中仍有李宇超先生的生平记录,但时间逝去之后,留下的东西仅仅是眼前寻到的这些。故居被夷为平地,用作其他商业化用地,再加上人物的个人资料不够丰满,李宇超这个人物形象展现给我们的也只是一纸文字的模糊印象。不仅是李宇超,还有更多的人物,他们为国牺牲,出生入死,而留给后人的却是越来越模糊的记忆,这不仅是对历史人物的不重视,也是对文化的不重视。当我们谈及革命英烈时,希望大家铭记李宇超和更多为革命事业奋斗的先辈们的名字和事迹。

大多数的寻访都是这样,没有多大的波折,也没有太多的惊喜,按照现有的线索追寻。寻访者获得纪念馆或烈士陵园提供的简单信息,似乎寻找到了一些信息,但又显得比较寡淡,只有生平简介(有时还不全),缺乏生动鲜活的故事情节。寻访似乎结束了,但又让人觉得意犹未尽;寻访者似乎了解了一位过去不曾认识的人,但其形象仍是模糊不清。

李宇超解放后作为山东省副省长,如今对众多人而言已是一个模糊的存在,而其夫人刘叔琴(牛淑琴)虽然是山东省第一位女党支部书记,但更是一位比较神秘的人物。这也许与他们曾经的"中央特科"经历有关。

如何将这些日趋模糊的历史记忆重新唤醒,使之逐渐清晰起来,并成为我们时常不断追诉和重温的故事,注入我们的精神世界,作为一种信仰和奋斗的动力?寻访或许是一种路径。

为国捐躯的抗日英烈

——寻访朱云光

张靖文　社会学院 2014 级

2015 年的暑假,我们上海大学部分同学进行了一次关于 20 世纪 20 年代的上海大学校友的寻访,我的寻访历程,是从 8 月 15 号开始的。

由于我寻访的老校友朱云光为山东黄县人(今山东省龙口市),其家乡距离我的家乡有 4 个小时车程。考虑到方言困难和路程遥远,我决定前期采取网络搜索和电话咨询两种方式来提高寻访的效率。

我首先通过百度搜索"朱云光",百度百科关于朱云光的记录比较简略,除了 1911—1934 年的生卒年份外,朱云光还拥有朱恩光的别名,幼时在当地读过一段私塾。1926 年进入上海大学就读,1927 年在上海、广州等地参加学生运动,再以老上海大学 1922—1927 的存在时间看,可以推断朱云光只在老上海大学学习了一年,并且是老上海大学最后一批学生,百度百科的其余内容主要是被派往吉林后朱云光的活动。

百度百科中有两点引起了我的注意:一是他 23 岁牺牲,可能没有直系后代,但是由于是贫苦农民出身,所以可能家中会有兄弟姐妹;二是他主要活动并不在家乡,所以家乡资料有可能不是很全面,甚至故居、烈士陵墓等寻找难度可能也比较大。这两点给此次寻访的结果蒙上了阴影。

然而,在快速翻阅至百度搜索的第三页时,我有了意外之喜,有一条"珲春抗日民族统一战线的先行者——记中共珲春县委第一任宣传部长朱云光"的记录,让我十分兴奋。

这篇文章来自"珲春党建网",与朱云光曾经宣传部长的经历十分吻合,我点开这篇文章,事实证明这篇文章的主角正是我要寻找的朱云光。这篇文章比较详实地记述了朱云光同志在被派往东满地区后的经历和成就。大体可以概括为:朱云光 15 岁(1926 年)离开家乡进入共产党创办的上海大学求学,并在上海大学受到马克思主义思想的感召,积极参加学生活动,并加入共青团组织。1927 年"四一二"反革命政变后,为保存党的有生力量和发展东北革命势力,朱云光和一批党团员来到了东北,并在 1930 年正式加入中国共产党,被派往吉林省珲春县委担任第一任宣传部长的职务。朱云光利用"卖货郎"的身份进行掩护,在农民群体中宣传革命思想,广大农民的积极性被调动起来。朱云光在大荒沟、清水洞等地先后建立了"反日会""互济会"等各种群众性的组织。在"九一八"事变前,珲春反帝反封建压迫的斗争如火如荼。1931年"九一八"事变后,朱云光被调到中共东满特委任巡视员。1932年,身为共产党员的朱云光深感责任重大,自发组织了一只十几人的珲春游击队。为了游击队的发展,同年9月,朱云光带领自己的游击队加入了当时另一股较大的抗日力量——救国军第五混成旅王玉振部。救国军和游击队并非毫无龃龉,救国军对游击队中的朝鲜族队员偏见很深,王玉振对朱云光也存有疑虑。朱云光作为领导,利用自己的行动,向救国军的长官和士兵进行抗日教育,最终争取了救国军的信任,建立了进行抗日宣传和发展党组织的政治部,并任政治部主任,尽管政治部最后解散了,但影响一直存在。朱云光的政治部也成为东满地区较早开展统一战线工作的范例。1933年2月,王玉振部投降日军后,朱云光英勇机智,将游击队力量安全转移。1933年7月,任中共珲春县委书记。1934年夏,调回中共东满特委任秘书长。同年,参与组织抗日联合军指挥部,任副总指挥,将东满10多支抗日武装联合起来共同对敌。1934年秋,为实施特委粉碎敌人秋冬季"讨伐"的计划,深入各县部署检查,十分紧张。同年,朱云光在安图县境与敌遭遇,交战中身负重伤,被敌搜出后刺死,牺牲时年仅23岁。

由于是珲春党史办整理的资料,整篇文章侧重于讲述朱云光作为共产党的事迹,但在字里行间中,也不难感受到朱云光的个人特点:高个偏瘦的体型,叫卖货物时的南方口音,当地汉族群众唤他"朱大个子",朝鲜族群众则送他美称"都尔都立"——大眼睛。"遇有饥荒病痛,他便倾囊相助,谁家有了难事儿,他都主动帮忙,担水劈柴、种地打场样样都能伸上手。甚至家长里短的细碎小事儿,也要他去帮忙调解。"在部队供给困难时,省下口粮交给队员。他是一个机智勇敢,充满爱国热情的标准共产党员,同时也是一个朴实善良的热心肠。

我在网上继续搜索"朱云光 上海大学",却没有获得什么有价值的信息。当我再次输入"朱云光 黄县"时,发现朱云光主要是出现于记录东北抗日英烈事迹的相关文章中,而事迹大同小异,看来珲春党建的纪念性文章中关于1930年后的朱云光事迹已经十分完整了。

这时,我前往黄县寻访的主要目的就变成了寻找朱云光后人、陵墓、故居和加入共青团之前的活动了。

与网上的惊喜发现不同,现实似乎不容乐观。在咨询了龙口相关方后,我得知烈士陵墓里并没有朱云光或者朱恩光这个人,当提到故居时,工作人员表示可能性也不是很大。在珲春党建上拥有纪念文章的朱云光,似乎在家乡并不是十分出名。

然而这个时候,事情又突然出现了转机。在与隶属公安系统的父亲交流过后，他为我指明了一条新的方向——民政局优抚科。我上网查找了优抚科的职责：优抚科主要负责全县优抚对象的抚恤、优待、补助等工作，审核报批遗属补贴。褒扬革命烈士。负责全县部分复员军人、退伍军人、伤残军人、现役军人、"三属"优待金的兑现和优待基金的管理使用工作。指导烈士纪念建筑物的管理工作和县光荣院管理工作。负责开展全县"双拥"工作。负责全县残疾军人、伤残国家机关工作人员的管理及伤残级别的报批调整。

从职责中可以看出，如果朱云光有后人，那么应该可以从这里寻找到，不知为何，这个是老师和学长学姐们都没提到过的一个新去处，可能是南北方的差异？不管怎样，这也可以作为给后来者的一个经验。

与此同时，我在网上得知龙口市图书馆中的地方文献和党史资料比较丰富，于是我将它也作为一个寻访地点。

自此，寻访地点大体确定：龙口市图书馆、龙口市民政局优抚科、龙口市市委党史研究室。

8月20号，我坐车前往烟台龙口市，经过4个小时的车程后，我首先到达了龙口市图书馆。在出示介绍信后我借到了地方文献阅览室的钥匙，进门以后，我发现了《龙口市党史资料》全集、《龙口市文史资料》全集、《中央龙口市党史大事记》全集、《龙口市革命英烈传》《永垂千古——胶东革命烈士事迹选》《中国共产党组织史资料汇编》等书，资料十分齐全，这让我抱有很大希望。然而，翻阅了全书后，我也并没有找到朱云光其人。在了解了朱云光的大体经历后，图书馆工作人员表示，主要活动不在黄县的党员资料并不是很齐，这正好应和了我最初看到百度百科的顾虑。但其实在翻阅以上书籍时，我也发现了和朱云光同时期的、原籍黄县、在沈阳牺牲的烈士，看来没有朱云光的资料，有一部分原因也是因为朱云光的名气还不够大？

离开了图书馆后，我又抱着希望前往龙口市民政局，当优抚科工作人员拿出《龙口市革命烈士英名录》时，他问我朱云光是哪个村子的，这可难住我了，幸好"朱"在黄县当地并不是大姓，只有"石良公社"和"七甲公社"有朱姓村庄，我于是重点寻找了这两个公社的资料，然而，这两个公社也没有"朱云光"的名字，工作人员说这本《龙口市革命烈士英名录》记录比较完整，没有朱云光的名字，有可能是因为朱云光已经没有依然在世的家属。好不容易获得的新线索也这么断掉了。

前往党史办的结果同样是失望，由于龙口市党史办所收集的党史是从1930年开始，而且主要是当地的党史，所以朱云光的资料党史办也没有收集。

龙口寻访之行几乎一无所获，只有朱云光同志可能曾经属于"石良公社"和"七甲公社"这一模糊的线索。就在我准备开始撰写报告时，另一件令我意想不到的事情发生了。

8月25日，在我上网搜索朱云光的资料以防遗漏信息的时候，我发现了一条 8 月 24 日的新闻：

"新华网北京 8 月 24 日电 为永远铭记抗日英烈的不朽功勋，弘扬伟大的民族精神和抗战精神，经党中央、国务院批准，民政部 24 日公布第二批在抗日战争中顽强奋战、为国捐躯的 600 名著名抗日英烈和英雄群体名录。"

名单中，就有朱云光的名字："朱云光（1911—1934）东满抗日联合军指挥部副指挥"。

还有同样是 8 月 24 日发表的，网友刘专所写的《东北抗日联军英雄谱（十一）》中的一首《清平乐·朱云光》：

> 雄心壮志，奋斗求真理。革命征程身奋起，全力猛歼倭鬼。 白山松水鏖兵，军民众志成城。血战安图英勇，受伤壮烈牺牲。

自此，寻访真正接近了尾声。寻访中，有柳暗花明又一村的惊喜，也有一无所获的失望。尽管没有在龙口找到朱云光的陵墓与故居，但是最后的结果也足以抚慰烈士的英魂。

点评

关于朱云光的信息，目前上海大学的相关资料中都没有记载，因为上海大学特殊的历史遭遇，许多资料多有散失，老上海大学的学生信息保存得不全一直是常态。许多学生甚至教师的信息都是在不断挖掘中发现的。

中国现代革命史的许多重要事件中，都闪现着上海大学师生的身影，不仅在南昌起义、广州起义、秋收起义，甚至在马占山领导的抗日武装中也有上海大学的学生（李继渊）。而在东北抗联中还有一位名叫朱云光的上大学子的存在，这让人感叹上海大学的影响波及之广。

从目前有关朱云光的资料中可以看到，朱云光的事迹主要体现在他在东北的抗日活动，作为其家乡人的张靖文，要在龙口找到有关他的新的、有价值的资料，应该是比较困难的。由于多年寻访活动一直没有来自吉林珲春的学生参加，也只好让来自龙口的学生去尝试一下了。

其实，作为"东满抗日联合军指挥部副指挥"的朱云光，我曾试图查找他属于东北抗联中的哪个系统，结果也不甚了然，我甚至也曾怀疑他的存在，直到民政部公布第二批"抗日战争中顽强奋战、为国捐躯的 600 名著名抗日英烈和英雄群体名录"中有朱云光的名字后，我们才确定他不是一位以讹传讹的虚幻存在，确是一位真实的英雄。

张靖文的寻访，不出意料地没有发现新资料，但寻访让我们重新认识了一个几乎被历史遗忘的上大学子。

艺术的世界里永无困苦
——寻访陈抱一

黄　磊　社会学院 2014 级

缘　起

在接受这一个暑期校友寻访任务之前,我并不知道陈抱一其人。通过耿敬老师的初步介绍我得知陈抱一是著名画家,曾在上海大学美术系任职教授,可以说是上大的校友。后来我去了一次溯园,在溯园的石壁上发现了陈抱一的名字,他在 20 世纪早期是著名的画家,可以说是中国现代美术事业的奠基人,他将自己的知识与技术传授给了许多学子,有较高的文化素养,又兼具育人之心。

过　程

2015 年 7 月 15 日　星期三

在实地寻访陈抱一的故居之前,我先在网上寻找他的资料,得到的结果是令人欣慰的,网上对他的介绍较为完整。从中我得知 1893 年陈抱一出生于上海的富裕人家,充足的资金以及父母的支持帮助他走上了自己喜欢的绘画道路。陈抱一由张聿光启蒙绘画,早年在周湘开办的布景画传习所学习绘画,后两次入日本习画,第二次考入东京美术学校(日本最高美术学府东京艺术大学的前身),跟随藤岛武二学习。藤岛武二是 20 世纪早期对中国赴日学习绘画的学生影响最大的画家,诸如王悦之、汪亚尘、朱屺瞻等都师从藤岛武二。通过跟随其学习,陈抱一等人的绘画都带有印象派风格,成为当时中国现代美术的拓荒者。

1921 年陈抱一学成回国后,希望将自己的绘画知识与技巧教授给其他的学生。因此,他一方面继续画自己的画,另一方面将自己的家,即"陈家花园"改造成了油画画室,接收学习油画的学生。同时,陈抱一还在多所学校任职美术教授,他曾应吴梦非、刘质平、丰子恺之聘执教于上海艺术专科师范学校;应许敦谷之聘执教于私立神州女学美术科;应洪野之聘任教于上海大学美术科。随后在1925年,以陈望道、丁衍庸为首组办中华艺术大学,陈抱一任主任委员。自1921年其回国到1931年之间,可以说是陈抱一的绘画事业的顶峰时期,在这期间,陈抱一不仅任职于各大学教书育人,同时也创办"墨社"等组织,和其他画家研究绘画,还著书将自己的经验流传给后人,其著作有《油画法之研究》《静物画研究》《人物画研究》等。陈抱一以自身的博学多才、严谨认真的教学态度和对学生的循循善诱、认真负责在当时的美术界享有很高的声誉。

这样一个认真严谨的画家、教授却没有得到历史的善待,1932年日本侵略者发动"一·二八"事变,使上海一夜之间几乎变成废墟,上海艺专校舍和"陈家花园"均被战火摧毁,陈抱一既失去了工作,又丢失了大部分作品。在这里不得不提的是陈抱一的妻子,她是陈抱一在日本留学时认识的日本姑娘。日本侵略战争的掀起使陈抱一的身心都受到了极大的伤害,他早年师从日本画家,又迎娶了日本姑娘为妻,可以说他与日本之间关系是相当紧密的,但一时间中日成为敌人。为了掩盖妻子的日籍身份,陈抱一不得不携妻子避难于上海郊区的亲戚家,至此陈抱一的生活也由原来的富足变成了贫困,但其生活在1937年上海全面沦陷后变得更加艰辛。当时许多文艺界好友们纷纷退避回内地,而陈抱一因为日籍妻子的关系只能留守在上海,好在有以前受益于他的学生们常常资助他,尤其是陈抱一的弟子关紫兰更是不遗余力地帮助他。尽管环境不济,生活艰辛,陈抱一仍然执着于他的绘画事业,现今藏于上海玉佛寺的《弘一法师画像》以及著作《油画法之研究》《静物画研究》《人物画研究》也都完成于那段时间。陈抱一从来都是高傲的,他喜爱绘画,他画画从不是为钱,或者说他在此之前从来没有为钱而活过。但是"一分钱难倒英雄汉"从来都是现实,为了养活自己的妻女,陈抱一不得不以画换钱,接受别人的委托订制。但是世俗中的人又怎能理解他的绘画艺术呢,委托人的一再挑剔和不尊重给予了陈抱一精神上极大的打击,精神上的绝望最终导致了肉体上的病痛,最后,陈抱一病逝于1945年,即抗日战争胜利的前夕,当时的他年仅52岁,在这个年纪上本应才思泉涌,他却怀着痛苦离去,他的离世对于中国早期的美术事业而言是极大的损失,他的才华、高傲最终都遗留在了1945年7月25日。

2015年7月17日　星期五

在耿敬老师给的校友名单中,寻访陈抱一先生的地方是青浦,但是通过网上的资料我得知陈抱一的故居即"陈家花园"位于现在的上海市虹口区,但是其早已被战火摧毁。通过资料我发现陈抱一及其妻子避难的上海郊区极有可能是青浦,为了验证我的猜测正确与否,我先去了青浦区的档案馆,向他们询问陈抱一是否曾经在青浦居住过,但是却没有查询到任何资料,随后我又前往青浦地方志办公室,但是得到的结果也不尽如人意。回到家后我询问耿敬老师是否有确切的资料显示陈抱一曾经在青浦居住过,耿敬老师告诉我可以去美协或者是画院寻找线索。

2015 年 7 月 20 日　星期一

前几天我在网上查询到上海美术家协会的地址后就前往位于延安西路的美术家协会,我本以为美协中会有关于陈抱一的一些信息,但是等我到达那里后,门卫向我询问了意图,我告知他,我想要查询关于画家陈抱一的信息,他告诉我这里属于政府机关,并不是查询的地方,遂不让我进去。至此我也没能查到关于陈抱一的其他信息。

2015 年 7 月 22 日　星期三

前几天我并没有在美协查到关于陈抱一的其他信息,我现在仅得知陈抱一的故居"陈家花园"已被战火摧毁,了无痕迹,而陈抱一等人创建的中华艺大旧址(位于今多伦路 201 弄 2 号)现作为"左联"纪念馆,关于中华艺大的痕迹不复存在。后来我从网上得知陈抱一曾经居住于霞飞坊 290 号(今南昌路中段的茂名南路淮海坊的大弄堂),于是我打算前往此处查看其故居是否还存在。我先是在淮海坊里走了一圈,想要找到 290 号,但是并无所获,后来我去了小区的居委会询问是否有陈抱一的故居,但是居委会工作人员并不知晓其人。尽管我从网络上得知陈抱一曾居住于此,却始终无法找到其确切的地址或是资料。而关于陈抱一的后人,从有限的资料中我得知陈抱一有一个独生女儿名叫陈绿妮,其是否健在未知,她曾将父亲的画作捐给中国美术馆。

2015 年 7 月 28 日　星期二

今天要做最后的总结了。这几天去了几个地方都没有寻觅到陈抱一的故居,这是令我感到很遗憾的。虽然我在出发前满怀期待可以查询到关于他的资料,但是事实总是相悖的,任何一个社会实践都不是简简单单的。令人欣慰的是网上有关于他的一些资料。这段时间看了关于陈抱一的资料,我可以想象这样一个博学多才而又心高气傲的世家弟子,他的前半生可以说是随心所欲的:凭自己的心意选择了自己喜爱的绘画,远渡日本学习绘画技术并且在那里找到了他的挚爱;而他的后半生则可以说是充满艰难的:生活不再富足,家园被毁,迁居郊区亲戚家,到最后不得不以画换钱。然而即使他深陷于世俗生活,他的艺术世界从不匮乏,他依旧画画,他的家依旧充满文学气息,家中也会挂上他的画。虽然他的现实世界充满坎坷,但是他的艺术世界里永无困苦。

点评

近年来,关于陈抱一的资料逐渐丰富,他的形象也越来越清晰,他的艺术理论著作也得以再版。

黄磊开展寻访工作之际,因为本人不从事相关的中国现代艺术史研究,对陈抱一的了解尚显不足,所以难以恰当合理地给予他有效的指导,一般都是按照日常经验给出建议。黄磊的寻访,也开始促使我有意地去了解和认识陈抱一,以及以陈抱一为代表的上海大学美术专业的师生。

作为"红色学府"的上海大学,我们今天对其关注的重点多是中国共产党的领袖们,或是投身革命事业、付出牺牲的年轻学子们,却对革命性"不显"的群体多有忽视。其实,如果忽视这个群体,我们是难以全方位地了解和认识上海大学的。作为一所革命的学府,于右任在出任校长时,即决定将其办成一所制造"炸弹"(即革命者)的学校,全校师生绝大部分不是革命的共产党(青年团),就是革命的国民党,都有意识地形成了反帝反封的革命意识。在这样的学府中,怎么可能存在着一股"悠闲"的非革命性的力量或群体呢?所以,多年来,我们很少去关注和挖掘这些艺术家(也包括一些国学学者)所具有的革命性。

其实,当初上海大学聘请的教师,除了国共两党中领导或参加革命的重要理论家外,还有一批具有革命性的艺术家和学者。只不过,这些艺术家的"革命性"多体现为"艺术革命"的特征,即在艺术领域的开拓精神和批判意识,同时他们也是新艺术形式的倡导者与教育家。同样,那些国学方面教师的"革命性"便主要是对传统文体的"革命",倡导文学革命实践,推动符合时代思想表达的"小品文"等新文体创新与发展。

虽然陈抱一的主要活动范围是在上海,但寻访到他的故居、遗迹或后人,实属不易。而若要从其艺术理论著作中重新认识他的艺术革命思想,这对于非艺术专业的学生而言是强人所难了。其实,即便从事艺术史研究的学者,也多是从艺术领域去理解和认识陈抱一们的,少有从其"革命性"去理解其价值的。

寻访,促使我们以一种全新的视角去认识和理解"陈抱一们"。

义乌的骄傲
——寻访陈望道

金俊红　社会学院 2014 级
代佳平　影视学院（现新闻学院）2014 级

缘　起

2015 年 6 月末，我收到了上海大学校友寻访招募志愿者的通知。我对于这种活动一直充满热情，于是立即报名参加了义乌地区的寻访。我十分意外地发现，义乌的名人陈望道曾经在老上海大学从事过教学和校政工作。惊喜之余，我开始深入了解陈望道和他在上海大学的那段历史。

过　程

我先在互联网上查询并整理了陈望道先生的简介和主要事迹：

陈望道先生简介：

陈望道，浙江义乌人。中国著名教育家、修辞学家、语言学家、民盟中央副主席。1891 年 1 月 18 日他出生于农民家庭，早年就读于金华中学，曾赴日本早稻田大学留学，回国后任教于上海大学、复旦大学等高校，1952—1977 年任复旦大学校长。他翻译了中国第一篇《共产党宣言》，担任过旷世巨著《辞海》总主编，撰写了《漫谈"马氏文通"》和《修辞学发凡》等专著。

陈望道先生主要事迹：

1920 年　所译《共产党宣言》出版，为中国首版中文全译本。

1920 年　与陈独秀等在上海组织马克思主义研究会，并参与社会主义青年团筹建工作。

1923 年　在上海大学兼任教学与校政工作。

1927 年　任复旦大学中国文学科主任。

1942 年　任复旦大学新闻系主任。

1949 年　出席第一届文代会、全国政协第一次会议。

1952 年　　被任命为复旦大学校长。
1958 年　　当选为民盟上海市主任委员;同年,当选为民盟中央副主席。
1975 年　　出席第四届全国人民代表大会,当选为常务委员会委员。

陈望道是义乌的名人,是义乌的骄傲。但是普通老百姓对他的了解并不够充分和深刻。以我为例,我一直听闻他的鼎鼎大名,但是对于他到底做了什么,却缺乏足够的了解。所以,我认为,虽然陈望道的事迹已经十分详细,我们还是有必要探寻一下他的生平。

2015 年 7 月 17 日　星期四

陈望道先生的故居在远离义乌市区的一个小山村里。村周围山峦重叠,邻着浦江县。因这里的水流分别流入义乌和浦江,故称分水塘。从我家到分水塘村,需要换乘两趟公交车,耗时 2 小时。在一个多云的天气里,我来到了陈望道故居。可能由于天气太热,当时故居里没有游人。故居呈四方闭合形,一进五开间,左右两厢房,有天井、花园,建筑精美,和北京的四合院有些相似。如今的宅院正厅上方悬挂着汪道涵题写的"陈望道故居"匾额,墙上张贴着陈望道的生平事迹、照片,俨然一座小型陈望道事迹陈列馆。据了解,陈望道的父亲办染料生意做得有声有色,在当时算是富裕人家。陈望道的父亲陈君元显然并不要求孩子们接手家业,他变卖田地,将孩子一个个送出去求学深造。他不仅送三个儿子上大学,还把两个女儿送到义乌县城女子学校念书。

看完故居里的事迹陈列,我大致了解了陈望道先生的生平。由于陈望道的资料比较齐全,这里就不赘述了。从他的事迹中,我了解到,他是一个为党和国家无私奉献,同时也是热衷于国民教育的人。1923—1927 年,他在老上海大学担任教政工作。接受这份工作,他是考虑了一段时间的。事实上,老上海大学是一所由共产党直接领导的干部学校。可以说,陈望道先生是顶着压力,负着使命接受这份工作安排的。在这几年中,他兢兢业业,直到学校被迫关闭。之后他在复旦大学从事教育工作,直到退休。

故居里陈列了陈望道和他夫人蔡葵的照片。在陈望道先生在老上海大学担任职务时,蔡先生也在老上海大学担任教师工作。蔡葵先生是金华东阳人,和陈望道先生有着美满的家庭。

之后,我参观了老宅的各个屋子。屋子经过改造,里面生活物品已经搬空,只剩下展览用品。在二楼,我们可以看到陈望道先生住的屋子。里面放置着一张大床、大柜子,还有先生使用过的书桌和凳子。桌上还摆放着他翻译的共产党宣言稿纸。看着这偌大的房间,回想起当时陈望道先生的伟大奉献,我由衷敬佩陈望道先生,他是我们义乌人的骄傲,也是新上大人和老上大人的骄傲。

探访完主厅，我来到了门外的柴屋。据说，当年陈望道先生就是在这间屋子里翻译了中国第一部共产党宣言。由于屋子已经翻新，我们只能看到一个结构，当时的情景我们已经无法知晓。里面摆放着陈望道先生当时用过的桌椅和书架。

本次探访到此结束。接下来，我们小组成员代佳平走访了义乌市党史办。下面是他的寻访过程。

2015 年 8 月 14 日　星期五

义乌党史陈列馆，位于义乌市黎明湖路 999 号市委党校内，毗邻义乌中学。8 月 12 日，我到达党史陈列馆所在地后，被门卫告知需要提前预约，未能获准进入。之后我联系了相关的工作人员，才了解到他们已于 2012 年下半年上线运行了义乌市党史陈列馆网上全景漫游系统，通过数字化的方式全景展示陈列馆的内况。所以，我就通过该系统，并整合各类信息，形成以下见闻：

就整体情况来讲，该陈列馆讲述了从革命战争年代到社会主义建设初期，义乌人民在党的领导下艰苦奋斗、开拓创新的历程。其间涌现出了许多英雄模范人物，其中就有本次寻访对象陈望道先生。作为义乌人的骄傲，陈望道先生的事迹位于四大分馆中的第一分馆（"解放篇"）以及第四分馆（"俊杰篇"），陈望道先生被列为重点介绍对象，多次提及。

以不同的革命历史时期为界，第一分馆展示的是民主革命时期的革命斗争情形。该分馆重点介绍了陈望道先生 1920 年 2 月从杭州回到义乌后，在家乡分水塘村完成《共产党宣言》中文全译本，并在上海出版该译本，为马克思主义思想在中国的传播做出卓越贡献的事迹。该展馆展出了陈望道先生青年时期和他在分水塘村的故居的照片，此外还有 1954 年陈望道参加中国第一届全国人民代表大会以及 1955 年元旦毛主席在上海接见陈望道的照片，玻璃柜里还展出了陈望道翻译的《共产党宣言》中译本及其第二版的图片。

第四分馆陈列着陈望道、冯雪峰和吴晗三人的铜像，旁边是三人的生平事迹。在"陈望道"展厅内展示的各类有关图片中，最吸引我的是位于展厅正前方的一幅长方形的《报春梅》画作。据说陈望道先生最喜爱《报春梅》。梅花在寒冬中傲雪而立，正是他一生为党为民无私奉献、不计个人得失的真实写照。

此外，我还惊喜地发现，2011 年 6 月 16 日，陈列馆收到了中央档案馆收录的陈望道原始录音光碟。据了解，这段原始录音长度约为 2 分钟，内容是陈望道先生在 1954 年 10 月出席第一届全国人大时发表的对我国首部宪法的感受和意见。从录音中我得知陈望道先生的普通话不标准，带有义乌口音，说的是"义乌普通话"。尽管如此，他对中华人民共和国颁布的第一部宪法感情却十分真挚和深厚。在约 2 分钟的发言中,他始终激情澎湃。

点评

陈望道在中国共产党的创立与发展过程中所拥有的历史地位是毋庸置疑的。由于他反对陈独秀家长式的工作作风而脱党,这在"极左"路线下便成为一个不可宽恕的历史问题,因而陈望道便成为一个被逐渐忽视的人物,除了作为语言学家而被业内熟知外,其在中共党史上的贡献就少有提及了。

对于这位中共历史上的重要人物,也是老上海大学 4 年多历史中几乎是贯穿始终的人物,金俊红、代佳平决定寻访时,我不仅积极支持,还有一些欣慰:总算有学生发现了陈望道的价值和地位!

其实,陈望道的生平及历史资料还是相对丰富且全面的,学生所做的寻访很难有多少新的发现。如果单纯从资料挖掘的角度,我倒是希望她们去寻访一下其夫人蔡葵(别名蔡慕晖),以及蔡葵的妹妹蔡文星,这二人同样曾经任职上海大学,但相对于陈望道而言,她们更是被忽略的存在,若说蔡葵还有一些可查寻的生平资料,蔡文星的资料更是缺失不查。

知道学生的寻访难以发现更新的资料,我之所以仍对她们选择陈望道作为寻访对象感到欣慰和兴奋,是因为陈望道的价值和精神需要更多的年轻人了解和认识。金俊红、代佳平算是较早的"觉悟者",她们通过这次寻访重新认识了陈望道。2019 年底,上海陈望道旧居改建为"《共产党宣言》展示馆"后,更多人认识到了陈望道的历史地位。

她们寻访之后不久,陈望道的孙子陈晓帆便接受义乌城西街道的委托,规划重建了陈望道故居。

溯老上大之伟业，寻老上大之友人
——寻访江锦维

陈　芳　社会学院2016级

一、寻访背景及目的

老上海大学创建于1922年，是在国共酝酿合作的背景下联合创办的，首任校长是国民党元老于右任先生，老上海大学在历史上虽然只存续了不到5年的时间，但却在中国高等教育史和中国革命史中都留下了辉煌而又浓墨重彩的一笔。

而那时被称作"文有上大，武有黄埔""北有北大，南有上大"的老上海大学在培育一大批的人才和精英后在动荡中消亡。如今四校合并后的上海大学是国家"211工程"重点建设的综合性大学，以"创一流，迎挑战"为当前建设目标之一，如今的我们虽然与老上海大学并无直接关联，但我们应当继承其精神，寻觅历史脉络中老上海大学的辉煌，这是血脉，是断不了的，也是我们的使命。

上海大学为纪念老上海大学建立了上海大学博物馆的校史室外展区——溯园，并在2014年10月23日老上海大学校庆日建成并面向校内外全年开放。但时代变迁飞快，溯园中的老上海大学师生名录对于大多数上大人来说似乎只是一堵墙上的一排排的名字，并不会留下太深刻的记忆和感怀，但事实上这上面的每个名字都有自己的一段故事，一段在老上海大学及在其影响下的故事，而我们要做的便是去寻找老上大人的故事，去追寻、去还原、去传承这不断的血脉。

二、寻访过程

（一）启程篇

初次接触寻访任务的我们是迷茫的，学长的分享、老师的概述都不如一次亲身的寻访来得更为直接，所以我们的寻访之旅便从中共四大纪念馆启程。我们聆听曹默老师为我们讲述老上大人在那个时期所作的贡献，我们追溯那一段段璀璨的历史,烈日炎炎、路途漫漫也抵不住那一颗颗寻觅的心。通过中共四大纪念馆之行,我们不仅加深了对那段时期和老上大人的了解,也在曹默老师的分享下了解到了人物资料档案的寻觅途径和参照方法,合理运用档案馆和博物馆或许会给寻访工作带来一份助力。

(二)确定寻访对象及网络资料搜索篇

1. 按地域分配并选择寻访对象

由于耿敬老师已经按地域为每个同学分配好方便寻访的对象,所以确认寻访对象的过程并不困难,我在上海地区寻访的对象中选择了江锦维先生。有了寻访对象如同一个任务有了目标,接下来就是如何一步步地达成目标了。

江锦维作为老上大附中的校友在溯园的老上大师生墙自然占据着一席之地,于是我首先去师生墙上找寻江锦维的名字,以便在寻访过程证实江锦维先生曾是老上大附中学子的身份。师生墙上的名字以字母开头排序,我在上大附中的版块找寻都未能找到"江锦维"三个字,只找到"江景维"三字,后与耿敬老师核实后,发现师生墙上的名字有误,但属正常情况。后期再与江锦维儿子取得联系后,他表达了对这一现象的遗憾之情,并告知我在中共党史和上海通史上记载的都是"江锦维"三字。在那个年代,大多信息存储都是借由纸和笔,在传递和登记过程中难免出错,但师生墙毕竟是上海大学对外展示的平台,还是希望学校可以保持对师生墙的维护和更正工作,以免产生误解。

2. 搜索"江锦维"信息

在信息化的时代,搜索人物信息往往第一个反应不是通过"人",而是通过网络。我在网络上搜索"江锦维"后,获取的信息中对寻访和了解江锦维先生有利的部分不少,一是泥城革命史迹馆的讲解词中提到江锦维,这为我提供了泥城革命史迹馆这一实地调研地点;二是在微博名为施原的博主一篇题为"魔都1927第四章五卅若干事(5)"的博客中提到了江锦维,但由于博客已经是5年前发布的,我后续并未取得和博主的联系;三是浦东史志在党史研究的"南汇地区爱国主义运动简况"的文章中提及江锦维。遗憾的是,虽然得到了线索,但"江锦维"这个名字搜索结果聚集在五卅运动中,关于他个人生平我并没有找到太多的信息,并且也没有属"江锦维"这个名字的词条,令人惋惜。许多革命烈士的事迹也许就是在岁月的磨灭中被人遗忘,人们先是遗忘事件参与者的名字,从次要到重要,最后连整个事件也一并遗忘。遗忘后,再拾起往往颇费精力,传承之路任重而道远。

以下附上文章"魔都1927第四章五卅若干事(5)"和"南汇地区爱国主义运动简况"有关江锦维的片段:

> 学联行动起来了。各大学开始上街为罢工工人募捐,并利用这场合

公开工人被害真相，唤起民众的同情。于是，5月21日租界内文治大学举行为罢工工人的募捐集会。租界巡捕房当局逮捕了两批为工人募捐的学生。

第二天，也就是5月22日，租界内的上海大学学生整队前往参加"顾正红追悼大会"。途中，他们在戈登路（Gorden Road）遭巡捕房阻挡，中共党员韩步先（后叛变）、朱义权、赵振寰、江锦维等4名上大学生被捕，并被关押在戈登路捕房（Gorden Road Station）。

1925年5月15日，日本资本家开枪打死中国工人、共产党员顾正红，激起各阶层人民的极大义愤。5月24日，上海各界在闸北潭子湾召开顾正红烈士追悼大会。上海大学大学部、中学部及平民夜校工人代表30余人一起，由上海大学西摩路（今陕西北路）口出发，向闸北潭子湾前进。在这行进的学生队伍中，有一名出生于南汇县书院乡北窑村的上海大学附中二年级学生江锦维（又名江关林）。他随着队伍，一面高呼口号，一面散发传单。游行中，外国巡捕把江锦维和大学部同学朱义权、韩步先（后叛变），高中部同学赵振环一起抓住，押送到普陀路巡捕房。后江锦维因不足法定年龄而无罪开释。

3. 查询浦东新区档案馆网上平台——浦东档案信息网

在启程篇中曹默老师曾给我们讲述关于档案馆的相关查询方式，档案记录的主要是事件，但遗憾的是，在浦东档案信息网上并没有那段时期的档案资料，而基本是建国后的一些档案资料。

我在共产党员网和党员信息系统的网站查询"江锦维"，同样无果，不知道是搜索信息不对还是其他原因导致。

（三）实地访谈篇

1. 与江锦维儿子取得联系

江锦维儿子江兆平的联系方式在学姐们寻访赵振麟时获得，这给我的寻访工作提供了很多的便捷，当时江兆平任泥城社区卫生服务中心党支部书记，现已调至大团卫生中心任职，但联系方式没有更改，我通过手机号顺利联系上了江兆平先生，并通过微信与其保持联系。

2. 寻访红色泥城主题馆

1986年10月在南芦公路1887号建立了泥城革命传统教育基地，2005年其又在原址基础上改扩建为泥城革命史迹馆，2014年4月，红色泥城主题馆正式开馆，重新对外免费开放。而我寻访的对象江锦维先生正是泥城人，在前期网络搜索过程中以及和江兆平先生的交流中，红色泥城主题馆都屡屡被提及。进入红色泥城主题馆，纪念碑直观记录着泥城当时几次重大的革命运动,而江锦维先生参与革命时期较早,在第一间展厅陈列展示,同时红色泥城主题馆中存有江锦维先生在五卅运动被捕入狱时所作的《狱中七日记》。在与江兆平先生沟通的过程中,我获得了许多他保存着的关于其父亲的资料文献的照片。

3. 采访江兆平

我:江先生,您好,可以说说江锦维先生生平的细节吗?例如江老先生出生和去世的年月。

江:他是1910年1月出生,2007年10月没有的。

我:可以说说江老先生在上大附中就读以后的经历吗?

江:学校后来被蒋介石封掉了,我爸爸就到了上海亚东中学就读,读到高中毕业时,由于爷爷没有了(江锦维父亲去世),我爸爸是家里最大的小孩,后来就回南汇工商联工作。

我:所以江锦维老先生后来没有读大学,是吗?

江:是的,爷爷没有了,他就回家了。

我:之后就一直在南汇工作吗?

江:是的,他担任南汇工商联的常务委员,他是1924年秋天加入共青团的。

我:加入共青团,那后来他有入党吗?看到网上一些资料写他是党员。

江:没有,他没有入党,后来就从事商业工作。他的主要事迹还是参加了五卅运动,他后来就担任工商联领导,因为他有点文化。当时的老师是恽代英,是他附中的班主任老师。林钧也是他的老师。

我:那与他一起参加五卅运动的,像赵奈仙、赵振麟都是上大附中的学生吗?

江:是的,他们是同学,他和赵振麟一个房间的(红色泥城主题馆同一展示厅)。还有周文在,后来去黄埔军校读书的,也是他的同学,在常熟的,后来担任中国人民解放军少将以及福州军区政治副主任,他们是老同学。后来他们在20世纪80年代,一个偶然的机会下重新认识了。

我:您对您父亲的印象是怎样的?

江:我对我父亲的印象就是非常开明乐观的一个人,人比较开明,对政治非常关心。他是2007年10月23日去世的,10月23日不是"十七大"闭幕嘛,他临终前一个小时还在问我:"'十七大'哪几位常委?"我和他讲是哪些人,上午10点钟的时候,他还问我:"中央政治局的几个领导都出来了吗?"到了12点就没有了。所以他也是非常关心政治的,在家里就是看书看报,哪怕去卫生间都拿着老半导体收音机听新闻广播。他对我们小孩的教育也是比较严的,主要是工作好好做,要记住党的传统。

我：那江老先生就您一个儿子吗？

江：五个儿子一个女儿，大家庭，我是家里的第五个。我父亲比较乐观的，所以活了97岁。他在2007年和我讲，最好能看上2008年奥运会，最好还能看到世博会，他这两个愿望都没能实现。

我：那江老先生后来从商，有过什么遗憾吗？就没有继续从事党的事业？

江：他没有什么遗憾，因为他回来也是为党的事业在做事。他在南汇东南片，是工商联主任。他有点文化的，因为我爸爸的叔叔是河北保定中学毕业的，也是在国民党中做少将的，后来他在上海市人民政府工作，把我爸爸带去上海了，所以我爸爸有条件去上大附中读书，当时上大是共产党的摇篮。

我：当时的上大附中是比较高档次的学校，是吗？

江：是的，恽代英还有蔡和森、夏继宇都是在这个学校，包括杨尚昆也是上大的。我父亲为人也是低调的，不张扬的，他在我们南汇这一带参加革命是最早的，我父亲思想还是很进步的。

我：当时参加革命的人是很值得敬佩的。

江：是的，都是经历过枪林弹雨的。五卅运动，还有"四一二"政变，我爸爸都是参与过的，后来因为"四一二"政变上海大学就被封掉了，是蒋介石封掉的，因为它是共产党的摇篮。你可以去红色纪念馆看看，蛮好的，我父亲在第一间房间，参加革命属于比较早的。

三、寻访感悟

我寻访江锦维校友的过程虽然暂时告一段落，但追溯历史、探访校友的脚步仍要继续。

首先，我先对江锦维做一个简要的总结：江锦维（1910.1—2007.10），又名江关林，上海泥城人，1924年加入共青团，参与过1925年五卅运动、1927年上海工人第三次武装起义等革命运动，初中就读于上大附中，高中就读于亚东中学，后就职于南汇工商联，担任常务委员，为人性格开明低调，热爱政治，在革命早期便为共产党做贡献，但并未入党，在泥城红色主题馆有关于他的纪念室。

其次，寻访工作给我的体会和感悟是：第一，了解历史要多读史书。在与江兆平先生交流过程中，他多次提及要多读史书，的确现在很多人依赖网络，往往忽视书籍，但这一次寻访过程中，我发现书籍才是保留历史最好的途径。第二，要重视寻访中的细节。从一个名字到一个故事，寻访过程中的每一步都是必要且有意义的,也许意外的惊喜往往就在一个小细节上,多问多查多了解总是没有坏处的,以关怀之心对待每一个细节。第三,要传承老一辈革命者的精神。老革命在岁月的流逝中,世人对他的印象日渐浅薄,不居于高位的老革命的故事在多年后,他们的孩子辈老了去世了,是不是故事就断了? 也许江锦维老先生并不是一个轰轰烈烈的人,但他临终前却仍关心政治的情怀令我动容,无论从事哪一行,只要为祖国作出过一份贡献,那他便是值得敬仰和学习的。

最后,希望寻访校友的活动可以持续开展,寻觅越来越多的故事,"溯老上大之伟业,寻老上大之友人——寻访江锦维"到此告一段落,但一定还有更多的老校友的事迹值得我们去挖掘。

点评

陈芳的这次寻访可以说是一篇"命题作文"。当方殷茵在寻访赵奈仙的过程中无意遇到江锦维之子江兆平时,我一方面觉得有未能深入寻访江锦维的遗憾,一方面也产生了再派学生进行寻访的强烈意愿。所以,便指定陈芳去联系江兆平先生进行这次寻访。

之所以要寻访江锦维,不仅是因为他是五卅运动的参与者和见证人,还因为他也是五卅运动扩展到全市(乃至全国)规模的关键人物。五卅运动期间,作为上大附中学生的江锦维,与大学部同乡赵奈仙、韩步先(后叛变)等人举着旗帜前往集会的路上被捕,这一阻碍学生参加集会的举动,引发全市各校学生们的愤慨,那些无动于衷、左右摇摆的学生们,因此事件的触动而激愤起来,中共中央也借势发动了参与范围更为广泛的群众运动,推动了五卅运动规模的进一步扩大。

江锦维本人并未意识到他本人成为五卅运动规模扩大"导火索"的"引信",作为尚显懵懂的少年,他虽然并未参与到共产党的各类党团组织之中,但被火热的革命浪潮所席卷,在被释放后,又参与到上海第三次工人武装起义之中。这两件事情,应该是他一生之中最高光的时刻。之后,家人由于担心将其转移到外地,他也逐渐过着普通人的生活。他的名字在后来关于五卅运动的各类回忆中,也变成了被捕的那"四个学生"。

对于他的寻访,其实更可发掘普通人的"五卅",这应该是由英雄、烈士们塑造起的"五卅"形象之外的另一种面向。陈芳的寻访正是提供了这一点。

后来,中央电视台想重新挖掘上海大学在五卅运动中的作用时,我也推荐了江锦维这一人物。其子江兆平对于当初方殷茵、陈芳的寻访也是印象深刻。

南汇的抗日英雄

——寻访周大根

赵婧仪　社会学院2016级

周大根,原名周根发,又名周秋萍、周务农,1906年出生于浦东大团镇南面的周家宅,小学毕业后迁居南汇泥城。出生小康家庭的周大根,由于学生时代遇到了革命引路人,接受了无产阶级和共产主义革命新思想,所以在革命斗争中不断成长,成为一名坚强的革命战士。他是中共南汇县委第一任书记,牺牲时年仅32岁。

一、主要成果

（一）找到周大根烈士墓地

墓地位于南汇烈士陵园,我曾怀疑这是一个衣冠冢,毕竟周大根烈士在惨烈的战争中牺牲,可能找不到遗体。但根据周大根之子周到的回忆,战争结束后家人找到了周大根烈士被敌人剥去军装的遗体。

（二）确认周大根先生的子女情况,发现他的一个孙子

通过周大根烈士牺牲50周年纪念封和周大根烈士诞辰110周年的纪念封上周大根的三个儿子所写下的"纪念父亲　周到、周文玄、周旋"的字样,可以确认周大根的子女情况。通过其他报纸、杂志的信息综合,可以确认周旋是周大根的长子。周到出生于1928年,周大根牺牲后两个小儿子被送到吴仲超家半个月。长子周旋就读于东海小学——一所主要接纳烈士遗孤的小学。据此推测,在周大根烈士牺牲后三兄弟可能失散过。

关于父亲,周到老先生这样回忆:"我还记得父亲给我们上语文课,他自己编了抗日题材的校歌。"周到老人对与父亲相处的短暂时光印象非常深,"晚上睡觉的时候,父亲总是一遍一遍地给我们兄弟盖被子,不厌其烦。"

1945年,17岁的周到参军,立志为父报仇,他先后参加了抗日战争、解放战争、抗美援朝战争。退休后,担任上海市浦东新区新四军历史研究会会长至今。

唯一知道姓名的周大根烈士的孙子名为周亚南,在上海浦东新区商务委纪检处工作。

(三)整理出周大根烈士生平大事年表

我综合网上资料整理出了周大根的生平大事年表。

周大根烈士生平大事年表

时　　间	地　　点	事　　件
1906 年	江苏南汇(今属上海浦东新区)	出生
1924 年	上海大学	考入上海大学社会学系
1925 年 5 月 30 日	上海	参加五卅运动
1925 年	武汉	考入黄埔军校武汉分校,成为黄埔军校第六期的学员
1927 年 5 月	武汉	参加讨伐夏斗寅的战斗
1927 年 8 月 1 日	南昌	参加南昌起义
1927 年 9 月	上海	加入中国共产党,从事地下党活动,开展农民运动
1928 年	上海	担任重组的中共奉贤县委委员
1928 年 6 月 16 日	上海	处决恶霸张沛霖
1928 年 8 月	上海	任中共南汇县委书记
1938 年	上海	参与创建南汇县保卫团第二中队(简称"保卫二中"),担任中队长
1938 年 12 月 16 日	上海	在"保卫二中"与日军作战中壮烈牺牲,年仅 32 岁

二、寻访经历

2017 年 7 月 25 日,我来到南汇中学寻访。联系高中班主任,我被告知我的高中——南汇中学的前身是南汇师范学校(周大根曾就读的南汇县立师范)。通过实地走访,核对《南汇县志》,我确定我高中的前身就是周大根就读的南汇县立师范。但很遗憾,校史馆暑期不开,只能等开学看老师时再去寻访了。

2017年8月9日,我确认周大根的子女情况,联系浦东新四军历史研究会,找到纪念周大根诞辰的明信片,上有他儿子的签名。后查到他的儿子——周到退休后在浦东新四军历史研究会担任会长。但无法找到研究新四军研究会的电话,我分别在研究会的官方博客、微博留言,但都未收到回复。

2017年8月27日,我当天发了条关于寻访老上大人的朋友圈,我的初中班主任主动帮我联系了他南汇教育系统的朋友,希望找到大团小学的线索(周到先生曾在2016年参加过大团小学的活动),但很遗憾,无果。

2017年8月28日,我来到南汇烈士陵园。南汇烈士陵园的展馆只在清明前后开放,当我出示了上海大学暑期实践的介绍信之后,管理员特地给我找了钥匙,让我参观,但很可惜,里面并没有相关实物史料,只有周大根烈士的墓以及相关简介。

2017年8月30日,我被同学告知她的弟弟在秋萍小学上学(周秋萍是周大根的别名),但由于当时是暑假期间,我无法进秋萍小学的周大根纪念馆参观。

三、个人感悟

(一)关于寻访的感受

整个寻访的过程中,我的心情变化可谓是跌宕起伏,经历了以下心路历程:寻访开始前的期待——惊喜(去到南汇中学得知周大根就读的南汇县立师范就是我高中的前身)——失落(无法进入校史馆)——重燃希望(找到周大根儿子的线索)——再次失望(两条线索都没有结果)——敬佩(去南汇烈士陵园之后)——失落(找到新线索,但纪念馆暑期不开放)。

我这次寻访的过程可以借用《蒹葭》来描述。

>所谓伊人,在水一方。
>溯洄从之,道阻且长。
>溯游从之,宛在水中央。

我明明发现了蛮多条线索,但他们都无一例外地断了。我通过结合报纸杂志,已经知道了周到先生曾在2016年去过大团小学做活动,我的初中老师也托他教育系统的朋友帮我联系,但还是没结果。我也通过翻阅多篇报道,了解了周到先生、周文玄先生几年前的工作单位——新四军研究会,苦于没有单位电话,我在研究会的官方微博和博客都留了言,但都没有回音,这也是一件比较遗憾的事情。

（二）对周大根烈士生平进行整理时的感受

我没有想到周大根作为南汇区的第一任党委书记，一个南汇地区革命的主要领导人，资料却比较匮乏。例如他的原生家庭情况、他的子女情况、他的妻子是谁、他的妻子在他死后去了哪里，均很少提及。

也有几篇关于周大根生平的文章，但几篇文章中会有几处关于同一件事情不同的描述，也就是矛盾之处。

我在对周大根烈士生平进行整理的时候更深刻地感受到了这次寻访活动的意义。抗日救亡才过了不到100年，但随着时间的流逝，很多人故去了，很多当时震动人心的事情也被人们淡忘。似乎那些旧时代的事件随着新世纪的来临逐渐被遗忘。在我看来，那些抗日救亡、共产党从幼年走向成熟的历史不仅仅是历史，他们对于今天的我们仍然有意义。过去塑造了现在，如果不知道我们从哪里来，新中国成立前经历了哪些风风雨雨，可能也无法判断未来会走向哪里。

（三）把周大根烈士放在历史的大背景下去看待他的经历

1924—1927，是国共第一次合作的时期，也是周大根进入上海大学，再去武汉成为黄埔六期学生的时期，更是一个青年思想转变的时期。

第一次国共合作，即中国共产党和中国国民党两党的第一次合作，从1924年1月起至1927年7月止，历时三年半。

1924年1月中国国民党第一次全国代表大会的召开，标志着国民党改组的完成和国共合作的正式建立。第一次国共合作的形成，极大地推动了中国民主革命的进程。

而老上海大学就是国共合作的产物。上海静安区党史研究室主任马燕佩介绍说，于右任是国民党的元老，副校长邵力子又是共产党又是国民党，他们的教务长邓中夏是共产党，还有总务长瞿秋白也是共产党。五卅运动后，上海大学成为真正的"红色学府"。或许是在周大根亦师亦友的朋友林均的影响下，周大根坚定地站在了共产党的一边，积极参与五卅运动、参与叶挺部队讨伐夏斗寅反革命叛变，在黄埔军校六期的学习中，周大根更是学习到了军事理论与实战的知识，为其以后担任南汇地区第一任党支部书记打下了基础。

但是，革命统一战线仅维持了3年半时间，在革命形势一片大好，即将取得国民革命胜利之时，国民党右派却突然叛变革命，1927年，蒋介石制造"四一二"政变，汪精卫制造"七一五"政变，疯狂屠杀共产党员、革命群众和国民党左派，国共合作宣告破裂。

由于国共合作的破裂，蒋介石发动"四一二"政变，周大根的处境也变得艰难起来。由于执行组织任务，周大根于南汇周浦镇被捕，当即被押到南汇县署,然后被解送至上海淞沪警备司令部,之后又被解送至漕河泾第二监狱,再被解送至苏州军人监狱,最后被解送至南京中央军人监狱。4年后,由于党组织和家属的营救,加上林钧在上大的副校长邵力子的保释他才出狱。他还在狱中写下了《沙间集》。

1937年,中国再遭劫难,日军在上海造出了"八一三"事变。

1938年,周大根受党的委派,到家乡泥城组建了番号为南汇县保卫团第二中队(简称"保卫二中")的抗日武装,由周大根任中队长,很多共产党员和革命青年都参加了这支队伍,这是浦东第一支党领导的抗日武装。在周大根的领导下,"保卫二中"加强了官兵的军政训练,其政治素质和军事素质都有很大的提高,在短短半年多时间,队伍已成为人手一枪的200多人的抗日武装。

1938年12月16号,周大根在与日军的激战中身亡,年仅32岁。

他的人生经历同当时轰轰烈烈的社会转型、社会进程密不可分,他的思想受到了他的进步小学老师林均的影响,由于1924—1927年的国共合作,他才会进入国共合作的上海大学、黄埔军校,狱中才会有国民党的邵力子为他保释,得以出狱。由于国共合作的破裂,周大根才会坚定地站到共产党的一边。也是由于日军入侵中国,周大根才英年早逝,令人惋惜。

他这一生短暂而又辉煌,为保家卫国而牺牲,在艰难困苦的条件中保持了自己的信仰。寻访的过程中我总是想,如果他在这场战役中活了下来,他会作出怎样的贡献?以他的学历、能力、人脉,也许会为家乡、为国家作出更大的贡献吧。但是没有如果了,周大根先生早已英年早逝。即使英年早逝,他也会浩气长存。

点评

从这份寻访报告中,我们可以看到初次实际接触社会从事这类寻访工作,学生的无助与无奈,虽然动用了一切自己所想利用的资源,仍然难以找到有效的途径去联系寻访对象的关系人。这也是众多寻访活动所普遍遇到的问题。多年的寻访活动,参与者不计其数,很多寻访活动在投入大量精力之后,仍然没有头绪,这让学生们感到难以写出相应的寻访报告。当然,有些学生虽然无法按照预先设想找到遗迹、遗物、后人,但却能把寻访的过程记录下来,这也体现了寻访的价值和意义,也说明这类寻访活动是十分必要甚至是十分紧迫的。

对于周大根而言,其作为抗日英雄、民族脊梁的形象在其牺牲后即被肯定,与当时各类报纸的报道很有关系。但由于年代久远,关于他的事迹与生平越来越模糊,甚至于他的形象也难以被确认,即使是其子周到也对其印象模糊(他牺牲时周到年龄尚幼)。虽然他既是抗日英雄,又是杰出的共产党员,但多年来对他的宣传仍多有缺失。其影响对象大约仅局限于以他命名的学校的学生们。

其实,早些年浦东新四军研究会还有些活动,我们在网上所能找到的相关信息也多出于那时的报道,但随着周到等人的年纪增长,他们精力越来越不济,活动日益减少,所以之前的许多线索也逐渐断了。因而,赵婧仪寻访所遇到的困难是在所难免的。

近年来,随着周大根嫡孙周亚南退休后正式接手浦东新四军研究会的工作,活动开始有所恢复,其嫡孙周亚南也与上海大学相关部门建立起较为密切的关系,参与了一系列上海大学举办的纪念活动,周大根的事迹也开始有更多的人参与收集整理。这时我们也应看到赵婧仪等学生在寻访工作中所作出的贡献。

寻找校友荣光

——寻访冯子恭

冯文姝　社会学院 2017 级

一、初期简报

活动时间：2018 年 7 月 24 日—7 月 28 日

活动内容：从网络上搜集有关冯子恭先生的资料，整理其生平事迹，分析疑点，计划下一步活动展开方式。

（一）生平梳理

冯子恭先生生平大事年表

时　间	地　点	事　件
1895 年	湖北省咸丰县	出生
1901 年	湖北省咸丰县	私塾读书
1905 年	湖北省咸丰县	咸丰县立小学读书
1908 年	湖北省咸丰县	施南府南郡官立中学堂读书
1911 年	湖北省咸丰县	毕业，因家境贫寒休学
1912 年	武昌	考入省立湖北方言学堂，攻读英语
1915 年	——	毕业，考入伦敦大学预科
1916 年	香港	转入香港大学机械系
1917 年	香港	转入香港大学政治外交系
1919 年	——	代表香港大学学生会慰问广州学联会
1920 年	——	毕业，获文、理学士学位
1920 年	上海	受聘于上海英商银行

续 表

时　间	地　点	事　件
1920年12月	广州	赴广州出差,与孙中山先生相见
1921年	广州	加入国民党,在国民党总部负责宣传工作,并办理孙中山先生演讲记录与出版事宜
	广州	调任非常总统府秘书
1921年3月20日	广东省教育会	记录孙中山先生《五权宪法》演讲,影印数份珍藏
1922年6月16日	上海	陈炯明叛变,随孙中山先生转移上海
1922年10月	上海	上海大学成立
1923年2月8日		任交际部干事
1923年	上海	任教于上海大学
1923年8月8日	上海	被推举为校最高会议评议员兼校舍建筑委员会委员
1924年1月	广州	中国国民党第一次全国代表大会召开,任大本营外交部秘书及驻沪办事员
1925年	——	调任外交部特派广西交涉员公署外交科长
	——	代理交涉员兼梧州市党部常务委员和组织部长
	——	创办《工农日报》,任社长兼总编辑
1927年		先后任国民党中央政治会议武汉分会秘书、广州国民政府政务委员会专门委员、西南政务委员会审计处协审等职
1937年	湖北大治	任湖北大治县县长
	——	加入铸魂学社,成为学社候补干事
1938年	——	又任川鄂湘黔边区绥靖公署参议
1939年	湖北省咸丰县	开办纺织生产合作社
1940年	——	先后出任湖北省政府视察、第六战区党政分会宣传委员会常务委员、湖北省政府参议兼湖北师范学院总务长等职,并曾任职于重庆卫戍总司令部

续 表

时　间	地　点	事　件
1945 年	湖北省咸丰县	当选县参议会议长
1946 年 2 月	湖北省咸丰县	任咸丰中学校长
1957 年 5 月 6 日	湖北省咸丰县	任咸丰县副县长
1967 年 1 月 15 日	咸丰县人民医院	病逝,终年 72 岁

（二）疑点

关于冯子恭先生在上海大学教授学科记载不一,因为冯子恭先生在上海大学就职时间短,最终选择冯子恭先生侄孙——冯钧先生在《敬悼冯子恭先生》中的说法:"先后于中国文学系、英国文学系、社会学系教授英文"。

（三）计划

（1）根据冯钧先生的记载,冯子恭先生有一儿一女,子名冯家焘,女名冯家穗;当年先生遭丧妻之痛,念在子女尚幼,父母年事已高,于是留在湖北咸丰家乡。

故先与恩施州咸丰县地方史志办公室取得联系,询问其是否有更多相关信息。

（2）若条件允许,亲自去一趟湖北咸丰,咸丰一中、人民政府,或许有更多资料。

（3）"山里的神仙1"于 2016 年 8 月 29 日发微博称其外公的哥哥是冯子恭先生,目前已经在微博上发送消息,等待其回复。其定位在恩施土家族苗族自治州大路坝区,因此恩施咸丰有必要一去。

二、中期简报

活动时间：2018 年 8 月 1 日—8 月 10 日

活动内容：与咸丰县、恩施市、恩施州档案馆联系,到咸丰当地寻访,修正、完善冯子恭先生生平。

8 月 2 日,与咸丰县档案馆取得联系,被告知需持证件亲自到场;微博私信并无回应,与咸丰当地同学取得联系,定好车票,准备去当地寻访。

8 月 6 日,为实地寻访做准备,与恩施市档案馆取得联系,被告知没有相关档案;与咸丰县档案馆再次取得联系,在工作人员的帮助下获得冯子恭先生的亲戚——冯正佩老师的联系方式;通过短信与冯正佩老师取得联系,并约定了见面时间。

8月8日,到达咸丰,寻访冯子恭先生故居,与冯正佩老师交谈,交谈之余,老师展示了《冯氏族谱》《咸丰文史资料》《咸丰革命遗址》中与冯子恭先生有关的内容。

8月9日,与冯子恭先生嫡孙冯秉刚见面,同冯正佩老师一起去看了冯子恭先生家原来的田庄所在地,去冯子恭先生墓地寻访,最后一起吃了中饭。

三、阶段性成果

冯正佩老师是咸丰方言传人,受访时,正在帮武汉大学文学院阮桂君教授记录咸丰方言。《冯氏族谱》乃是冯正佩老师修订。冯正佩老师虽只是冯子恭先生的旁系亲戚,但在其年幼时,与冯子恭先生相处时间很长,极受先生喜爱,对先生了解较多。因此冯正佩老师提供的信息非常珍贵,也是目前最好的寻访对象。

以下是8月8日与冯正佩老师交谈录音稿(冯正佩老师拿来《冯氏族谱》):

我:这是您的家谱吗?我记得冯钧先生的文章中记载说,冯氏乃咸丰望族,这次看来果不其然。

冯正佩老师:是的,我们是冯氏大树堂。我们的祖先是东汉河南保定的冯毅,15年的时候还曾去朝祖。其后人出征、当官,从河南经湖北、湖南到四川。明朝末年,崇祯年间追寇至恩施,驻守恩施多年后,到咸丰定居。这个族谱是2014年我执笔,新修的。(翻页至冯子恭先生页)

我:子恭是先生的字吗?

冯正佩老师:字辈现在都已经混乱了,应该是子恭为名,延梓为字,又名孟寅;但是现在按字辈取名,所以就记"延梓"为名,"子恭"为字。

我:对的,现在这些很多都混乱了。请问先生是有两子一女吗?我看冯钧先生的回忆录里只记载了一子一女,即冯家焘、冯家穗。

冯正佩老师:是两子,冯家熹、冯家焘。冯家穗为长姐、冯家熹为次子、冯家焘为幺子。冯家穗和儿女去了美国,现在定居在休斯顿;冯家熹定居襄阳;冯家焘住在刚才我带你去的冯子恭先生故居中,只是现在瘫痪在床,我们也不便打扰。

我:嗯,好的。有关冯家熹的记录很少,所以我才很疑惑。您继续讲吧。

冯正佩老师:冯子恭先生的父亲冯永清为了让他们家三兄弟上学,变卖了家中近百亩良田,最后只剩下咱们刚才看到的那一幢房子。当时冯子恭先生在武汉湖北方言学堂上学,为了给他送钱,要在变卖田庄之后换成铜钱,用扁担挑到武汉去。而且山路长远,一走便是数月,为了保障路上安全,需带上两杆枪才行。关于他读书,还有几种说法。当时没有长江大桥时,分的是京汉铁路和粤汉铁路,冯子恭读书,单靠父母卖田庄的钱是不够的,因此经过朋友介绍,他就去当时的粤汉铁路那里锤石子、铺铁路;同时还会向报社投稿。据说当时他上伦敦大学预科时有庚子赔款资助,但是具体情况并不清楚,其自传中没有记载,而且当时庚子赔款主要用于留美学童,所以这只是一种说法。当时他在伦敦读书才一段时间,一战爆发了,为了留学生的安全,英国政府在力所能及的情况下将留学生送回本国。因为当时香港大学是英国人办的,所以他就转到了香港大学读书。后来他在上海洋行工作一段时间后去广州办事,加入了国民党,进入交际部,后来又任宣传部干事等。

我:对的,这一段历史,我在前期整理先生相关资料时也有了解。那先生跟您提到过他在上大的经历吗?

冯正佩老师:因为我今年已经65岁了,许多儿时的记忆都不大清晰。但我可以确定的是先生经常跟我提及上海大学,我印象最深刻的是他常常讲瞿秋白、陈望道。其余之事记不清了。当时先生在文化馆当馆员,有养花的雅兴。但是我们这是山区,树多、草多。于是先生就喊我去山上帮他采花。当时先生就跟我讲了很多。这就是关于上海大学的全部记忆了。其余的就是李、白反蒋,李宗仁、白崇禧两人反蒋时,他参加了西南政府,支持反蒋。他与董必武、毛泽东接触也很多。

我:对,第一次国共合作时期举办上海大学,先生在此任教时,结识了许多共产党的杰出青年,而且根据记载,先生参加过由上海大学毕业生创办的铸魂学社,这个您还有印象吗?

冯正佩老师:铸魂学社?这个好像没有听说过。

我:那先生和孙中山先生的事迹呢?因为我读了这么多资料,感触最深的便是先生对于孙中山先生的仰慕之情。

冯正佩老师:对的,当初陈炯明叛变,冯子恭和孙中山、宋庆龄一起乘"永丰舰"逃往上海,永丰舰就是后来的中山舰。所以他们关系非常近。冯子恭先生平常提及孙中山先生时,只以"孙先生"代称,不喊国父,也绝不直呼其名;提及宋庆龄时,代之以"夫人"或者"孙先生的夫人"。

我:冯子恭先生这个称呼,亲近且尊敬。足见其与孙中山先生的关系。其外,关于《五权宪法》影印件的下落,您知道吗?

冯正佩老师:这个据说是,陈诚当时经过咸丰时,前来拜访,讨要了过去。其他的相关文书、私人信札等,都在先生逝世前交给了政府。

我:那先生还有其他东西留下来吗?

冯正佩老师：当时冯子恭先生定了很多外文报纸,据我父亲说是莫斯科出版的,先生自己也有很多藏书,但是先生去世后,他的儿子也下放改造,房子收归公用,人来人往这么多年,书籍报纸已经不知所踪了。

我：那实在是太遗憾了。除此之外,您还有什么关于先生的记忆吗?

冯正佩老师：还有就是,湖北省政府西迁到恩施以后,当时有两个人来探访过他,一个是张难先,一个是居正。居正听说冯子恭赋闲在家,前来探望,当时他乘着装甲车来,这也是咸丰人第一次看到装甲车。后来居正认为冯子恭赋闲是浪费了人才,想请他出山,于是口头封了先生为"中将高参",就是中将的高级参谋。之后,比较大的事迹应该是招安瞿部。当时,瞿柏阶在湖南一带,是一个心头患。因为冯子恭先生声望高,冯家和瞿家又是亲家,于是国民党派冯子恭以中将高参的身份去招安。冯子恭招安瞿部后,瞿部军队划归到武汉,听从程潜指挥;程潜后期投诚,将军队全部划归为解放军,所以瞿部军队全部变为解放军。这大概就是我对先生的全部记忆了,有点乱,如果你有什么问题,可以继续问我。

我：好的,谢谢您!

冯正佩老师：其他的,你说的冯钧,其实是我们家族的冯秉国,就是这个(指族谱上照片)。他是海军少将,去年才去世,足有102岁。去了台湾后时常回来,这本新族谱就是他先倡修的。然后他的二弟,是共产党员,在武汉听过毛主席讲课的,当时也是回来建立了咸丰县的第一个地下党组织。当时他从武汉带过来的《湖北省农民协会告农民》的布告,贴在自家门上,他听说有人来查,于是在上面糊了四层报纸,布告才没被发现。后来她的女儿回来,撕下报纸之后把布告交给国家,现在为国家一级文物。其他的,冯子恭先生的嫡孙,也就是冯家焘的儿子冯秉刚,是林业局的,今天去利川出差了,晚上才能回来,我们看明天找个时间,一起去冯子恭先生的墓地看一下,然后也可以带你看看他们家原来的田庄。

我：好的,非常感谢! 麻烦了!

除这些寻访所得外,我还在《咸丰文史资料》上收集到冯家焘所写的《我所知道的先父冯子恭的一些片段》,以及李享善所写的《冯子恭事略》。

四、寻访感悟

回顾我的寻访过程,一路走来不算坎坷,比起别人倒是幸运很多。

初期在网上寻找资料,相关内容并不多,大部分内容与百度百科重复。在一些关于冯子恭先生任职的细节上,各机关单位的记录还存在着矛盾之处。网上的调查一度陷入了窘境。可信度最高的资料,大概是台湾大陆同乡会文献数据库里冯子恭先生的侄孙——冯钧先生于1989年写的《敬悼冯子恭先生》。

文章虽内容不多,但是记载先生有一儿一女,当年也是因为儿女尚幼才选择留在了家乡咸丰。而且先生此后一直留在当地,直至1967年在当地医院去世。所以其后人有很大概率留在咸丰当地。这一点给了我极大的信心,支持我继续调查下去。

我开始在其他网络平台上找相关资料。终于,我在微博上看到一个名叫"山里地神仙1"的用户在2016年8月29日发布微博说他外公的亲哥哥就是冯子恭。其微博显示的地点也恰巧为恩施州。而且这个博主在前段时间还上线过,虽然他发微博的频率很少,主要以记录生活为主,但这的确成为一个突破口,如果真的能够取得联系,说不定能够得到冯子恭先生后人的信息!我马上给这个用户发送了私信,详细解释了前因后果,开始等待回复。

当到了第5天还是没有任何回应时,我知道我只能另寻他法了。

我开始联系恩施州档案馆和咸丰县档案馆。第一通电话并不成功,档案馆的工作人员回绝了我的请求,要求我现场出示证明。直接被拒绝的我不敢再打电话询问,和原籍当地的高中老同学联系后准备去当地继续寻访。4天后,临近出发,为了确保档案馆有相关信息,我鼓起勇气再次拨打了电话。这次的工作人员热心地告诉我会先帮我查询有没有相关档案,如果没有也会帮忙查找其后人的联系方式。等待良久,我终于等到了回话,那位工作人员直接帮我问到了其后人冯正佩老师的信息。

后来我两次拨打电话,均未接通。思量再三,我选择发送短信,详细解释前因后果,力求展现自己的诚意。冯老师终于回话,并与我加了微信,在交流后同意与我见面,并且对我的到来表示欢迎。

初到咸丰,在高中同学的带领下与冯正佩老师见面。冯正佩老师先带我们去冯子恭先生家的旧址寻访,后到其家中交谈,两个多小时的交流中,我了解到了更多关于冯子恭先生的事迹,被其风骨和为人所打动。交谈甚欢,冯正佩老师留我们吃了一顿便饭,并且约定了明天见面的时间。

第二日上午9点,冯子恭先生幺子冯家焘的儿子,冯子恭先生嫡孙冯秉刚,与我们同行,先去看了冯子恭先生家原来田庄的所在地,后来去了县城西北坡鸦鹊塝,寻访先生的墓地。山中草木旺盛,通往墓地的路上杂草、荆棘丛生。因我衣着不便,冯正佩老师和冯秉刚先生照顾我,剪了路边枝条用来打草,让我走在最后,以免被荆棘割伤。到了冯子恭先生墓地,冯正佩老师告诉我,这一块原是"官坟",专门为没有钱买墓地的人提供的地方,当时情形不好,只能将先生葬在这里。墓碑是当时就立起来的,但是上面的字并不清楚是谁写的。

我细看墓碑上的字,上书"光明磊落",左右两边写的是"盖棺定论由历史,是非曲直他人说",虽不知是谁所书,但是其内容和我了解到的先生的风骨不谋而合。从冯正佩老师关于先生生活细节的讲述中,我看到的就是这样一个光明磊落的先生!

结束了最后的寻访,冯正佩老师留我吃午饭,盛情难却,于是在离开咸丰前,我与冯老师一起吃了午饭。

总的来说,虽然前期进程困难,但是机缘巧合之下我获得了冯正佩老师的联系方式,并且他同意见面,实在是非常幸运了。

了解先生为人,我感慨良多。参加项目时,我本想湖北省处中部,能有人去上海读书实属不易。如果有所成就,回乡的概率也不会太大。但没想到,湖北不但有,而且还是一位教员。观先生一生,当过非常大总统秘书,与历史上的许多大人物都私交甚密,自身也才华横溢,受到很多人的赏识,最终却选择了归隐田园,侍奉父母,葬于官坟。可谓是坎坷曲折。可根据冯正佩老师的讲述,先生并不后悔,先生乃大孝子,为父母留下,并无悔意。先生一生为人光明磊落、不卑不亢,有着大家风骨。

此次寻访最大的收获,大概就是对于先生风骨的体会了。

点评

上海大学创立之初,于右任秉承孙中山三民主义的思想,欲将之办成一所革命的学府。针对国民党倚重武力而宣传薄弱的情况,在与李大钊沟通之后,孙中山也积极邀请中国共产党人加入国民党,以充实国民党的革命力量。在这种背景下创办的上海大学,不仅邀请了许多共产党人教授和传播"阶级斗争"的理论,也邀请很多追随孙中山的国民党先进人士,到上海大学宣传三民主义。冯子恭曾充任孙中山总统府秘书,是属于比较理解三民主义的国民党人,因而被邀请到上海大学担任教师。

对于许多上海大学校友,我们也就只知其曾在上海大学读书或任教,但具体曾做过什么,几无知晓。但冯子恭在上海大学的工作还是有着浓重一笔的。他不仅是学校最高会议评议员,参与为学校发展出谋划策,还担任校舍建设委员,为学校永久校舍的选址与扩建贡献智慧,同时在"四一二"反革命政变之际,学校被查封,他又挺身而出,作为留守成员努力维护学校的运转,并为重新复校而积极奔走。

另外,抗日战争期间,为了积极抗日,冯子恭还参加了由上海大学学生安剑平发起成立的"铸魂学社",在《大侠魂》上发表文章,鼓动抗日,宣扬"大侠魂"的民族精神。

由于他后半生命运坎坷,信息资料也逐渐为历史所湮灭,难以查寻,因而对于他的寻访我同样没有太多的期待。但冯文姝的寻访却带来了惊喜,她竟然能找到冯子恭的后人,并通过寻访补齐了冯子恭的生平,又让我们看到了一位颇具风骨的中国知识分子。

神秘的民国上海市代市长
——寻访吴绍澍

杜宜家　社会学院 2017 级
郭慕玚　社会学院 2018 级

一、活动初期

活动时间：2019 年 7 月 5 日—7 月 10 日

活动内容：从网络上搜集有关吴绍澍先生的资料，整理其生平事迹，分析疑点，计划下一步活动展开方式。

（一）吴绍澍先生生平介绍

吴绍澍（1906—1976），出生于上海。1922 年，就读于上海法政大学，受进步思想影响，加入了国民党。大学毕业后，就职于国民党南京市党部。1934 年，任汉口市党部委员，出席了国民党第五次全国代表大会。1938 年经朱家骅推荐任三青团武汉支团筹备干事。同年秋，武汉沦陷，他绕道长沙、桂林等地赴重庆。1939 年，受国民党中央党部委派，回到沦陷区上海，筹建国民党上海市党部和三青团上海支团部，随后被任命为国民党上海市党部主任委员、三青团上海支团部干事长。同时兼任国民党中宣部东南战地宣传办事处主任，从事国民党地下活动，接应、护送出入敌占区的国民党军政人员和新闻工作者，搜集日伪情报，派员渗透敌区，制裁日伪汉奸，为抗日救亡作贡献。在上海活动期间，吴绍澍曾多次遭日伪特务的搜捕，本人虽未遇难，但他的三个子女和胞姐吴颖彰却被抓进了日本宪兵队。

抗战胜利后，吴绍澍一度身兼国民党上海市政治、军事特派员，市党部主任委员，三团上海支团部干事长，国民党监察院江苏监察使，国民政府立法院委员，上海市副市长、代理市长及社会局长等八大要职，一时权势显赫。

上海解放后，他协助军管会办理敌产及各类档案材料的接收工作，并将《正言报》社所有机器设备一并献给人民政府。1949 年 9 月，周恩来电邀吴绍澍去北京，吴绍澍于 1950 年 1 月到北京，在中华人民共和国交通部参事室工作同时担任全国政治协商会议委员。1976 年 6 月 26 日在北京病逝，终年 70 岁。

(二)疑点分析

百度百科介绍吴绍澍先生于1922年就读于上海法政大学,而百度百科资料显示上海法政学院于1924年成立,若吴绍澍先生就读于了上海法政大学,则在时间上有所出入。

我们另在网上搜索到了《世纪》杂志1998年出版的那期有一篇郑笛先生的文章《吴绍澍诗以言志》。文章提到了吴绍澍先生毕业于上海大学。

二、活动中期

活动时间:2019年7月21日—7月25日

活动内容:继续从网络上搜集有关吴绍澍先生的资料,根据疑点找寻信息,从而求证。

(一)吴绍澍诗以言志

看到这篇文章后,我立即打电话联系《世纪》杂志社,询问是否有郑笛先生的联系方式。对方告知其需要询问编辑部,再询问后无果。

(二)吴绍澍先生曾任上海暨南大学教导处训导委员

于是我们来到了位于上海暨南大学静安区旧址,即暨大在"孤岛时期"的办学遗址进行考察,希望有所收获。

暨南大学前身是1906年清政府创立于南京的暨南学堂。后迁至上海,1927年更名为国立暨南大学。旧址位于静安区康定路528号,康定路是一条两旁种满法国梧桐的林荫大道,周围有一些洋楼的点缀,充满异国风情,暨大旧址就是这条路上独特的一块遗迹。

根据其他资料我们推断出其任教时间约为1928—1941年,我首先在网上查找了这个时间段暨南大学的知名校友,但皆已去世。后来我找到了暨南大学上海校友会,联系他们询问吴绍澍的相关资料,但也未果。

(三)吴绍澍先生早年拜师于杜月笙先生,而后背叛

我在网上搜索到吴绍澍先生的后代和杜月笙先生的后代,其中只有杜维善先生还健在,并且互联网的一篇文章《杜月笙之子杜维善,永远不忘自己是中国人》中提到杜维善先生与上海博物馆有着密切的合作,并且会定期向馆方捐赠。于是,我便发邮件至上海博物馆,询问是否能为我提供信息,对方无回应。我也前往上海博物馆进行参观,希望能所有收获。

(四)吴绍澍先生与吴开先先生同为中国国民党工作伙伴,两人有较多联系

经过搜索,我在网上看到了一篇回忆唐德刚先生的文章,作者是吴开先先

生的女婿，唐德刚先生亲戚的后人周浩，周浩先生现为云南省昆明市一所学校的老师，我发送微信消息联系周浩先生，对方没有回应。

（五）国民党革命委员会

吴绍澍于1939年受国民党中央党部委派至上海，筹建国民党上海市党部和三青团上海支团部，随后被任命为国民党上海市党部主任委员、三青团上海支团部干事长，并兼任国民党中宣部东南战地宣传办事处主任。

我查资料后得知，1947时，三青团已并入中国国民党，随后我们找到了国民党革命委员会上海市委员会的联系方式，试图了解吴绍澍在国民党时期的相关资料，但电话接通后，对方表示其机构已经改组，现在是民主党派协会，不再有国民党时期的相关资料。

（六）吴绍澍先生曾担任上海市副市长

在微博上找到一位网友，其外公外婆结婚时的证婚人为吴绍澍先生，很可惜，其外公外婆已经逝世，无法了解到当时的具体情况。

（七）戴笠

吴绍澍曾经是杜月笙的徒弟，1945年他作为上海市副市长，在杜月笙返回上海之际背叛了他，带头打倒杜月笙，后来杜月笙的另一位弟子戴笠出面镇压了吴绍澍，因此我决定寻找戴笠的后人，借他们之口了解吴绍澍的事迹。

查资料后发现，戴笠唯一的儿子戴善武在1951年被枪决，他有3个孙子和2个孙女，但他们与父亲分别时年龄都很小，不足以记事，因此这条线索也中断了。

（八）祖居

枫泾界河弄1号是吴绍澍祖居，但现在已被拆除成为荒地。

（九）《正言报》

吴绍澍1946年在上海创办《正言报》，自任社长，但1948年12月，该报社已被查封，最终于1949年4月27日停刊。

三、活动后期

活动时间：2019年8月15日

活动内容：完成寻访简报。

（一）寻访感悟之一

从选寻访对象开始，我搜索到吴绍澍先生的资料，觉得他是一位非常有意思的先生，并且资料很丰富，便这样确定了寻访对象，与郭慕旸同学组成了寻访小组共同展开寻访活动。然而，事实并没有预想的那么顺利。

吴绍澍先生究竟是否为上大人是我们需要考证的最大疑点。然而，我们无法联系到文章《吴绍澍诗以言志》的作者郑笛先生，这条线索也断了。但是我们并没有灰心，继续收集资料，从各方面的细节进入，争取找到突破点。

吴绍澍先生国民党军统身份的特殊性导致了他的资料难以搜集。我们了解到吴绍澍先生抗日时期的工作，可以说是为新中国的诞生作出了巨大的贡献。然而，他对上海的解放也作出了贡献，并且曾任上海市副市长，但是在新中国成立后，原国民党临时政府解体，有关国民党的资料、信息大多也不复存在。这对于我们而言，无疑是很大的困难。在寻访过程中，有关这方面的资料真的少之又少，并且我们联系了相关部门，也没有回复。

可能不止是我们寻访的对象，也不止是这些老上海大学校友，在那个红色年代，有很多人，他们为了我们新中国的成立而不断奋斗，敢于拼搏，但是最后却不曾在历史上留名。通过寻访活动，我更多地了解到了他们的故事，以及他们的英勇事迹，我认为，这种曾为民族国家尽过力的人值得被后人所铭记，所歌颂。

而后，我们通过吴绍澍先生的故事不断分析，查找资料，发现了吴绍澍先生曾任职的暨南大学、吴绍澍先生的女婿唐德刚先生的后人、吴绍澍先生的师傅杜月笙先生的儿子杜维善先生等线索，虽然都联系未果，但是每找到一条线索，对于我们来说都是莫大的鼓励，给予了我们深入剖析的动力，即使最后并没有任何的结果。

寻访虽然没有预想的那么顺利，但是我认为，如果通过寻访了解一个人、一段历史，即便被寻访者不是老上海大学校友，对于我们寻访者本人来讲也是有意义的。可以说这一次的寻访工作，为我们累积了不少经验教训，教会了我们如何耐心地去查找、分析资料，并从中获取最有用的信息。我希望，之后还能继续参加这样有意义的活动！

——杜宜家

（二）寻访感悟之二

在选择采访对象的时候，由于吴绍澍曾经有着较为显赫的历史，我想他对应的资料应该也更丰富、更详细，寻访起来比较容易，便将他作为寻访对象。但是在真正开始寻访后，发现其难度远高于预期。

在着手没多久我就遇到了第一个瓶颈，吴绍澍曾经是国民党，主要任职经历也都是在国民党机关，因而在1949年新中国成立之后，他所在的许多机构都被解散，相关资料也已被销毁。所以，虽然吴绍澍在许多机关有过经历，但这些经历的历史记录已经几乎成了一片空白。我一下子感到很迷茫，找不到新的切入点。

搁置了一段时间后，同组的杜宜家学姐提出由于吴绍澍曾是杜月笙的弟子，所以可以从杜月笙的角度切入查找资料，可能会有新的收获。这一建议启发了我，让我不再和最开始一样仅仅搜索直接资料，而是从侧面入手。后来，我们查找到的资料显示战争时期的暨南大学曾在上海建立过校区，吴绍澍曾在那里担任教导处训导委员，我便开始查找暨南大学上海时期的相关资料，联系了暨南大学的校友会，虽然最终未有收获，但也感受到了自己一点一点向目标靠近的喜悦感。

这是我大学以来参与的第一个寻访项目，虽然没有达到预期结果，但是也受益匪浅。学会了逐渐推进、旁敲侧击的找资料方式，学会了给专业部门打电话、发邮件的规范用语，了解到除吴绍澍本人外的许多历史事件，比如杜月笙人生末年如何日渐式微、暨南大学抗战时期的辗转校史等。同时，这次找资料时的一次次碰壁，也让我意识到：中国许多曾经参与过国民党事业但后来投身共产党并作出贡献的人，他们的相关资料皆被埋没，他们的名字渐渐被大众和历史遗忘，所以，我们应该为之做点什么，让他们的奉献同样能被历史铭记。

——郭慕旸

点评

由于上海大学被誉为"红色学府"，因而针对其人与事的寻访有时会被称作"红色寻访"，但具体寻访项目的实施并不局限于中共党史人物。上海大学，在当年并不只是我们如今颂扬的那样培养了众多革命者，也有不少人走上反革命的道路，甚至卖国投敌，成为民族的败类。

吴绍澍虽然在民族大义面前没有像李士群之流成为民族的敌人，但也有着一段与共产党敌对的历史。因而，要想查寻他的相关资料，就显得十分困难。从这份寻访报告中，我们也可以非常清晰地看到：学生在搜集、查询相关线索和资料时所显示出的无所适从，像"无头苍蝇"一样到处乱撞，想抓住一切可能的线索。每次找到一点线索，就试图沿着线索深入挖掘下去，之后便戛然而止，失去方向，再另寻办法，不断往复。

这次寻访的不顺并不是因为学生能力有限或不够努力，而是历史原因造成的。虽然吴绍澍有着三青团核心骨干、上海社会局局长、上海代理市长、立法委员等显赫的身份，但新中国成立后许多国民党时期的档案资料或是被带往中国台湾，或因不被重视而散失，甚或有些被封存而不对外开放，所以难以追索。

在学生所获得的线索中，也有一些本身并不构成线索，比如吴绍澍与吴开先的关系，虽然他们先后出任上海社会局局长，也同为上海大学学生，但在政坛上他们的关系却是对立的；再如吴绍澍作为证婚人的身份，因为当年上海社会局举办过多次集体婚礼，所有参与集体婚礼的新人，其结婚证书上的证婚人都是社会局局长。

正因为历史资料与线索的遗失，学生们寻访的努力才更值得肯定和鼓励。

铭记历史,不是说说而已
——寻访胡允恭

黄华伟　经济学院2015级

这个暑假,我参加了老上大校友寻访志愿活动,在我的家乡合肥寻找曾在老上大读过书的同乡校友。耿敬老师给了我一些合肥地区的校友名字和他们的出生地,除此外再没更多的资料了。我大致浏览了一下,发现他们的籍贯基本都是长丰县的,长丰县在合肥北面,而我家住在合肥南面,如要直接到那边去寻访挺不容易的。因此我想还是先从网上查一些资料,等有了眉目再去实地寻访。

一开始我是打算寻访胡宏让,因为耿敬老师告诉我他是合肥地区最早发展的党员之一,觉得他好像挺厉害,可能会好查一些。但是在搜集他的资料时我发现他的资料并不多,除了在寿县成立了共青团特别支部外基本找不到他的其他生平经历,根本没法继续深入调查。正当我有些失望时,我发现在搜索他的资料时候,"胡允恭"这个名字有时会和他联系在一起,因为耿敬老师给我的寻访对象里也有这个人物,于是我转而尝试查找他的资料,没想到他的资料挺丰富的,百度百科也有专门的词条,长丰县人物志里也有,生平的大致资料都可以查到,我顿时感到"柳暗花明又一村"。

大致浏览过他的生平资料后,我发现这位革命前辈的一生很精彩,也很坎坷。1902年,胡先生出生于寿县杨庙镇(今属长丰)的一户农民家庭,虽家境贫寒,但勤奋好学,上中学时经常阅读进步书籍,吸收新文化思想,参与一系列反帝反军阀斗争。1923年,考入上海大学社会学系,系主任为瞿秋白。在上海大学他的政治思想水平迅速提高,同年加入中国共产党,成为早期党员之一。1924年,受上海大学党组织委派,回到寿县家乡宣传马列主义。1925年,被派到广州工作。1926年,加入国民革命军第四军,参与北伐战争,在攻打武昌城时左足被炮弹炸伤,留下了终身残疾。1927年,宁汉合流后被通缉,按照党的指示回到寿县从事地下工作。1929年,奉命前往上海,受周恩来指派,筹办秋阳书店,作为党的通信机关。1929年,受周恩来委派,担任中央军委驻烟台军事特派员,改名胡克波,与陈恒乔结为夫妻。1930年回到上海,任江苏省委军委秘书,兼秋阳书店董事长,一度被捕,亏得律师帮助得以开脱。获释后先后担任青岛、济南市委书记。1931年开始,主持山东省委工作,组织反日反蒋活动。1932年,调回上海后,被李竹声排挤出党,且妻子被捕,但仍坚持从事革命工作。1935年,赴日本深造,在海外继续从事革命工作。1936年在上海,因叛徒出卖又被捕,通过上海大学教师沈仲九的关系,得以保释。出狱后,到了福建,与当时福建省政府主席陈仪接触并取得其信任。1937年,出任泰宁县长,受到地下党组织支持。1939年初,经李宗仁推荐,回安徽出任怀宁县长,与怀宁地下党密切配合,打击反动势力。1940年,回福建出任明溪县长,用和平方式平息大刀会暴动,之后又出任同安县长,同当地贪官、特务斗争。后又出任福安县长,铲除恶霸,撤换了一批不称职的镇长。1946年,福建省委恢复其党籍。之后随陈仪去中国台湾任职,"二二八"事件后回上海,开始了策动陈仪起义的工作,进展顺利,之后因汤恩伯的出卖而起义失败。1949年上海解放后,随张鼎丞南下福州,先后任福建师专代表和福建师范学院院长。1951年整党运动时,被错误地认为党籍手续不清而被再次停止党籍。1952年,被调到南京大学历史系任教授。在南大的30年里,专心从事明史研究与教学,关心下一代成长。1983年,经中共中央书记处批准,他再次恢复党籍,享受国家副部级待遇。晚年不顾年老体衰,口述回忆录,还出版了几本学术著作。1991年,在南京去世,享年89岁。

在整理出上面这段已经很精简的生平介绍的同时,我也又重新回顾了一遍胡允恭老先生的精彩又坎坷的一生。在他60多年的革命征程中,他经常冒着生命危险为我党的地下工作者们提供保护,始终为党的事业奋斗,也始终忠于党。最终国家给他的待遇也算是对他这么多年默默付出的合理的回报。正如党组织对他作出的评价:"胡允恭同志的一生,是革命的一生,坎坷的一生,光辉的一生,奉献的一生。"

搜集到他生平的大致资料之后,下一步我想尽快联系到他的后人,做一次采访。况且胡允恭老先生既然都有专门的百度词条,看来是个挺出名的人,而且我根据之前对他一生经历的了解,可以看出他在共产党内也算是一个挺重要的人物了,做过中共省、市委书记,解放前多次参与过地下工作,对党的贡献可算不小,联系到他的后人应该不会有太大的困难吧。但是想得很简单,实践起来还是有难度的。

由于他出生在长丰县杨庙镇,我首先就打电话给长丰县档案局询问是否有他的档案,但被明确告知没有,因为他之后已经到别的地方工作了。我想他解放后在南京大学历史系教书,便又打电话给南京市档案局查询,仍没有查到,但对方告诉我可以直接到南京大学档案馆查询。于是我又打电话给南京大学档案馆,对方却告诉我现在是暑假,查档案的工作人员不在,最早要等到8

月 10 日左右才可以帮忙查查看（当时是 7 月 20 日左右）。这一线索就暂时断了。我转而按照耿敬老师和曹默老师给的建议，打电话到安徽省党史研究办，正巧接电话的先生是南京大学历史系毕业的，他知道胡允恭先生是南京大学历史系教授，但也告诉我他这边没有胡先生的直接档案，让我去直接南京大学历史系问问，我又按照他说的，在网上找到了南大历史系电话，但打过去居然是空号，当时心里真是拔凉拔凉的，不知怎么办才好。

没办法，还是在网上搜搜，看看有没有新的线索。我之前搜"胡允恭　南京大学"时发现一个名叫"杏花那个飘"的博客里有一篇文章《在南大拜访胡允恭教授（民政为英烈写传回忆之二）》，我仔细翻阅了博客里的其他文章，发现博主也是合肥人，姓李，我尝试在博客里留言联系博主，可是发现他的博客被设置成禁止留言，我又私信他的新浪微博，询问他是否知道胡老先生后人的联系方式，希望他给我答复，但是过了好几天依旧没有消息。我又渐渐发现，网上关于他的资料基本都是解放之前的，他的后半生并没有前半生那么精彩，出过几本书也没有得到很大的反响，因此网上的资料也不多。本来我还想联系他的后人，但是我现在连他是否有后人都不清楚，只知道他有一个同为革命者的妻子陈恒乔。而搜"陈恒乔"时，也没有出现什么有用的信息。这样一个做过共产党省委书记、曾在南京大学教书数十年、为党立下汗马功劳的革命前辈，他的详细资料寻找起来竟然会这样麻烦，我们应该让更多人牢记那段历史，铭记那些伟人，这也是我这次做寻访志愿者的原因之一。

耿敬老师告诉我，虽然联系后人很重要，但还原他的革命经历，以及本人的寻访经历与感悟更重要，因此我也不强求联系到胡老先生的后人了，不过正在我要放弃这一想法时，转机又出现了。

这几天，我一直在各个论文网站查找关于胡允恭和陈恒乔的文章，虽然只找到寥寥几篇，但是在其中发现了一些重要信息。我发现有一篇名叫《革命、坎坷、奉献一生——记胡允恭》的人物小传，介绍胡允恭的生平比之前我看到的都详细，基本上从他出生到死去的信息，都交代得较为清楚。而这篇文章的作者之一徐闻嘉，居然曾是合肥一中的一位历史老师，而合肥一中正好是我上的高中，好巧！于是我通过询问我高中的英语老师，得到了她曾经在校通讯录上的手机号。我尝试打过去，居然打通了，万幸的是她没有换手机号码。我向她介绍了自己的身份，希望她能提供给我当时写这篇文章时的经过和胡先生后人的联系方式。她告诉我她已退休了，那篇文章是她 20 年前写的，她甚至几乎忘记自己写过这篇文章了，她还说当时写这篇传记也是杂志社约稿的，她也只是在图书馆查了一些资料应付任务，并没有去采访胡先生或者他的后人，因此对于我提的问题她也没法回答，毕竟她并没有花很大功夫在上面，而且 20 年过去了，她忘得也差不多了。但是，她提到那篇人物小传的另一位作者，安徽大学的徐承伦教授,在1995年亲自去南京大学附近的陈恒乔女士的家中采访过她(当时胡老先生已经去世),因此徐承伦教授应该了解得更清楚。徐闻嘉老师说可以帮我问问他当时的情况。同时那篇文章中也提到了胡允恭夫妇是有子女的,且有一个孙子名叫胡宏森,曾在南京大学图书馆工作。我于是打电话给南京大学图书馆,但是也因为是暑假期间,图书馆没法帮我查是否有这个人。还好徐教授又告诉我一个月前合肥有人去南京拜访过胡宏森爷爷,他可以帮我问一下那个人胡爷爷的联系方式。没想到居然问到了,而且还问到了家庭住址,我心想真是踏破铁鞋无觅处啊!这回看来我的寻访任务可以完成了,满心欢喜打电话过去,说明了来意,没想到胡老说这已经是很久前的事了现在想不起来了,拒绝了我的要求,真是一盆凉水浇在我身上。我不甘心,心想可能是胡老之前接受的采访太多已经厌烦了,或是我打电话时激动得语无伦次让他没明白我的意图,因此我准备第二天再次打电话过去,打过去之前我先准备好了一套说辞。电话接通了,我说:"胡爷爷,我是昨天给您打电话的上海大学的学生,不好意思我昨天有些着急,没能表达清楚我的意思,我是合肥人,虽然不是长丰县的,但跟您也算是老乡,我之前在网上查阅了胡老先生的很多资料,我发现他的一生很辉煌、很精彩,我也是费了很大工夫从一个曾经拜访过陈恒乔老太太的安徽大学教授那里得知您家的电话的,我昨天说是来采访您,我说错了,应该是我想和您共同追忆一下胡老和陈老当年那些辉煌的事迹,我现在在上海大学读书的年龄,和胡老在老上海大学读书的年龄差不多,他们当年的确是充满了激情,我们现在的年轻人也需要这种精神。我们学校今年暑假组织了一批大学生做寻访,就是要寻找这种被我们遗忘的精神。作为一个后辈,我觉得他们为我们的国家作出了很大的贡献,我不想他们的功劳被遗忘,我希望能够重温他们的光辉事迹,传承他们的精神,这是我这次采访的主要目的,请您不要担心,您作为他二人的孙子,想必或多或少了解一些,如果您不记得那些事,也没关系,我作为一个上海大学的学生,也希望可以只是单纯地拜访您一下,向您致以我们的问候,毕竟能遇到您也是我们的荣幸……"噼里啪啦说了一堆,胡老估计听到我是他的同乡,又是上海大学的学生,又见我说得诚恳,因此也就跟我讲了讲他祖父胡允恭的故事,其实他说的大部分都是我已经查到的资料,但是听他娓娓道来,我感觉更有沧桑感,也更觉可信了。胡老跟我大约说了50分钟,让我感动的是他虽然嗓子不太好,说个几句就要咳嗽一下,但是他还是坚持把胡允恭老先生从上海大学出来之后的一系列故事告诉我。最后我提到还是想亲自拜访他一下,顺便看一下他家里是否还有胡老先生的遗物。他还是婉拒了,但他告诉我前段时间合肥市党史研究室曾到他家拜访,他捐赠给他们胡老生生前的两本书、一支钢笔和一件呢子大衣,让我可以去问问看那边的李明处长,是他当时去南京接收遗物的。听了这话我一拍脑袋：当时怎么只知道打电话问安徽省党史办却忘记询问合肥市党史办了呢！还好胡老跟我说了，没错过！

我挂了电话，就直接打电话给合肥市党史办，对方告诉我他们确实是有胡老生前的遗物的，如果我想看的话可以去看，我又问李明处长在不在，我想询问一下他当时去拜访胡宏森先生的情况，对方说李处长下午四点前都在。于是我吃完午饭立刻从家出发，顶着大太阳去市委大楼询问。到了里面，工作人员说李处长还没来上班，他就先帮我找了一下那些遗物，因为他们收到的赠物都放在一个房间里，找起来还费了一番工夫，不过万幸找到了。我看了一下，两本书都挺新的，扉页也都有胡宏森爷爷题的字，李处长还特意跟我说，那件呢子大衣是有一段故事的。说胡老先生当年在福建当县长时，有一天突然有一只老虎闯到政府大院，把众人吓死了，幸亏有一个猎户，弯弓搭箭把老虎射死了，猎户为了感谢胡老先生在福建为百姓作的贡献，就把老虎皮剥了下来，做了这件大衣送给胡老先生，老先生穿了多年，到新中国成立后，大衣外面都穿烂了，他也不舍得扔，让人把大衣外面重新缝补一下，一直穿到他去世。我细看那件大衣，又大又厚，摸一下里面的老虎毛，还真舒服！我把这些遗物一一拍了照，这时李处长又找出他们收藏的胡老先生当年的一些合照，有和他学生拍的，有和领导们拍的，我也一一拍了下来。又有党中央和省委批发的几个关于恢复胡老先生党籍的文件和一张他的家信，我也都复印下来，这次可谓收获颇丰！

去完党史办之后过了几天，我检查了一下新浪微博，发现之前我私信的那位"杏花那个飘"回复我了，这位先生原来叫李卫中，是长丰县北城人。他说他确实在1980年冬去南大采访过胡老，胡老给他的印象是平易亲和，也念念不忘他的家乡文化教育状况。

一番忙碌下来，这次的校友回访活动也做的差不多了，虽然没能亲自去拜访胡宏森先生，但得到了这些资料，整理出了胡允恭先生当年的光辉事迹，也算有些成果了。但是我们要做的还远远不够，还有一大批不知姓名的校友等着我们去寻找，还有一大批作出过杰出贡献的校友等着我们整理他们的故事，还有一个庞大的校友网络等着我们去建设。虽然老上海大学与现在的上海大学并不完全相同，但是我们有责任和义务将过去的那些似乎已经被抛弃的历史重新拾起，我们都知道"文有上大，武有黄埔"，但对那些优秀的上海大学校友们，我们又了解多少呢？列宁说："忘记历史就等于背叛"，如今单单找一个在中共历史上还算是比较有名的胡允恭先生的资料和后代尚且如此困难，那些在新中国成立前就牺牲的烈士就更不必说了。因此，我们的路还有很长，我们要做的还有很多，希望更多的人参与到寻访老上大校友的活动中来，毕竟铭记历史，真的不是说说而已。

点评

黄华伟的寻访应该是 2016 年寻访活动中最成功的案例。他是通过校博物馆曹默在全校范围推进这项寻访活动的志愿者,他虽然不是我的学生,但却是在寻访过程中始终与我保持沟通与联系的少数学生之一,他将每一步进度、问题、困难都及时与我沟通,我们共同商讨解决问题的办法。

最初他选择胡允恭作为寻访对象时,我也觉得应该比其他人会顺利一些,一是胡允恭本人曾有不少回忆文章,会有许多线索为寻访打下基础;二是胡允恭最后落脚在南京大学历史系,线索清晰,联系上或寻找到的可能性还是比较大的。也许是暑期大学放假,难以查找,黄华伟是沿着另一条路去追索的,即找寻怀念胡允恭文章的作者,没想到他这个方法竟然也还走通了,由此找到了与胡允恭后人的联系方式。但初次联系的不顺,让他有些沮丧。其实,对于任何人来说,凭空跑来一位年轻人打探过去的事情,也是一时难以积极配合的。带着这些认识和理解,黄华伟再次尝试着沟通,也得到胡允恭后人的理解,并热情地与之交谈。

因为胡允恭写过很多回忆文章,所有关于他的信息应该说是比较全面系统的,寻访活动基本上难以获得多少新的有价值的资料。所以,寻访的主要目的还是锻炼、培养学生。黄华伟在寻访中的不断努力尝试和及时调整对策的过程,正是体现了这一点。

探寻一代名将的激昂人生
——寻访许继慎

陈玉婕　经济学院2015级

怀着一种对老校友的情怀和对家乡的感动，我于2016年暑期离校前报名参加了曹默老师组织的寻访老上海大学校友志愿者活动。当时的心思很简单，暑期时光漫漫悠长，我希望做一些有意思的事情，在我看来，近百年前的老校友的故事，被岁月和那段特殊时期独有的厚重感涂抹出神秘的色彩，让我有走近它、探访它、感受它的冲动。

7月份，我拿到了老师给我们的资料。在寻访对象上列出的一大串人物，让我感受到家乡和学校似乎建立了一种隐秘而深切的联系。我的家在六安市区，出于对寻访便利的考虑，我先选择了较近的青山乡的谢芸皋作为自己的寻访对象。在上网查找资料的过程中，我偶然间发现一篇文章把许继慎和谢芸皋以老乡的身份一同提及。许继慎这个人我是有所了解的，他是六安人，但也是青山乡人吗？出于对这位赫赫有名的军长的好奇，我开始搜索起有关许继慎的资料。当我看到他曾与王逸常（上海大学社会学系学生，同为六安人）有较为亲密的联系，并于1923年在上海大学社会学系旁听时，我突然意识到或许可以重新把许继慎作为我的寻访对象，但是"旁听"这个词让我有了犹豫，我联系了社会学系的耿敬老师，他告诉我许继慎为报考黄埔军校而来，虽然是旁听生，但他认为自己是上海大学学生。这坚定了我寻访许继慎的决心。

在网上查找了一些资料后，我决定先在市区进行寻访。印象中，烈士陵园里有一座许继慎的雕像，我猜想着也许那边的烈士纪念馆会有一些相关的展品。7月底，我的寻访正式开始，在小伙伴的陪同下，我首先来到了烈士陵园，许继慎雕像下，有国家十大元帅之一徐向前的题语，称许继慎为"中国无产阶级军事家"。

1930年，许继慎担任中国工农红军第一军军长，与副军长徐向前等人领导整编了鄂东北、豫东南、皖西三个苏区的红军，实现了鄂豫皖红军的统一指挥。

遗憾的是，烈士陵园内的烈士纪念馆正在施工，不接受参观。寻访在这里受到了挫折。

我转念一想,既然烈士纪念馆不能参观,那为什么不去博物馆看看呢?博物馆一定有红色革命时期的展品和陈列板。于是8月初,我来到了皖西博物馆。

一楼的红旗漫卷展区以红色文化为主题,在这里我找到了关于许继慎的介绍和许继慎求学时所用的一方砚台。

皖西博物馆不枉此行。值得一提的是,在这次寻访过程中,我也看到了关于曹蕴真、王明、曹渊、高语罕、杨溥泉、王逸常等老上海大学校友的展板资料,并做了拍照纪念。

皖西博物馆之行,虽然有寻访到一些资料,但是仍然不能让我满意,一方面有关许继慎的资料太空泛不够详细,另一方面我希望能找到有关的知情人,他们口中的故事才是真正鲜活的。同样的,我也希望了解到更多他在老上海大学的故事。

机会很快就来了。在我登陆六安党史办官网浏览信息时,发现一张许继慎故居的图片。这引起了我的兴趣,原来许继慎的故居现在仍然有保留和维护。

后来跟爸爸聊天时提及这件事,他告诉我青山乡不仅保留着许继慎的故居,还建有一所许继慎纪念馆。这个消息让我非常惊喜。于是我计划着前往青山乡,去参观许继慎纪念馆,希望能得到更多的资料。

8月底,我跟爸爸一起来到青山乡。

在这里,我又收获到意想不到的惊喜。在我说明来意后,看守这所纪念馆的老爷爷表示,他是许继慎的侄子,在这里看守故居已经好几年了。

这位老大爷名叫许光明。据他描述,许继慎是他的祖父从大哥那一房过继来的,而老大爷的父亲许少庆则和许继慎是兄弟。他说:"虽然没有见过大伯,但是听父亲说,大伯从小就喜欢打抱不平……"许光明向我讲述了许继慎年少时疾恶如仇、为被欺压的许家寡妇同地主据理力争的故事。1926年许继慎回到六安发展党员时,年仅14岁的许少庆就加入了童子团,为许继慎组建党小组担任站岗放哨工作。提及许家兄弟的故事,老大爷脸上满满都是自豪的笑容。

随后,我在许继慎纪念馆中又有了新的发现,陈列的文物、上海大学旧照以及许继慎在上海大学所读的革命书籍的照片,这一下子拉近了我与这位老校友的距离。随着参观的进程,许继慎这位人物的形象一点一点变得鲜活起来。

许继慎,原名许绍周,字旦如,号谨生,1901年生于安徽省六安市土门店村(今安徽省六安市裕安区青山乡)。中国无产阶级军事家,中国工农红军杰出将领。

1920年,赴安庆求学,先后就读于安徽省立第一甲种工业学校、第一师范学校,1921年4月参与创建并加入安庆社会主义青年团,1922年任安徽省学生联合会常委兼联络部长,1923年12月加入中国共产党,后因领导学生运动被反动政府通缉,到上海大学读书。

1924年5月,考入黄埔军校第一期,任中共黄埔军校特别支部候补干事。毕业后任教导团排长、副连长、连长,国民革命军第一军第三师第七团党代表办公室少校干事、团代理党代表,参加了两次东征。

北伐时期任叶挺独立团第二营营长,参加了平江、汀泗桥、贺胜桥等战斗。次年,任国民革命军第四军第二十五师第七十三团参谋长,第十一军第二十四师第七十二团团长,在保卫武汉的纸坊战斗中立下首功。

1927年5月,因伤赴上海治疗,在中央中直小组从事秘密统战工作。

1930年3月,任中国工农红军第一军军长(直属中央军委)、中共鄂豫皖边特委委员,领导整编鄂东北、豫东南、皖西根据地红军,创建了红一军。

1931年1月,第一军和第十五军合编为第四军,先后任红四军前委委员、第十一师长、第十二师长、皖西军委分会主席等职。

1931年,被张国焘以"肃反"之名杀害于河南省光山县新集,年仅30岁。

1945年,党的"七大"为其平反昭雪,恢复党籍,追认为革命烈士。1988年被确定为36位中国人民解放军军事家之一,2009年9月被评为100位为新中国成立作出突出贡献的英雄模范。

通过这次寻访,我对家乡的这些革命烈士有了更深刻更直接的了解,如果不是这次机会,我想自己也不会如此详尽地去了解有关革命时期的历史,不会想要探寻这些人物背后的故事,也就不会像此刻一样触摸到他们的荣光和血泪。想到多年以前,许继慎从这里走出来,加入革命事业,来到了上海大学读书;时隔多年,我从上海回到家乡,又来到这里,大山深处,仿佛跨越了近百年的历史,伸手触及到了一代红军名将的激昂岁月。这种共鸣感和厚重感让我感动。

点评

许继慎的资料相对于其他寻访对象而言应该说是日渐丰富,多年来能搜集整理的信息基本上都完成了。而针对他的寻访是希望有更多的年轻人了解这样一位人物的存在,并期待其精神影响更多的人。正是基于这种想法,在2013年金冀安的寻访之后,陈玉婕将寻访对象再度确定为许继慎时,我也没提出异议,虽然我内心十分期望她能选择杨溥泉、曹蕴真、王逸常等其他尚未寻访的人。

其实,陈玉婕的寻访并没有比金冀安的寻访发现更多新的资料,但通过寻访他们所获得的感悟和启发,是因人而异的,对许继慎精神的敬仰却是相同的。

从前后两次寻访中,我们都看到了许光明老人在许继慎纪念馆长年的坚守。一种信仰的力量不只体现在英雄的身上,作为普通人的"许光明们"也同样拥有着这种力量。

和 平 老 人
——寻访邵力子

章心妤　经济学院2015级

1月15日

今天,阳光甚好。

我打算开工了。我需要从老师给的名单里挑出一个校友寻访。老师给的名单有如下:沈仲九、刘大白、邵力子、朱义本。

由于我母亲是教师,出于同行或许相熟的道理,本是打算挑选教师职业的校友。没料到,跟母亲一提,教师职业的沈仲久和刘大白她都不认识。

在故居地点还未确认的情况下,我打算先查找一下网络资料。

不查不知道,一查吓一跳。

关于邵老先生的资料实在是很多。

首先是邵力子老先生的生平,跌宕起伏,精彩纷呈。简短的语句,依旧掩盖不了当时的激情岁月。人生如戏,说的大概就是这种人了吧。

官方版简介如下:

邵力子先生,初名景奎,又名凤寿,字仲辉,笔名力子,为绍兴陶堰邵家人。

1906年10月,留学日本,加入同盟会。

1907年春回国,与于右任等一起创办《神州日报》,宣传反清思想。

1909年5月,在上海创办《民呼日报》,宣传革命思想,后遭反动当局扼杀。10月,又创办《民吁日报》,继续革命宣传,又遭查封。11月后,到陕西高等学堂任教,因宣传新思想被当局驱逐出境。

1910年夏末,重回上海,与于右任等人一起创办《民立报》,倡导国民独立精神,积极宣传北伐,成立当时同盟会的重要指挥所和革命党人进行光复活动的联络机关。

1913年,《民立报》停刊后,到复旦公学任国文教员。

1914年,参加革命文学团体——南社。7月,加入中华革命党。

1916年1月,在上海创办《民国日报》,任经理兼编本埠新闻。

1919年,《民国日报》辟《觉悟》副刊,积极宣传新思想、新文化,支持五四运动。10月,加入中国国民党。

1920年5月,邵力子与陈独秀等人在上海发起建立马克思主义研究会。8月,转为中共党员并参加上海共产主义小组(邵以国民党员特别身份跨党参加)。

1922年,任国共两党共同创办的上海大学副校长、代理校长。

1924年1月,当选为国民党一届中央候补执行委员。2月,任国民党上海执行部工农部秘书,领导长江一带各省党务,宣传新三民主义,积极贯彻联俄、联共、扶助农工三大政策。

1925年夏,因参加领导五卅运动,被上海护军使下令通缉,离开上海去广州。5月起,历任黄埔军校秘书处长、秘书长、政治部主任,公开共产党员身份,参加组织生活。

1926年1月,任国民党二届中央监委。7月,任国民革命军总司令部秘书长,为国共两党合作的北伐战争做了大量的政治、组织工作。8月,接受陈独秀、瞿秋白建议,脱离中共组织关系。11月,以国民党友好代表身份出席在莫斯科举行的共产国际第七次执委会扩大会议。会后入莫斯科中山大学学习,任国民党常驻中山大学代表、校理事会成员。

1927年5月,回国。

1928年2月起,邵力子历任国民党中央政治会议委员、陆海空总司令部秘书长、国民党三届中央监委、甘肃省政府主席、陕西省政府主席等职。任职期间,主张停止内战,坚持国共合作,呼吁团结抗日,并为此奔波出力。

1935年11月,任国民党五届中央监委。

1936年12月,西安事变时,一度遭拘禁,后参与中共谈判,极力促成西安事变和平解决。

1937年2月,任国民党中央宣传部长,期间做了大量促进国共第二次合作的基础工作。支持中共在南京创办《新华日报》,批准出版《鲁迅全集》,准予《毛泽东自传》在《文摘》上发表。

1940年5月,出任驻苏大使。

1942年10月,回国后任国民党参政会、宪法促进委员会秘书长。

1945年,作为国民党代表参加国共和平谈判,对促进签订《双十协定》起了积极作用。

1949年4月,赴北平和谈失败后,毅然宣布脱离国民党。9月起,历任全国政协委员、政务院政务委员等职,并出席了开国大典。

1967年12月25日,卒于北京。

瞧瞧,纸上满满的都是成就。不像普通人,一生中能拎出来津津乐道的,就那么两三件。或许在那个特殊的年代,乱世出英雄。或许我们和平年代无法想象的大事,在当时并不算大事。

初步了解,对于他的敬意已油然而生。我忍不住更想挖掘下去。

我漫无目的地查找着,看到了据说是他自己唯一公开讲述的关于西安事变的故事。事情是这样的:

新中国成立后,邵力子一直住在东四五条,为人低调,深居简出。东四居委会曾经多次请住在这一片的知名人士讲述自己的故事,而邵力子先生因为自己背景复杂,很少肯亲自出面,实在被逼得急了,也就是请家人出面抵挡一下。

唯一一次邵先生参加座谈会,却是语出惊人,回忆起了西安事变,说他差一点促成了西安事变的提前爆发。

在蒋张矛盾激化之后,张学良和杨虎城谋划,将对蒋介石进行兵谏,但因为尚有部分准备工作,日期并未决定。然而,12月8日,当时担任陕西省主席的邵力子,却和杨虎城作了一次别开生面的谈话。

一个是方面大员,一个是驻军首脑,邵杨二人关系不错,见了面谈几句话本来不算什么。杨虎城也顺便试探邵力子对于当时局势的看法。但是邵力子的回答让杨虎城胆战心惊。

邵力子对杨虎城说:我担心可能发生类似日本"二二六"事变的事情。

"二二六"事变,是日本少壮派军人发动的一次未遂政变,与西安事变的情况颇为相似。

这句话出来,杨虎城大吃一惊——难道有什么东西暴露了?他和张学良的谋划十分周密,应该不会有这种问题,然而,这个邵力子怎么会如此回答呢?

此事事关重大,杨虎城虽然刀客出身,胆大心细,也不禁吓得把手中的纸烟落在了地上。邵力子当时看到杨虎城色变,但并未深思。直到西安事变发生后,才对这一幕回忆起来,明白自己差点儿造成了大麻烦。

邵力子属于国民党中央派到陕西掺沙子的人物。杨虎城被他一吓,疑神疑鬼,第二天因为一个误会,认为东北军瞒着他已经动手,竟派警卫营将中央大员们看戏的剧院团团包围,连张学良也围在里面。幸好误会迅速解除,杨的补救手段不错,赶紧自己也赶去看戏。力行社中的国民党大员们看完戏一看,周围都是荷枪实弹的西北军官兵,还纷纷夸赞十七路军布置的警戒真是漂亮——准备抓你的阵势,能不漂亮吗?

这样,西安事变最终还是按照张学良的安排,在12月12日发生。

那么,邵力子说这个话是什么原因呢?

原来邵力子担心的是东北军下层发动兵变。蒋介石此前曾到王曲东北军的军官训练班进行训话,蒋介石训话一向外行,有听完委员长讲话后崇拜顿消的说法,这次也是一样。尤其是蒋特别提到攘外必先安内话题,所以东北军少壮派官兵当场就用集体在地上蹭脚的方式表示不满,以至于最后都没有合影。第二天,东北军中有人扬言武装反抗。

而张学良对东北军的统驭,有时候也的确不那么可靠。1935年11月,张赴南京开会,临走一再交代军事上不要做任何行动。结果他一走,军长董英斌就调整前线部署,结果一零七师牛元峰所部被红军徐海峰部全歼,一零六师也遭到重创。急得张学良连夜飞回西安,因为中途大雾,飞机一直降到200米高度飞行寻找地标,差点儿迷航丧命。

所以邵力子的意思是和杨虎城交换一下意见,如果东北军少壮派挟持或者绑架张学良,需要早作准备。

不料却是无心插柳,差点儿把杨虎城吓坏。

邵力子先生讲,西安事变后,由于他和蒋百里都是支持张学良和杨虎城的主张的,蒋介石一度怀疑他与张、杨为同谋。在被押期间,蒋介石就在接见邵力子的时候反复询问:"他们做的这事,你事先知道不知道?"

邵力子老实回答不知道。事后才知道蒋介石也同样问过杨虎城,杨答知道,从此陷入深渊。说来也是颇有些后怕的。

这个故事广为流传,只要介绍邵子力先生,总免不了提及这件事。大概是由于西安事变太有名了,这件事也算是西安事变隐秘的一部分,人总是喜欢挖掘秘密或者形似秘密的东西的。

1月16日

我母亲的效率很高,马上就帮我打听到了邵力子故居的地址,而其并不在所谓的邵家溇而是在陶堰镇政府附近。

我很诧异,上网查了一下"邵力子故居",发现是这样写的:

"邵力子故居,位于浙江省绍兴县陶堰镇邵家溇村。系民国建筑,坐北朝南。为邵力子诞生处。砖木结构,三间两进,占地358平方米。第一进门厅,单檐硬山顶;第二进座楼,宽三间。两进之间设仪门、天井,两侧设厢楼。今为绍兴县陶堰镇明强小学校舍。为文物保护单位。"

唔,网上确实是说在邵家溇村,难道是虚假材料?我皱眉思考,无解。

1月17日

今天是个好日子。

我特地带上了介绍信和学生证,雄赳赳气昂昂地向我母亲所在的学校进军了。

是的,你没有看错,是我母亲的学校。

为什么?

为了搭顺风车呀,我母亲不像我这种无业小青年,她是需要上班的。待我等她下班后,就可以请熟悉地形的叔叔领我们去故居啦。

等啊等,多彩的大半天过去了,云也开始哭泣了,她终于下班了。

我顶着绵绵的细雨,走近临水的小巷,看到了故居的标牌——陶堰村188号。门是关着的,门匾上写着"邵力子故居"。

巷口有个大妈在洗菜,我们问她:"我们是来参观邵力子故居的,不知道能不能看?"大妈很豪爽:"当然可以啊!你们等等,我拿一下钥匙。"说着便走进故居隔壁的屋子里。我惊讶于竟是邻居保管的钥匙,抬头看看她家屋子的标牌,唔,"共产党员"。

开了门,大妈问我们是否要开灯,我看看天还亮着,也不好意思麻烦她,便婉拒了。屋子保持着古色古香的韵味,但还是可以看出明显翻新的痕迹。

一楼有邵力子先生的石像以及各种照片、文件、信件、报纸、生平等。还有一些邵力子先生使用过的物品。

二楼是邵力子先生的卧室、书房、书法作品等。

在此,我收获最大的,便是一张薄纸,上面写着邵力子长子的孙女邵黎黎的联系方式,邵力子研究学者陈德和的联系方式,以及《邵力子传》著者朱顺佐曾任教于绍兴文理学院的信息。

这个信息令我欣喜若狂,感觉胜利垂手可得。那时我还不知道,生活总喜欢开玩笑。

离开故居走出一段路后,我突然又折返,想问一下大妈那个困扰我的问题:

"您好,我想问一下,邵力子故居不是应该在邵家溇吗?您知不知道为什么他的故居会在这儿呢?"

"这是他舅舅家。邵力子从小在他舅舅家生活长大的。"

"哦哦,这样啊!那您知不知道有关邵力子的事情呢?"

"那个啊,我不晓得呢。我出生的时候他已经不在了。"

"哦,那没事,谢谢了。"

我有点失落,不过想想也是,大妈的年纪只能做邵老先生的孙女,而且妇女出嫁后会去夫家住,这里估计也不是大妈长大的地方。

烟雨蒙蒙,虽然没有炊烟袅袅,但是饭菜的香味飘出来,勾引人的馋虫。

天时地利人和,我缺了天时,没有老人在外面闲坐,也无法问有关邵力子的事了,只好遗憾离开。

之后,我又去了明强小学,据说那是邵力子出生地。虽然邵黎黎在接受采访时说过,邵力子出生于吴江县盛泽镇,不过官方说法还是邵家溇。

明强小学古色古香,但设施陈旧,现在正在翻新,希望古韵犹存。

这里关于邵力子的东西不多，只有几张照片和一幅画像。但是"明强学堂"的挂匾透出邵力子对教学的重视以及对家乡的热爱。

实地考察，让我对纸上浅薄的几行字有了更深的认识：

邵力子早年离乡，长期居外地，但一直十分热爱家乡。对有关家乡的文化教育、农田水利和其他公益事业，都非常关心，鼎力赞助。辛亥革命后，他在上海担任绍兴七邑同乡会的副议长，积极筹办"绍兴旅沪公学"，任副校董。他生活上俭朴，但对故乡的教育事业总是慷慨解囊，先后出资兴修绍兴陶家堰邵家溇的明强小学、白塔头的运川小学，又在富盛金家岭创办了棠荫小学。1932年，他大力支持学生朱仲华等在绍兴创办完全制中学（后改名为稽山中学），担任设立人会主席。他把兴办教育事业看作是百年树人的大计，所以始终热情关怀，积极赞助。

2月9日

寻访的过程中，采访是我的弱项。

一味的逃避，直到避无可避。

我很茫然，对于邵老前辈的后代以及研究邵老前辈的学者，不知道该说些什么。

在这种情况下，我找到了耿敬老师。老师建议我先做好前期准备，再从邵老前辈的经历、家乡故居、落葬、曾经的学校、工作地点以及如何整治上海大学入手，还可以从其夫人傅学文等入手。

虽然还是迷迷糊糊的，但是我兢兢业业地列了几个问题，花了一个下午的时间，就连开场白都写了。如下：

"您好，请问是邵黎黎女士吗？我叫章心好，是上海大学学生，我们上海大学组织学生寻访老上海大学校友。我的寻访对象是邵力子先生，他为了祖国的和平与解放殚精竭虑，为了共和国的建立立下了不朽的功勋，我非常崇敬邵力子老前辈，因此非常想了解一下邵力子前辈的历史，您是否能和我谈谈呢？您有时间吗？或者您什么时候有时间呢？

他被舅舅家收养，有两处故居，他是盛泽人（江苏）吗？

生活中的邵力子前辈是怎样的？

周围人对邵力子前辈的印象、评价是怎么样的？

您知道上海大学和邵力子前辈的故事吗？

傅学文是上海大学学生吗？

我看到了《江南诗词》，是您创办的，是吗？初衷是什么？

能说说邵力子对您以及后代的影响吗？

您现在生活怎么样，在做什么呢？您孩子是做什么工作的？能说说您的堂兄弟以及后代的生活现状吗？你们还有联系吗？他们住在哪里？工作和联系方式是什么？

唯一一次邵先生参加座谈会，却是语出惊人，回忆起了西安事变，说他差一点促成了西安事变的提前爆发。您知道吗？能详细讲讲吗？

能讲讲邵力子的经历和令人印象深刻的革命事迹吗？

邵力子的遗愿是什么？〔1982年6月17日，傅学文女士遵照邵力子先生的遗愿，把邵力子先生在南京的藏书4 228册，全部捐献给南京市人民图书馆（现金陵图书馆）。其中的《四部丛刊》，是我国近现代最大的影印古典文献丛书。还包括其他许多重要历史文献。〕

邵力子曾经的学校和工作地点在哪里？"

至于落葬，我不知道该如何问，就舍去了。

准备充分后，我深呼吸，开始打电话。

咦，没接。

过了一小时，再打，没接。

2月10日

打电话，无人接听。

点评

这次寻访，虽然因种种原因未能具体实施，也没有找到更新的线索，但却产生了一份比较特别的报告，即对寻访的准备过程及心路历程作了较为细致的描述。这相对于那些在寻访过程中因种种困难而中止寻访无法完成报告的同学而言，章心好确实找到了另一种报告写作方式，即呈现一个初步踏入社会、从不知所措到尝试梳理线索这一逐步条理化的心路历程。

其实，对于这类寻访活动，我们并没有任何较为确定的行动目标，能查找到寻访对象有价值的信息，便能极大地拓展老上海大学校友的资料库。通过寻访，寻访者从百年前那些年轻的前辈身上能感受到某种精神的力量，在具体寻访工作中，能由毫无头绪、不知所措到思路清晰、条理井然，在主动地联系、沟通、访谈中能提升社会交往能力，这也是寻访所追求的目标。当然，因各种因素未能具体实施寻访计划，但通过线索查找，重新认识一个未曾熟知的寻访对象，并在有限、杂乱的线索中理清行动路线，提升了找到问题重点的能力，这也是一种进步。章心好便是最后一种，这也为其他寻访报告的写作提供了一种参照。

多个王振华

——寻访王振华

崔东川　文学院2016级

2018年暑假,我参加了上海大学"寻访老上大人"的暑假实践活动,寻访革命年代曾在老上海大学学习工作过的校友和他们的后辈。

寻访伊始,我从耿敬老师处拿到了黑龙江省两位老上大人的信息。两位老上大人分别是齐齐哈尔人张君奇和哈尔滨人王振华,耿敬老师给到我关于两位的信息都非常少。王振华又名王树本,并且还不能确定他是否就是老上大人王振华。

我先从当年老上海大学的《上海大学师生名录》中寻找这两个人的姓名,查询两人当年所在的院系。在中国文学系下我找到了王振华的名字,他和丁玲同属一个院系。张君奇的名字则出现在高中部的名单之下,看来当年张君奇在老上大时还是高中学生。

我先试着在百度和知网等搜索引擎上搜索张君奇的相关信息,还试图加上"上海大学""齐齐哈尔"等关键词增加成功率,然而一无所获。而用同样方法搜寻王振华的相关信息时则有不少资料,很多都和革命、共产党相关。于是我将王振华确定为自己的调查对象,希望能够梳理出他的资料对其寻访。不料梳理资料的过程一波三折,最终竟也无果而终。

在网络上最容易获取到的和王振华有关的资料是一篇名为《红军唯一的女将领　陈赓许世友曾是她部属》的文章。这篇文章主要是介绍红军的女将军张琴秋,其中出现了王振华的身影。文章节录见下:

红四方面军主力撤离鄂豫皖长途西进转移,无疑是一个重大行动。张国焘却以保密为由,事先既不在领导层中研究商讨,进行中又不向指战员解释。他的这种家长式作风引起了广大指战员的极大不满。同时,指战员们都希望尽快结束这种无根据地的盲目流动。12月初,当部队西行至陕南城固县小河口镇停下来以后,各种意见都出来了。红四军政委余笃三和四方面军总部的干部王振华、朱光等私下酝酿着,要到中央告张国薰的状。一天,张琴秋与旷继勋、余笃三、刘杞、王振华、朱光等几个人便请教威信很高的鄂豫皖根据地领导人曾中生。曾中生很理智,说向中央反映情况固然好,可江西距此遥遥几千里,怎么个去法?况且,即使到了中央,中央会不会听,还是个未知数。鉴于此,曾中生建议不如写一份意见书,由他送张国焘。

按文章记录,王振华在1932年11月时曾担任红四方面军总部的干部。我以此切入查找到了更多王振华的资料。在网络上找到的《中国工农红军第四方面军烈士名录》这本书的文档,其中就有对王振华更加详细的介绍。介绍如下:

> 王振华(?—1933)河南商城人。南京金陵大学毕业。中国共产党党员。曾在上海党中央特科工作。1931年,到鄂豫皖革命根据地任保卫局侦察科科长。后任红四方面军总指挥部参谋处谍报科科长。1933年春,因肃反扩大化于四川通江被杀害。

其中介绍了王振华曾担任红四方面军总指挥部参谋处谍报科科长,这就应该是前面提到他在红四方面军总指挥部的工作,不幸的是,他在1933年的肃反运动中就已罹难。介绍中也说,这位烈士王振华是河南商城人,毕业于南京金陵大学,这就与我的寻访对象信息不符,很明显,这不是我要找的王振华。我继续寻找,在百度百科中,我找到了另外一位老红军王振华:

> 王振华,河北大名县人,1936年7月参加革命,1938年6月加入中国共产党,1982年12月离职休养。离职休养后享受正省级医疗待遇。2017年1月9日,因病医治无效,在西安逝世,享年97岁。

可是稍加推算就发现这也不是我的寻访对象。除了出生地不符合外,这位老红军应该是1920年出生的,老上海大学只存在于1922年至1927年,这位王振华彼时最多7岁,不可能是上海大学中文系的学生。

最后我在《红岩》一书中又发现了一位革命烈士王振华,生于哈尔滨,又名王树本,正好符合了耿敬老师提供的信息。书中原本的描写如下:

> 父亲叫王振华。妈妈叫黎洁霜。他们的大儿子,叫王小华,三岁。小儿子才几个月,叫王幼华。年轻的夫妇俩都不是重庆本地人。丈夫王振华,又名王树本,1909年生,黑龙江省哈尔滨市人。"九一八"事变后,东北

一百多万平方公里的锦绣河山沦陷于日寇之手。当时正在北京大学经济系读书的王振华,立即投入了东北流亡学生的救国运动之中。在中国共产党坚决抗日的感召下,王振华串联一批学生到南京请愿,结果被北大开除学籍。此后热血青年王振华转到上海,继续从事宣传抗日救国的活动,后因触怒了反动派,遭到国民党政府逮捕,关押了两年多。七七事变后,国共两党促成的全国抗日民族统一战线形成,王振华才被释放出狱。此后他在香港短期停留并继续从事抗日主张,撰写了《沪港两地组织的争论》等文章。这时候,他与留港寻求抗日救国途径的广西苍梧籍女青年黎洁霜结识,两人相互倾慕,遂为知音。不久,这对恋人一同来到广西梧州,小住一段时间。随后王振华应重庆《新蜀报》的邀请,只身前往重庆当记者。后王振华又与几位青年知音创办了进步报刊——《工人呼声》,并公开在一些学校和工厂中散发,鼓动工人罢工。这一系列举措引起了国民党反动派的强烈不满。1940年5月,王振华再次被国民党政府逮捕入狱。经过严酷审讯,认定他为重犯,关进"中美合作所"白公馆监狱。

这位王振华与来自广西的烈士黎洁霜是一对革命伉俪,1940不幸落入国民党手中,一家被监禁在白公馆。1949年,国民党败退前,王振华一家于白公馆被杀害。

抓着这条线索,我摸到了几条其他资料,却渐渐发现,这位和我信息完美对应的王振华也不是当年我要找的王振华。比如下面这条信息:

> 1934年,王振华在北京大学经济系读书时,积极参加了东北流亡学生的抗日宣传活动。……后来,他串联了一批学生到南京请愿,坚决要求抗日,结果被北大开除了学籍。此后,他转到上海,继续宣传抗日救国,遭国民党政府逮捕,关押了两年多,七七事变后出狱,……被勒令离开上海,出走香港。

信息中详细说明了王振华是1934年之后才来到上海的,之前就读于北京大学经济系。很明显,此人并非是在1922—1927年之间在上海大学就读中文系的王振华。

至此,我再也不能查找到其他和王振华相关的信息。寻访线索全部中断。我联系了曹默老师和耿敬老师,也没能获得更多线索。我的寻访无果而终。

一路查找下来,我找到了许多个王振华,全都与革命有关系,但又没有一个是当年那位在老上海大学的王振华。那个我要找的王振华又去了哪里呢?想起来丁玲回忆中的那个老上海大学,讲台上的人多是共产党人,整个大学里都是革命的气氛,这样环境下学习的王振华在想什么呢?后来又做过什么呢?可有参加过什么革命吗?我们不得而知。

我找到这许多的王振华,每个都没有多少资料,或白白牺牲,或死得其所,或大难不死。每个人的生平只有短短几段文字而已,在革命的滚滚洪流中那么渺小。我要找的那个王振华大抵湮没在这洪流下,只留下花名册上短短的三字姓名。

那洪流中又有多少有名或无名的王振华呢?

这是一次最无头绪的寻访。

根据现有的上海大学资料,有过一位叫王振华的学生,除此之外再没有相关信息了。对于"王振华"这样一个非常大众化的姓名,重复者甚多,很难在众多同名同姓人中确认上海大学的王振华。在为学生做前期资料准备时,我发现有黑龙江的王振华,有江西萍乡的王振华,还有河南的王振华……

因崔东川是黑龙江人,又对寻访极具热情,那么只能在极少的上海大学黑龙江籍学生中让他选择,希望通过他的寻访工作,至少去确认一下黑龙江的王振华是否是上海大学的那位王振华。

虽然我也知道,这次寻访可能是一次注定难以完成的工作,甚至寻访工作从一开始就会陷入毫无头绪,难以落地实施。但崔东川最后提交的寻访报告确实出乎意料。也许上海大学"红色学府"的基因,使他潜意识地将那些拥有着革命经历的王振华们整理出来加以筛查。结果,通过这一筛查,我们发现:虽然每一位王振华在革命的洪流中都显得渺小,并被历史所湮灭,但确有那么多的王振华勇敢地投身于革命的洪流之中。

中国革命的成功,正是这些"王振华们"的牺牲和付出得来的。

美术理论的开拓者
——寻访滕固

赵澜波　文学院 2017 级

一、寻访背景

"寻访老上大校友"活动是由上海大学博物馆发起,为完善校史资料的一次暑期社会实践活动。上海大学是一所具有红色基因的院校,在 20 世纪 20 年代,短暂存在的上海大学有着那个时代独有的辉煌。但是由于当时处于战乱的年代,时至今日,当年的那些校友、教师以及他们的故事似乎就要永远地尘封在历史之中。博物馆让同学们对百年之前的校友进行一次跨越时空的追踪,除了完善校史,更重要的目的,是让同学们去了解一位寻访对象,通过寻访感受相隔百年的两代上大人的羁绊,体会前辈的精神,完成一次不一样的心路历程。

二、寻访概况

（一）寻访对象及方式

我负责的寻访对象是滕固先生,滕固先生是中国近代著名的美术理论家,在档案学方面也颇有建树,具体的介绍不在此展开。

寻访主要通过查阅文献和实地寻访相结合的方式展开。查阅文献主要是查阅全网的相关网页以及中国知网上相关的论文报章。至于实地寻访,鉴于滕固先生目前还没有故居和纪念馆等事迹陈列场馆,身居上海的我也不便去其安葬之地寻访,主要实地寻访的地点是上海的市区两级档案馆。

（二）寻访过程

寻访一共分为三个阶段：第一阶段为资料收集阶段,第二阶段为实地寻访阶段,第三阶段为材料总结阶段。

第一阶段的时间段为 7 月 21 日到 7 月 29 日,我阅读了互联网上可见的关于滕固先生的网页,了解了滕固先生大概的生平和轶事,又将中国知网上有关滕固的、我认为可能有用的信息全部下载下来。

第二阶段为7月30日到8月18日,我分别于8月14日和8月18日寻访了宝山区档案馆和上海市档案馆,试图寻找有关信息。以下为两次实地寻访的情况:

1. 寻访宝山区档案馆

寻访时间:2018年8月14日

寻访地点:上海市宝山区档案馆(淞宝路104号)

宝山区档案馆位于吴淞街道淞宝路104号,我一早起来搭乘8路汽车前往吴淞。上午10时,我终于找到了这个不起眼的大院,地方志办公室、党史研究室和档案局皆在此。

在门卫室登记完毕后,我走进大院,在8月上午的骄阳下,档案馆显得格外安静,只有稀稀拉拉的几个人来去匆匆。说是大院,院子其实并不大,陈旧的瓷砖墙上的烫金大字直直地映入眼帘,是赵业初所题的"上海市宝山区档案馆"九个大字。

进了内馆,左侧是一排宣传板,风格和社区的告示一般,倒是很有"宝山风格"。向前走就是向上的楼梯,详细的资料和各种办公室都在楼上。

右侧则是查档的服务窗口,三个窗口只开着一个。我快步上前,坐在窗口前,讲明来意。窗口内坐着一位50多岁的阿姨,抬头扫了我一眼,似乎对我打破这片静谧有些不快。我重复了寻访一事,报上滕固的姓名,说起20世纪20年代他在上大任教的事。这位阿姨连声说着不可能有这么一个人,我坚持请求她帮我查一下。无奈之下,她拿过我的介绍信,让我在反面写下"滕固"二字。

阿姨在电脑上一番操作后,结果却相当令人失望——没有一条相关信息。阿姨仿佛证明了自己是对的,絮絮叨叨起来。总的来说,还是劝我去上海大学的校史馆之类的地方看看。

这一趟寻访固然是失败,但总的来说,还是在意料之中。当日下午,本来还想去市档案馆碰碰运气,但是天气炎热路途不便,我便一时怠惰了。上海档案馆的寻访拖到了8月18日。

2. 寻访上海市档案馆

寻访时间:2018年8月18日

寻访地点:上海市档案馆(中山东二路9号)

8月18日下午,我前往上海档案馆,以期求得更多信息。新的上海市档案馆在外滩的中山东二路,我搭乘37路到陈毅广场,然后步行前往。

上海市档案馆所在的建筑气势恢宏,本身也是优秀的历史建筑,给人一种厚重感。档案馆的G层为大厅,1—3层都是展览,我径直来到5楼查阅档案。

我进入阅览大厅,在服务台办理了一张阅档证,随后便开始使用电脑查阅公开档案。在使用电脑时严禁拍照,故而我没有留下大厅的照片。

但是结果却差强人意,市档案馆的查询结果与区档案馆大同小异,除了找到滕固先生在日本发表的几篇文章,并没有什么有价值的信息,我只得扫兴而归。

第三阶段是总结资料阶段,为 8 月 19 日到 8 月 30 日。

三、寻访成果

滕固,本名滕成,字若渠,上海宝山月浦人,中国近代美术理论家、档案学家。

1901 年,滕固出生在江苏省宝山县月浦镇(现属上海)的一个传统文人家庭,从小学习古诗文与书画。

1918 年毕业于上海图画美术学校,从事文学创作活动,1919 年赴日留学,1920 年考入东洋大学。

1921 年 5 月滕固与沈雁冰、郑振铎、陈大悲、欧阳予倩等 13 人发起成立民众戏剧社,出版《戏剧》,此为新文学运动时期中国第一个戏剧月刊。1924 年,滕固从日本东洋大学毕业,获文学士学位,返国后,任教于上海美术专门学校。

1929 年又赴德国柏林大学留学,1932 年获美术史学博士学位,回国后他一度边从政边继续从事艺术、考古等方面的撰著,并被德国东方艺术学会推举为名誉会员。1938 年,国立北平艺专与国立杭州艺专合并成立昆明国立艺术专科学校,滕固出任校长。

1940 年,因人事纠纷和健康问题,滕固辞去国立艺专校长职务。1941 年 5 月因患脑膜炎去世。(一说死于家庭纠纷。)

关于婚姻家庭,滕固先生的资料较少,但还是有一定材料的。根据《滕固婚恋事迹考》和《滕固之婚姻》,基本可以得出大概情况:

> 大致在 1924 年左右,回国的滕固急于婚恋,好友黄中介绍当时有一女医生刚刚丧夫,滕固心中倾慕。于是他便通过接近女医生的一位助工来接近女医生,上演了一场《西厢记》的桥段。不巧"崔莺莺"的夫家发现,当时传统观念尚浓,夫家不许女医生改嫁,还通过报纸舆论攻击滕固。滕固不得不前往日本避难,期间忧郁生病,全赖"红娘"相持救助,两人便生了爱情。顾天赐(蔗园)在其《追念滕若渠先生》一文中,曾说到滕固夫人:"假使有人打电话到若渠公馆,招若渠谈话,一定是位尖锐声音的女性来接电话;不论若渠在不在家,她一定要打碎壶盆问到底的,向你详细盘问

过后,再告诉你若渠在不在。此位非别,就是若渠夫人,据说是某大姓的青衣;若渠自追逐某女士失恋后,愤而垂青及伊,是一种反常的结合。"

有一种说法是滕固晚年是死于家庭纠纷,即被妻子雇凶打死。《吴宓日记》1941年5月25日记载:

> 宓又忆及知友滕固君,……去年秋,临别,以其《九日日记》……留存宓处,以宓最知其心事也。滕君到渝即病。半载后,甫出院回家。途中复遭……流氓毒打一顿,受重伤。再进医院,卒于本月二十日上午7:30逝世矣。

究竟是因为什么家庭纠纷令他"死于非命",他人已无法知晓,只有待当事人与当时的知情人解密了。据滕固的学生、美术史家阮璞回忆,他与夫人发生矛盾后,外出时夫人不给衣服穿,也不给钱用,在滕固死后,其衣服都还被扣留着,连入殓的服装都不给,其后事全由艺专总务处的职员程先生料理。而沈宁所编《滕固年表》,则称滕固是因脑膜炎病逝。

《滕固之婚姻》中也有所载:

> 谈到滕固的恋爱经历,如果作个比喻,开场有点像《西厢记》。滕固就是张生,经过红娘拉纤,爱上了崔莺莺,其结果却有了变化。崔莺莺因为家庭压力退缩了,桃代李僵,张生娶了红娘。红娘内心有深深的自卑,知道张生真正爱的是小姐,不是丫头。自己要容貌没容貌,要学问没学问,于是,就死死看着自己的禁脔,不容别人染指,一旦有什么不利的传闻,就先自警惕起来,采取断然措施。

具体如何,尚无进一步证据,但我认为这种说法并非空穴来风。关于滕固先生子女情况,我没有找到任何关于滕固子女的文章网页,目前甚至尚不清楚滕固先生是不是有子女。

关于滕固先生的成就,主要是在于美术理论方面。其著作有《唐宋绘画史》《中国美术小史》《征途访古述记》《唯美派的文学》《圆明园欧式宫殿残迹》《死人的叹息》《迷宫》等。另有《挹芬室文存》,本书收录目前所搜集到的滕固的学术性佚文和著译序跋。按照文章内容大致划分为六辑,每部分按写作或发表时间排列,每篇文章均注明出处。他在《小说月报》《创造季刊》等刊物上也发表了不少小说、诗歌及艺术论著,如《壁画》《银杏之果》《科学与艺术》以及译作《先史考古学方法论》等。滕固对家乡编修地方志十分关心,1934年,他为

《月浦里志》写了序,校对了志稿,并捐款支持《月浦里志》的出版。滕固的艺术审美带有鲜明的民族主义特征,还有一特征是"以史代论",总体上滕固先生的艺术理论带有唯美主义色彩。同时,滕固先生在南京政府任职期间还为中国的档案学发展做出了重大贡献。

结合手头已有的资料,我们似乎缺少关于滕固性格的资料,但是纵观滕固先生的一生,我们可以看到。他是一个新旧结合的知识分子,他带着传统的民族主义的色彩,却接受了西式的高等教育,他有着等身的现代美术理论著作,却最喜欢唐宋绘画。就这样,这位新时代的人才,却也带着中国"士大夫"的情怀。他在国立艺专面临战乱和人事纠纷的双重打击时挺身而出做了"救火队员",但是却因为艺术家和知识分子的那种理想化,没能处理好合校以后纷繁的人事问题,还为此得罪了许多人,包括自己的老友。直到一年后,羸弱的身体终于让他倒下。

纵观滕固的一生,我们看到的是一个受到新文化影响的旧文人在动荡年代的悲情与寂寞。

四、寻访感悟

(一)个人价值与时代沉浮

滕固先生,正如那个时代许许多多的知识分子一样,接受了新的思想文化,身上却也带着那股中国文人的风骨。他们在专业领域大有作为,也用他们波折坎坷的一生诠释着变革年代知识分子的命运。

他出生书香之家,年方20,远渡东洋,求知于世界,又回到祖国,教书育人,研究美术理论。不料国难平地起,战时中国美术的高等学府,外受战乱侵害,内受内部派系的人事矛盾困扰。对此他以羸弱之躯挺身而出,甘当"救火队员",却因自身难以驾驭人事,忧劳成疾,英年早逝。

滕固先生之于中国美术史,之于中国美术教育,其功绩都是不可磨灭的。但是就是这样一位艺术家,万千名家的同侪,在动荡的年代,不但自身没有好的命运,而且在历史的长河之中,连自己简简单单的生平往事,都留不下来。真是悲哀啊!我不禁感叹,以人的渺小目视时代的宏大,的确让人胆寒。

但是即便如此,小小的钻石却也有耀眼的光芒,渺小不等于不出彩。今天的知网,千千万万的后辈,研究着滕固的艺术理论,尽管许多生平信息都淡去了,但是这些他留下的痕迹,不也足以彪炳史册吗?我们如今的时代,其实也是在一场大的变革之中,作为这新时代洪流中的一位迷茫青年,滕固先生,这位老前辈让我明白,渺小的我,也可以活得出彩。哪怕充满悲情与寂寞,只要不负自己!

(二)寻访反思

这次的寻访活动,固然让我有很多收获,比如了解了滕固先生的生平事迹,学会了在档案馆查档案的流程等,这些经历让我受益匪浅;然而从结果来看,寻访的难点在于缺少滕固生平的资料。韦昊昱在《滕固改名考》中也坦言:"目前,有关滕氏个人履历资料大多缺失,仅有的《滕固艺术活动年表》《滕固艺术年表》甚至连滕固原名滕成的史实都未有记录。"我已经基本将互联网上关于滕固自身的网页都查过了,关于滕固的个人性格、家庭生活、后代情况的内容几乎不存在,具体的生平事迹也十分模糊。中国知网上的论文都偏重于滕固的美术理论研究和其他学术成就,关注滕固先生个人生平的资料很少。在众多资料中,我仅仅能得到先生大概的生平信息。先生也没有纪念馆故居一类的纪念场所,所谓后人也没有线索,甚至不知道是不是存在。

但是客观原因归客观原因,没能改变自己能力不足也是事实。在整个寻访活动中,我表现出了一定的畏难情绪,并由此产生诸多怠惰的情况,流程一拖再拖。尽管由于缺少信息,我的怠惰没有对结局有什么影响,但是我想我必须在此作出检讨了。

尽管我能力有限,但是这次参与还是让我感觉是有意义的。因为结果不遂人意,我一度想过放弃写终期报告,直接"烂尾"项目,真是"善始者实繁,克终者盖寡"。但是我既然走了这心路历程,还是要善始善终,不论有没有结果。毕竟沿途的风景,已经尽收眼下。

点评

虽然滕固属于上海人,但宝山月浦镇几乎没有任何与他有关的遗存。好在月浦在挖掘自身的文化遗产时并没完全忘记这位月浦人,偶尔还有些宣传。

滕固与陈抱一等人一样,都是赴洋留学后,回国从事美术艺术教育,试图以所学来推动中国的艺术革命。滕固一方面从事美术史和艺术理论的探索研究工作,另一方面将大部分精力投身于艺术教育事业,希望通过自己的努力培养符合社会和时代需要的艺术新人。上海大学也是他从事艺术教育历程中的一站。

由于其家庭原因所致,如今我们对这方面的信息资料几乎无甚了解,因而难以按此思路寻找线索,只能从其著作和回忆文章中去了解他。赵澜波同学按照一般的寻访思路,到各级档案馆去查找资料,其结果便是不出所料地一无所获。但寻访活动本身,正如赵澜波所言:至少是将"沿途的风景","尽收眼下"!

精彩而不平凡的一生
——寻访陶新畲

翟闻佳　文学院 2018 级
刘安怡　法学院 2018 级

一、初期简报

活动时间：2019 年 7 月 9 日

活动内容：由于访问对象陶新畲后代陶友松归国时间较紧，我们为了完成采访任务在网络上搜集有关陶新畲先生的生平事迹，拟出采访提纲。

活动结果：搜集到一些零散生平文字材料，确立大致提问方向；并从后代视角引入，将与上海大学的渊源作为主体、个人生活经历作为最终总结写出采访提纲。

文字材料：

东方网 2012 年 6 月 29 日消息：据《新闻晚报》报道，今天上午，"庆祝中国共产党成立 91 周年——中共淞浦特委机关旧址陈列馆开馆仪式"在静安雕塑公园内举行，陈列馆将于 7 月 1 日对公众开放。在今天的开馆仪式上，中共淞浦特委先辈杭果人、林钧、陶新畲家属代表分别向陈列馆捐赠了包括皮箱、照片、石碑在内的大量实物，并进行展出。陈列馆的设计，更可让孩子们在石库门里体会当年地下工作情况。

静安区山海关路 387 弄 5 号是当年中共淞浦特委办公旧址，该地点 1987 年 11 月被上海市人民政府公布为上海市文物保护单位。

中共淞浦特委成立于 1928 年 9 月，是我党领导上海郊县工作的机构，由杭果人任书记，陈云任组织部长，管辖上海郊区及附近 10 个县。

为了迷惑敌人，淞浦特委将办公地点设在了如今山海关路上，当时名为"正德小学"的私立学校内。正德小学的校舍是一幢石库门，其客堂间为教室。平时孩子们在教室内上课，淞浦特委则在旁边的房间内开展革命工作。在正德小学的掩护下，敌人一直没有发现淞浦特委的办公地点。

采访提纲：

（一）引入

（1）您记忆中的父亲是怎样的？能谈谈您和父亲相处时让您印象深刻的事吗？

（2）我们了解到您曾经向上海大学档案馆捐赠了一些档案材料，请问这些材料的具体内容是什么呢？

（3）您能谈谈您在收集父亲的相关资料时的心得体会吗？/有遇到什么困难吗？/着重于什么方面来进行的呢？

（二）与上海大学的渊源

（1）您知道您的父亲是通过怎样的方式来上海大学读书的吗？

（2）我们了解到您的父亲是上海大学社会学系的学生，请问他有没有谈到他在上海大学的学习生活，例如最喜欢的课程和老师？

（3）上海大学在1924—1925年中就经历了两次校址变迁，我们了解到您的父亲在求学中正好经历了这样的变动，请问您的父亲是怎样坚持学习直到毕业的呢？

（4）我们都知道老上海大学是五卅运动的重要推动地，请问您的父亲有没有参与其中呢？您的父亲具体做了什么呢？

（三）个人经历

（1）能谈谈您父亲在苏联求学时的经历吗？

（2）我们了解到您的父母一同从事革命事业，您能谈谈您父亲和母亲之间的革命爱情故事吗？

中期计划：前往拜访并采访两位老人，整理陶友松先生与陶静女士赠送给学校的传记内容与中共六大纪念册材料等，将陶新畬先生的生平与事迹梳理清晰。

二、中期简报

活动时间：2019年7月10日—8月9日

活动内容：7月10日早晨前往上海大学档案馆寻找陶新畬后代7年前捐赠的档案材料。询问其负责老师捐赠材料内容，被告知不具有权限，但可以亲自询问捐赠者。7月10日上午前往陶友松先生、陶静女士家中进行访问采访。整理7月10日与陶友松先生、陶静女士交谈录音稿。《陶新畬传》文献整理、生平梳理。

三、调研感悟

得益于学校提供的机会与陶新畬后代对父亲资料的收集整理,本次寻访调研活动还算顺利,根据前期查阅的资料,我们大致了解了陶新畬先生生前事迹,但却没有一个系统化且可信的信息来源,更无法勾画出其生前的形象。因此,我们这次造访就是为了梳理事迹还原陶新畬的个性形象。

计划大约40分钟的采访在两位老人的热情招待与介绍下持续了3个多小时,一块巨大的展板上陈列着陶新畬先生生前的重要事迹与两位老人对父亲深沉的爱。陶静女士打开倾尽她几年心血精力的《陶新畬传》,逐页为我们分享她收集材料的心得,解读她从各本党史书籍中寻找到的有关陶新畬先生的只言片语。

从开始造访前的忐忑与期待到听老人讲解分享时的感动,再至最终得到一份对生活鼓励的感激,我们体悟到了老人的坚毅,感受到了拾起不该被遗忘的历史的意义以及最赤诚的无数先人的热血力量。能参与此次活动我们感到荣幸与欣喜,在实践过程中的任何一个细节都是我们在此次寻访中珍贵的记忆。

四、成果展示

（一）采访结果

1. 陶新畬与上海大学

陶新畬青年时期就读安徽省立第二甲种农业学校,时值1917—1919年,他受到俄国十月革命胜利和中国五四运动反帝反封建思想的影响,到芜湖市、蚌埠市参加学生运动和各种进步活动。为寻求真理和救国道路,他1922年10月考入上海大学社会科学系。

陶新畬在系主任瞿秋白带领下,学习社会科学理论,调查研究中国社会和促进中国社会的改造。1923年由瞿秋白介绍参加了中国共产党,从此他将自己的一生无私地奉献给了中国的解放事业,献身于中国新民主主义革命和反法西斯抗日战争,成为一名自觉革命的共产党员。

在上海大学,陶新畬如饥似渴地学习革命理论知识:修了瞿秋白主讲的《社会学》《社会哲学概论》《社会科学概论》《现代民族问题》《新哲学唯物论》,蔡和森、张大雷的《社会进化史》《世界工人运动史》等课程,阅读了《新青年》《向导》《共产党宣言》《阶级斗争》等刊物和书籍,掌握了辩证法和唯物论、辩证唯物主义和历史唯物主义等马克思主义哲学的基本原理,全面系统地接受了马克思主义的理论教育,树立了坚定的共产主义信仰,具有了扎实的革命理论基础和知识。

他积极参加上海市的学生、工人反帝国主义的爱国运动,在上海大学举办的平民学校任教,在宣传马克思主义的同时,也锻炼提高了自己。

在上海大学的几年学习生活和经历,陶新畬与导师瞿秋白、李大钊等中国革命的领袖人物建立起了深厚的师生情和战友情,这就决定了他今后的人生必将是精彩的不平凡的一生。

2. 陶新畬与五卅运动

1925年5月30日,英、日帝国主义在上海枪杀中国工人、学生,制造了震惊中外的"五卅"惨案,上海人民举行游行示威,在中国共产党领导下,掀起了全国规模的革命风暴,全国各地相继展开了支援上海人民的反帝斗争。

为了加强对东北地区革命运动的领导,中共北方区委李大钊派遣任国桢、陶新畬等人来到奉天(今沈阳),组织开展东北地区的革命工作。他们到奉天后,便与知识青年苏子元、高子升等人取得联系,报告"五卅"惨案情况,在奉天组织青年学生声援五卅运动开展反帝斗争。成立学生联合会,以进步青年为骨干,将全市中等以上学校的学生联合起来,组织学联筹办会,通过"学联筹备会"领导奉天社会各界声援上海五卅运动,开展反帝爱国运动。

奉天"六十"反帝爱国斗争的规模之大是东三省空前的一次,这显示了在五卅运动的影响下,奉天学生运动已经走上了一个新阶段,不仅给帝国主义和封建军阀很大打击,同时扩大了革命影响,锻炼了革命青年,为中国共产党在奉天的建立进一步创造了条件,为有组织地扩大马克思主义的传播,为在奉天建立党团组织做了重要的准备工作。

陶新畬在奉天对五卅运动的推动,对中国共产党未来的扩大起到了至关重要的作用,而这一切也离不开陶先生在上海大学所受的教育与锻炼。

3. 对父亲的印象

陶静女士说自己年幼时父亲就已病重,对父亲只有一些感性认识,而这些记忆是十分痛苦的。

陶新畬在1940年5月16日襄樊战役中,受命张自忠将军掩护苏联顾问团突围,在与日军战斗中,头部受重伤。在战争时期,他的伤势一直没有得到很好的治疗,待伤口稍加愈合后,他一直留在军中,直到解放后才回到上海家中休养。之后他的战伤反复发作且加重,以至身体残疾,眼睛失明,最终身亡。

他的生活完全不能自理,是两个年幼的女儿陪伴在身边,照顾他的起居。

他抚摸着年幼女儿们的头,说:"你们这样辛苦地服侍爸,等爸以后身体好一些了,去工作挣钱养活你们!"他眼中饱含着的泪水止不住淌下来。他因不能对年幼儿女尽抚养之责而自责。

饱受战伤折磨的他,说着令人心酸的话语,他那老泪纵横的凄惨情景是女儿心中永远的痛!

4. 陶新畬留学莫斯科

陶新畬留学苏联高级步兵学校,这所学校位于莫斯科市郊东部的列佛尔托沃,是苏联红军培养陆军营、团、旅、师等中高级军官的著名军事学府。在他留学苏联期间,学习了军事理论知识与作战技术,并参加了大量实际训练与军事演习。军校求学经历,为他打下了坚实的军事知识基础。正是经过这三年的学习,他成长为具有军事专业知识的军事政治干部,成为一名在政治和军事领域都杰出的党员干部。

1930年毕业回国,周恩来任命他担任上海淞浦特委军委书记、红十九军军长,同时他还担任西北抗日同盟军军事委员会秘书长。在张自忠部队任政治部主任时,由于他对俄语和军事知识有所掌握,经常参加张将军和苏联顾问团的军事会议,成为张总司令的重要军事谋僚。

5. 陶新畬与朱华亭的革命爱情

中国共产党第六次全国代表大会,于1928年6月18日至7月11日在共产国际帮助下,在莫斯科近郊兹维尼果罗德镇的塞列布若耶乡间别墅召开,这是中国共产党历史上唯一一次在国外召开的全国代表大会,瞿秋白是大会筹备和召开的重要组织者和主持人。

大会上,瞿秋白作《中国革命与共产党》的政治报告,周恩来作组织问题和军事问题的报告,共产国际代表布哈林作《中国革命与中共任务》的报告。

代表们由国内辗转进入苏联来到莫斯科,由于到来时间参差不齐,接待的工作十分困难,接待人员必须要由懂俄语又是中共党员的中国人才能胜任,哪里去找这些人呢?

党组织决定在莫斯科高级步兵学校的中国连和东方大学的中国学员中选调。当时中国共产党的负责人是曾任上海大学社会学系主任的瞿秋白,他是陶新畬的入党介绍人,他看到留学生学员名单中有陶新畬的名字,决定让他去做接待工作。当时周恩来夫妇同来参加党的第六次全国代表大会,邓颖超为列席代表,需要一位女性工作人员配合做辅助工作,朱华亭(化名朱景容)很合适,被挑选上了,她1926年参加中国共产党,毕业于黄埔军校武汉分校,毕业后曾被派往宋庆龄主办的妇女运动讲习所,协助宋庆龄处理事务,当时正在苏联东方大学社会科学系读书,是接待邓颖超的合适人选。瞿秋白向周恩来夫妇推荐陶新畬和朱华亭两人。

1929年的夏天,在黑海工人疗养院的中国留学生联合会上,两个中国青年在此再次相逢。他们俩有太多的相似经历,都是大学生,都投身革命多年,都经历了五四运动新思想的洗礼和武装斗争的枪林弹雨,也都经受过白色恐怖的惊涛骇浪,因而一见如故,相谈甚欢。两人回校之后常有书信往来,交流思想,增进情感。

1930年,陶新畬和朱华亭在党组织安排下回到上海,此时两人已建立感情,又为安全需要,就结婚生活在一起。

(二)陶新畬生平记录表

陶新畬生平记录表

时　间	地　点	事　件
1901年4月	安徽寿县(现名安徽省合肥市长丰县)	出生
1919年	安徽省第二农业学校	中学学习
1922年10月	上海大学	考入上海大学社会科学系
1923年	上海大学	经瞿秋白介绍参加共产党
1925年6月	奉天	同吴晓天、任国祯一起通过"学联筹备会",领导奉天社会各界声援上海人民五卅运动
1925年8月	张家口	受中国共产党北方区委李大钊派遣,冯玉祥部宣传员,主办三民主义俱乐部
1926年3月	北京	在李大钊领导下工作
1926年7月	陕西省绥德县	受北方局李大钊之命,与徐梦周、刘维东协助地方党组织负责人李子洲开展扩大西北地区的建党工作
1926年8月	陕西省绥德县	任陕西省立第四师范学校国文教员
1926年11月	甘肃	受中共绥德地委之命,赴兰州国民军联军刘芬部开展兵运工作
1927年	陕西省	任国民联军十四路孙连仲部的政治部主任
1927年3月27日	陕西省	组建国民党陕西省丹凤(现商州)龙驹寨区党部
1927年	甘肃省	任中共甘肃省委委员
1928年	苏联莫斯科	到莫斯科东方大学基辅炮兵学校学习
1928年6月	苏联莫斯科	中共六大在莫斯科召开,任大会工作人员
1929年5月	苏联莫斯科	莫斯科陆军通讯学校学习
1930年10月	上海	任淞浦特委军委书记兼红十九军军长

续表

时　间	地　点	事　件
1931 年	上海	与朱华亭经组织批准结婚,开办启智学校,进行反帝反封建斗争
1933 年 3 月	冀东遵化县喜峰口	参加冀东遵化县喜峰口长城抗战
1933 年 5 月	张家口	帮助冯玉祥在张家口组织察哈尔民众抗日同盟军
1935 年 7 月	——	任国民党第二十六路孙连仲部总指挥部少将处长
1936 年 4 月	——	任国民党第二十六路孙连仲部总指挥部少将高级参谋
1937 年 11 月	——	任民军五十九军政治部上校处长
1938 年	——	任国民军五战区中共地下党支部成员
1938 年 5 月	徐州	徐州突围转移,五十九军胜利完成掩护机关及所有部队转移的任务
1939 年 5 月	田家集	在张自忠部参加随枣会战,在田家集以西歼灭日军辎重部队,迫使日军放弃渡河攻击襄阳(襄樊)
1940 年 5 月 16 日	襄樊	掩护苏联顾问小组突围的战斗中受伤
1941 年	——	任第二集团军副官处处长,商讨帮助皖南事变中被国民党特务追捕的共产党员脱险
1941 年 4 月 14 日	南阳	朱华亭在南阳市内被特务投毒杀害
1943—1945 年	恩施和建始地区	随第二集团军,驻防于六战区的恩施和建始地区
1945 年 8 月	河北	日本投降,随孙连仲赴河北省接受日军投降
1946 年	秦皇岛	任秦皇岛地区专员和城防司令
1950 年	上海	接到南京革命大学入学通知,因伤情多次复发,未能入校报道
1952 年	上海	脑部旧伤发作,最终瘫痪
1953 年	上海	以公民身份参加第一次人大选举
1955 年	上海	颅内战伤进一步发作,双目失明
1957 年 5 月 16 日	上海	因战伤加重不幸离开人世,享年 56 岁

点评

之前在搜集上海大学老校友资料时,陶新畬一直是难以确定的一位人物,其名字有"陶新畬"与"陶新畲"两种写法,不知哪个是准确的写法。另外,与之相关的还有"陶樑""陶梁""陶良"等多种名字,也无法确认哪些是与"陶新畬"有关的。因而,对这个名字印象深刻。

至于陶家后人是如何与上海大学博物馆方面联系沟通的,我不得而知,博物馆工作的曹默告诉我她与陶新畬后人联系时,我还是有些兴奋的,就让她安排学生进行寻访。因而,参加这次寻访的翟闻佳、刘安怡同学就少了其他寻访学生所经历的那些磨难和挫折。

虽然现在这些信息资料越来越丰富,但寻访之时,陶新畬的身份有些含糊,曾参加过中国共产党的早期活动,又在《一个革命的幸存者:曾志回忆录》中看到他是孙连仲部的军官,不知其经历如何。通过寻访,我们比较清晰地了解了陶新畬的革命经历,也感叹他一生的传奇。

作家、诗人、教授
——寻访丁嘉树

沈铭琦　新闻传播学院 2015 级

丁嘉树,香港作家,文学评论家。曾用名丁雨林,笔名丁淼、丁丁、夏莺等。1907 年 11 月 10 日生于上海,在上海受初等教育,于 1922 年就读老上海大学,1926 年毕业。他在老上海大学短期任过教,在上海大学的这几年,他的思想受到很大影响。1948 年,他携妻(女作家何葆兰)儿南下香港,后在新加坡任南洋中学校长。他的主要作品有诗集《红叶》与长篇小说《浪漫的恋爱故事》等。

上海统一战线图片实物展"中国梦、同舟行"上有著名作家丁嘉树先生的上海大学毕业证书。丁嘉树先生 15 岁开始写作,写作的历史长达 70 年。20 世纪 20 年代出版的他的著作《革命文学论》,收录了包括蒋光慈、茅盾、郭沫若、陈独秀、瞿秋白等 19 位作者的文章。2014 年 10 月 23 日,丁嘉树之子丁勇等 50 余位老上大校友后代,受邀参加了上海大学博物馆室外校史展示区——溯园的落成仪式。并向校方捐赠了这张证书。这是目前已知仅存的上海大学毕业证书。

在今年夏天,我有幸通过筹建校博物馆工作的曹默老师,联系到了现居住在上海浦东的丁慧娟奶奶(丁嘉树侄女),听她讲述自己与丁老先生的往事,探寻我们未知的有关丁嘉树先生这位老上海大学校友的故事。

8 月 16 日周二下午 1:30,我准时敲响了丁慧娟奶奶的家门,开门迎接我的是带着笑意的丁慧娟奶奶和她的老伴。奶奶确认了我的来意后,热心地招待我进门,干净整洁的屋内环境和奶奶亲切的笑容让我紧张的情绪得到了缓解,让我对这次采访多了几分自信。

采访的方向主要是围绕丁嘉树老先生的老家丁家村的情况,以及他曾经因为办报而被抄家这件事的求证,还有便是谈谈丁老先生的往事。感谢丁慧娟奶奶的健谈,让访谈进行得格外顺利。

在《川沙县志》中记载,丁家村为浦东新区合庆镇永红村的组成部分,地处浦东新区东部合庆镇西侧。与庆星村接壤,西靠浦东运河和小湾集镇相望,南有沈沙港与跃丰村隔开,西南面与东风村相连,北与红星村连接。相距浦东国际机场,三甲港旅游度假区约 8 公里,东有东川公路,西有川沙公路,北临龙东大道,还有远东大道、外环线环绕四周,交通十分便捷。

永红村 1950 年归属小湾区唐家乡,由白路村、丁家村、秦家村三个村组成。1956 年白路村、丁家村、秦家村三个村组成唐一初级合作社,1958 年唐一初级合作社转为唐一高级合作社,1960 年转为唐一大队,1968 年转为永红大队,1984 年转为永红村民委员会至今。目前,永红村由自然村、丁家村、张家村、姚家村、费家村、唐家村、华家村、胡家村等组成。

丁家村,也就是丁嘉树老先生和丁慧娟奶奶的老家,位于川沙暮紫桥丁家村。由于早些时候暮紫桥地区有个天主教堂,里面有圣母抱着耶稣的壁画,人们就叫这个地方母子桥。文人觉之不雅,后就改名暮紫桥。据丁慧娟奶奶回忆,家的周围以前有一个养鸡场,但是随着时代的变化,老家已被拆改。只有一张以前回去拍摄的照片留作纪念,还可以依稀看见杂草背后的屋子。

但由于丁家村只是丁嘉树老先生年少时居住的地方,丁慧娟奶奶对于她的伯伯丁嘉树先生的印象更多的是在他们苏州的家中。"苏州的房子老好的"这是丁慧娟奶奶对于丁嘉树先生家的赞美。丁慧娟奶奶还认真地比划了家的布局,提到了那个挂在门上叮叮作响的门铃,门边有专门为车夫提供休息的小房间,还有那些孩子们一起捡杏子吃的杏子树。

在丁慧娟奶奶的记忆中,丁嘉树伯伯是一位长相英俊、风度翩翩的男子,从读书的学生发展成为文坛颇具影响力的人物,这都是他自己努力的结果,家里人没有为他操太多的心。由于丁家原先并不是很富裕,所以这建于苏州的宅子,自然让丁慧娟奶奶印象深刻,在苏州待的一年多也是令人觉得快乐的。可是之后由于时局的动荡,丁慧娟奶奶便回到了位于丁家村的老家。

对于丁嘉树老先生是出于何种原因选择上海大学这所学府,丁慧娟奶奶并不清楚。但是早先在采访丁勇先生(丁嘉树先生儿子)时,丁勇先生给出了"好教师、好教授、好校长"的答案。老上海大学的生活是艰苦的,但这日子也是火热的,师生共同创办校刊,促进平民教育,以参与社会改革为己任。当时的学者都是抱着对平等的追求,怀着走中国革命道路的决心而读书的,丁嘉树老先生也不例外。五卅运动后,上海大学成为真正的"红色学府",这些都离不开教职人员的努力。

丁家确实被抄过家,但是由于那个时候丁慧娟奶奶也很小,又特别害怕,只有五六岁的年纪,并不知道详情。只记得那些带高高帽子的人突然闯入家中翻找东西,把家弄得一团乱。后来她陪她的奶奶整理残局的时候听奶奶说也许那些抄家的人是想要找丁嘉树伯伯的照片,以此来抓人。但其实抽屉里便有几张丁嘉树先生的照片。"大概是老天爷也在帮我们吧。"丁慧娟奶奶再回想这段往事,笑着感叹道。后来丁慧娟奶奶的家人便害怕地把照片全都烧掉了。

丁慧娟奶奶印象中的丁嘉树先生除了是个风度翩翩的文人,还是一个新思潮的接受者。他剃短发,崇尚自由婚姻等,可以说是走在新思潮浪尖上的人。丁嘉树与他的夫人何葆兰女士极有可能相识于大学之中,丁夫人嫁过来的时候可谓是十里红妆。至今存放在丁慧娟奶奶家中的铜盘和小供台便是极好的证明。

由于丁夫人家特别富庶,她便将一些粗衣粗布从苏州的家中运回丁家村的老家,由于衣服数量庞大,质量又还不错便被乡间的强盗惦记上了,但这可苦了居住在老家的丁慧娟奶奶一家。家里被偷被抢了好几次,她们一家人不敢待在家中,只好跑去城里借房子住,真是不怕贼偷,就怕贼惦记啊。

丁勇先生在接受我们的采访时,提到丁嘉树先生评价其妻子是一个十全十美的人,他们的家庭生活是那么的幸福美满,丁嘉树老先生和其夫人也都非常长寿。对于抄家事件,丁勇先生认为在动荡的时局,两位老者共患难的精神十分值得敬佩。另外,丁勇先生还提到父亲对于他的管教在那个年代是十分开明的,让孩子做自己想做的事,不约束孩子的想法。拥有先进教育理念的丁嘉树先生不论是对自己的孩子还是对当时的文坛,都有着积极的影响。

在对丁慧娟奶奶的访谈中,我询问她是否还留有丁嘉树先生的信件、衣物等物品,这不由得勾起了丁慧娟奶奶的一个美国梦。丁慧娟奶奶的丈夫保留了丁奶奶和丁嘉树老先生妻子的许多信件,身在美国的何葆兰女士特别喜欢丁奶奶这位侄女,曾经还邀请丁奶奶到美国(但是当时由于身体不适的原因,签证迟迟未能办下),一张张泛黄的海关担保单,一份份美国来的信件,无不传递着这家人浓浓的情谊。

感谢这次接受采访的丁慧娟奶奶和她的先生,以及帮助我联系的曹默老师,希望通过丁慧娟奶奶的记忆能够收获到可以帮助建设校史馆的资料。

附录:丁惠娟访谈提纲

一、采访对象

丁惠娟,老上海大学校友、文学家丁嘉树先生的侄女

二、采访时间

2016 年 8 月 16 日(周二)下午 1:30

三、采访地点

金桥胶东路金巷小区 10 弄 1 支弄 60 号 301 室

四、采访方式

面对面采访

五、采访目的

了解丁嘉树生平和丁家老家的情况

六、问题设计

自我介绍：丁慧娟奶奶，您好，我是上海大学新闻传播学院的学生沈铭琦。我参加了暑假寻访老上海大学校友的活动，为校史馆筹建积累素材。丁嘉树先生是老上海大学校友，所以我想对您做个采访，了解丁嘉树先生的生平和丁家老家的情况。

1. 您和丁老先生是亲戚，有什么样的血缘关系？
2. 你们原来住在丁家村？是怎样的地方？还有原来的照片吗？
3. 您见过丁老先生吗？对他有什么印象？
4. 他在上海大学读书的事情，您了解吗？
5. 听说当初因为丁老先生办报纸，被抄过家？
6. 您的父亲或其他长辈有提到过丁老先生的往事吗？
7. 家里还有关于丁老先生的物品吗？比如相片、衣物、信件、报纸、刊物？
8. 曹雪松和丁老先生是同窗好友，一直在虹口中学教历史，和您有联系吗？

七、携带物品

1. 浦东地图
2. 录音笔、手机、相机

附录：丁嘉树前期资料(作品)

丁嘉树，香港作家，文学评论家。又名丁森、丁雨林。曾用笔名丁丁、金马、林梵、夏莺、野马、凌云、马克巴、TT等。男，生于上海。20世纪20年代在上海大学毕业后，历任中学校长、大学教授、报馆主笔、总编辑等职。1926年其所著《革命文学论》一书由泰东图书局出版，在文坛产生较大影响。这期间，他还在上海群众图书公司、现代书局、北平海音社等出版诗集《红叶》《恋歌》(与曹锡松合编)、《我俩的心》《未寄的诗》和长篇小说《浪漫的恋爱故事》、中篇小说《狱中的玫瑰》等。1949年他携妻儿赴香港定居，曾一度赴南洋任中华中学校长等职。20世纪50年代在香港自由出版社、新世纪出版社和亚洲出版社出版论著《评中共文艺代表作》《中共文艺总批判》《中共统战戏剧》《中共工农兵文艺》和剧本《雷雨声中》等，其著作还有散文集《天还没有亮》《蹉跎集》等。

对丁嘉树后人的寻访，与对陶新畬后人的寻访一样，学生省去了很多依靠个人努力寻找线索的波折与不易，由曹默直接安排了寻访。

丁嘉树作为作家、诗人，有不少笔名，"丁丁"是其最常用的笔名。当初搜集他的相关资料时，将这些零散的信息汇总到一起，也是不容易的。其以创作为主的经历，使其一生相对比较平稳，因而他手头所保存的关于上海大学的资料要比其他人更加丰富些。虽然这"丰富"也是少得可怜。

由于丁嘉树是依靠文字生活的作家，因而他与同样靠文字生活的其他上海大学校友一直保持着较为密切的联系，比如曹雪松、梁龙光、毛一波等。也许是学生对这一背景的熟知不够，也许丁嘉树后人也不甚了解，但是寻访过程中在这一方面内容的缺失确实算是个遗憾。因为，重构上海大学这些学生之间的关系与互动，有利于更生动地认识和了解上海大学。

但这次寻访，也让我们重新认识了从上海大学"红色学府"的革命教育中培养出来的又一位作家、诗人。

实践出真知
——寻访薛尚实

沈菲儿　新闻传播学院2016级

缘　起

"三好坞中千尺柳,几人知是薛公栽"。在同济园中,三好坞是无人不晓的一个好去处,而三好坞的建立是由老上海大学1926级社会学系学生薛尚实,也是曾经的同济大学校长兼党委书记薛尚实提议和亲自带领实践的。三好坞的建立贯彻了薛尚实先生实践出真知的理念,而这一理念也正是他在上海大学所学习到,并在此生所贯彻的。

我在2016年底参与了上海大学的寒假实践项目:寻访上海大学百年前的"80、90、00后"——老上海大学寻访,而我的寻访对象就是薛尚实先生。在2016年12月20日那天,我开始了寻访之旅。

一开始我也是简单地依靠网络资源,在网络上把"薛尚实"作为关键词进行搜索后,我知道了薛尚实的个人基本经历,百度百科的记载是:薛尚实(1902—1977),原名梁华昌,别名梁化苍、杨良、孔尚士、罗根、杨星祥,广东梅州市梅县区人。父亲在新加坡任旅馆职员。1926下半年,他赴沪入上海大学读书。在上海大学期间,他阅读了《马克思传》《通俗资本论》《辩证唯物论》以及《向导》《新青年》等书刊,受到启发,开始参加爱国民主运动。后1927秋,上海大学被封,薛尚实南下,参加广州起义,起义失败后回到上海,找寻党组织。薛尚实先生由刘啸甫介绍参加中国共产党,先后在上海店员总工会属下的烟纸业工会,中共江苏省委秘书处,浦东与沪东区烟厂做宣传、组织工作等,正式开展抗日救亡运动,并在抗日时期从事大量地下工作活动。新中国成立后,1949年冬至1959年夏,薛尚实先后担任青岛市军事管制委员会委员、中共青岛市委书记、上海市委委员、同济大学党委书记兼校长等职。1957年反"右派"中,薛尚实由于曾对上海市委主要领导人的工作提出过批评,受到打击,被划为右派分子。在"文化大革命"中,又作为"五类分子"被连续批斗,受尽折磨,身心受到极大的损害,于1977年10月逝世。1978年12月27日,中共上海市委决定为薛尚实平反，推倒一切不实之词，恢复党籍。其实薛尚实先生的个人经历在网上属于十分丰富和详尽的，网上的记载为我勾勒出了薛尚实一生不断奋斗的画面：他是年轻时不屈服于帝国主义奴化教育的爱国少年，在上海大学领悟到共产主义的坚强青年，从事抗日救亡的地下工作的不屈中年，以及全力建设祖国和大学的伟大校长。

后来，我在梅州日报官网上偶然看到了这篇文章——《薛尚实：校长乃是革命人》，这篇文章一方面介绍了薛尚实先生的一生，详写了他当时在梅州的经历，另一方面采访了薛尚实先生的儿子钱晓平教授（上海交通大学医学工程系原副主任、教授）。为了能够联系到钱晓平教授，我抱着尝试的心态给梅州日报出版社打了电话，没想到在真诚地表明缘由之后就获得了这篇报道的作者李记者的联系电话。于是我迅速地和她取得了联系，一开始她对我带有警惕心，要求我出示学生证并证明实践活动的真实性后，才能给我钱教授的联系电话。两周后，我将证明资料都发给了李记者，终于收到了李记者的短信："已经跟钱教授沟通过了，他很支持。不过他身体不太好，不要太早或太晚。"并附加了钱教授的手机号码。还记得收到短信的那一刻，我的激动之情溢于言表，迫不及待想进一步了解薛尚实先生的故事，进一步揭开老上海大学的尘封岁月。在和钱教授沟通之后，我于2017年1月11日星期三下午1点半到达钱教授在上海的家，拜访了他。

在钱晓平教授家采访他的时间并不是特别长，大约2小时，但在这2个小时中，我听到的不仅是薛尚实先生一生的事迹，也不仅是老上海大学曾经的丰功，还是一种爱国之精神，独立之意志。

"生为党人，死为党死"

通过钱教授的介绍，我了解到薛尚实在老上海大学学习期间，获得了很多活跃的共产党人士的教导，在他们的带领下，和其他同学共同热火朝天地学习，积极参与了各种社会实践，如贴传单、贴标语等。在这些"热闹"的活动中，薛尚实先生对共产党有了新的认识，信仰起了马列主义，决心要做一个共产党人，立志"生为党人，死为党死"。尽管他在老上海大学仅仅学习了2年时间，但是上海大学对他的未来起了重大影响，为他点亮了未来革命之路。离开上海大学之后，薛尚实回到广东，参与了广东起义。广东革命失败之后，机缘巧合之下，薛尚实侥幸逃出广东，渡船去马来西亚，投奔他的哥哥。但薛尚实不屈服于安逸的马来西亚的生活，革命救国的信念在他的心中不停作祟，终于他再次坐船回到了上海，继续实现自己的理想。这次回到了上海之后，薛尚实正式申请加入中国共产党，开始了自己的地下党工作。

"边干边学,边学边干"

薛先生曾经在《回忆上海大学》中写道:"特别是高年级的同学,知道吸收知识的方法不仅靠在课堂上和书本上用功,而且还得从革命实践中去加强锻炼,要边干边学,边学边干,才能学到真本领。"他主张从实践当中学,并且要自己学。他的这一理念也一直贯穿在自己对钱教授的教育之中,钱教授告诉我他从小就比同年龄段的人动手能力更强一点,并回忆了他童年自己动手做木枪、玩具的经历。他的这一理念也贯彻在他在同济大学做校长的工作中——他担任同济大学校长期间不仅要求打造最干净、最丰富的食堂,还亲自带领学生,共建美丽校园,三好坞才因此诞生。

细细品味薛尚实先生的一生:出生在落后不团结的中国,本着爱国的一腔热血,欲以医学救国;少年孑然来到老上海大学求学,在热闹的社会活动中,内心慢慢种下了成为共产党人的种子,建立了红色革命、实践独立的精神;青年正式加入中国共产党,开展地下党工作,忍辱负重;中年大有成就,着重发展同济,并将实践出真知理念贯彻到底;晚年尽管受到打击,但仍乐观看待。薛尚实先生一生跌宕起伏,但永远不变的是他身上的正气,是他"自己动手"的理念!

我家住同济大学附近,时常到同济校园散步,也常徘徊于三好坞,却也未料到这样一个"好去处"出于薛尚实。我之前曾到同济大学校史馆参观过,知道这位曾为同济大学建设与发展作出过贡献的上海大学学子,也记得他当年是因为了解上海大学是造"炸弹"的才由广州转投上海大学的。由他的经历我深切感受到上海大学"造炸弹"的标签传播之广。

确实,虽然那时薛尚实的回忆录还未被更多人熟知,查找起来也十分不易,但关于他个人的资料还算丰富。因而如果要深刻认识一位鲜活的上海大学学生,就需要更深入的寻访。我只知道薛尚实之子是上海交通大学的教授,至于如何能联系上,就靠寻访学生的努力了。沈菲儿成功地联系上并寻访到钱教授,这一过程也体现出了她的努力与能力。

敢教日月换新天
——寻访杨达

王亚鸥　法学院 2015 级

2016年7月,我来到四川省彭州市寻访革命烈士杨达。上午我首先走访了彭州市档案馆,希望能在那里找到杨达烈士的信息。然而档案馆中毫无记录,随后我在彭州市图书馆的当地有关书目中也没能找到任何线索。

寻访前期,我就曾在网上进行了查阅,革命烈士杨达的信息少之又少:百度百科上信息缺失,生平描述简略。出发前,我曾一遍一遍地想:一个为革命事业做出伟大贡献、在敌人的严刑拷打之下不低头、舍弃小家为大家的革命烈士,他的牺牲不应值得我们更多地纪念与重提吗?网络资源越是稀缺,我越是想要将他的故事和精神介绍给大家。毕竟,这些用生命换来我们今时今日之安定与民主的先烈们,值得我们永远记忆与缅怀。

当日下午,我来到了彭州市濛阳镇。濛阳是杨达的故乡,在这里我应该可以找到一些线索。因为了解到他25岁时便被国民党反动派杀害,我对采访其后人不抱希望(猜测其无子女)。我首先来到濛阳镇人民政府,询问工作人员后,我得以查阅《彭县濛阳公社志》。在"革命烈士英名录"一章中,我终于找到了关于杨达的描述。

虽然仅有短短的7排文字,但却高度概括了杨达的一生,这也是我大半日找到的唯一成果。在濛阳镇人民政府,我在寻访过程中还了解到,杨达虽无后人,但他的侄子杨世成如今健在。经过一番努力,我在濛阳镇北街找到了杨世成老人。

杨世成老人今年70多岁,是杨达烈士的亲侄子。他多年来整理杨达事迹与其遗物,对杨达有深入了解。我因而得到了许多珍贵的资料。这其中包括杨达家书手稿、杨达革命烈士证书、杨达遗照、1987年《争鸣》杂志等。

在我和杨世成老人的交流中,革命烈士杨达的故事逐渐清晰起来,而这也是为了革命事业、为了人民自由而牺牲自我的有血有肉的感人事迹。

杨达,字闻非,清光绪二十八年(1902)生于四川省彭县(今彭州市)濛阳镇北街。16岁时,他考入彭县中学十四班,师友赞他"聪敏勤奋,为人刚毅,有胆略,有抱负"。毕业后他考入成都华西大学医科预科班。在华大学习期间,他接触到了新文化、新思想。与何秉彝的通信使得他视野开阔,从而下定决心赴沪读书。1924年,杨达冲破家庭阻挠,告别新婚妻子卿季兰,与友赴沪求学。那时军阀混战,地方秩序动荡不安,一路远行使得他更了解社会实况。无比愤慨的他也下定决心努力改变现状。

1924年夏,杨达考入上海同济大学医科(德文班)学习。在沪期间,在进步思想的影响下,他逐渐认识到国家民族已在危亡之秋。他感到,医术只能医人却不能医国。遂于1925年1月转入上海大学社会学系。在上海大学期间,他学习到了马列主义理论和革命真理,认识日益提高、思想益趋进步。也是在上海大学期间,杨达加入了中国共产党。

1925年,杨达参加了"五卅"反帝斗争。故友何秉彝等壮烈牺牲,杨达亦负重伤。同年6月,他出席中国共产党中华全国学生联合会在上海召开的第七届学生代表大会。

1926年春末夏初,遵照党组织指示,杨达赴广州进行革命工作,初在黄埔军校,后杨达加入北伐,于国民革命军(北伐军)第三军军官教育团团长朱德同志处任参谋长。1987年出版的《争鸣》杂志中即有关于杨达同志身份的描述。

1927年3月,朱德兼任南昌市公安局长,杨达任该局秘书。这时,正当蒋介石阴谋发动反革命政变之际。蒋暗中组建反共秘密组织AB团,夺取了江西省党部(左派),并大肆屠杀共产党人。面对猖狂的敌人,杨达和方志敏、刘九峰等4月1日在南昌总工会开会决定,4月2日一面在新舞台召开群众大会,举行反AB团的游行示威;一面以灵活强悍的党团员组成战斗队攻打(右派)省党部,捉拿正在开会的AB团头目。4月2日杨达亲率便衣队,暗中保卫新舞台大会的顺利进行。同时,战斗队捣毁了(右派)省党部,当场抓获程天放、曾华英等,漏网的AB团分子惊慌狼狈地逃离南昌。由此,杨达和朱德、方志敏等同志共同参与领导的反AB团斗争获得了胜利。

4月10日,朱德同志去临川,由杨达代理公安局长职务。约6月间,朱德同志由临川来电辞职,杨达亦随即离局。为配合"八一"武装起义,杨达奉命前往丰城,担任杨池生部师政治部宣传科科长。8月3日,起义军按计划撤离南昌。南昌卫戍司令王均,便开始大肆搜捕共产党人。为保存和发展革命力量,杨达奉命留下,坚持在丰城至南昌一带从事秘密的革命活动。1928年2月1日,正欲乘船返回丰城的杨达不幸在船码头上被捕。敌人严刑审讯,但在屠刀面前他始终坚贞不屈。之后杨达被反革命分子蓝仲和指证为共产党员,遂被杀害于南昌。

在这一次的寻访过程中,我还有幸找到了杨达同志的家书。这些书信大多写于其赴沪求学期间。这段时间里,家人曾多次来信劝其返乡。但他的回信却表现出了"敢教日月换新天"的气魄与坚定的革命意志。在信函中,他多次提到了反动派和封建势力的罪恶,无情地痛斥帝国主义的侵略。他也谈到了当时妇女地位低下、当权者黑暗等现实问题。信函之中,最引人深思的是如下几句:"社会如此黑暗,家庭如此恶劣,过去我不知道,如入鲍鱼之肆,久而不闻其臭,固然不说了。现在我知道了,就要去掉臭不可当的东西。我的紧急任务,就是预备这种力量。换言之,我要改造家庭,改造社会。"短短的几句话,透露出的却是他对时下社会的深刻洞察与坚定的革命意志。

1927年,当年仅25岁的杨达同志英勇就义时,犹高呼着"打倒朱培德!""共产党万岁!"等口号。在25岁时就为革命事业献出生命,这也意味着他在生前未育有子女。幸而杨达同志的侄子杨世成老人多年来一直搜集和整理着有关资料。这才使得我能有机会将这段尘封的、鲜有人知的感人事迹发掘出来。当近耄耋之年的杨世成老人谈起这段往事时,他是有无限感慨的。一方面多年来这段历史很少有人问津;另一方面年迈的他担心如果这段历史无人传承,多年后这将是更加鲜为人知的故事了。在濛阳镇时,我也询问过当地的很多居民,他们大多不知道自己镇上还出过这样的革命英雄。我想,当今天我们在谈论中国梦的时候,当我们在提倡"铭记历史,开拓未来"的时候,这些牺牲在革命之初、青史鲜有记录的先辈们同样值得我们赞颂。我们都记得十大开国元勋、记得我们敬爱的周总理、毛主席。但是我们不要忘记,这些因为牺牲而没能见到共和国成立的革命先辈们也一样值得我们致以敬意。

我想要感谢曹默老师和耿敬老师组织了这次活动,我也要感谢多年来坚持整理搜集杨达资料的杨世成老人。借由这次机会,我自己的心中有了更多的感悟。我也希望我能把杨达同志的故事传递给更多的人,带给大家心灵的触动。

点评

杨达也是一位几乎被人遗忘的党史人物。作为朱德秘书的这位共产党员的名字,只有在一些有关南昌起义的记述中,会被偶然提到。至于他更多的情况几乎没有相关的介绍。由于对杨达的了解甚少,所以能否寻访到有价值的信息,我还是没抱太多的期待。

王亚鸥的这次寻访对过程的描述较少,也不知是顺利还是经过了一定的波折,反正他最终寻找到了杨达的后人,而且还是一位致力于搜集整理杨达资料的重要知情人。历史虽然多有偶然性,但也有必然性。像杨达这样牺牲已近百年的历史人物,随着历史的动荡、社会的变迁,似乎他的信息已经消失与湮灭,无迹可寻。然而,让人意想不到的,它一直坚守在濛阳镇北街上,不曾有一刻离开,似乎一直等待着有缘人的到访与追寻。

感谢杨世成老人持久的搜集工作,也感谢王亚鸥寻访中的不断追索。

现代动植物发展史上的重要人物
——寻访沈祥瑞

曾绍英　理学院2018级
瞿闻佳　文学院2018级
刘安怡　法学院2018级

一、调研时段及事件安排

6月15—17日　通过网上各种途径进行资料搜索。

8月6—7日　发现有一位写过沈祥瑞老先生文章的微信公众号作者的邮箱号,决定向他写邮件。总结已有材料,排除已有内容,讨论邮件访问的问题。

8月12—20日　12日邮件回复,之后进行材料整理、讨论、简报制作。

二、沈祥瑞先生人生事迹段表整理

沈祥瑞先生人生事迹段表

时　间	事　件
约1900年	出生
	毕业于江苏省立第一农业学校
1919年	在上海务本女子中学任教
1921年	在上海县实业局任劝业员(科员)
1922年11月	任上海县立(后改市立)公共学校园主任。 同年11月1日到职后,迅速拟订了《上海公共学校园进行计划概略》,经有关部门批准后立即施工,同时通过多种途径收集种子、苗木和小动物,于次年5月部分建成开放
1931年11月	奉命在主持公共学校园工作的同时,参与市立动物园和市立植物园的筹建工作
1933年7月	任上海市立动物园主任

续 表

时　间	事　件
1935 年	在动物园工作。 制成上海市第一件巨鲸标本,在园中展出;邀请专家成立动物研究会、信鸽研究会,组织举办过多次金鱼等的展览会、竞赛会
1935 年 10 月至次年 4 月	被派赴日本东京上野动物园实习,同时参观考察学习
1936 年 4 月	在日本考察实习结束,由东京市牛塚市长发给证书。 4 月 16 日上野动物园园长古贺忠道邀约动物园全体职工摄影留念。翌日搭"浅间丸"客轮回国
1937 年("八一三"事变后)	9 月,为防止动物被炸死或逃逸而影响民众的安全,他商得法租界当局同意,将猛兽和珍稀动物转至顾家宅公园(今复兴公园)寄养。 10 月市政府撤离上海,市立动物园成为一个没有上级管理的单位,经费来源从此断绝。为避免动物饿死,沈只得将全部动物赠予法租界当局,顾家宅公园为此辟建了动物园,因该园无管理动物的经验,法租界当局邀沈主持动物园的管理工作
1941 年	辞职到学校任教,解放后迁居常州
约 20 世纪 80 年代中期以后	去世。享年 80 岁

三、调研过程详述及感受总结

在本次寻访任务中,我们调研的对象是沈祥瑞先生。

和大多数寻访人的做法一样,我们先从网络上查询可找的信息。百度百科、微博、百度贴吧、微信搜一搜、微信公众号等途径都尝试过,已经基本收集到了沈祥瑞先生的生平基本信息:

> 沈祥瑞,字嘉徵,上海县人。早年毕业于江苏省立第一农业学校,1919 年在上海务本女子中学任教,1921 年在上海县实业局任劝业员(科员),次年 11 月起任上海县立(后改市立)公共学校园主任,1933 年 7 月任上海市立动物园主任。
>
> 沈祥瑞是辟建上海县立公共学校园和市立动物园的负责人。1922 年 10 月,上海县劝学所(后改为教育局)与有关部门及各中、小学校商议,共同集资筹设公共学校园,作为各校自然常识课的直观教学场所,沈祥瑞被聘为该园主任。沈祥瑞于同年 11 月 1 日到职后,迅速拟订了《上海公共

学校园进行计划概略》,经有关部门批准后立即施工,同时通过多种途径收集种子、苗木和小动物,于次年5月部分建成开放。公共学校园主任下属仅有3个工人,事无巨细都由园主任直接管理。沈祥瑞勤于园务,工作井井有条,园中动、植物均置标签,注明名称、科属并作必要的介绍。沈祥瑞积极争取,陆续将邻近荒地并入园中,既扩大了展区,又为学生实习种植提供了场地。至1928年改为上海市立公共学校园时,全园面积由开园时的3.57亩(2 380平方米)增至8亩(5 333平方米),5个展区的展出内容也更为充实。

1931年11月,沈祥瑞奉命在主持公共学校园工作的同时,参与市立动物园和市立植物园的筹建工作。1933年7月底,沈祥瑞就任市立动物园主任。动物园的规模和游人量较当时公共租界的兆丰公园(今中山公园)动物园大且多,管理工作相当繁重。沈祥瑞上任伊始,就制订出公园办事细则、园务会议细则、服务规则和对员工的考勤、奖惩等规章制度。由于开园时大动物笼舍及部分设施尚未建造,计划展出的动物有不少缺额,沈祥瑞就积极争取上级拨款,边开放、边建设。为了收集动物,沈祥瑞在接受社会各界捐赠动物的同时,向国内外购买、交换了狮、虎、象及其他一些珍稀动物。1935年崇明渔民捕获巨鲸,沈祥瑞组织员工克服了运输、制作等诸多困难,制成了上海市第一件巨鲸标本在园中展出。到抗日战争爆发前夕,全园动物从开园时的50种增至109种,并有动物标本82件。沈祥瑞重视发挥动物园在动物科研、动物知识宣传方面的作用,邀请动物专家、兽医专家、经济动物饲养专家成立了动物研究会、信鸽研究会,组织举办过多次金鱼、观赏鸟、信鸽、家兔、乳牛的展览会、竞赛会。

1935年10月至次年4月,沈祥瑞被派赴日本东京上野动物园实习,同时参观考察了日本外务省文化事业部、畜产局、兽疫调查所等11个部、局、馆、所,以及6个城市的动物园、水族馆、园艺试验场,获得了许多有关动物园行政管理、动物饲养、兽病防治等方面的知识。回国后,沈祥瑞将这些管理现代动物园的经验用于该园,并具文呈请市政府在当时的市中心区西部(江湾以西)置地300亩(20万平方米)另建新园。市政府原则上同意沈祥瑞的报告,并指令他先作规划,后因时局紧张而未施行。

"八一三"事变,敌机轰炸南市,沈祥瑞仍率员工坚守岗位。9月形势更急,为防止动物被炸死或逃逸而影响民众的安全,他商得法租界当局同意,将猛兽和珍稀动物转至顾家宅公园(今复兴公园)寄养。10月市政府撤离上海,市立动物园成为一个没有上级管理的单位,经费来源从此断绝。为避免动物饿死,沈祥瑞只得将全部动物赠予法租界当局,顾家宅公园为此辟建了动物园,因该园无管理动物的经验,法租界当局邀沈主持动物园的管理工作。1941年沈祥瑞辞职到学校任教,解放后迁居常州,约在80年代中期以后去世。

由于从网络上得到的内容大多有些重复,因此我们这次寻访有两个目标,一是寻找到沈祥瑞与上海大学的渊源,二是尽量寻找到沈祥瑞更详尽的生平事迹。我们起初将寻访分为三条路径,一是从其在上海务本女子中学(今上海市第二中学)任教为切入,寻找他任教的相关材料,二是从他在上海市立动物园当园长为切入,挖掘他的事迹,三是从档案馆等地寻找他的零散信息。

在进行实际调研时,我们首先联系了今上海市第二中学,可惜的是,对方告知我们校档案馆内并没有沈祥瑞先生的材料与任职记录,这条与其任教相关的路径只得作罢;另外,我们在《申报》中寻找了若干沈祥瑞的资料,看见了他的照片以及在兴办动物园时所遇之事,除此之外还发现他曾是信鸽运动的重要兴办者。《申报》所记载的资料主要集中在他早期做官、回沪兴办动物园的经历和后期与动物相关的活动,除此之外的信息很难深挖了。

总观沈先生的一生,他主要致力于动物园和教书两件事。动物园的建立、经营、发展在新中国成立前都有沈先生的参与。由于动物园在中国的初次建立以及全权经营管理的任务都在沈先生身上,为此,他经常向经营者学习,甚至到日本考察学习,为动物园付出许多。

我们对动物园方面搜集到的信息很多,在微信公众号"××看动物园"发布的文章中有上海市立动物园概况的完整描写。

然后我们从四篇文章中找细节,最终集中于一篇"有一位老师,他是近代中国唯一的'市立动物园'园长",该文章除去表达对教师的感恩,还加存了一份最有用的信息——沈祥瑞先生曾写过的一篇上海市立动物园的回忆录,原刊于《中国动物园年刊》第7期(1984年),文章发表时他已去世。

据"编者按"介绍:

六十年前(1926年)半封建半殖民地的旧上海,在新兴的学校教育潮流中,旧上海教育局为了改进中小学教育,创办"公共学校园"作为学校自然学科直观教学和实验的场地,专门供给市区中小学校在这里上自然常识课和做一些农事种植实习用。这就是旧上海市立动、植物园的前身。创办人沈祥瑞(嘉征)在旧县教育局主持下,经过一年半的筹建,于1928年春正式对学校开放。

1929年改归上海市管辖,1931年市教育局决定将这个"公共学校园"分别扩建为市立动物园和植物园对市民开放。动物园在文庙路"芹圃"(现在求知中学)内,植物园在南车站路瞿溪路口(现在蓬莱公园的一部分)。经沈先生和市工务局共同设计筹建,于1933年8月正式开放。1937年8月淞沪抗日战争爆发,迫使部分猛兽避难到顾家宅花园(现在复兴公园)内。刚刚满五周岁的旧上海市立动物园就此夭折。

当时动物园总面积为10.9亩,展出动物有:华南虎、非洲狮、金钱豹、棕熊、马熊、猕猴、大袋鼠、梅花鹿、骆驼、亚洲象、丹顶鹤、孔雀、秃鹫、犀鸟、鹈鹕、巨蜥、玳瑁、蟒等珍稀动物,五年内共展出109种,接待近500万游客。门票每张六个铜板,由于经营得法,收支还略有盈余。曾组织经济动物研究会,乳牛、信鸽比赛会,举办金鱼、鸣禽、毛用兔等展览会等各种学术活动。1935年作为旧上海市立动物园主任,沈先生被派往日本东京上野动物园考察实习,结业后还应邀参观了日本六个城市的动物园,与日本同行互相交流学习,与上野动物园还互赠了动物礼品。当时的上海市立动物园虽然创办不过五年,可是在文化教育、科学普及与科学研究以及国际友好往来等方面都起了一定的积极作用,给上海人民留下很好的印象。

沈先生为了整理上海市动物园的历史,在80岁高龄时还抱病特为我们写了这份回忆录。

文章最后提道:"1941年南京汪精卫伪政府成立,有几个朋友屡次来园邀我参加伪组织,我由于子女众多,家庭负担沉重,未能追随上海大学同学们一起参加革命为憾,坚决不愿做汉奸,婉言辞谢。但他们常来劝驾,不得已只好辞去动物园职务,改名避难迁移到上海威海卫路,后在南通农学院任教。"

因此,我们从该文印证了沈先生此段时间的生平事迹:

1919年,大致19岁,在上海务本女子中学任教。

1921年,大致21岁,在上海县实业局任劝业员(科员)。

1922年11月,大致22岁,任上海县立(后改市立)公共学校园主任。

1931年11月,大致31岁,奉命在主持公共学校园工作的同时,参与市立动物园和市立植物园的筹建工作。

1933年7月,大致33岁,任上海市立动物园主任。

而20世纪的上海大学建立于1922年。结合沈先生文章最后的"1941年南京汪精卫伪政府成立,有几个朋友屡次来园邀我参加伪组织,我由于子女众多,家庭负担沉重,未能追随上海大学同学们一起参加革命为憾,坚决不愿做汉奸,婉言辞谢"推测,沈先生是上海大学学生的可能性比较大。

除此之外,我们还想找到更多证据去证实我们推测的这一点。从"不得已只好辞去动物园职务,改名避难迁移到上海威海卫路,后在南通农学院任教"这一线索开始思考,可以找一找南通农学院,但该学院在历史中变得"支离破碎"，只能查到南通农学院的农学经济专业被分到浙江大学，但继续深挖，无果。而且由于沈先生1941年之后改名生活，这一点成了继续深挖的障碍，因而在常州的搜寻也无所获。

四、感悟

总而言之，在此次寻访调研中我们有意想不到的收获也有意料之外的挫折，并没有如计划一般得到尽可能多的与上海大学的渊源，但也丰富了其标签式的信息。在调研中的每一次尝试与资料搜寻都是在日常学习中很难拥有的特别经历。

沈先生的事迹集中于动物园的经营管理。动物园起初是当时教育局局长与沈先生商定为学生学习自然科学而建。沈先生利用自身专业优势，结合实践、多方求教、出国考察，为动物园的经营管理付出努力。与百姓制作标本，举办展览活动，耐心照料动植物们，请专业人士到访指导，为动物园发展思考方案，这些都是沈先生在初次尝试，摸河过桥，但是其中他的勇气、勤劳、善思令人称赞。

沈先生在朋友劝诫其加入伪组织时，思想坚定，绝不成为汉奸，爱国之心强烈。为家人着想，隐姓埋名，从此平凡无名。沈先生的一生清贫踏实，有过出名时，但始终脚踏实地。遭遇国难，内心仍然坚定，历尽苦难仍踏实担起家里的责任。

虽然没有收集到沈先生在上海大学的经历，但是我们也大致了解了沈先生的一生。这样的收获也算是足够了，而且在此寻访过程中，我们了解到的沈先生的事迹与精神，给予我们更多对过去的思考。

点评

之前一直疑惑，上海动物园最早的园长沈祥瑞是否是上海大学文献中提及的学生沈祥瑞。带着这种不确定性我让学生展开了这次寻访。

作为上海动物园界的先驱，沈祥瑞的地位是毋庸置疑的，他不仅创办并扩展了市立动物园，还参与筹办了上海植物园，在公共教育开始被社会重视之初，他创办并主持了公共学校园，将自然科学的知识向公众开放，并积极参与社会教育社、理科研究会、小学教育会的工作，创办信鸽研究会、养兔研究会，举办了各类芙蓉、鸣禽、金鱼的竞赛。这一切工作都是为了促进全社会对自然常识基础的普及教育，他还曾深入分析家禽养殖问题，以便推动养殖业走向科学化。其实，关于这些内容，在当年的报刊中多有介绍。

但对于他，仍存在两个亟待理清的问题：一是他到底是不是上海大学的学生;二是他后来的命运如何。在浩瀚的历史长河中,相对于当年作为国本问题的全民范围的文明教育内容,这些动物花草知识的普及,如今已不再被提升到关乎民族命运的地步加以重视,因而即便在追溯中国的动物园、植物园等现代园林发展史时,也少有提及沈祥瑞。所以,对他事迹的追寻就少有线索,去到现在的动物园、植物园是难觅其踪迹的。这也注定了这次寻访的特点:线上顺利线下难。

通过查找文献追寻,他们确定了沈祥瑞在上海大学曾经就学的经历,这使得我一直悬着的石头落了地,且是一个令人满意的结果。但沈祥瑞解放后的人生轨迹却尚有缺环,难以续上。现在只知道:在新中国成立前后,沈祥瑞曾出任江苏私营四益农场的技术专家和协理之职。是何契机让他由上海转往江苏最后落脚常州,一直不得而知。这次学生们的寻访也未能提供新的线索。

但这次寻访,却将一位如今不被我们重视的人物重新挖掘出来,让我们了解了一位将一生投身于其所热衷的事业中的奋斗者。

老上大风云人物
——寻访王基永

杜　越　图书情报档案系 2015 级
王一帆　社会学院 2016 级

6月底,校博物馆和社会学院联合组织开展暑期寻访老上大校友的活动,出于对老上大那段历史的好奇,同时也是想要充实一下自己的暑期生活,我们便报名参加这个项目。

我们接到的任务是寻访一位名叫王基永的老上大校友,根据老师给我们的资料以及网络上搜集到的资料,在寻访前,我们已经掌握了不少信息:

王基永(1903—1930),号季培,曾化名王鸣真,湖南省湘乡市莲花桥人。少年时在湘乡东山小学读书,1920 年,考入湘乡驻省中学,次年转入长沙妙高峰中学。组织了"新人学会",创办了《新人声》刊物。

1922 年,王基永与龚际飞出席了全国学生总会在上海召开的反日爱国动员大会,并当选为全国学生总会执行委员,后留总会主办机关刊物。不久,经全国学生总会推荐,他考取了上海大学社会学系。后经蔡和森介绍,加入了中国共产党。同年 11 月 1 日,又以上海大学党员代表资格出席了中共上海区执行委员会第二十次会议。

1923 年,王基永按照党的指示,作为全国学联的代表,由上海前往广州,晋谒孙中山,并陈述政见。

1924 年底,王基永奉党的派遣回到湖南,任中共湘区委委员,负责党的财务工作,并以国民党员身份参加国民党湖南省党部的筹建工作。次年 5 月,国民党湖南省第一次代表大会在长沙秘密召开时,他被选为国民党湖南省党部第一届执行委员。

1926 年,王基永受中共湖南区委的派遣,来往于广东、韶关、衡阳、长沙之间,参与了争取唐生智拥护北伐驱逐赵恒惕和迎接北伐军的各项活动。北伐军入湘后,王基永被派往常德,任国民党湘西党务专员和中共常德地方执行委员会委员兼宣传部长。在这一期间,他用计谋除掉了贵州军阀袁祖铭。

1927 年 3 月,中共湖南省委向中共中央和北伐军前敌总指挥部政治部,推荐王基永为国民革命军三十五军政治部主任。4月,王基永从湘西离职行至长沙,准备向省委汇报工作后立即去河南省驻马店就职,时值"马日事变"发生,长沙陷入国民党反动派的白色恐怖之中,受中共湖南临时省委的指派,王基永于事变当晚离开长沙转移到湘潭,组织革命力量对国民党反动派进行反击。5月23日,王基永出席了柳直荀主持的军事会议,会议决定成立湖南工农义勇军总司令部,王基永任政治部主任,并参与和组织了工农军围攻长沙的战斗。战斗失利后,王基永隐蔽于湘乡、永丰一带。由于反动派悬巨赏追捕,王基永只得扮作江湖术士,浪迹江湖,欲找党组织寻机上井冈山,因关系中断未能实现。

1928年春,为摆脱国名党反动派的追捕,王基永赴甘肃礼县任司法公署录事,1930年春被甘肃军阀马廷贤杀害于天水。

王基永先生经历了轰轰烈烈、坎坷而又不凡的一生,我们此次主要寻访调查的便是他逃亡天水后那最惊心动魄的3年时光。

1928年春,王基永为了摆脱国民党反动派的追捕,在好友郭庆初的掩护下到了甘肃天水,在天水法院推事赵文钦先生处暂住,化名王鸣真。后赵文钦将王基永推荐给礼县司法审判官马绍堂。马绍堂将王基永临时安排为司法公署的录事。1928年秋末冬初,马绍堂升为礼县县长,王基永即被正式任命为政府录事兼民政科长。

王基永来礼县时正是兵荒马乱的年月,1929年1月初(农历十一月下旬),陇南土匪王佑邦部王常胜率1 000余人攻打礼县。王基永临危不惧,镇定自若,坚决主张保卫县城。马绍堂听从王基永的主张,写信一封,派人向陇西、伏羌一带剿匪的吉鸿昌师求援。同时率全城百姓凭借城墙的厚实高土,用大刀长矛、土枪土炮打退了王常胜的多次进攻。三日后,吉鸿昌派张仙洲营援礼,城内外夹击,王常胜惨败而逃。

礼县解围后的第三天,吉鸿昌奉命挥师陇南扫除王佑邦势力,路经礼县。因感戴吉军解围,全城欢腾,王基永自始至终陪同马绍堂参与了迎送吉鸿昌的各种活动。他与吉鸿昌多次接触,彼此都有知遇之感,相互都留下了良好的印象。

吉军走后,马绍棠、王基永决心发展武装以增强保靖安民的实力,清除了民团中的土豪劣绅,改组了警察局和民团。挑选了一些贫苦农民替代了警察中的地痞无赖。王基永还将自己的生命置之度外,亲赴今西和县的大桥、石峡和康县的甘柏树、礼县与武都县交界的草川崖,与占山为王的山寨武装谈判,先后收抚了三支较大的杂色队伍。

王基永来礼县的第二年(1929)春,甘肃中部大旱,陇西通渭难民纷纷涌入陇南。每日来礼难民不下千名。王基永心系民众,急难民之所急,他及时与马绍棠制定了救济方案。共筹集赈济款 5 000 多个白洋,先后购大米数千斤,玉米数百石,在县城设放饭点两处,每日放饭不断,同时以县府名义责成全县绅士放赈,号召和鼓励民间自愿救济难民。

此外,王基永和马绍棠商议,充实和加强了县教育局,由县教育局具体负责,办一期师范讲习所,招收学生 30 名,半年毕业,有师资力量后,再在全县重点分设小学堂,以推进全县的教育发展。为此,全县集资筹款 600 个白洋,并派人到兰州购得课本和新文化图书数百册,王基永还向省府呈报计划,要求省府将礼县教育纳入计划拨款,这些努力虽因战乱未能实现,但王基永兴办教育的热忱却显而易见。

在此之前,王基永在礼县的工作也还算顺利,直到 1930 年 5 月,马廷贤血洗天水,震惊各县,接着又更换 14 县县长。陇南道 14 县中有 13 县被迫靡然顺降,只有礼县拒不投降,当然,这也意味着他们即将面临一场大战,于是,县长马绍棠一面备战,一面派人向周边求援。农历六月十七日,马廷贤派军长韩进禄、王占林合兵一处,率 6 000 之众杀向礼县,包围了县城。韩军军部设在石岭子,主攻县城东南二门。王军军部设在高庙,主攻西北二门。匪军在城外修筑工事,挖掘战壕,制作云梯,随之发起几次猛烈的进攻,均被城内军民击退,韩、王二军死伤惨重。

在接下来的战斗中,王基永协助马绍棠,组织军民固守,双方对峙 20 余日。韩、王见区区县城久攻不下,便另谋破城之策。他们查找到龙林籍煤矿技工,以 800 银圆、一匹马的代价为诱饵,诱逼其从北城沿黄家油房院内动手挖地道,昼夜不停,于闰六月初九日完工,当晚装进三棺材炸药。十日凌晨,韩、王二匪首命令点燃炸药,炸塌东北城墙上的三个箭豁,韩、王二匪军人马如狼似虎,蜂拥入城,逢人便杀,遇物就抢,妇女被凌辱者亦不计其数。城破,马绍棠、王基永率部巷战,进行死守,终因寡不敌众,惨败被俘。匪军屠杀持续一天一夜,抢掠三天,被掠走财物达数百万以上,屠杀城内军民共 7 231 人。王基永、马绍棠、赵科长被俘后,任凭韩、王二匪严刑拷问,被打得死去活来,宁死不屈,决不投降,最后用铁丝穿透手腕,用大铁锁锁其双手系于马尾,押往天水由马廷贤亲自处理。据目击者叙说,三人均被马廷贤杀害于天水,遗体被抛于荒郊野外,头颅被悬于天水城门,王基永牺牲时年仅 27 岁。

王基永先生在礼县化名王鸣真,在礼县政府任职,我们在寻访礼县档案馆时了解到,由于当时相关管理制度不完善,政府资料未及时交由档案局管理而保存不完善,加之王基永先生在礼县只有 3 年的生活印记,因此档案局存有关于他在政府任职时的相关资料较少。由于王鸣真在 1930 年发生的礼县屠城事件中英勇牺牲,我们便以此为切入点,从中追寻相关故事片段,借此机会,我们也对曾经礼县人民的残忍遭遇和这一段屈辱的历史有了一定了解。关于礼县屠城这个事件造成的影响,在我们去礼县实地寻访时是有深切的体会的。当我们驱车到达礼县时,一派新城的景象,就连老城区也都是一些现代建筑,只是远远地看见那山上有些庙宇式的老建筑,原来四四方方的老城遗址已经全被现代化的建筑覆盖,当地一位了解情况的叔叔指着西城区的一个马路口说:"这就是当年马廷贤派人用三棺材火药炸开城墙的地方,我们刚才走的这条马路就是当时护城河的所在地。"谈起屠城事件,这位叔叔又和我们讲了很多:"当年的事情据老一辈人跟我们讲,马军破城而入后,几乎将全县 7 200 多人全部杀光,只留下十几个人,为的是让这十几个人把死尸全部背到护城河边扔掉,整座城的人就这样被屠杀光了。我小时候,村里一位老人头上有一道长疤,据说是当时屠城时被砍伤的。""那现在的礼县人其实与当年的礼县人没有任何关系?""那是当然,礼县屠城后,整个城都空了,到后来才陆续有周边的人移居到这儿,才有了今天的礼县人。这就和南京大屠杀一样,现在的南京人也大都是从南京周边移居过来的,地地道道的南京人几乎是没有的,也是这个原因,让南京这个'六朝古都'丧失了很多其本该有的特色民俗文化。"是啊,每一个屠杀事件给我们整个社会、整个民族所造成的损失,不仅是人力和经济上的,还有文化上的损失,而且这种损失是不可挽回不可弥补的。在礼县档案馆有一份《1930 年礼县屠城事件真相》的档案资料,是根据从各处搜集的文献资料及该事件中幸存的 22 位当事人的口头叙述整理而成的,这份文件对屠城事件的前因后果做了详细描述,对当时抗击马军的部署情况这样写道:"马绍棠为旅长,亲任守城总指挥,政府录事兼一科科长王鸣真(王基永化名)协助马绍棠指挥。"只可惜,因为援军迟迟不到,在马军屠杀居民的同时,一队人马攻入县政府,王鸣真科长被抓捕,最后,守卫的军队弹尽粮绝,终究抵不过马军战败而亡,马廷贤的屠城也是出于多日攻城不下的一种报复性行为,从中我们也看到了革命烈士的英勇坚毅和军阀匪徒的惨无人道。后来,在 1933 年 2 月,礼县赈济分会主席刘继贤收集掩埋遇难人员遗骨,共筹资白洋 1 400 元,在城北山麓掘一深坑,把收集到的遗骨重新安葬。其上建一七级砖塔,称为"寄骨塔"。

今天,当我们站在礼县西山的半山腰向城中眺望,只能根据当地人的指示大概猜想旧城的模样,试想当年王基永先生初到礼县时,或许也曾站在山腰,和马绍棠一起望着城中,商讨如何治理城邑,如何处理政务,如何兴办教育,如何安抚百姓,或许他也曾想如何在此地大干一场,施展自己的才华。只可惜战乱使得他英年早逝。新中国成立后,根据王基永为革命所作贡献,湖南省民政厅追认王基永为革命烈士。1950 年 5 月 8 日,毛泽东主席给王基永遗孀龙亦飞的信中深切表示:"王基永同志殉难,极为痛惜……"云云。1965 年,谢觉哉同志给龙亦飞的诗中写道:"四十年前夏与王,心有千秋笔有光。革命待成身先死,遗孽含泪问穹苍。君住湘江我北京,晚开广播听同音。湖南大熟越南捷,惭愧衰龄享现成。"

点评

关于王基永的资料实在是少得可怜,我也没想到学生会选择这样一位寻访对象。可能礼县本来的寻访对象就不多吧,这是一种无法选择的结果。其实,在老上海大学的众多师生中,像王基永这样资料缺失的人还有很多,如李宝善、麦裕成、彭永康、韦俊藻等上海大学的学生们,他们都成为牺牲在广州起义中的烈士,他们留下的几乎只有姓名。相对于他们,王基永还有简历留给后人,已经算是难得的了。因而,对这些人的寻访,如果有新的发现将是令人"惊喜"的"大事",而一无所获应属正常。

杜越、王一帆能选择这样一位寻访对象,至少对于他们个人而言,是可以在梳理王基永事迹的过程中获得内心感触的。他们的寻访过程,除了能到档案馆等处查找些仅有的文献资料外,也只能登上山腰去眺望王基永当年踏入礼县县城的情境,或只能到寄骨塔(又名"祭骨塔")遗址处(原塔在"文革"之初即被拆除)徘徊追思。

这次寻访中,他们较认真地查找并梳理了王基永的生平事迹,即便资料缺失,但王基永的信仰与牺牲所蕴含的精神,他们是有所感受的。能有这些效果,也算是寻访活动的价值所在。

列宁团校创办人
——寻访顾作霖

曾令博　力学与工程科学学院 2017 级

一、前期准备

时间：2019 年 6 月中旬—7 月初

内容：在网络平台上收集资料，利用图书馆、知网等文献库寻找有关记录，加以整理，规划下一阶段的计划。

（一）顾作霖生平介绍

顾作霖（1908—1934），字冬荣，男，上海嘉定人。

1925 年，来到上海先入暨南大学，不久转入上海大学社会学系读书。

1925 年，加入共产主义青年团。

1926 年，转为中国共产党党员。

1926 年 5 月 30 日，为纪念"五卅"惨案一周年，在党组织发动下，上海工人在南京路上举行大规模示威，和张叔平共同指挥杨树浦地区的示威队伍，取得了胜利。

1926 年 11 月，任中共江浙区委职工运动委员会委员兼共青团江浙区委委员、组织部长。在周恩来、罗亦农、赵世炎等人领导下，配合北伐战争，积极筹划、参与上海工人的武装起义。

1927 年 6 月，被任命为共青团江苏省委书记。

1927 年 8 月，被党中央派去山东担任中共山东省委委员、共青团山东省委书记。

1929 年，回到上海，任共青团江苏省委书记。

1931 年，到达江西宁都中央苏区，任团中央书记，并主持共青团苏区中央局的工作。倡办列宁团校，并兼任校长。

1934 年 1 月，在六届五中全会上当选为中共中央委员、政治局委员，担任红军总政治部代理主任，红一方面军野战政治部主任。

1934 年 5 月 28 日，因积劳成疾，导致病情恶化，病逝，年仅 26 岁。

（二）寻访计划

通过查阅资料、搜集信息之后，我总结出可参观的地点有：嘉定革命烈士史料馆、上海龙华烈士陵园、上海翥云艺术博物馆、江西革命烈士纪念馆、广昌县革命烈士纪念馆。希望能通过走访，找到更多有关顾作霖先生的信息。

二、寻访过程

时间：2019 年 7 月

内容：走访嘉定革命烈士史料馆、上海龙华烈士陵园、上海翥云艺术博物馆三处地点，寻找顾作霖先生的资料，补充整理，记录感受。

7 月 7 日

寻访地点：上海龙华革命烈士陵园

今天，我正式开始了自己的寻访之旅。之前已经在网上查询了许多有关顾作霖先生的资料，我发现顾先生非但不是历史长河中湮没无名的烈士，反而是一位名垂青史的革命家。在许多的烈士纪念馆中，都有顾先生的纪念展位。这让我的寻访之旅不是那么难以开始，于是第一站我便来到了上海龙华革命烈士陵园。历史上的今天发生了让中国动荡、让中国人难以释怀的"七七卢沟桥"事变，选在今天启程，既是表达对当年为中国抛洒热血的英雄们一份至高的尊敬，也是警醒自己始终保持肃穆庄严的态度对待寻访工作。

上午 10 点左右，我来到了上海龙华烈士陵园。天气阴阴沉沉，灰云漫散，衬得陵园道旁苍绿的古松一派庄重。我的眉头不自觉多了几分褶皱，内心沉静下来，走入园内。园中人不多，分散在园内各处，大多都是老人。园内最为醒目的便是烈士纪念堂，远远地透过重重叠叠的翠屏便可窥见它的顶尖。整个纪念堂呈金字塔形，坐落在一条被绿松包夹的路的尽头。走上这条路，我的脚步自发变得沉重，仿佛踏上的是连接古今与生死的桥梁，绿松无声看着一代代人的你来我往。

纪念堂内展示了 235 位革命烈士生前事迹和相关物品。顾作霖先生位列新民主主义革命时期第三厅，这里展示了顾作霖先生身前的事迹，可见"毕业于上海大学"的字样，简介里有顾先生的肖像、身前的照片等。遗憾的是，这些陈列之物都是我早已在网上搜索过的，并无新意。本期望在纪念堂中能够看见几样顾先生生前使用过的物品，最终也不尽如人意。想来是顾先生实在英年早逝，还没来得及留下物什便献身革命，说来也是可惜。看来想要寻得顾作霖先生的生前物品可得费不少工夫。

我的寻访之路还有很长要走。

7月23日

寻访地点：嘉定革命烈士史料陈列馆、上海翥云博物馆

时隔半个月，我再次出发寻找顾作霖先烈的痕迹。

今天，火辣的太阳高悬头顶，天空干净得没有一丝云，阳光狠狠地把户外行人一半的精气神蒸干。大伙儿都眯着眼睛，微皱眉头，缩在屋檐下比肩稍宽的阴影里，极不情愿地挪着步子。我和大伙一样，顶着这样的烈阳，来到了嘉定革命烈士陵园。

嘉定革命烈士陵园是个冷清的地方，不算太大的园子里，前来拜访的人只有我一个。一如陵园的布景，翠绿的树木占据了主要的视野，让人似乎感到一丝凉意。嘉定革命烈士史料陈列馆坐落在这座陵园之内。之前在网上了解到顾作霖先生本是嘉定人，想来这座嘉定革命烈士陵园定会有其相关记录。果不其然，刚入园没多久，我便在一旁的宣传牌里发现了先生的展位。

进入史料陈列馆，我很容易就找到了顾先生的展位。其中有一座先生的石像，雕的是他提笔记录的身状。石像旁则挂有顾作霖先生的介绍展牌，内容与网上所查并无太大出入。最让我惊喜的是，这里似乎陈列了顾先生生前所遗留下来的物件。左边一件看着似乎是当时的一份报纸，报上刊登着顾作霖写的小文；右边则是上海市委党史办为其作的传，其上方还挂有一张拍有顾作霖的照片。看来费了点脚力，大热天来到这个史料馆，也是值得了。

嘉定革命烈士陵园还设有一处烈士墓，其中也为顾作霖先生设有一碑，但却并不是真的埋有顾先生的遗骸。据资料所记，顾作霖先生的牺牲之地经岁月变迁，已经很难考证具体位置，所以此碑仅供纪念。

陵园确实不大，一座史料陈列馆、一处烈士墓地便是这座陵园的主体，我在这座陵园的拜访也就此结束。

7月30日

寻访地点：上海翥云博物馆

这次我来到的是上海翥云博物馆。之所以选择这座博物馆，是因为在网上看到这座博物馆的微信公众号曾经发过一篇专门介绍纪念顾作霖先生的推文，其中有不少顾先生生前物品的照片。我便猜想馆内或许藏有与顾先生有关的物品，便打算前往参观。

结果却不尽人意。馆内确有不少藏品，但是都为明清时期文人墨客的书画以及能人巧匠的竹雕玉器，并没有发现与先烈有关的物品。这些便不再详述，我也草草参观便离开了。

三、活动感悟

时间：2019年8月

内容：进行总结反思，撰写活动总结感想。

此次寻访周期一个月，分为前期准备和后期寻访两个阶段。在前期准备阶段，主要依靠互联网进行资料的搜集和整理。

后期寻访地总计3处，真正有所收获的共两处。有收获的两处都展示了顾作霖先生的相关介绍，一处还藏有相关物品。虽然收获算不上丰富，但也聊胜于无。

在寻访中我不免感慨，顾先生实在是英年早逝，既无后人，所交朋友也少有记录，所能留下来的遗物更是少之又少。恐怕现在我们所能找到的有关顾作霖先生的痕迹大多只有书籍中的介绍，这也是最让人遗憾的地方。

此前我在网上找到许多介绍顾作霖先生的文章，其中有详有略，有些文章还包含了顾先生生前珍贵稀有的照片和物品。我试图在文章下方评论，询问有关顾先生的线索，但均无回应。看来文章已经上传太久，早已无人查看。

顾作霖先生后期多在江西范围内进行革命运动。经过查询，江西革命烈士纪念馆、江西省广昌县革命烈士纪念馆可能藏有顾先生的遗物，故我将此二处也列入可寻访地点的名单。但是因为路途遥远，我不便前往调查。记录于此，假如有人继续调研，可供参考。

自此，我的寻访调研就画上了句号。

点评

之前，我在江西赣州革命烈士纪念馆中寻找老上海大学校友时，最为关注的是作为中央苏区团中央书记的顾作霖，尤其那幅"苏区中央局委员在第一次全苏大会纪念日"的合影中顾作霖的照片，尤令我印象深刻。

因为顾作霖早年离家，且牺牲时也很年轻，我一直以为在上海嘉定已经难以找寻到什么有价值的信息资料了。所以，之前并没积极安排学生进行寻访。这次曾令博将顾作霖作为寻访对象，我也是乐见其成。

在嘉定寻访顾作霖，所能查寻的地方大致就如曾令博所探访过的这些。最近，我也有机会去做了一次寻访，也基本上走的是这样一条线路。我还见到了顾作霖的孙子，有些惊喜，但他对爷爷的故事没有太多了解，可能顾作霖的高光时刻家乡人当时并不知情，也就没有流传多少关于他的故事，这也算是一种遗憾。

上大三兄弟

——寻访吴云兄弟

童永启　通信学院 2018 级

一、寻访概述

主要内容：追溯上大历史，寻访老上海大学校友吴云兄弟。

寻访方式：实地寻访，电话采访，网络搜集资料。

二、寻访意义

在当下这个物欲横流的时代找寻往日的精神力量，寻访故往的老上海大学校友，探寻他们的故事，扩充上海大学校史，为上海大学校史博物馆筹建贡献绵薄之力。

三、寻访计划

（一）白塘革命纪念馆

(1) 时间：6 月 12 日中午

(2) 地点：安徽省淮南市凤台县白塘革命纪念馆

(3) 访问对象：老上海大学校友，老共产党员吴云五兄弟中老四的儿媳

(4) 访问内容：吴云五兄弟在上海大学的求学经历以及他们的革命经历

（二）凤台县档案局

(1) 时间：6 月 12 日下午

(2) 地点：安徽省淮南市凤台县档案局

(3) 访问对象：档案局工作人员李云

(4) 访问内容：吴云五兄弟的经历

（三）新四军研究会

(1) 时间：6 月 12 日下午

（2）地点：安徽省淮南市凤台县司法局二楼

（3）访问对象：老干部吕登保

（4）访问内容：新四军的活动以及吴云五兄弟的情况

（四）电话采访

（1）时间：6月12日晚

（2）访问对象：吴云孙子吴永安

（3）访问内容：吴云在上海大学的经历以及其一生

四、吴云兄弟生平

（一）《凤台县县志》记载资料——凤台县档案局查询

1923年，在上海大学读书的凤台籍学生黄天伯、吴震、吴霆、桂超等由瞿秋白、薛卓汉两人介绍加入中国共产党。

1924年，共产党员吴云、吴勤吾等人组织成立"凤台县旅外同乡会"。

1925年春，由吴云出房子、经费，在白塘庙重新开办淮上中学补习班。到暑假时，中共上海大学党组织要求吴云、吴震回校，淮上中学补习班停办。

1926年春，由"旅外同乡会"发动，掀起反对凤台县长宁纪光私卖学产田的斗争，在县城召开"驱宁大会"，会后进行游行示威，宁纪光逃跑，驱宁斗争获得胜利。冬季，上海大学共产党员吴勤吾与王介佛、刘跃华等人在县城开办民办教育馆，自编"千字文"课本，向青年学生传播新文化，被国民党当局发现，民众教育馆被查封，吴、王二人被迫离开凤台。

（二）网络搜集整理资料

1. 吴云个人经历

吴云(1903—1978)，又名吴羽仙，在芜湖补习班学习时，由薛卓汉介绍加入共青团。同年秋，在上海大学读书期间，由瞿秋白介绍与吴霆、吴震一起加入中国共产党。1924年夏，同黄天伯、胡萍舟、吴震等回凤台创办淮上中学补习班，积极宣传马列主义，进行革命活动，系负责人之一。次年夏，回到上海大学。1930年，回凤台继续从事党的工作，先后任中共凤台县县委书记、县委委员等职。1933年，因叛徒出卖被捕，后自首叛变。次年，任国民党中统寿县调查室肃反专员助理、中统宣城地区肃反专员（未到职）。1935年，在南京中统举办的盐务训练班受训，结业后，任浙东盐务监察。1943年，回家乡白塘庙自筹资金办学教书。1946年10月，中共涡怀工委成立，工委机关设在凤台县白塘庙，吴云为党做了不少有益工作，由工委书记崔剑晓介绍，重新加入中国共产党。1947年11月，任凤台县副县长。1952年调淮南师范任教。1953年至

1960年间,因历史问题,先后被开除党籍、管制劳动、划为右派、判刑15年。1973年出狱。1978年12月在合肥死于车祸。后安徽省高级人民法院、淮南市中级人民法院、省公安厅等分别对吴云作出撤销原判,不予追究刑事责任;对错划右派改正;撤销管制处分;恢复人民教师资格等决定。1987年省委组织部恢复其1946年10月重新入党的党籍和副县长身份。

2. 吴霆个人经历

吴霆(1905—1937),字晓天,又名吴天喟,化名胡友三,安徽省凤台县桂集乡白塘村人。幼时就读于家乡私塾。1919—1922年间先后在怀远含美中学(教会学校)和南京成美中学读书。其间接受反帝反封建爱国思想,两次因积极参加反对基督教的学潮被学校开除。1923年与其兄长吴云、二哥吴震及同乡黄天伯等人进入上海大学读书,由瞿秋白、薛卓汉介绍加入中国共产党。1924年,党中央派吴霆赴华北国民革命第一军冯玉祥部任政治宣传员。1925年五卅运动爆发,他又受中共北方区李大钊同志派遣,到东北做开辟新区工作。

1925年6月,吴霆与任国桢一起奔赴沈阳。首先以上海大学学生会的名义秘密组织奉天学联,指导学生运动。他奔波于各大、中学校之间,依靠进步学生,发动群众,宣传"五卅"惨案经过和上海工人斗争形势,激发广大青年学生反帝爱国热情。在他的指导鼓动下很多爱国青年学生分赴各地,深入工厂、农村进行反帝爱国宣传,发动募捐,支援上海工人罢工斗争。全城商工自愿捐助者达10多万人,奉天纱厂职工每人捐献一天工资,奉天学联一次就向上海汇捐募款2万余元,其中上层爱国人士郭松龄夫人及张学良夫人也各捐大洋300元。当学生运动开展起来后,吴霆及时联合《东北民报》主编安怀音和俞文锐以及市报社的盛桂珊和奉天学联李耀奎等人,撰写文章,出版刊物,并成立中华民族自决会,指导沈阳(奉天)各地开展反帝爱国运动。同时,吴霆又以奉天学联骨干分子和基督教青年会的苏子元等人为基础,举办暑期学校(又名暑期大学)。吴霆亲自授课,宣传共产党的主张。他讲授的《学生运动》《社会科学》《现代政治》《妇女问题》等课程很受学员欢迎。暑期学校使革命青年系统地接受马克思主义理论教育,为党在沈阳的建立培训一批骨干。暑期学校结束后,吴霆与任国桢一起成立"暑期同学会"。在"暑期同学会"和中华民族自决会骨干中,他和任国桢一起物色、培养积极分子入团、入党,建立党团组织。8月中旬至9月上旬,他们先后介绍苏子元等6人加入共产主义青年团,后均转为共产党员;介绍高子升等4人加入中国共产党,成立沈阳地区最早的党、团支部。吴霆任团支部书记。此时,吴霆的活动已引起当局注意,时刻有人跟踪,工作无法开展。在团中央指示下,他于10月初离开沈阳,到天津任共青团地委组织部长。在天津,他继续关心着沈阳地区青年的进步。

1926年5—10月,吴霆先后两次被调往哈尔滨任团地委书记。为掩护身份,他和张光奇组织假家庭,一同前往。次年2月,经组织批准,两人结婚。4月17日,哈尔滨地委遭破坏,吴霆被捕,判刑3年,后经组织多方营救,于1928年8月张学良任东北保安总司令后,被特赦出狱。1929年7月,吴霆接受组织派遣,前往大连从事革命活动。9月,他经陈涛介绍,在《泰东日报》社当编辑,主编文艺副刊,经常发表文章,鞭挞帝国主义和封建军阀,展开反蒋论战,宣传普罗文普罗文学。1930年初,他在《泰东日报》上报道红军活动的消息,引起当局注意。为此,他被迫离开大连返沈阳,不久潜回凤台,参与策划11月7日的凤台县白塘庙起义。此后,他又潜回东北,在吉林省集安县开展工作。1931年夏,吴霆再次返乡,正值凤台党组织发展农民武装,他从家中筹款300元,亲自到天津购买手提机枪2挺、壳枪6支,运回张葛庄吴西谷家。后由吴乐平、吴学金交给县游击队负责人。"九一八"事变后,吴霆由安徽前往北平,寻找党的组织,动员离开党组织往北平读书的张光奇不要放弃党的工作,两人终以意见分歧而分手。1932年,吴霆去热河,在冯玉祥部任随军记者,同时任察哈尔抗日同盟军机关报《国民日报》社长。其间,他同中共华北前委取得联系。1933年,因给华北前委转送文件,吴霆在天津被捕,经柯庆施营救,方由政治犯改判为吸毒犯,判刑5年,关押在保定陆军监狱。1937年,七七事变后释放政治犯,吴霆在返乡途中在河北定县病逝,时年32岁。

3. 吴震个人经历

吴震(1904—1934),与大哥吴云、三弟吴霆同时进入上海大学读书,由瞿秋白介绍加入中国共产党。1924年夏,回家乡凤台创办淮上中学补习社,宣传马列主义,进行革命活动。1925年,返回上海大学,同年进入黄埔军校学习。1926年,被党组织派往苏联学习。回国后,在鄂豫皖根据地工作,皖西肃反时,被张国焘错杀。

(三)口述及个人自传资料

根据吴云孙子吴永安的介绍以及吴云自传书籍——《无悔的奋斗》记载,1923年,吴云及弟弟吴震、吴霆和胡萍舟等同时由瞿秋白、蔡卓瀚两人介绍加入中国共产党。1924—1925年,吴云被派往皖北,创办农民夜校,与曹广化、胡萍舟等一起创建了安徽第一个党的支部——小甸支部。1929年,吴云任凤台县委军委组长,兼任白塘支部书记。1931年12月,白塘农民起义失败后,中共长淮特委书记改组凤台县委,任命吴云为中共凤台县委书记。1933年,吴云担任第二军(吉鸿昌部)政治部副主任。后回到北平。在返回蚌埠时因叛徒出卖被捕,后打入敌人内部,继续为党工作。1936—1937年,吴云任伪督察浙东盐务,在浙江金华,他找到党组织,投入抗日斗争。1943年,吴云彻底脱离了反动组织,回到家乡白塘庙,继续革命活动。1947年,上级任命吴云同志为凤台县副县长、阜阳高级职业学校副校长、皖北干校部主任。

五、寻访总结报告

在这次寻访过程中,我以老上海大学学生吴云三兄弟为主要研究对象,分别采访了张殿莉女士、李云女士、吴永安先生和吕登保老先生。

在指导老师的帮助下我取得了相关联系人的电话号码,但该电话号码已经失效,无法联系到采访对象。因此,我打算回乡进行实地探访。

在 6 月 12 日中午我抵达白塘革命纪念馆,原先我认为这个时间段应该无人看守,只能拍几张照片,然后到县档案馆寻找材料。但峰回路转,我在纪念公园一角找到一个管理员电话,并成功拨通。管理员张殿莉女士热情地招待了我,同时我了解到她就是吴云四弟吴需的儿媳,并对她进行了采访并录音。在采访中,她告诉了我他公公的经历。在那个纷乱的年代,吴氏五兄弟选择了革命的道路,但出于照顾父母双亲的考虑,几兄弟商议让吴需暂时不要参加革命。吴需作为一名民主人士,多次掩护几兄弟的革命活动,令张女士影响最深刻的是一次吴需老先生曾步行至四川,在那个纷乱的年代从安徽到四川,数千公里,徒步而行,从中我们可以看到当时年轻人的热血和冒险。同时,张女士还赠给我一本吴云先生的回忆录,在回忆录中我看到了他在老上海大学的经历:

当时,上海大学有一个特殊的风格:凡是参加实际革命斗争的学生,不拘时间长短,一概不误学籍。这也充分体现了"实践是更好的学习"风格。很多学生(多系共产党)包括吴云兄弟三人在内受党的派遣到各地开展工作,回到学校后向特别支部报告活动情况后,到学校总务处登记,跟班听课,照旧过学校生活。几十年后,当吴云回想起当时的学校生活,他觉得上海大学仍然是一个新型先进的大学。除了派遣学生直接参加革命工作外,上海大学还利用寒暑假实践举办读书会和讲学会,以培养本校和其他院校的革命青年。1924 年,上海大学以上海学联名义举办上海夏令讲学会,邀请著名学者与名流 35 人讲学,苏浙沪各地 200 多人参加,为时两月,盛况空前。恽代英、萧楚女、邓中夏等都前去讲学。上海大学还经常举办讲座,李大钊来沪工作后先后到上大做过"演化与进步""社会主义释疑""史学概论"等演讲。郭沫若、胡适等都曾前去演讲。

上海大学还开拓了卓有成效的平民教育事业。1924 年春,在校务长邓中夏的倡导下,开办上海大学平民夜校。先后由上海大学学生刘华等担任上海大学平民义务学校执行委员,担任教员的有 40 余人。4 月 15 日,上海大学平民夜校开学,校址即设在上海大学校内,吸收附近青年工人、店员和失学青年近400人,二期460余人。

通过网上资料的搜集以及对张女士的访谈材料的整理,我得出了老上海大学的一些基本情况。

老上海大学广揽人才,一大批学者、志士来此献身教育事业,有总务长邓中夏、教务长兼社会学系主任瞿秋白、后来成为复旦大学校长的陈望道、著名作家沈雁冰、青年运动领导人恽代英、美术与音乐教育家丰子恺等。校方邀请国内外的学者名流到校演讲,如李大钊、章太炎、胡适、郭沫若、戴季陶等,他们带来了全新的思想见解,引导学生理论结合实际,参与社会变革。

为了适应时代的需求,学校改革校制,组织评议会来决策全校重大事务,并邀请孙中山、蔡元培、汪精卫、章太炎、马君武担任校董。同时,制定《上海大学章程》,明确了"养成建国人才,促进文化事业"的办校宗旨。

在老上海大学的生活是艰苦的,师生授课求学于弄堂之中,学校又几经搬迁;但这日子也是火热的,师生共同创办校刊,夜校授课,促进平民教育,以参与社会改革为己任,高举革命大旗振臂奔走。五卅运动后,上海大学成为真正的"红色学府",而"北有五四(运动)的北大,南有五卅(运动)的上大"的赞誉流传至今。

1927年,上海大学在上海东北面的江湾兴建了新校舍。不幸的是,1927年"四一二"政变,老上海大学被国民党当局强行关闭,以悲剧的结局落下了帷幕。直至1936年,老上海大学毕业生的学籍才得到了政府的承认。

由于国共合作开展革命活动,有许多老上海大学学生在毕业后会前往黄埔军校继续学习军事知识。1926年黄埔军校扩大招生,吴云返乡号召淮上青年报考黄埔军校,并给予补贴,知识青年来沪的报道地点就是上海大学,再从上海前往广州。由此可见当时上海大学与黄埔军校的关系。张女士带我参观完整个纪念馆后,赠送给我一本吴云先生的回忆录,并给了我其他四兄弟后人的联系方式,非常感谢她的帮助。

由于吴云个人经历的复杂性,在离开白塘革命纪念馆后,我立即前往凤台县档案局。但由于下午上班时间较短,我在档案馆门口等待了1个小时左右。见到档案馆工作人员李云女士并在我出示了介绍信后,李云女士答应帮我搜索一下吴云的资料。网上搜索资料未果,李女士把私人的《凤台县志》拿给我查阅,幸运的是在县志人物志中我找到了吴云三兄弟的记录。在查阅完资料准备离开时,李云女士还推荐我去离档案局不远的新四军研究会,她说那里会有更多的资料。

之后我步行到达县司法局,当我进入新四军研究会办公室后,一位老先生在书上抄写报刊,一开始他以为我是推销东西的,不想搭理我。我把介绍信给他看了之后,他就接受了我的采访。很和善地和我交流了吴云的情况。据他说,吴云确实在上海大学读过书,并回乡领导工作。在1933年不幸被捕后,曾帮助国民党做了一些工作但并没有出卖组织。之后老先生又跟我讲了一些其他的情况,并热情地招呼我喝茶,还赠送我一本书。

在这个研究会里,都是退休下来的老干部,他们可能走过抗战,走过这个共和国最灰暗的时候。淮河两岸受苦受难的人民,在他们的带领下走到了今天,他们的精神永存。

晚上回到家后,我拨通了吴云孙子吴永明的电话,但吴永明先生告诉我他不是最了解他爷爷情况的,他给了我他的弟弟吴永安电话。之后我顺利地与吴永安先生取得联系,并进行了40分钟的电话采访,他向我讲述了他爷爷从离乡进入上海大学读书直到离世的传奇经历。他向我强调上海大学对他爷爷一生的重大影响,吴云老先生也正是在上海大学经由中国共产党早期领导瞿秋白介绍加入共产党的。

我感慨于当时年轻人的冒险,一群热血的年轻人在纷乱的时局下为民奔波,他们的大无畏精神值得我们永远铭记。另外,在这次采访中我十分感激那些陌生人给我提供的帮助,在他们的帮助下,吴云三兄弟一生的画卷向我们徐徐展开。我也为老上海大学的优良传统而感到自豪,在那个风云际会的年代,北有"五四"的北大,南有"五卅"的上大,无数热血青年,仁人志士在上大汇聚,上大人的英气从那时起源。

点评

上海大学的"溯园"落成时,吴云的女儿及外孙女曾到上海大学。在与她们的交流中,我了解到吴云曲折的一生和无怨无悔的信念。因为这位未曾见过面的父亲的历史原因,其子女也受到冲击,生活艰难。第一次见到的父亲是大夏天裹着破烂棉袄的衰败而陌生的老头。

其实,短暂的沟通对我个人的触动很大,一直希望能去回访她们,以了解更多的情况。但愿望一直未能实施。童永启寻访多少弥补了我的遗憾。

吴云与其兄弟吴霆、吴震是一起入读上海大学的。其妻子方昕为抗日将领方振武的堂妹。吴氏三兄弟,加上联姻的方家几兄妹(方昕、方英、方运超、方昭),同时在上海大学读书,这也是上海大学的一个"奇观"吧!吴云的二弟吴霆(吴晓天)曾出任满洲团省委书记,我暑假回沈阳时也曾与满洲省委纪念馆方面联系,了解到吴霆的妻子是张光奇,但也失去了进一步寻访的线索,没法获得更多的信息;吴云的三弟吴震被误杀于鄂豫皖苏区,他的资料更难查找,甚至连一张照片也未找到。

童永启的寻访虽然没有寻找到更多新的资料,但却增添了更多吴云后人的信息。这为以后的进一步寻访、调查奠定了扎实的基础。

高尔基翻译第一人
——寻访宋桂煌

孟　鹭　上海大学附中2016级高一
杨　帆　上海大学附中2016级高一

在大革命时期,许多上大人积极参与革命,在当时的时代背景下,他们的革命精神值得我们去探究。为了了解更多上大人的心路历程我们开展了寻访活动,我们追随先烈的脚步,对老上海大学校友中的革命先烈进行寻访。此次我们小组寻访的对象为"高尔基翻译第一人"宋桂煌。

在老师的指导下,我们从开始没有头绪不知道从哪入手,到后来渐渐理清了思路,熟悉了大概的脉络和步骤,也知道了这项活动的意义是什么。于是大家开始制定计划。陈列馆里面,老师为我们指出了大革命时期参与革命的上大人,我们在陈列馆里看到了图片和音频的资料,对我们要寻访的对象有了更深的了解。

经过上网查阅资料,我们了解到宋桂煌于1932年毕业于上海大学英文系,曾参加五四运动、五卅运动,历任江苏省立教育学院成人心理研究室助理研究员、浙江大学图书馆馆员、如皋县参议会会员、如皋县芦湾区参议会议长、《苏中日报》副总编辑、上海《时与潮》《时事评论》编辑。新中国建立后,历任上海吴淞中学教师、上海教育局研究室英语教学研究员、上海市政府调查研究室研究员兼文教组长、上海文艺出版社编辑。上海第三次文代会代表。

宋桂煌翻译高尔基小说,刘华的作用不可或缺。刘华是宋桂煌在上海大学的室友,当时上海大学中共党组织派刘华、杨之华去潭子湾沪西工友俱乐部参加罢工委员会工作。在革命活动中,宋桂煌与刘华的爱国之情相碰撞,两人成为莫逆之交。宋桂煌随刘华积极投入五卅运动,一起去南京路游行示威、发传单、宣传进步思想。当刘华被英国工部局总巡捕房密探抓捕灭尸后,极度悲愤的宋桂煌更看清国民党的反动本质,决意从事革命志士未竟的事业,将笔作为匕首和投枪,与反动当局进行不屈不挠的斗争。当时,以文学作品在苏联革命中发挥巨大作用的高尔基作品,引起宋桂煌关注,他心目中刘华犹如高尔基笔下的"海燕"。因此,宋桂煌投身于高尔基作品的翻译中。反动当局将高尔基等进步作家的作品视为洪水猛兽,甚至阅读和携带之都可能被捕,但是仍然阻挡不了革命者和进步青年的热情,文学界受此激发也翻译出了更多的高尔基作品。后来,鲁迅、瞿秋白、夏衍、巴金等都曾用真名和笔名翻译出版过高尔基作品,但是宋桂煌仍然被公认为"中国翻译高尔基第一人"。

1937 年,"八一三"淞沪战争爆发,拉开了八年抗日战争的序幕,宋桂煌为了加入抗日战争,辞去在浙江大学的工作,投身于教育。1938 年 2 月,宋桂煌到苏北如皋县大夏大学附中任教,同年 8 月,又到如皋县励志中学任教。他在每周晨会上演讲,为同学们讲解毛泽东的《论持久战》,宣传他所了解的抗战形势。他带领同学们写抗日标语,唱抗日歌曲,校园里处处唱响《打回老家去》《大刀进行曲》的歌声。他爱国的热情感染了一批又一批的学生,同时他以优秀的文化素养为新四军培养了一大批优秀干部,为抗击日本侵略者和抗日战争的胜利奉献自己的力量。1945 年 5 月,宋桂煌任《苏中报》副总编辑,撰写文章,宣传抗战必胜,抨击国民党一党专政、反共反人民的罪行。

我们被宋桂煌的爱国热情与热血的抗日作为所深深打动,我们想要了解更多关于他的传奇故事。

首先,我们前往上海档案馆查找更详细的资料,可惜未有很详细的结果。于是我们打算寻访宋桂煌之子宋亚林老先生,听他谈谈父亲的抗日历程。我们在网络上找到了宋桂煌当时用稿费买下的文华别墅地址。但我们不确定他的具体住址,便想去碰碰运气。我们制定了出行的路线,并一起商讨要提出的问题,分工并准备好采访需要的工具。

第一次来到文华别墅,我们便被它浓浓的文化气息以及悠久的古典韵味所吸引,也明白了宋桂煌选择这里的原因。据了解,文华别墅被列为上海市第三批优秀历史建筑,也是黄炎培次子黄竞武烈士的故居,他与宋桂煌一样,都为抗战胜利做出了贡献。来到这里,我们很无措,便向门口的老爷爷打听,问他知不知道宋亚林住在几号,后来,一位好心人将我们带到居委会,帮我们询问。经了解,宋亚林与其儿子都已因病去世,只留下其儿媳妇,且其儿媳妇正在上班不方便联系,我们只好无功而返。我们将此情况和老师反映后,老师让我们先与其儿媳妇见面,如果她不了解情况,再从她那里找可能熟悉情况的人,或是询问她是否有宋桂煌的资料或者遗留文献。

随后,我们又一次来到这里,这次是周末,希望能见到宋桂煌的孙媳妇。可我们忽略了一个问题,周末居委会不上班,好在我们找到了居委会并见到了值班人员,我们向她交代了来此的目的。她帮我们找到了宋宅的电话并帮忙打电话过去询问能否进行寻访,但最终遭到了对方的拒绝。我们将此向老师反映后,老师让我们不要气馁,并鼓励我们考虑好说法再去,因为这种情况并不是第一次,我们受到了鼓舞,同时也陷入了思考。

这次的寻访并不算成功,但我们了解了红色革命历史。从前,我们不知道革命者为什么被称为革命者,又凭什么被人人敬仰,而通过这次寻访,通过我们所了解到的宋桂煌,我明白了每一个革命者的不易,明白了新中国成立的背后有多少革命者为之努力,为之奋斗,无畏付出生命的代价,用鲜血铸造了新中国。每个人都在不同的领域付出,或多或少,但不变的是他们那份爱国的心。

寻访活动让我们了解了红色精神的同时,也锻炼了我们的能力。无论是在寻访前在各网站搜集整理资料的信息处理能力、小组分工的合作能力、进入社会后的交流沟通能力还是在遇到困难后积极思考、勇于探索的解决问题的能力,在这次活动中,都得到了锻炼与提升,这将使我们受益,让我们将来能更从容地融入社会。

宋桂煌是最早系统翻译高尔基作品的翻译家。

当他初入上海大学中学部学习时,与著名烈士刘华成为室友与密友。刘华投身于民族事业的牺牲精神感染着他,使他也积极投身于民族解放的事业之中,他的革命实践不同于刘华的冲锋陷阵,而是以笔为刀枪,呼唤革命风暴中的"海燕"精神,因而他将苏联革命文学的代表人物——高尔基的作品系统地加以翻译。唤醒和鼓舞了成百上千的青年投身于中国民族革命的事业。

之前我曾询问过"文革"后到上海文艺出版社工作的资深编辑,他对宋桂煌已经不甚了解了。这次寻访对于上海大学附中的高中生而言,应该说是有着很大难度的。其实,寻访的成功与否,虽然与努力程度有关,但运气也是十分重要的。有些被访对象没有后人,或后人难以联系,或后人也不了解多少情况,还有些人经历了"文革"的波折后不愿多谈,情况各异。宋桂煌之子也曾写过相关的回忆文章,说明其后人对于他的经历也是比较关注的。至于这次寻访所遇问题的背后原因虽不得而知,但也属正常。

多年后我们才了解到:影响宋桂煌一生最重要的三位烈士——吴亚鲁、刘华、侯绍裘,都曾在上海大学工作或学习过,这也是他投身革命文学的翻译与传播的重要缘由。但在附中学生们寻访之际,这些线索的提供尚有不足,这也增添了不少寻访的难度。

虽然寻访"并不算成功",但能力"得到了锻炼与提升",这对附中的学生们来说,是更为重要的成果。

红色之旅
——寻访谭其骧

潘　辰　上海大学附中2016级高一
韩禧龙　上海大学附中2016级高一

引　子

亲爱的老师们，同学们，大家好。非常荣幸能带着我们的寻访报告前来参加此次"未来杯"的活动。其实，这看似简单的寻人路程，却有着不同寻常的红色气息。

上海大学(1922—1927)，作为中国共产党参与创办的第一所高等学府，也是第一次国共合作的产物，其意义可谓非凡。集中了众多共产党员，使其成为中共早期在闸北乃至整个上海的一个重要活动据点。短短5年时间，名不见经传的"弄堂大学"——老上海大学，培养了一批又一批优秀的革命志士：博古、杨尚昆、丁玲、施蛰存、孟超、陈伯达、匡亚明……他们积极参与反对封建帝国主义的爱国运动，成为五卅运动、北伐战争、上海工人三次武装起义等运动的中流砥柱，一时间甚至有"北有北大，南有上大""文有上大，武有黄埔"的嘉誉，名声大噪。

而谭其骧老先生便是其中一位毕业于上海大学的优秀学子。

一、谭其骧先生主要生平

出生于1911年的谭老，于1926年考入上海大学。1926年，他因不满秀州中学这所教会学校对学生的无理处置，从秀州中学高中未毕业就愤然离校，到上海考入上海大学，那时他才15岁。

1927年，"四一二"反革命政变后上海大学被封，他只得转入暨南大学。转入历史系后，他的才华受到社会学家潘光旦先生的赏识。

1930年，写下一篇6万多字的论文《中国移民史要》。毕业于上海暨南大学历史系。同年进入北平燕京大学研究院，师从顾颉刚先生。

1932年春，离研究生毕业还有半年，谭其骧就已写好论文，由伯父新嘉先生介绍，进北平图书馆当馆员。他当年就在辅仁大学兼课。

1933年，相继在燕京大学、北大等学校兼任讲师。同时在《史学年报》《燕京学报》等刊物上发表了很有见地的论文。

1934年，协助顾颉刚创办《禹贡》半月刊，筹备成立禹贡学会。

1935年后，他辞去图书馆的职务，专门在大学教书。是年秋至翌年夏曾到广州学海书院任导师。

1936年秋回到北平，任燕京大学、清华大学两校的兼任讲师。

1940年春，任贵州浙江大学史地系副教授。

1942年，任贵州浙江大学史地系教授。

1946年，随浙大回到杭州，并给上海暨南大学兼课。

1950年，浙江大学停办历史系，转到上海复旦大学任教授。

1954年，任复旦大学历史系教授。

1955年，经吴晗推荐，到北京主持《中国历史地图集》的编绘。

1956年，九三学社复旦大学第二届支社委员会成立，被选为主任秘书。

1957—1982年，任复旦大学历史系主任，兼任中国历史地理研究室主任。

1959年3月，郭沫若的《论曹操》一文在《文汇报》发表。其后，谭其骧发表了商榷文章。

1960年6月，出席全国文教"群英会"。

1961年7月，九三学社复旦大学第四届支社成立，当选为主委。

1963年1月28日，出席了民主党派和知名人士座谈会。

1978年2月，因长期紧张工作所累，突发脑血栓，不久半身不遂。

1980年4月18日，九三学社复旦大学支社召开大会，谭其骧出席了会议。同年11月，当选为中国科学院地学部委员（即中科院院士）。

1981年，国务院学位委员会批准其为历史地理专业博士生导师。

1982年至逝世，主持了《中华人民共和国国家历史地图集》的编绘。

1982—1986年，任中国历史地理研究所所长。

1983年，加入中国共产党。

1990年，改选为中国科学院院士。

1992年8月28日，因病医治无效，在上海逝世，享年82岁。

二、谭其骧先生的主要成就

谭先生毕业后便投身于中国历史和地理的研究，终其一生，对中国历代疆域、政区、民族迁移和文化区域做了大量研究，对黄河、长江水系、湖泊、海岸变迁均有精辟见解,建树颇多。他从20世纪50年代开始,倾注30多年心血主持编绘的《中国历史地图集》(1—8册)是当今内容最为详确的中国历史政区地图集,在我国边界谈判和外交、国防、社会主义经济建设中发挥了重要作用,被中央领导誉为新中国社会科学最重大的两项成就之一。其重要著作还有《长水集》等。为表彰他对国家的突出贡献,国务院授予他特殊津贴,中国科学院授予他荣誉章和"从事科学工作50年"荣誉奖状。1991年,他被美国传记研究所列为25年间对世界有重大影响的500位人物之一,其功绩载入英国《牛津名人录》。由谭其骧主编、数十位专家通力合作完成的《中国历史地图集》,集中反映了我国历史地理研究的成果。这部8册的巨著上起原始社会,下迄清代,共有20个图组,300多幅地图。每幅所标绘的城邑山川,少则数百,多则上千,所收地名总计有70 000左右。它不仅包括历代王朝的统治范围,也包括少数民族政权和边疆政权的管辖区域,反映了中国的疆域从来就是中华民族的共同区域的客观历史事实。图集以政区为主,收录了全部可考的县和县级以上建置以及县以下的重要地名,也收录了主要的山川、关津、长城、考古遗址等。更有意义的是,经过审慎的考订和探索,图集基本上记录了我国有史以来的海陆水体变迁。这些都是以往的任何历史地图集从未做到的。该图集集中反映中国历史地理研究的成果,被誉为新中国社会科学两项最大的成就之一,受到国内外学术界的高度重视,被上海市政府授予特等奖。

谭其骧1982年前的主要论文编入《长水集》(上、下册),其后的主要论文编为《长水集续编》。

三、追寻经历

其实,当刚接到这个任务的时候,我们的内心充满了迷茫:要找谁?怎么找?太多太多了。看着溯园"师生名录墙",不禁低吟,原来有如此多的前辈曾于此地学习并投身于革命事业。那么,他们都去哪了?

后来,在老师的指导下,我们结识了几位上海大学毕业生,无一不是各界巨头,这令我再一次感叹。接下来,就是选择探访对象了。

一次偶然的机会,我们认识了谭其骧老先生。

当时我正在阅读三国志,恰好读到一处地名,因为此地是我所喜爱的武将的故乡,所以我便上百度查询这究竟是什么地方——那地方现在已消失,而代之以新名。而正是谭老,将古地对照于当世地名;而随着进一步的搜索,我才发现谭老先生的伟大——他将历史与地理融合,发掘埋藏于古代史书中的奥秘而将其显现于我们的地图。

我决定寻访谭其骧先生的事迹。

同时，我也决定要第一次真真正正地去了解那些红色记忆。

当然谭老现在已经去世，所以首要寻访对象便定为他的儿子——也是一位优秀的学者，谭德睿。

闸北，上海的红色革命圣地，坐落于此的闸北革命史料纪念馆成为我们第一个探访目的地。20世纪的闸北、创建党的组织、上海的延安、东方红色大学、五卅运动、工人阶级的一次壮举、殊死的斗争、"一·二八"淞沪抗战、"八一三"淞沪抗战、反战争民主迎解放——一个个独立的展区，以诸多珍贵的革命实物、照片等向我们展示了中国人民打败帝国主义、走向繁荣富强的心酸路。老上海大学自然也是其中一环。

伟大的革命历史就在我们身边，可又有多少人会去了解呢？哪怕是半天的时间？看了看空旷的场馆，我深感现代的爱国教育做得还不够。当真正的危机到来，有多少人能像当初那批革命志士一样投身于祖国的事业？

上海博物馆是下一个目标。事先通过电话了解，谭德睿——上博前研究员，已经退休。经过交涉，我们从文物研究所谭德睿先生的学生那了解到，谭老年事已高，不适合采访了；又反复交流过后，采访终究是告吹了。我们与谭德睿先生的学生进行了简短的交谈，由于对方的时间问题，我们不便于过多地打扰，于是我们絮叨片刻便告辞了。通过对话我们简要地了解到谭老其实一生都在为国家的历史地理研究发光发热。在他身强力壮时，他游学全国各地，先后在各个大学任教，将他对历史地理学的知识毫无保留地传递给各个学生；而在他身体已不能够继续四处奔波之后，他选择在中国地理研究所，带领一帮学生们继续为国家努力钻研。于是，我们继续询问他平时与学生如何交流，如何培养学生，对待学生的态度是严谨、一丝不苟还是和蔼可亲，谭先生的学生笑笑，告诉我们，谭老对学生的要求是很严格的，有一次一个学生请他改论文，他改的东西比学生写的还多。谭老一直脚踏实地地带领学生们，几乎是带着他们一步一步地走着这条坎坷不平的道路。他为中国历史地理学作出了杰出的不可磨灭的贡献。交谈结束后，我们都颇有感触。谭老严谨的态度以及他的奉献怎能不令人感动和敬仰！他完美地诠释了上海大学的精神！

在这之后，采访告一段落，但是我们对于红色革命的兴趣和追寻却远远没有止步！我们在接下来几天里辗转了上海各处的红色革命场所。

漫步于四行仓库前，我们感受着80年前的那些战士们与日寇抗争时宁死不屈的伟大精神；寻访中共一大会址，我们了解了伟大共产党的前世今生；静静地走在龙华烈士陵园，我们向为国捐躯的烈士们的陵墓敬礼，永远铭记他们抛头颅洒热血，无私奉献的大无畏精神。

也许，我们的拜访并不成功，但是，这次旅途意义依然非凡。爱国是当今社会的主旋律。借用网络上的有关爱国的内容："爱国是公民必有的道德情操,是中华民族最重要的传统,也是社会主义核心价值观最主要的部分。"没错,长久以来,从古至今,无数的人说自己"爱国",但是何谓爱国,只是嘴上说说而已吗?当然不是。

> 热爱祖国,这是一种最纯洁、最敏锐、最高尚、最强烈、最温柔、最有情、最温存、最严酷的感情。一个真正热爱祖国的人,在各个方面都是一个真正的人。
>
> ——苏霍姆林斯基

在那特殊的年代,那些上大学子,乃至无数的,全中国的革命战士们,我心甘情愿叫他们一声:"伟人。"他们是真正的伟人,他们以自己的血肉之躯,筑起新中国的长城——中国人民站起来了!

这次寻访活动,不仅仅是寻人,更是一次寻心之旅——寻找消逝的斗士们的美丽心灵。我相信,通过我们大家的努力,伟大革命先辈的精神会普照华夏大地,这样他们的心愿也就实现了吧!我们是上附人,我们是年轻一辈的新生力量,我们更应该扛起重任,把上大精神发扬下去!

点评

上海大学一直以"红色学府"为后世所知,她除了培育了众多革命者,还出人意料地走出了像林华那样著名的石油化工专家。作为接受过历史学教育的人,我当然更关心这一"红色学府"是如何走出李平心、罗尔纲、谭其骧等著名历史学家的。我一直希望能有学生对他们进行寻访,所以当莫妍在寻访陈培仁而错过罗尔纲时,我的遗憾之感还是比较强烈的。没想到,最后是由上海大学附中的学生承担起了这一任务。

原来局限于上海大学学生参与的寻访活动,之所以会扩展到上海大学附中的学生参与,是由于上海大学校友办主任陈然的引荐。上海市教育系统,针对全国"挑战杯"、上海市级"挑战杯",在上海的高中设立了对应的"未来杯"课外社会实践项目。我作为长期指导上海大学挑战杯项目的指导老师,被陈然引荐给上海大学附中,介绍挑战杯的基本情况和备战方式,当介绍到这个寻访项目时,上海大学附中的老师学生都非常感兴趣,愿意参与其中。寻访谭其骧正是借助这一契机推进的。

虽然寻访过程不完美是意料之中的,但这份报告,不仅是一份寻访感悟,也是一份未来杯的成果;这次寻访,正如学生们所说的,"不仅仅是寻人,更是一次寻心之旅"!

后　记

从2012年暑期开始的老上海大学校友寻访活动,只是大学生社会实践活动的一个组成部分,最初我也未曾想过将寻访报告结集出版。但一年一年寻访报告成果的累积,也逐渐达到了一定的规模。2022年,在纪念老上海大学(1922—1927)创办100周年之际,上海大学组织了一系列纪念活动,才促使我有了将这些寻访报告结集出版的想法。在社会学院的积极支持下,结集出版的设想最终转化为正式出版计划。在这一出版计划落地之际,我想回顾一下这一寻访工作的推进过程。

2011年7月,上海大学社会学系独立建院,组建了社会学院。由于建院之初组织配备尚未健全,学工副书记和辅导员都未到位,所有的学生工作就由团委书记一人负责,他忙得不可开交。在这种情况下,能协助做些学工工作的,就只有我这个能比较多与学生接触、互动的教学副院长了。

2012年7月,当社区学院(大类招生后,不分专业的大一阶段的学生,是由社区学院统一管理,到二年级选择专业后,再分流到各专业院系)学生分流到社会学院时,如何安排学生开展进入社会学院后的第一个暑期社会实践,就需要认真考量和合理安排。当时的考量是:这些学生在读大学之前的主要时间就是在家庭—学校两点一线间度过的,所有精力集中在应对高考的学习中,很少接触社会,因此,我们希望通过这次社会实践活动,让学生们更多地接触社会、关心社会;另外,作为社会学专业的学生,如何为未来的专业学习做些相应的准备,其实是可以通过这次社会实践做些前期铺垫的。当时,我们对学生社会实践活动的项目选择是没有严格要求的,就是让学生们选择一个自己关心或感兴趣的社会问题,进行调查,深入了解,再作初步的分析(或谈谈自己的感悟)。在具体社会实践(主要是社会调查)过程中,采取访谈方法还是问卷方法,我们也没有作出具体的要求和规定。因为对于尚未接受社会学专业训练的学生而言,我们并不要求他们这次调查的专业性,也未提前对他们进行相应的专业培训。我们初步的想法是:无论是访谈还是问卷,学生先遵循自己的理解去摸索和尝试,有了这样一个切实的社会实践过程体验后,才能在开学后的方法课(社会研究方法课程就在开学后的第一个学期开课)中,对照和检验自己暑期社会实践所运用的方法,这种源于切身体验的感触与领悟会更加深刻,更有助于对社会学专业调查方法的理解和认识,这也许比单纯的课本知识学习或老师单方面的知识灌输更好些。

但相对于为未来的专业学习做铺垫,我们还是更注重培养学生对社会问题的兴趣,希望他们能在接触社会的过程中,认识和理解中国社会,并在社会实践中提升沟通、交往、调动资源、探究调查路径等多方面的个人实际能力。当时,我个人对于老上海大学(1922—1927)的历史比较有兴趣,已经收集了许多老上海大学的校友名单。基于此,我们便尝试着推出一个"校友寻访"的活动项目。

之所以开展这项寻访工作,其实还有一种想法,就是希望学生们能去了解与他们年龄相当的、一百年前的青年们在思考什么、关心什么,他们为什么会付出生命的代价,去投身于反帝反封建的革命事业之中。他们的人生目标和奋斗牺牲是如何与民族、国家、社会的命运密切联系在一起的。既然我们上海大学承继了"上海大学"的名字,就应该有责任去挖掘那段历史,去完成精神上的接续。

之后,我根据学生的家乡信息,寻找适合他们的寻访对象,一般是将出生在他们家乡的老上大校友的信息提供给学生,也有些老校友是学生家乡附近的。然后,通过电子邮件将已有的信息发给学生,征求他们的意愿:是否愿意参加这一寻访活动。很多同学作出了积极的回应,并展开了艰苦曲折的寻访工作。在寻访过程中,有些学生也与我保持沟通,将问题、困难告诉我,与我一起找寻克服困难、进一步推进寻访的办法。第一次寻访的结果,我得到了近20份的寻访报告,其中10份是相对比较完整的。学生们的努力,一方面给了我很大的鼓励,进而将这项活动一直延续下来,另一方面也让我看到了这项寻访工作的艰辛与不易。其实,参与到这项寻访活动的学生还有很多,而有些学生并没能找到相关的线索深入寻访,即便不断调整方法、更换寻访方向,但信息的缺乏和资料的缺失,仍使他们无法完成一份寻访报告的写作。在此后多年的寻访活动中,这种情况一直存在。

2013年10月,我去日本东京大学和"首都大学东京"(即东京都立大学,一度改称此名,后又恢复原名)做高级访问学者10个月,未能及时安排寻访项目,致使2014年的寻访项目搁置一年。

2015年的寻访活动中,开始有其他学院的学生受社会学院学生邀请参与进来,同时我也了解到当时档案系有老师为了推进档案专业的学习,也安排学生利用暑假到档案馆去查找老校友的资料。这促发我想将这项寻访工作由社会学院向院外其他院系拓展,以吸引更多的学生参与。上海大学为纪念20世纪20年代的上海大学,在上海大学校内建造了一座纪念性的雕塑——溯园,在名录墙上铭刻上当时收集到的老上大师生名单。由于时间匆忙,名单有些讹误,当我指出这些问题后,上海大学博物馆负责溯园工作的曹默老师便找到我了解情况。在这一过程中,她了解到我正在组织的这项寻访活动,觉得很有意义,也愿意参与其中。这样,便由曹默负责在"上大溯园"公众号上发布了面向全校学生的招募,招兵买马,将寻访志愿者的范围扩展至全校范围。

2014年开始,当时担任社会学院副书记的陈然老师和接任我教学副院长之职的袁浩老师,与许多中学合作,将高校资源推进中学,引导中学生的课外科普活动,我也受邀参加了多次相关活动。上海市"未来杯"高中社会实践大赛开展后,许多高中十分重视,在这种背景下,由陈然老师和袁浩老师从中牵线,上海大学附中于2017年3月邀请我到附中"致远讲堂"为参加"未来杯"的高中生们介绍大学生"挑战杯"的项目培育与组织情况。其间,当我介绍到校友寻访项目时,附中的师生也十分热情,表示愿意组织学生利用暑假参与这个项目。所以,2017年暑假的寻访活动中,就有了上大附中学生的参与。附中参与学生的培训与具体安排,都由曹默老师负责与附中老师沟通推进。这样,寻访活动又从上海大学拓展到校外(或中学)。当年的上海大学也有中学部,分为高中部和初中部,被看成是上海大学的组成部分。如今上海大学附中学生参与到"老校友"的寻访活动中,也算是一种精神的追溯与承继吧!

当时,安排学生进行寻访时,我也有着一种派遣学生们去全国各地收集老上海大学师生资料的想法,但由于寻访时间的限制,以及他们知识储备、学术视野的缺乏,单纯通过学生的寻访来获得准确完善的资料,其可能性是不大的。但他们的寻访确实也为进一步系统全面的资料收集工作提供了十分宝贵的线索。基于这种想法,当时我更多是安排外地学生去做寻访,反而线索明显、身处上海的寻访对象,并没安排在最初的寻访活动中,连最容易去寻访的对象——邓伟志老师,也一直未安排学生去寻访。邓老师曾出任我们社会学系主任,他的父亲邓果白是20世纪20年代老上大的学生,他的女儿也是上海大学社会学系的学生。其实,对他进行寻访是最应该的,但我又觉得如此轻松、不需要学生自身努力的寻访,对于锻炼培育学生来说,完全没有意义。我本人在回沈阳探望父母的间隙,也曾到辽宁档案馆查询资料,通过工作人员也了解到黄欧东后人的线索,之所以没有顺着这一线索追溯下去,主要还是想到将之留给未来出身沈阳的寻访学生去做。

随着学生们寻访工作的铺开,有很多"老校友"的信息不断汇总过来,这引发了我的一个深刻的感受:这些老上大师生的子辈后人也多进入耄耋之年,相关资料的收集已经是迫在眉睫的事情了。因而,在指导学生寻访的同时,我自己也开始一些寻访工作的尝试。

我的第一次真正意义上的寻访是在2014年11月。当时,趁着去云南民族大学进行学术交流的机会,我特意几经波折到了楚雄州大姚县七街乡苍西村,拜访了赵祚传烈士的故居与陵园,并通过村中老人联系上赵祚传的孙女,进而联系到《赵祚传烈士传》的作者张继荣。

但这一段时间我仍未计划性地开展寻访工作,只是在平时出行时加大了对老上大信息的关注,比如,我参观上海犹太难民纪念馆时着重关注作为上海社会局局长的吴开先为犹太商人开具的商业登记证明,去陈妃旅游时关注曾受邀在上海大学作讲座的朱文鑫,在南浔游览时特意寻找上大校董张静江、教务长张乃燕的信息,在中华艺术馆看"大师与大师"展时寻觅张弦(老上大学生)的照片,去赣州考察时有意识地到"中央苏区历史博物馆"收集顾作霖的相关信息,在扬州特意去何园追寻何世桢、何世枚兄弟(英文系教师)的事迹,还专程去吴昌硕纪念馆重新认识这位上海大学的"特别讲座",作为"挑战杯"指导教师赴广州参赛时顺便到农民运动讲习所和黄埔军校寻找上大学子的信息,去浙江永康的芝英参与艺术乡建项目时与地方史专家讨论应令言(老上大学生)的谱系,到重庆做招生工作时专程去北碚卢作孚纪念馆找寻卢子英的身影。

2016年5月,我去俄罗斯旅游时,还专程去莫斯科新圣女公墓祭拜了王明、孟庆树(老上大学生)墓,并分别寻访了大量老上海大学学生曾前往留学的莫斯科中山大学(现今的俄罗斯社会科学院哲学研究所和普希金美术馆)与莫斯科东方劳动大学(现今的《消息报》社)旧址。

2017年11月,我前往越南进行"一带一路"考察时,在胡志明市寻访到邓焕苯(老上大学生、著名侨领)的相关信息。

2020年7月,我开始考察浙江三门县,并开展艺术乡建的相关尝试,由此策划了首届"社会学艺术节"。整个活动延续到2021年底。由于往来和滞留三门县比较频繁,我便有计划地展开寻访工作,分别寻找到了上大学生蒋如琮(中共宁海、天台支部的创始人,曾参加北伐和南昌起义,《唐吉诃德》最早的翻译者之一)、林淡秋("左联"组织部长,《人民日报》副总编辑,浙江省文联主席,《西行漫记》的翻译者之一)、林泽清、俞岳、余仁峰(中共天台支部的创始人)的后人,也走访了曾在上海大学旁听的范金镰的家乡。这是我目前所做过的最系统的寻访。

在多年的寻访工作中,我还接触到陈望道(上大教师)、蔡和森(上大教师)、恽代英(上大教师)、恽子强(上大教师,恽代英弟弟)、尹宽(上大教师,旅欧少年共产党创建者之一)、周水平(上大教师,江苏农民运动先驱)、王登云(上大教师,曾任孙中山、蒋介石的英文秘书,黄埔军校政治教官,孙逸仙访俄代表团成员,国民党陕西省党部主任)、毕任庸(上大附中教师,国民党嘉善县临时县党部创始人之一,农学家、文字学家、希腊文学专家)、冯平(上大教师,南社社员)、顾作霖(上大学生,共青团江苏、山东省委书记,中央苏区团中央书记)、周大根(上大学生,烈士)、孔另镜(上大学生,作家、出版家)、何挺杰(上大学生,何挺颖烈士弟弟,中共渭南地委书记)、盛幼宣(上大学生,曾参加五卅运动、上海工人武装起义和南昌起义)、瞿云白(上大学生,瞿秋白大弟弟)、杨秀涛(上大学生,贵州现代绘画艺术的开拓者)、江锦维(上大附中学生,曾参加五卅运动、上海工人武装起义)、李继渊(上大学生,大连、哈尔滨团市委书记,抗日烈士)、余仁峰(上大学生,中共天台特别支部创建人之一)、王子伟(上大学生,国民党起义将领)、孙乃谦(上大学生)的后人,收获许多宝贵的资料与信息。

2021年10月,我还陪同恽代英、恽子强的后人前往四川泸州寻访恽代英的足迹,并寻找了李元杰(上大学生,中央特科成员)的线索,确认了张霁帆(烈士,曾任中共豫陕区委委员兼共青团书记)上大学生的身份。

在做些零星的寻访工作的同时,我的主要精力仍然放在基础资料的收集方面——确认老上海大学师生的身份,寻找他们可能的资料线索,为以后的进一步寻访做好铺垫工作。目前基本确认了二千三四百人的名单,找到了数百人的照片。

通过这些寻访工作,我切身体会到寻找线索的困难与曲折,深知完成一次寻访的艰辛与不易,这就使得我在指导学生时对他们所遭遇的问题和困境有了更多的理解,也能将自己的经验和教训分享给他们。虽然有些学生经历许多波折之后仍然未寻找到有价值的资料,但我仍然鼓励他们将这一寻访过程的经历和从中获得的感受总结归纳出来。虽然我也希望他们的寻访能获取有价值的信息,但相对于学生自身而言,通过寻访活动所获得的能力提升和对社会认知的深化,却更为重要。

通过一届又一届学生们的努力,如今他们的这些寻访报告终于可以结集成册了。在编辑这些报告时,我的原则是尽量保持大一学生当时的状态,不回避他们思考问题、寻访行动以及报告书写过程中的稚嫩,这样反而更能说明这类寻访活动的价值和意义。因而,除了对一些出处注释不清楚的来自网络的大篇幅文章作出删减之外,我在写作体例和格式上并没有刻意去调整划一,而是保持原有的样貌,以充分呈现学生们当时对寻访活动的初步认识,以及思考问题的基本理路。

非常高兴的是,李宏塔、邓伟志为本书作序。

李宏塔是原安徽省民政厅厅长、安徽省政协副主席,他不仅是"七一勋章"获得者,还是中国共产党创始人李大钊的孙子。1922年,李大钊与孙中山共同商讨了两党合作事宜,上海大学的创立正是国共合作的结果。上海大学创立之初,校长于右任随即邀请中国共产党人来校共同制造"炸弹"——革命者,李大钊由于北方党组织的工作，无法到上海大学任职，便指派北方党组织的重要骨干邓中夏、安体诚、于树德、李俊等人前往上海大学任职，而李大钊本人先后六次前往上海大学作讲座，传播马克思主义思想。后来，上海大学准备开设经济学系时，正式邀请李大钊为上海大学教授并兼任经济学系主任。正因上海大学与李大钊的这份渊源，如今上海大学也邀请李宏塔担任了上海大学校董。无论是因李大钊的"校友"身份，还是李宏塔本人的校董身份，对于20世纪20年代"校友"的寻访工作，都获得李宏塔的关注，为了肯定学生们的付出与努力，动笔谨慎的他很愿意为本书作序。

请邓伟志老师作序，并不是因为他作为原全国政协常委、民进中央副主席的社会身份，也不是因为他作为原中国社会学会副会长的学术身份，而是他与上海大学渊源颇深：第一个渊源是，邓老师的父亲邓果白也曾于1925年进入上海大学学习，1926年是从上海大学转入武昌中央农民运动讲习所的，算是上海大学"校友"。第二个渊源是，邓伟志也是上海大学的校友。上海大学社会学系是改革开放后中国社会学恢复重建后创立的第一个社会学系。创系之初，虽然邓老师身在上海社会科学院，但一直兼任上海大学社会学系"家庭社会学"的课程教师。到1996年，更是直接调入上海大学社会学系，担任系主任。是名副其实的上海大学"社会人"。第三个渊源，邓老师的女儿邓瞳瞳也毕业于上海大学社会学系。所以，邓老师一家三代都是上海大学的校友。另外，学生们寻访活动所涉及的一些人也是邓老师所熟知的，因而他对于这项寻访工作也颇为欣喜和宽慰。

寻访活动除了参与学生的付出之外，社会学院的诸多学工教师韦淑珍、刘娇蕾、张乃琴、回胜男也都在组织、安排、指导等社会实践的一线工作中付出了大量心血。社会学院的两任院长张文红、黄晓春和三任书记刘玉照、沈毅、杨锃始终关心学生们的寻访活动。在出版计划实施过程中，上海大学党委副书记段勇老师、副校长胡大伟老师、上大出版社名誉总编傅玉芳等都给予了鼓励和支持。上大出版社编辑农雪玲、位雪燕也一直关心编辑的进程，责任编辑严妙不仅细致入微地对稿件进行校对修改，还在排序、署名等细节方面及时与我沟通，使得本书得以完美地呈现在大家面前。